U0922601

2004
上海共青团年鉴

共青团上海市委员会 编

上海电子出版有限公司

11月30日，中共中央政治局常委、国务院总理温家宝同志，外交部部长李肇星同志亲切会见中国上海青年志愿者赴老挝服务队队员代表

中国共青团

5月8日，中共中央政治局委员、全国人大常委会副委员长王兆国同志为“中国青年五四奖章”获得者冯艾颁奖

5月8日，中共中央政治局委员、上海市委书记陈良宇同志在锦江小礼堂会见罗马尼亚青年代表团一行

5月31日，中共中央政治局委员、上海市委书记陈良宇同志，市委副书记刘云耕同志、殷一璀同志、王安顺同志等市领导与优秀少先队员、优秀少先队辅导员一起参观“渔阳里”团中央机关旧址纪念馆

11月10日，中共中央政治局委员、上海市委书记陈良宇，市委副书记、市长韩正，市人大常委会主任龚学平，市政协主席蒋以任，市委副书记殷一璀，市人大常委会副主任包信宝，副市长周太彤，市政协副主席谢丽娟等市领导和第十二届残奥会上海参赛运动员、教练员合影，城市酒店（上海）员工钟海虹（二排左四）在本届残奥会上获女子坐式排球冠军

4月27日，全国人大常委会副委员长顾秀莲同志，中央综治委秘书长王胜俊同志，团中央书记处第一书记周强同志，上海市委副书记刘云耕同志，团中央书记处书记杨岳同志等领导到长宁区华阳街道调研青少年工作

4月26日，团中央书记处第一书记周强同志，中共上海市委副书记王安顺同志出席中国社会主义青年团中央机关旧址纪念馆开馆仪式，并为纪念馆揭牌

4月27日，团中央书记处第一书记周强同志参观上海市禁毒教育馆

5月4日，上海市人大常委会主任龚学平同志，副主任周慕尧同志参观“渔阳里”团中央机关旧址纪念馆

5月30日，上海市人大常委会主任、市红领巾理事会名誉主席龚学平同志，市委副书记王安顺同志，副市长杨晓渡同志，市政协副主席宋仪侨同志等市领导出席少先队上海市第五次代表大会并与市优秀少先队员、市优秀少先队辅导员合影

6月1日，上海市人大常委会主任、市红领巾理事会名誉主席龚学平同志参加“同在蓝天下，我们从小是朋友”——2004年上海少年儿童庆祝“六一”国际儿童节主题活动，并为孩子们切开节日蛋糕

上海市人大常委会主任、市红领巾理事会名誉主席龚学平同志被共青团中央、全国少工委授予全国“星星火炬”奖章。12月20日，团中央书记处书记张晓兰同志专程到沪颁发证书

4月29日，上海市政协主席蒋以任同志，副主席宋仪侨同志参观“渔阳里”团中央机关旧址纪念馆

2月18日，中共上海市委副书记刘云耕同志，市委常委、市政法委书记吴志明同志等市领导出席上海阳光社区青少年事务中心揭牌仪式

8月21日，中共上海市委副书记刘云耕同志出席甘肃定西瑞安希望小学落成典礼

1月5日，中共上海市委副书记王安顺同志在共青团上海市第十二届委员会第三次全体（扩大）会议上作重要讲话

5月30日，中共上海市委副书记王安顺同志出席少先队上海市第五次代表大会

6月18日，中共上海市委副书记王安顺同志参观上海市禁毒教育馆

7月10日，中共上海市委副书记王安顺同志，市委常委、副市长冯国勤同志为上海市金融青年联合会成立揭牌

7月18日，中共上海市委副书记王安顺同志在虹桥迎宾馆会见老挝人民革命青年团代表团

9月17日，中共上海市委副书记王安顺同志，市人大常委会副主任王培生同志，副市长杨晓渡同志，市政协副主席宋仪侨同志等领导与第十一届“上海十大杰出青年”获得者合影

10月1日，中共上海市委副书记王安顺同志参加庆祝中华人民共和国成立55周年群众游园活动

少先队永远是火炬
照亮人生前程。
王安顺
10.5

10月5日，中共上海市委副书记王安顺同志在少先队建队55周年纪念日前夕，为上海少先队题词

9月2日，中共上海市委常委、副市长冯国勤同志在“沪港经济互动与区域经济发展——2004沪港青年经济发展论坛”上作主题演讲

4月24日，中共上海市委常委、副市长周禹鹏同志在2004年“上海青年成才实践月”开幕式暨“物流与长三角经济一体化”青年论坛上作重要讲话

10月12日，中共上海市委常委、组织部部长姜斯宪同志出席上海少先队庆祝建队55周年座谈会，并接受市红理会聘请，担任第四任上海市队长学校名誉校长

8月23日，上海市副市长杨晓渡同志会见日本众议员船田元夫妇

11月28日，上海市副市长杨晓渡同志出席2004年世界艾滋病日主题宣传活动

9月27日，上海市信息化青年人才协会第一次会员大会暨“世博会与信息化”青年论坛在浦东张江举行，上海市副市长杨雄同志出席并作重要讲话

12月28日，上海市副市长周太彤同志出席上海青年就业创业行动计划暨上海青年职业发展基金（电气基金）启动仪式，并作重要讲话

10月10日，上海市政协副主席王新奎同志出席"经济一体化在亚洲"——2004年杜兰上海论坛暨沪台青年经济发展论坛，并作重要讲话

12月11日，团中央书记处常务书记赵勇同志参观“渔阳里”团中央机关旧址纪念馆

12月12日，“中国青少年社会教育论坛——2004·媒体与未成年人发展”在上海国际会议中心举行，团中央书记处常务书记赵勇同志在会间接受小记者采访

5月8日，团中央书记处书记胡伟同志在沪出席罗马尼亚青年代表团访华欢迎仪式

5月10日，团中央书记处书记胡伟同志参观“渔阳里”团中央机关旧址纪念馆

4月28日，团中央书记处书记杨岳同志赴上海交通大学参加“六地高校大学生择业问题在线谈”活动

12月20日，团中央书记处书记张晓兰同志出席2004海外学人回国创业周欢迎仪式并致辞

1月5日，共青团上海市第十二届委员会第三次全体（扩大）会议在上海展览中心友谊会堂召开

2月5日，上海青少年新春敬老活动在普陀区长征敬老院举行

2月29日，“中国少年儿童平安行动”在上海浦东新区金陆小学启动

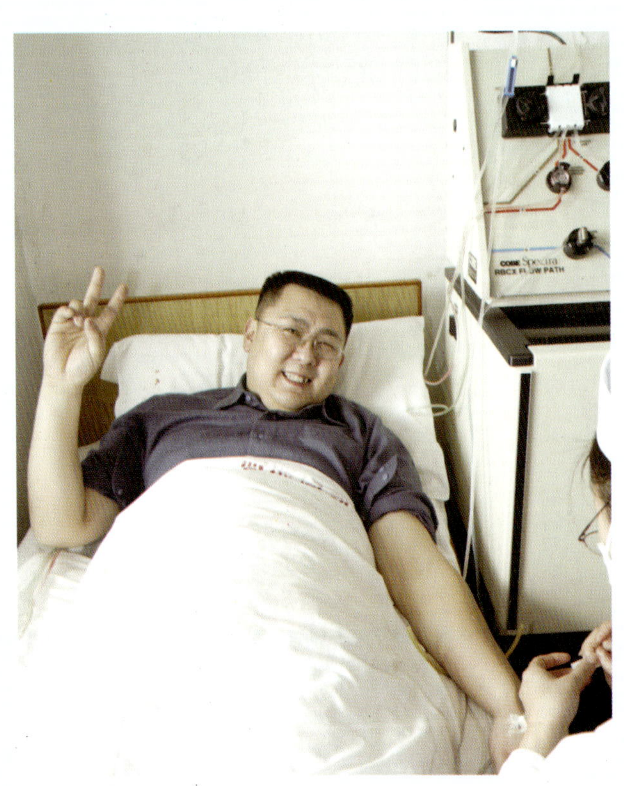

3月5日，上海青年造血干细胞捐献志愿者张群在长海医院捐赠造血干细胞

3月7日，2004年上海“保护母亲河·绿色希望工程”行动日暨生态文化展示活动在人民公园举行

3月10日，上海共青团组织工作会议在长城假日酒店召开

3月18日，“永达杯”2003年度上海十大青年人物表彰会在上海大剧院举行

3月20日，上海希望工程实施十周年纪念表彰会在上海展览中心友谊会堂隆重举行

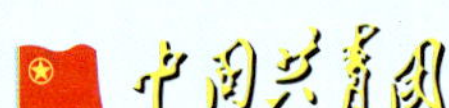

4月4日，“传承民族精神，立志振兴中华”上海青少年清明祭扫活动在上海龙华烈士陵园举行

4月22日，第三批中国上海青年志愿者赴老挝服务队队员返沪

4月24日，上海青年职业发展集中服务日活动在上海青年文化活动中心举行

4月30日，长三角青年大联欢活动在浦东举行

5月4日，纪念五四运动85周年新团员入团宣誓仪式在“渔阳里”团中央机关旧址纪念馆隆重举行

5月4日，中国青年英模与上海青年代表纪念五四运动85周年座谈会在城市酒店召开

6月26日，“青春拥抱阳光”上海青年原创歌曲大型演唱会在上海大舞台举行

6月28日，中共共青团上海市委直属机关第二次代表大会在上海青年文化活动中心隆重召开

7月23日，“上海青年发展导航”高层系列讲座在上海图书馆报告厅举行

7月26日，上海市警地团组织“四联”活动推进会在武警上海总队五支队召开

7月29日，上海市青年企业家协会第5次会员大会在上海国际会议中心召开

8月7日，“纪念邓小平同志诞辰100周年”——向小平家乡捐书活动在上海青年文化活动中心举行

8月18日，2003—2004年度上海大学生志愿服务西部计划志愿者座谈会在上海青年文化活动中心召开

9月2日，2004沪港青年经济发展论坛在上海威斯汀大饭店举行

9月8日，F1世界锦标赛中国大奖赛志愿者总体培训暨上岗仪式在东华大学举行

9月18日，上海市市级机关庆祝建国55周年歌咏比赛在上海音乐学院举行，团市委代表队获铜奖

10月1日，“青春，点燃生命的希望”——上海青年献血志愿者行动在人民公园正式启动

10月10日，“经济一体化在亚洲”——2004杜兰上海论坛暨沪台青年经济发展论坛在华亭宾馆举行

10月11日，上海赴云贵"博士服务团"成员交流暨欢送座谈会在城市酒店召开

12月4日，第三届"上海IT青年十大新锐"颁奖典礼在上海国际会议中心举行

12月12日–13日，“中国青少年社会教育论坛——2004·媒体与未成年人发展”在上海国际会议中心举行

12月12日，“2004·媒体与未成年人发展”青少年教育分论坛在上海青年活动中心举行

12月23日，第四届上海青年发展战略论坛在上海青年干部管理学院举行

12月25日，“2004沪港青少年工作者研讨会”在上海青年文化活动中心召开

目　录

重要讲话

胡锦涛同志在全国加强和改进未成年人思想道德建设工作会议上的重要讲话(摘要)…… 3
温家宝同志致信参加 2004 年暑期“三下乡”社会实践活动的全国大中专学生 …… 6
王兆国同志在接见第十四届“中国十大杰出青年”时的重要讲话…… 7
王兆国同志在全国青联九届五次常委会上的重要讲话 …… 10
王兆国同志在第八届“中国青年五四奖章”颁奖座谈会上的重要讲话 …… 14
王兆国同志在共青团十五届三中全会上的重要讲话 …… 17
顾秀莲同志在全国预防青少年违法犯罪暨学校及周边治安综合治理工作会议上的重要讲话 …… 22

市委、市政府、团中央领导讲话

周强同志在中国社会主义青年团中央机关旧址纪念馆开馆仪式上的讲话 …… 31
周强同志在全国预防青少年违法犯罪暨学校及周边治安综合治理工作会议上的讲话 …… 33
周强同志在全团加强和改进未成年人思想道德建设暨推进青年文化行动工作会议上的讲话 …… 39
刘云耕同志在全国预防青少年违法犯罪暨学校及周边治安综合治理工作会议上的致辞 …… 47
王安顺同志在团市委十二届三次全体(扩大)会议上的讲话 …… 49
王安顺同志在上海市青年工作联席会议全体会议上的讲话 …… 54
王安顺同志在团中央机关旧址纪念馆开馆仪式上的讲话 …… 59
王安顺同志在少先队上海市第五次代表大会上的讲话 …… 61
王安顺同志在专题调研上海青年工作时的讲话(摘要) …… 63
王安顺同志在上海大学生志愿服务西部计划志愿者汇报座谈会上的讲话 …… 65
王安顺同志在第十一届“上海十大杰出青年”颁奖典礼上的讲话 …… 68
王安顺同志在“中国青少年社会教育论坛——2004・媒体与未成年人发展”开幕式上的致辞 …… 70
王仲伟同志在“中国青少年社会教育论坛——2004・媒体与未成年人发展”闭幕式上的发言 …… 72
姜斯宪同志在上海少先队庆祝建队 55 周年座谈会上的讲话…… 75

上海市大学生志愿服务西部计划…………………………………………………… 244
亚太经社会第60届会议青年志愿者工作 ………………………………………… 244
上海青年成才实践月………………………………………………………………… 244
2004“物流与长三角经济一体化”青年论坛……………………………………… 245
上海青年职业发展服务中心成立…………………………………………………… 245
“渔阳里”团中央机关旧址纪念馆落成并开放…………………………………… 245
全国预防青少年违法犯罪暨学校及周边治安综合治理工作会议……………… 246
上海市进城务工青年法律宣传教育活动…………………………………………… 246
长三角青年大联欢…………………………………………………………………… 247
上海优秀大学毕业生事迹报告会…………………………………………………… 247
第五届“上海五四新闻奖”评选活动……………………………………………… 247
全国青年英模与上海各界青年纪念五四运动85周年 ………………………… 248
罗马尼亚青年代表团来沪参观访问………………………………………………… 249
上海市中等学校三好学生、先进班级集体表彰大会 …………………………… 249
世界工程师大会青年志愿者工作…………………………………………………… 250
上海市青年项目经理十六届三中全会精神学习班………………………………… 250
老干部与优秀青年结对活动………………………………………………………… 250
青春的节日——2004年度上海青年文艺巡演活动 …………………………… 251
中国少年先锋队上海市第五次代表大会…………………………………………… 251
庆祝“六一”国际儿童节主题活动………………………………………………… 252
参加首届全国希望小学运动会……………………………………………………… 252
第三届“上海IT青年十大新锐”评选活动 ……………………………………… 253
援建“长霞希望小学”……………………………………………………………… 253
市委副书记王安顺参观禁毒教育馆并视察活动中心……………………………… 253
上海企业青年创新成果大赛………………………………………………………… 254
上海市旅游行业青年技能大赛……………………………………………………… 254
上海青年原创歌曲大型演唱会……………………………………………………… 254
上海市社区青少年远离毒品行动…………………………………………………… 255
团市委直属机关第二次党代会胜利召开…………………………………………… 255
第二届上海市青少年社区文化月…………………………………………………… 255
上海市优秀大学生“选苗育苗”工程……………………………………………… 256
上海市大学生暑期社会实践活动…………………………………………………… 256
上海市金融青年联合会成立………………………………………………………… 257
上海市未成年人思想道德建设网上知识大赛……………………………………… 257
“上海青年发展导航”高层系列讲座……………………………………………… 257
上海市警地团组织“四联”活动推进会…………………………………………… 258
共青团上海市第十二届委员会第四次全体(扩大)会议…………………………… 258

上海市青年企业家协会第五次会员大会…… 259
纪念小平诞辰 100 周年系列活动…… 260
上海大学生志愿服务西部计划志愿者座谈会…… 260
援建甘肃 20 所希望小学 …… 260
第七届全国大学生运动会志愿服务活动…… 261
第七批上海青年志愿者赴滇扶贫接力队…… 261
沪港青年经济发展论坛…… 262
百名优秀武警战士培训班…… 262
第十一届“上海十大杰出青年”评选表彰活动…… 262
参加“市级机关庆祝建国 55 周年歌咏比赛” …… 263
城市酒店员工喜获残奥会冠军…… 263
上海团干部发展导航计划…… 263
上海市职业技能竞赛活动…… 264
F1 世界锦标赛 2004 年中国大奖赛志愿服务活动 …… 264
上海市信息化青年人才协会成立…… 264
庆祝建国 55 周年升国旗仪式和群众游园活动 …… 265
上海青年献血志愿者行动…… 265
上海市社区青少年 3 人篮球推广赛…… 265
2004 沪台青年经济发展论坛 …… 266
“博士服务团”选派工作…… 266
纪念中国少年先锋队建队 55 周年座谈会 …… 266
纪念中国少年先锋队建队 55 周年主题集会 …… 267
上海市社区青少年垂钓大赛…… 267
上海市十八岁成人仪式…… 267
沪滇青少年帮扶项目推介会…… 268
“中国杰出青年卫士”高校巡回报告会…… 268
上海市共青团“推优入党”工作推进会议…… 269
上海市大学生社团文化节…… 269
社区团建创新综合试点工作…… 270
上海市预防犯罪工作体系政府购买服务项目…… 270
招募第四批上海赴老挝青年志愿者…… 271
上海市民办高校团建工作推进会…… 271
第十二届上海市十佳“苗苗小能手”表彰大会…… 271
纪念上海市大学生社会实践活动开展 20 周年社会各界座谈会 …… 272
2004・媒体与未成年人发展论坛…… 272
2004 海外学人回国创业周 …… 273
上海市共青团“两新”组织团建工作推进会…… 274

第四届上海青年发展战略论坛暨上海市青年运动史研究会2004年学术年会 …… 274
西部和民族地区团干部来沪挂职锻炼 …… 275
2004沪港青少年工作者研讨会 …… 275
上海青年就业创业行动计划启动 …… 276
进城务工就业农民子女新年音乐会 …… 276
上海青年中心建设 …… 277
青工技能振兴计划 …… 277
争创“青年文明号”(共青团号)集体 …… 277
上海青年造血干细胞捐献志愿者行动 …… 278
出版《追求卓越的上海青年——2004上海青年发展报告》 …… 278
当前上海高校大学生思想道德状况的调查分析 …… 279
建设上海共青团信息化基础平台 …… 279
出版《上海共青团信息化工作实用手册》 …… 279
上海社区青年就业援助行动 …… 280

光荣册

第八届“中国青年五四奖章” …… 283
第十五届“中国十大杰出青年” …… 283
全国共青团系统先进工作者 …… 283
2004年度全国五四红旗团委标兵 …… 283
2004年度全国五四红旗团委 …… 283
2004年度全国五四红旗团支部 …… 283
2004年度全国团建先进县(市) …… 283
2004年度全国优秀共青团员 …… 284
2004年度全国优秀共青团干部 …… 284
全国团干部教育培训工作先进个人 …… 284
全国团校优秀教师 …… 284
追授中国青年志愿服务金奖奖章 …… 284
2004年度中国青年志愿服务金奖奖章 …… 284
第五届中国百个优秀青年志愿服务集体和个人 …… 285
首届“全国优秀青年学习组织” …… 285
首届“中国青年学习成才奖” …… 285
第二届“中国杰出青年外事工作者” …… 285
第四届全国各族青年团结进步先进奖集体和个人 …… 285
2002—2003年度全国优秀“青少年维权岗” …… 285
2003年度全国“乡村青年文化名人” …… 286

2004 年度服务农村青年增收成才奖 …………………………………………………… 286
全国保护母亲河行动 5 年成就奖集体和个人………………………………………… 287
2003 年度全国保护母亲河行动先进集体和个人 …………………………………… 287
2004 年全国保护母亲河行动先进集体和个人 ……………………………………… 287
全国“青年文明社区”示范城(区)……………………………………………………… 288
2004 年度全国优秀青年中心 ………………………………………………………… 288
2004 年度全国青年中心建设试点工作先进个人 …………………………………… 288
2004 年度全国青年文明号 …………………………………………………………… 288
第二届全国青年安全生产示范岗……………………………………………………… 288
2004 年度中国青年创业行动优秀组织单位 ………………………………………… 289
首届“中国青年创业奖”………………………………………………………………… 289
中国最具创业潜能青年奖……………………………………………………………… 289
2003 年度全国青年岗位能手 ………………………………………………………… 289
2004 年度中国青年创业行动先进个人 ……………………………………………… 289
首届“全国十佳中学生”………………………………………………………………… 289
首届“中国青少年科技创新奖”………………………………………………………… 289
全国高校优秀学生社团………………………………………………………………… 290
2004 年全国大中专学生志愿者暑期“三下乡”社会实践活动 ……………………… 290
首届“中国中学生正泰品学奖”………………………………………………………… 290
全国“星星火炬”奖章…………………………………………………………………… 291
第九届全国十佳少先队员……………………………………………………………… 291
2004 年度上海市“五四红旗团组织标兵”、“五四红旗团组织” …………………… 291
第十一届“上海十大杰出青年”………………………………………………………… 292
第五届“上海文化新人”………………………………………………………………… 293
第五届“上海五四新闻奖”……………………………………………………………… 293
2003 年度上海青少年精神文明新风奖 ……………………………………………… 294
上海青年志愿者注册工作先进单位…………………………………………………… 294
上海青年理论学习组织优秀奖和创新奖……………………………………………… 295
第三届“上海 IT 青年十大新锐” ……………………………………………………… 296
2004 年度上海市标杆青年突击队、标杆青年突击队员、优质青年工程 …………… 297
2004 年度上海市青年突击队、青年工程立功竞赛活动 ……………………………… 298
2003－2004 学年上海市高等学校先进集体标兵、优秀学生标兵、
　　优秀学生干部标兵………………………………………………………………… 299
2004 年上海市大学生暑期社会实践活动 …………………………………………… 300
首届上海市“星星火炬”奖章…………………………………………………………… 300
2004 年上海市十佳少先队员 ………………………………………………………… 301
2004 年上海市十佳少先队辅导员 …………………………………………………… 301

重要讲话

中共中央总书记胡锦涛同志在全国加强和改进未成年人思想道德建设工作会议上的重要讲话(摘要)

(2004 年 5 月 10 日)

进一步加强和改进未成年人思想道德建设，是中央从推进新世纪新阶段党和国家事业发展、实现党和国家长治久安出发作出的一项重大决策，对于确保我国在激烈的国际竞争中始终立于不败之地，确保实现全面建设小康社会、进而实现现代化的宏伟目标，确保中国特色社会主义事业兴旺发达、后继有人，确保实现中华民族的伟大复兴，具有重大而深远的战略意义。

加强和改进未成年人思想道德建设，要坚持以马克思列宁主义、毛泽东思想、邓小平理论和“三个代表”重要思想为指导，以进行理想信念教育为核心，以树立正确的世界观、人生观、价值观为重点，以养成高尚的思想品质和良好的道德情操为基础，紧密结合全面建设小康社会的实际，遵循未成年人思想道德建设的规律，坚持以人为本，促进未成年人的全面发展，努力培育面向现代化、面向世界、面向未来，有理想、有道德、有文化、有纪律，德、智、体、美全面发展的中国特色社会主义事业建设者和接班人。

加强和改进未成年人思想道德建设，是推动党和国家事业不断发展的必然要求，是提高全民族素质、促进人的全面发展的必然要求，是增强我国发展后劲和国际竞争力的必然要求，是坚持立党为公、执政为民的必然要求。现在，我国 18 岁以下的未成年人约有 3.67 亿，他们是党和国家的希望，是中华民族的希望。要使广大未成年人成长为中国特色社会主义事业的合格建设者和可靠接班人，不仅要大力提高他们的科学文化素质，而且更要大力提高他们的思想道德素质，使他们从小就形成良好的精神和品德，树立起热爱祖国、决心为祖国的繁荣富强贡献自己全部力量的坚定信念，树立起自强不息、不怕任何艰难险阻、勇往直前的奋斗精神，树立起与时俱进、昂扬向上、勇于创新的开拓意识，努力成为祖国现代化事业发展的强大后备军。关心未成年人的成长，为他们身心健康发展创造良好的条件和社会环境，是党和国家义不容辞的职责，是开创国家和民族更加美好的未来的战略工程，也是实现亿万家庭的最大希望和切身利益的民心工程。全党同志要以对党和国家前途命运高度负责的态度，充分认识新形势下进一步加强和改进未成年人思想道德建设的重要性、紧迫性，增强做好未成年人思想道德建设各项工作的自觉性、坚定性。

为推进未成年人思想道德建设，我们党制定了一系列重要方针政策，采取了一系列行之有效的措施，进行了不懈努力，积累了重要经验：第一，坚持把马克思主义作为根本指针，始终保持未成年人思想道德建设工作的正确方向；第二，坚持把培养有理想、有道德、有文化、有纪律的公民作为根本目标，不断培育社会主义事业的合格建设者和可靠接班人；第三，坚持把树立正确的世界观、人生观、价值观作为根本任务，不断促进未成年人形成正确的思想道德观念；第四，坚持把教育与社会实践相结合作为根本途径，不断提高未成年人思想道德建设的成效。第五，坚持把全党重视、全社会共同参与作为根本举措，不断增强推进未成年人思想道德建设的合力。这些经验对于我们进一步加强和改进未成年人思想道德建设具有重要指导意义，必须长期坚持。同时，要根据时代发展的要求，坚持与时俱进、开拓创新，在实践中不断开创未成年人思想道德建设的新局面。

进一步加强和改进未成年人思想道德建设，当前在工作中要重视解决好以下几个问题。

*第一，全面落实思想道德建设的主要任务。*要从增强爱国情感做起，从确立远大志向做起，从规范行为习惯做起，从提高基本素质做起，弘扬和培育以爱国主义为核心的团结统一、爱好和平、勤劳勇敢、自强不息的伟大民族精神，树立和培育正确的理想信念，着力培养良好的道德品质和文明行为，努力培育劳动意识、创造意识、效率意识、环境意识和进取精神、科学精神、团队精神以及民主法制观念、诚信观念，形成朝气蓬勃、昂扬向上的精神状态，使未成年人的思想道德素质、科学文化素质和健康素质不断得到提高，成为全面发展的社会主义新人。

*第二，大力推动思想道德建设的改进创新。*重点在充分体现时代性、准确把握规律性、大力增强实效性三个方面狠下功夫。要坚持求真务实，努力增强未成年人思想道德建设的时代感，认真研究未成年人思想道德建设中的新情况新问题，不断探索和把握未成年人成长的规律，针对未成年人思想道德建设方面存在的突出问题，开展有针对性的教育和引导活动。

*第三，积极创造未成年人健康成长的良好社会环境。*要增强大众传媒的社会责任感，为未成年人思想道德建设创造良好的舆论环境。要实施精品战略，为未成年人提供更多更好的文化产品和文化服务。要加大综合治理的力度，为未成年人思想道德建设创造良好的文化环境。要严厉打击危害未成年人身心健康的违法犯罪活动。要切实加强保护未成年人权益方面的立法和执法工作，为未成年人思想道德建设创造良好的法制环境。要形成尊重未成年人、关心未成年人、帮助未成年人的社会氛围，促进他们健康成长、发展成才。

加强和改进未成年人思想道德建设，是全党全社会必须共同承担的重大任务。各级党委和政府都要把思想统一到中央精神上来，切实担负起政治责任，进一步加强和改善对未成年人思想道德建设的领导。要把加强和改进未成年人思想道德建设摆在更加突出的位置，作为精神文明建设的重中之重，纳入经济社会发展总体规划，列入重要议事日程。要经常分析未成年人思想道德的状况，认真研究解决重大问题。要增加对未成年人思想道德建设的投入，针对未成年人思想道德建设中存在的突出问题，着力办好几件作用大、影响大的实事,取得人民群众看得见、摸得着的实实在在的成效。要建立健全党委统一领导、党政群齐抓共管、文明委组织协调、有关部门各负其责、全社会积极参与的领导体制和工作机制,采取有力措施,加强督促检查,保证各项任务的落实。

中共中央政治局常委、国务院总理温家宝同志致信参加2004年暑期“三下乡”社会实践活动的全国大中专学生

你们选择的是一条正确的道路

2004年暑期大中专学生“三下乡”社会实践活动已于7月初全面展开。日前，中共中央政治局常委、国务院总理温家宝致信参加“三下乡”的大中专学生，对他们的做法予以肯定，并提出殷切希望。全文如下：

同学们：

你们好！

看到你们参加2004年暑期文化科技卫生“三下乡”社会实践活动的消息，甚感欣慰。你们选择的是一条正确的道路。大学生走出校门，走进农村，在同农民接触中，会进一步了解国情，懂得社会，认清自己对国家和人民的责任；会在社会实践中经受锻炼，增长才干，培养实际工作的能力。这将对你们今后的人生道路产生深远的影响。希望你们把这项光荣而有意义的活动坚持下去。

国务院总理 温家宝

2004年7月20日

中共中央政治局委员王兆国同志在接见第十四届“中国十大杰出青年”时的重要讲话

（2004 年 1 月 4 日）

同志们、青年朋友们：

今天与新当选的十大杰出青年一起座谈，我感到十分高兴。首先，我要向荣膺第 14 届“中国十大杰出青年”称号的各位青年朋友表示热烈的祝贺，对你们取得的突出成绩表示由衷的敬意！

听了大家刚才的发言，感到很受鼓舞，也十分欣慰。在我们国家革命、建设和改革的不同历史时期，都涌现出了大批具有鲜明时代特点的模范人物。本届“中国十大杰出青年”是全面建设小康社会和加快推进社会主义现代化建设的新的历史进程中涌现出的优秀青年的杰出代表，具有鲜明的时代特点。在你们当中，有出色完成我国首次载人航天飞行任务的“航天英雄”；有奋战在抗击非典最前沿的白衣天使；有攻克防治非典医学难关的科技尖兵；有冒着生命危险坚持一线报道的战地记者；有扎根基层，一心为民的党的好干部；有不向命运低头，创造精彩人生的生命强者；有献身国防事业，贡献突出的青年导弹专家；有致富不忘回报社会，热心公益事业的企业家；还有正在征战 NBA 赛场，在国际体坛上为祖国赢得荣誉的体育健将。在你们的身上，体现出了一种共同的时代精神，那就是：胸怀祖国、热爱人民，自觉把个人的奋斗融入国家和民族的进步事业中；坚韧不拔、锐意进取，在平凡的岗位创造出绚丽的青春事业；矢志创新、追求卓越，在竞争中充分展示了当代青年的精神风貌。你们在各自的岗位上，靠着顽强的拼搏和无私的奉献，为我们国家的改革开放和现代化建设作出了积极贡献。杰出青年的奋斗经历和感人事迹，对当代青年的健康成长，具有重要的示范和导向作用。借此机会，我简要谈几点意见。

一、引导广大青年在全面建设小康社会中建功立业，需要充分发挥杰出青年的带头作用

改革开放 25 年来，我们国家始终坚持了持续快速健康发展的良好势头，经济和社会发生了翻天覆地的巨大变化，取得令世人瞩目的伟大成就。在刚刚过去的一年中，在邓小平理论、“三个代表”重要思想和党的十六大精神指引下，在以胡锦涛同志为总书记的党中央坚强领导下，全党全国人民战胜困难、经受考验，齐心协力、扎实奋斗，夺取了

防治非典工作的阶段性胜利，社会主义物质文明、政治文明和精神文明建设又取得了新的进展。当前，我国国民经济持续较快增长，城乡居民收入不断提高，投资和出口增长强劲，国内需求明显回升。特别是首次载人航天飞行获得圆满成功，标志着我国的综合国力和科技实力进一步增强。所以这些成绩的取得，是党中央正确领导的结果，是全体中华儿女拼搏奋斗的结果，也包含着几代青年人用心血和汗水作出的积极贡献。

当前，我们正处在本世纪头 20 年这个必须紧紧抓住并且可以大有作为的战略机遇期，也是当代青年发挥聪明才智、实现理想追求的重要时期。处在这样一个时期，党和人民殷切希望当代青年能够在社会主义现代化建设事业中充分发挥的突击队和生力军作用。同时，实现全面建设小康社会的伟大进程，也为广大青年的成长提供了更好的发展机遇，搭建了更多施展才华的广阔舞台。肩负重大历史使命的当代青年生逢其时，注定是奋斗的一代、创业的一代、奉献的一代，只要积极投身改革和建设事业，锐意进取、勇挑重担，勤勉敬业、扎实工作，完全可以在改革开放和现代化建设的进程中作出更大的贡献，创造出更辉煌的业绩。

要团结和引导广大青年在全面建设小康社会的进程中建功立业，一个很重要的途径就是要充分发挥杰出青年的带动作用。要通过深入开展学习“十佳”青年的活动，引导和教育广大青年进一步增强使命感和责任感，坚持把实现个人价值的努力同实现现代化建设宏伟目标的奋斗紧密结合起来，在祖国建设的各条战线上，用青春的奋斗、创造和奉献回馈我们伟大的祖国，回馈我们伟大的时代。

二、培养千百万合格的社会主义事业接班人，需要充分发挥杰出青年的楷模作用

社会主义事业前景光明、任重道远，希望寄托在一代又一代青年身上。巩固和发展社会主义制度，需要几代、十几代甚至几十代人坚持不懈的奋斗。要确保党和国家的事业后继有人，必须培养千百万党和人民需要的、符合时代要求的社会事业建设者和社会主义事业接班人。特别是要教育和引导当代青年牢固树立崇高的理想和坚定的信念，坚定不移地跟党走，坚持以邓小平理论和“三个代表”重要思想为指导，自觉与党中央在思想上、政治上、行动上保持一致，坚决维护党的领导和执政地位，坚持走中国特色社会主义道路不动摇，从而为党和国家事业的继往开来奠定坚实的思想和组织基础。

青年兴则国家兴，青年强则国家强。随着改革的逐步深化和开放的不断扩大，在新的历史条件下成长起来的青年一代知识面更宽，素质更高，政治上也更加成熟了。实践证明，当代青年人是有朝气、有活力的一代，是有信仰、有追求的一代，是有希望、有作为的一代，是值得信赖的党和国家事业的合格接班人。要坚持用科学的理论教育引导青年，用宏伟的目标凝聚激励青年，就必须采取切实有力的措施，加强对广大青年的教育和培养，为他们树立坚定的信念、形成崇高的追求、磨炼顽强的意志，创造优良的环境和条件。

榜样的力量是无穷的。充分发挥杰出青年的楷模作用，可以更好地引导、鼓励和支持广大青年茁壮成长。通过在全社会广泛宣传一批又一批杰出青年的先进事迹、坚定信念和崇高品格，使更多的团员青年学有方向、赶有目标，对于尽快形成一支具有很高

思想道德和科学文化素质，具有很强学习能力、实践能力、创新能力的青年突击队和生力军必将起到重要的推动作用，当代青年一定能够进一步树立正确的世界观、价值观、人生观，以崭新的时代风貌和奋进的精神状态，更加自觉主动地承担起党和人民赋予的历史重托。

三、造就一支强大的青年人才队伍，需要充分发挥杰出青年的导向作用

“中国十大杰出青年”评选活动自1990年开始至今，树立了一批勤于学习、勇于创造、甘于奉献的杰出青年典型，为当代青年的健康成长树立了光辉的典范。这项活动开展14年来，得到了广大青年和全社会的广泛认同，为促进青年人才脱颖而出，培养和造就一支强大的青年人才队伍发挥了重要的导向作用。近年来，不少行业和领域也纷纷采取类似的方式评选表彰典型，在社会上形成了一种“十杰”现象。这充分说明“杰出青年”的评选模式是成功的，是顺应时代发展潮流的，是符合青年成长规律的。各级共青团、青联组织要在总结经验的基础上，不断把这项工作引向深入。

前不久，中央专门召开全国人才工作会议，从我国现代化建设的全局出发，确立了新的历史条件下做好人才工作的基本思路和宏观布局，明确了实施人才强国战略的方针政策、总体要求和目标任务，特别是明确提出要切实抓好青年人才的培养和使用工作，充分调动包括青年人才在内的各类人才的积极性、主动性和创造性。各级党委、政府要高度重视青年工作特别是青年人才工作，大力支持共青团和青联事业，在全社会形成鼓励青年干事业，支持青年干成事业的良好氛围，大力弘扬青年一代的开拓创新精神、艰苦奋斗精神和拼搏奉献精神，为造就一支强大的青年人才队伍创造良好条件。各级共青团和青联组织要认真研究当代青年的特点和需求，把握新的历史条件下做好青年人才工作的规律，注重发挥杰出青年的典型示范作用，为青年人才的发展和青年的健康成长提供切实有效的服务。

时代呼唤人才，祖国需要人才。科学研究发现，人生最佳的发明创造期在25～45岁之间，青年时代是一个人一生中接受最新知识、思想活跃、精力旺盛的黄金时期，也是一个人逐步走向成功、实现人生追求的关键时期。我相信，在邓小平理论和“三个代表”重要思想的指引下，在以胡锦涛同志为总书记的党中央领导下，一定会有更多的青年在“十杰”青年精神的感召下，在全面建设小康社会的伟大实践中拼搏奉献，成长成才。也衷心地祝愿“十杰”青年珍惜荣誉、再接再厉，追求卓越、再创佳绩！

元旦刚过，春节将至。借此机会，我给大家拜个年，祝大家在新的一年里、在各自的岗位上取得更大的成就，为祖国和人民作出更大的贡献！

中共中央政治局委员王兆国同志在全国青联九届五次常委会上的重要讲话

（2004年1月4日）

同志们、青年朋友们：

参加全国青联九届五次常委会，和大家相聚在美丽的春城昆明，特别是看到许多新同志走上全国青联的领导岗位，我感到非常高兴。在这里，我首先向参加会议的各位常委致以亲切的问候！对全国青联近年来取得的突出成就表示热烈的祝贺！

作为一名曾经从事过青年工作的同志，我对青联的工作和活动一直都比较关注。近年来，青联组织在党的领导下，坚持爱国、团结、进步，围绕大局，发挥优势，不断拓宽领域，创新活动方式，工作开展得生动活泼、有声有色，在改革开放和现代化建设的各个领域都作出了积极的贡献。特别是"博士服务团"、"中国青年科技创新行动"、"海外学人回国创业周"、"志愿者艺术团"等活动很有特点，在促进经济社会发展方面发挥了积极的作用；"十大杰出青年"、"青年科学家奖"等评选表彰活动，树立和宣传了一大批各行各业的杰出青年典型，在青年中产生了很大的反响，促进了青年的健康成长；多种形式的海内外青年交流活动，增进了世界各国青年之间的了解和友谊，激发了海内外中华青年的爱国热情。广大青联委员积极投身国家的现代化建设，在许多重大领域作出了突出贡献，如首次载人航天飞行的圆满成功，就凝结了一批青联委员的心血和智慧。所有这些成绩充分说明，青联组织始终充满蓬勃生机，青联事业始终充满无限希望。

近一段时间，中央先后召开了十六届三中全会、中央经济工作会议和全国人才工作会议等一系列重要会议，对事关我国改革开放和现代化建设全局的重大问题作出了战略部署。青联组织一定要认真学习、深刻领会中央会议精神，坚持以邓小平理论和"三个代表"重要思想为指导，高举爱国主义、社会主义旗帜，自觉把青联工作置于党和国家工作大局中去思考、去把握、去安排，最广泛地团结凝聚青年，为全面建设小康社会、实现中华民族伟大复兴而奋斗。下面，我简要讲几点意见。

一、把握战略机遇期，全面建设小康社会，需要青年一代共同奋斗

我们正处在新世纪新的发展阶段。在刚刚过去的一年里，全党全国人民在邓小平理论和"三个代表"重要思想的指引下，在以胡锦涛同志为总书记的党中央坚强领导下，团结一心、顽强拼搏，战胜了种种困难和挑战，国民经济持续快速增长，各项事业都呈现出良好的发展势头。当前世界经济政治发展的基本态势，总体上对我国也是十分有利

的。能否抓住本世纪头20年的重要战略机遇期，尽快实现全面建设小康社会的奋斗目标，对于我国到本世纪中叶基本实现现代化，建成富强、民主、文明的社会主义国家，实现中华民族的伟大复兴至关重要。我们必须珍惜好形势，把握机遇期，增强紧迫感，把各方面的力量最大限度地团结起来，把各方面的积极性最大限度地调动起来，聚精会神搞建设，一心一意谋发展，为全面建设小康社会、加快社会主义现代化共同奋斗。

青年始终是推动社会历史进步的一支伟大力量。只有把广大青年的热情、智慧和力量都凝聚起来，我们的事业才能永葆旺盛的生机与活力。当代青年的成长发展适逢本世纪头20年的重要战略机遇期，全面建设小康社会的重任历史性地落在了青年一代身上。当代青年知识结构新，创造热情高，创新能力强，有着许多鲜明特点和优势。在这样一个千帆竞发、百舸争流的时代，青年一代创业的环境从来没有像现在这样好，发展的机遇从来没有像现在这样多，展示的舞台从来没有像现在这样大，真可谓生逢其时，大有可为。广大青年一定要切实增强责任感和使命感，认清形势、把握趋势，抓住机遇、乘势而上，在全面建设小康社会的进程中充分发挥突击队和生力军作用。青联组织要在青年中大力弘扬伟大的民族精神，用全面建设小康社会的目标凝聚青年，用重要战略机遇期激励青年，引导广大青年把个人的理想追求与祖国的建设事业紧密结合起来，汇聚成团结奋斗的洪流。

二、实现祖国完全统一大业，需要青年一代共同奋斗

实现祖国的完全统一，是我们党在新世纪的三大历史任务之一。历史发展一再表明，国家统一、民族团结、社会稳定，则政通人和、百业兴旺；国家分裂、民族纷争、社会动乱，则国力衰微、生灵涂炭。青年是祖国的未来、民族的希望。只要海内外中华青年更加紧密地团结起来，结成最广泛、最牢固的爱国统一战线，就能够形成一支推动祖国完全统一的巨大力量。

在促进港澳的繁荣稳定、推动祖国的完全统一方面，青联组织完全可以大有作为。要进一步加大工作力度，促进各族各界、海内海外中华青年的大团结，引导他们为实现祖国的完全统一共同奋斗。要按照“一国两制”、“港人治港”、“澳人治澳”、高度自治的方针，加强与港澳青年组织的联系与合作，密切祖国大陆青年与港澳青年的交流和交往，为促进港澳的繁荣稳定和发展作出更大的努力。解决台湾问题，实现祖国的完全统一，是海内外中华儿女的共同心愿，符合包括2300万台湾同胞在内的全体中国人民的根本利益。近年来，尽管台湾岛内出现了值得注意的新动向、新变化，但我们以最大诚意、尽最大努力争取和平统一前景的决心不会动摇。进一步加强两岸青年的沟通与交往，对于维系两岸同胞血浓于水的亲情，完成祖国统一大业，具有十分重要的意义。要不断拓展两岸青年在科技、经济和文化领域的交流与合作，扩大共识、增进互信，坚决同各种企图分裂祖国的活动作斗争。只要包括广大青年在内的两岸同胞携起手来，共同奋斗，祖国完全统一的光明前景就一定会早日到来。

三、实施人才强国战略，需要青年一代共同奋斗

百业兴盛，人才为本。人才已成为当今时代推动经济社会发展的第一资源。我国要建设小康社会、实现祖国统一和民族振兴，必须大力实施人才强国战略，加紧培养中高级领导干部、优秀企业家和各领域高级专家等高层次人才，尽快形成一支门类齐全、梯次合理、素质优良、新老衔接、充分满足经济社会发展需要的宏大人才队伍。

实施人才强国战略，关键取决于青年一代。青年人才的不断涌现，是党和国家事业生生不息、兴旺发达的希望所在。广大青年要适应时代发展要求和国家建设需要，树立人人可以成才的观念，珍惜光阴、抓住机遇，胸怀大志、不畏艰险，在刻苦学习中丰富自己，在工作实践中完善自己，在激烈竞争中提高自己，在艰苦环境中磨炼自己，在拼搏奋斗中充实自己，努力成长为对祖国、对民族、对社会有用的人才，成长为党和国家各项事业的骨干和中坚力量。

青联组织要积极为青年人才施展才华、建功立业搭建舞台、创造条件，满腔热情地帮助青年人才提高政治和业务素质，丰富实践经验，实现全面发展。要引导青年人才积极参与科技创新、三农问题、国企改革、西部开发、老工业基地振兴、文化建设等经济社会发展的重点领域和重点工作，把他们的巨大创造热情和创业潜能最大限度地发挥出来。要进一步加大青年留学人员的工作力度，积极为他们回国创业或以各种方式为祖国服务牵线搭桥、提供帮助。要积极培养青年人才，广泛吸引青年人才，大力宣传青年人才，充分使用青年人才，造就大批青年领导人才、管理人才、科技人才和其他各类人才，促进大批高素质青年人才脱颖而出，使青联成为青年人才之家、青年人才高地。

青联是党领导下的青年群众组织，又是最广泛的青年爱国统一战线组织，优秀人才荟萃，杰出青年云集。在新世纪、新阶段，要更好地完成担负的历史任务，必须进一步把青联组织建设好。随着改革开放的日益深入和社会主义市场经济的不断发展，我国社会经济成分、组织形式、就业方式、利益关系和分配方式日趋多样化，青联的工作环境和工作对象都相应地发生了很大变化，这就要求青联组织必须坚持以邓小平理论和“三个代表”重要思想为指导，加大创新力度，认真研究解决自身建设面临的新情况新问题。特别是要不断创新组织形式，拓宽联系渠道，加强对新的社会阶层中青年代表人士的联系，扩大团结面和覆盖面。要结合青年的新特点，紧跟时代前进步伐和社会进步潮流，不断创新工作方式，增强感召力和影响力。要进一步强化服务青年的职能，把服务青年贯穿于青联工作的始终，不断增强青联组织的吸引力和凝聚力。

青联委员是我国各族各界青年的优秀代表，在青年中、在社会上都很有影响。青联委员的言行不仅代表着个人，更体现着一代青年的形象。成为一名青联委员很光荣，同时也意味着重大的责任。特别是在座的各位青联常委，肩负的责任更大。希望你们热爱祖国、情系中华，服务人民、造福社会；希望你们珍惜荣誉、再接再厉，奋发进取、永不懈怠；希望你们加强修养、陶冶情操，清正廉洁、自警自律，以自己的模范思想和言行，影响和带动更多的青年共同进步。

同志们，青年朋友们，今年是全面落实十六大和十六届三中全会精神，深化改革、扩大开放、促进发展的重要一年，也是实现“十五”计划的关键一年。让我们紧密团结在以胡锦涛同志为总书记的党中央周围，在邓小平理论和“三个代表”重要思想的指引下，同心同德，群策群力，为全面建设小康社会、实现中华民族的伟大复兴作出更大的贡献。

中华民族的传统节日春节即将到来，借此机会，我向大家致以新春的祝福，祝大家在新的一年里取得新的更大的成绩！

中共中央政治局委员王兆国同志在第八届“中国青年五四奖章”颁奖座谈会上的重要讲话

（2004 年 5 月 8 日）

同志们、青年朋友们：

参加今天这个活动，与各界青年的杰出代表——中国青年“五四奖章”获得者进行座谈，我感到十分高兴。首先，我向获奖的各位青年朋友表示热烈的祝贺！

看了获奖同志们的事迹介绍，刚才又听了几位同志的发言，我很受感动，也深感振奋。你们当中，有带领农民增收致富奔小康的基层干部，有植树造林、变沙漠为绿洲的普通农民，有领导企业走出困境、重塑辉煌的国企老总，有致富思源、回馈社会的民营企业家，有勇攀高峰、成果斐然的科技专家，有主持重点工程建设的高级工程师，有勇于创新、爱岗敬业的技术能手，有在艰苦地区奉献爱心的大学生志愿者，还有战斗在军事战线的青年官兵、司法战线的人民法官以及宣传战线的新闻工作者。虽然大家来自不同的领域，工作在不同的岗位，但都为国家的改革开放和现代化建设作出了突出贡献，创造了骄人业绩。你们不愧为广大青年学习的榜样。在你们身上，集中体现了当代青年热爱党、热爱祖国、热爱人民、奉献社会，锐意创新、积极进取，求真务实、追求卓越的精神风貌。你们的成长道路和奋斗足迹充分说明，当代青年在党的领导下，只要按照“勤于学习，善于创造，甘于奉献”的要求，自觉与群众结合、与实践结合，就一定能够沿着正确的方向健康成长，创造出无愧于时代的辉煌业绩。

今年是五四运动 85 周年。85 年来，一代又一代青年在中国共产党的领导下，在五四运动伟大精神的激励下，前赴后继，英勇奋斗，为争取民族独立和人民解放，为实现国家强盛和民族振兴，建立了卓越的历史功绩。无论是在波澜壮阔的革命战争年代，在热火朝天的社会主义建设时期，还是在激流勇进的改革开放新时代，到处都可以听到青年进军的号角，到处都可以看到青年创业的旗帜。一个个走在时代前列的青年楷模脱颖而出，引领着广大青年投身于革命、建设、改革的伟大实践，谱写出一曲曲感人肺腑、可歌可泣的青春诗篇。今天受表彰的这些优秀青年，是在新的时代涌现出的又一批青年楷模，他们的先进事迹，是“五四”精神在当代的生动写照。这进一步昭示，青年始终是党的事业的重要依靠力量，是推动我国社会发展和历史进步的生力军。

目前，我们国家已经进入全面建设小康社会、加快推进社会主义现代化新的发展阶段。本世纪头 20 年，对我国来说是一个必须紧紧抓住并且可以大有作为的重要战略机遇期。能否抓住这个机遇期，用好这个机遇期，对党和国家事业的发展至关重要。许多国家的发展进程表明，从人均1000美元到3000美元，是一个国家现代化进程中非常关键的阶段，既蕴涵着实现经济较快增长、顺利推进工业化和现代化的重大机遇，也潜伏着各种困难、风险和严峻的现实挑战。这就要求我们必须善于把握机遇，敢于应对挑战，同心同德，群策群力，不断把社会主义现代化事业推向前进。

要抓住新机遇、解决新问题、实现新发展，对我们党是重大的考验，对当代青年也是重大的考验。越是面对艰巨繁重的历史任务，党和国家越是需要发挥青年的重要作用。在新的历史征程中，广大青年一定要切实增强责任感、使命感，继承和发扬五四运动的光荣传统，向优秀青年学习，以自己的热情、智慧和力量谱写新的历史篇章。借此机会，我提三点希望。

*第一，希望广大青年牢固树立坚定正确的理想信念。*具有坚定正确的理想信念，是一个人成就事业的根本保证和力量源泉。青年人处在成长的关键时期和发展的起步阶段，确立坚定、正确的理想信念对一生都非常重要。当代青年要担负起全面建设小康社会、实现社会主义现代化的历史重任，最重要、最关键的，就是要确立跟党走中国特色社会主义道路的坚定信念。历史经验反复证明，只要我们坚持党的领导不动摇，坚持走中国特色社会主义道路不动摇，聚精会神搞建设，一心一意谋发展，中华民族必将迎来更加光明的前景。今天在座的获奖青年之所以能够取得不平凡的成绩，得到广大群众和社会的赞誉，根本的一条，就是他们自觉把个人的事业融入中国特色社会主义的伟大事业，并为之不懈奋斗。这就要求广大青年要把自己的理想信念建立在对历史发展规律的认识上，建立在对科学理论的掌握上，构筑起强大的精神支柱，坚持以邓小平理论和"三个代表"重要思想为指导，自觉与以胡锦涛同志为总书记的党中央保持高度一致，进一步提高明辨是非、抵御错误思想的能力，提高维护改革、发展、稳定大局的自觉性和坚定性。

共青团、青联组织要始终站在关系党的事业后继有人、社会主义事业兴衰成败的战略高度，把坚定青年的理想信念摆在首位，切实加强青年思想政治工作。特别是当前面对各种思想文化的相互激荡，面对改革过程中各种复杂尖锐的矛盾，在青年的思想中，也产生了这样那样的影响。要做好新时期的共青团工作和青年工作，必须认真研究时代发展的新特点，研究社会生活的新变化，研究青年遇到的新问题，丰富内容，创新方式，完善手段，不断增强思想政治工作的针对性和实效性。

*第二、希望广大青年大力弘扬艰苦创业的优良作风。*获得"五四奖章"的同志有一个共同的特点，那就是脚踏实地，艰苦创业，开拓创新。这种精神非常可贵，很值得当代青年学习。一个满足现状、丧失创业和创新精神的民族是没有希望的，一个贪图享受、丧失奋斗意志的青年同样是没有前途的。任何一个国家要发展，要进步，要腾飞，都必须经历艰苦的创业期。全面建设小康社会，实现社会主义现代化和中华民族的伟大复兴，必须大力弘扬艰苦创业的优良作风。近来中央反复强调要树立全面、协调、可持续的科学发展观，其中一个很重要的内涵就是要加快落后地区、困难地区的发展，这就需要包括青年在内的广大人民群众为之进行长期的艰苦奋斗。希望广大青年朋友们自觉

到祖国最需要的地方去，到人民最需要的地方去，到基层最需要的地方去，奉献青春的智慧和力量，铸就青春的事业。

共青团、青联组织要按照“五个统筹”的要求，引导广大青年在现代化建设的各个领域勇挑重担，艰苦创业，特别是要为农村发展、西部开发、老工业基地振兴等多作贡献。团中央联合有关部门实施的“大学生志愿服务西部计划”就是一种很好的方式，在青年中产生了很好的导向作用。要进一步挖掘和树立扎根基层创业、青年可敬可学、时代特征鲜明的优秀青年典型，大力宣传他们的先进事迹和模范行动，把广大青年的积极性和创造性更充分地引导汇聚到社会主义现代化建设的伟大实践中去。

第三、希望广大青年自觉确立发奋成才的奋斗目标。在科学技术迅猛发展、知识更新步伐加快、社会竞争日趋激烈的今天，要想成就一番事业，为国家、为社会作出更大的贡献，必须有过硬本领，必须有真才实学。获奖的同志们不单是艰苦创业的楷模，在刻苦学习、发奋成才方面也为广大青年作出了榜样。时代呼唤人才，发展需要人才。随着改革的深入、开放的扩大，我们在许多重大领域、关键岗位都急需大批高素质的优秀人才，党和国家比以往任何时候都更加深刻地认识到人才的极端重要性。青年是国家的未来、民族的希望，建设一支规模宏大的高素质人才队伍，最终取决于大批青年人才的不断涌现。希望广大青年按照“面向现代化、面向世界、面向未来”的要求，主动适应学习型社会的到来，在打牢知识功底的基础上不断冲击科学前沿，在探求书本知识的同时不断从实践中汲取营养，努力提高适应改革开放和现代化建设的全面素质。特别是要鼓励和支持广大青年自觉树立创新意识，大力发扬创新精神，立足本职、锐意进取，为改革发展献计出力，在投身经济和社会发展的实践中大胆探索、勇闯新路。

共青团、青联组织要牢固树立“人才资源是第一资源”的观念，围绕人才强国战略的实施，把大力培养青年人才摆在更加突出的位置，积极探索培养、凝聚、举荐青年人才的新思路、新办法，努力为广大青年施展才华搭建舞台、提供服务，促进大批优秀青年人才的脱颖而出。

“中国青年五四奖章”是共青团中央、全国青联授予当代青年的最高荣誉。赢得这样的荣誉来之不易，保持这样的荣誉更须努力。希望获奖的青年珍惜荣誉，努力做到谦虚谨慎、不骄不躁；希望获奖的青年再接再厉，努力做到拼搏奉献、勇攀高峰。

同志们，青年朋友们，一代又一代青年成长的轨迹充分证明，只有勤奋学习、善于创造、甘于奉献的青春，才是最美丽的青春。在全面建设小康社会的历史进程中，中国青年将是承前启后、继往开来的一代，将是大有希望、大有作为的一代。祖国需要你们，人民需要你们，党需要你们，中国特色社会主义的伟大事业需要你们。我相信，在邓小平理论和“三个代表”重要思想指引下，在以胡锦涛同志为总书记的党中央坚强领导下，广大青年一定会牢记党和人民的嘱托，以获奖的优秀青年为榜样，在全面建设小康社会、实现中华民族伟大复兴的进程中创造出更加辉煌的业绩！

中共中央政治局委员王兆国同志在共青团十五届三中全会上的重要讲话

（2004 年 12 月 15 日）

同志们：

共青团召开十五届三中全会，深入学习贯彻党的十六届四中全会和中央经济工作会议精神，总结全年工作，研究部署当前和今后一个时期的共青团工作，这对于共青团组织进一步认清形势，明确任务，努力开创共青团事业发展的新局面，必将起到积极的推动作用。

以胡锦涛同志为总书记的新一届中央领导集体高度重视共青团工作。前不久，曾庆红同志主持召开中央书记处办公会议，专门听取团中央书记处的工作汇报，充分肯定了一年来共青团工作取得的显著成绩，明确提出了下一步做好共青团工作的重要意见。同志们一定要认真学习领会，并切实贯彻到今后的各项工作中去。

在过去的一年里，各级团组织在以胡锦涛同志为总书记的党中央领导下，坚持以邓小平理论和“三个代表”重要思想为指导，树立和落实科学发展观，把服务大局与服务青年有机结合起来，在用科学理论教育青年、带领青年投身经济建设、组织青少年参与群众性精神文明创建活动、帮助青少年提高素质和加强共青团自身建设等方面，下了很大工夫，取得了明显进展。借此机会，我代表党中央，向各级团组织、广大团干部和团员青年表示亲切的问候！

这段时间，中央先后召开了党的十六届四中全会和中央经济工作会议，对当前和今后一个时期全党全国的工作特别是对加强党的执政能力建设和做好明年经济工作作出了全面部署。认真学习贯彻党的十六届四中全会和中央经济工作会议精神，是当前全党全国的一件大事，也是摆在共青团组织面前的一项重大政治任务。各级团组织要站在全局和战略的高度，重视这项任务，抓好这项任务，努力把团干部和团员青年的思想认识统一到中央的大政方针上来，把中央的决策部署变为团干部和团员青年的自觉行动。

下面，我着重就共青团如何学习贯彻党的十六届四中全会和中央经济工作会议精神，进一步做好今后的各项工作，讲四点意见。

一、从加强党的执政能力建设的高度，切实增强做好新形势下共青团工作的责任感和使命感

加强党的执政能力建设，是关系中国社会主义事业兴衰成败、关系中华民族前途命

运、关系党生死存亡和国家长治久安的重大战略课题。实践表明，我们党要在执政条件下成为思想上政治上组织上完全巩固、始终站在时代前列带领人民团结奋进的坚强领导核心，就必须坚持把执政能力建设作为一项根本建设抓紧抓好。

对我们党来说，做好群众工作与提高执政能力之间，有着内在的本质的联系。群众工作做得怎样，组织群众、宣传群众、教育群众、服务群众的成效如何，直接影响到党的执政能力建设的全局。这是因为，我们党要实践自己的执政理念，始终坚持立党为公、执政为民，真正做到权为民所用、情为民所系、利为民所谋，实现好、维护好、发展好最广大人民群众的根本利益，就必须遵循马克思主义的群众观点和党的群众路线，卓有成效地开展群众工作，更好地了解群众意愿、体察群众情绪、关心群众疾苦，尽最大努力为群众办实事、解难事、做好事。我们党要巩固自己的执政基础，始终保持同人民群众的血肉联系，紧紧依靠广大人民群众来推进党和国家的事业，就必须坚持和发挥善于做群众工作的政治优势，注重运用说服教育、示范引导和提供服务等方法，最大限度地把广大人民群众团结凝聚在党和政府的周围，使党和国家事业发展获得强大而不竭的动力。

我们党要完善自己的执政方式，实行科学执政、民主执政、依法执政，加强政治、思想和组织领导，进一步做好总揽全局、协调各方的工作，就必须特别重视群众团体在国家政治、经济和社会生活中不可替代的重要位置，切实加强和改善对群众团体的统一领导，充分发挥群众团体在联系群众方面的桥梁纽带作用和在巩固国家政权方面的社会支柱作用。

青年是整个社会中一部分最积极最有生气的力量，昭示着国家的未来和民族的希望。做好青年群众的工作，与我们党长期执政、党的事业长盛不衰息息相关。各级团组织和广大团干部一定要从关系党的执政能力建设全局的高度，充分认识做好新形势下共青团工作的重要性，进一步增强责任感和使命感，不断把共青团事业推向前进。

二、按照全面落实科学发展观的要求，充分发挥广大青年在推动经济社会发展中的生力军作用

科学发展观是我们党以邓小平理论和“三个代表”重要思想为指导，从新世纪新阶段党和国家事业发展全局出发提出的重大战略思想和指导方针。科学发展观为我们提供了抓住机遇、加快发展的世界观和方法论，提供了应对更加复杂的国际国内环境和各种新挑战的强大思想武器。各级团组织一定要深刻理解用科学发展观统领经济社会发展全局的重大意义，进一步增强贯彻落实科学发展观的自觉性和坚定性，通过开展一系列独具特色的工作和活动，最大限度地把广大青年的智慧和力量引导到促进经济社会全面协调可持续发展上来。

经济建设领域是广大青年发挥生力军作用的主战场。根据中央的部署，明年要继续加强和改善宏观调控，全面实现“十五”计划目标。经济建设的繁重任务向青年这支生力军发出了新的召唤，提出了新的要求。各级团组织要紧紧围绕明年经济工作的主要任务，带领广大青年为推动国民经济发展作出积极贡献。要着眼于实现粮食稳定增长、农民持续增收，引导青年认真贯彻落实中央的支农惠农政策，在搞好粮食生产、调整农业结构、推广农业技术、发展农业产业化经营、加强农业基础设施建设、拓宽增收致富渠道等方面施展本领，促进农业和农村经济保持发展的好势头。要着眼于提高科技自主创新能力，引导青年增强创新意识和能力，立足本职岗位开展发明创造活动，为实现技术的跨越式发展、增强企业的核心竞争力充分发挥聪明才智。要着眼于深入推进经济体制改革，引导青年保持锐意改革的热情和勇气，坚定地支持党和政府的改革举措，为进一步深化改革出谋划策、贡献智慧。要着眼于建设节约型社会，引导青年增强节约能源、节约资源、保护环境的意识，大力推动循环经济发展，积极倡导节约型的生产方式和消费方式。要着眼于促进区域经济协调发展，引导青年投身西部大开发、东北等老工业基地振兴、中部地区崛起等区域发展战略的实施进程，努力谱写艰苦创业的时代新篇章。

社会发展领域是广大青年发挥生力军作用的广阔天地。现代化建设的实践证明，在坚持以经济建设为中心的同时，必须促进经济社会协调发展，否则经济建设也会受到制约，难以真正搞上去。青年在加快发展社会事业方面大有可为。各级团组织要致力于推动社会主义精神文明建设，进一步深化青年志愿者、青年文明号和青年文明社区等群众性精神文明创建活动，引导广大青年在服务社会、服务人民中，大力发扬中华民族优秀文化和传统美德，大力倡导社会主义道德规范，大力反对腐朽没落思想文化。要致力于发展社会主义先进文化，充分挖掘青年参与先进文化建设的巨大潜力，深入开展健康向上、形式多样、充满活力的青年文化活动，积极创作和推广青年文化精品，大力加强青年文化阵地建设，为繁荣发展社会主义先进文化添砖加瓦。要致力于构建社会主义和谐社会，组织广大青年积极参与社会建设和管理，主动配合党和政府做好协调利益、化解矛盾、排忧解难的工作，做好引导群众以理性合法的形式表达利益要求的工作，做好社会治安综合治理的工作，以实际行动维护改革发展稳定的大局。

三、把握以人为本的深刻内涵，不断提高教育青年、服务青年的工作水平

坚持以人为本，说到底，就是要以实现人的全面发展为目标。把以人为本的思想贯彻到共青团工作中去，就要求团组织通过有效的教育，帮助广大青年巩固团结奋斗的共同思想基础；通过周到的服务，帮助广大青年解决成长发展中遇到的实际问题，促进青年一代健康成长。

要进一步增强青年思想教育的针对性和实效性。当前，青年的思想状况变化很大很快，影响青年思想的各种因素也变化很大很快。对青年思想教育来说，增强针对性和实效性是一个常提常新的要求。团组织要针对各种思想文化相互激荡的现实，加强对青少年的理想信念教育，帮助他们用邓小平理论和“三个代表”重要思想武装头脑，使他们牢固树立起正确的世界观、人生观、价值观，增强民族自豪感、自尊心、自信心，进一步坚定他们跟党走中国特色社会主义道路的信念，始终把握好人生的正确方向。要针对国际国内形势复杂变化的现实，加强对青少年的形势政策教育，帮助他们对形势作出正确的判断，对国情有更深入的了解，从而积极拥护党和政府应对复杂形势、适应基本国情而采取的各项政策措施。要针对影响青少年思想的渠道和方式日益增多的现实，加

强对青少年思想教育新手段新方法的研究探索，努力占领青少年思想文化阵地，切实形成正面思想教育影响青少年的强势。这里需要特别强调的是，前一段，中央相继下发了进一步加强未成年人思想道德建设、进一步加强和改进大学生思想政治教育这两个重要文件。各级团组织一定要按照文件要求，突出抓好未成年人和大学生两个重点群体的思想教育，并在这个过程中积累经验、掌握规律，以推动青少年思想教育工作整体水平的提高。

要进一步增强服务青年的工作力度。竭诚为青年服务是共青团组织义不容辞的责任，任何时候都不能有所放松、有所懈怠。在服务青年方面，既要把注意力放在促进青年成长成才上，通过拓展素质、搭建舞台等工作，真正在青年人才的成功道路上留下团组织的工作痕迹；又要把关注点放在为遇到特殊困难的部分青年排忧解难上，积极推动就业再就业、社会保障、社会救助等工作，真正使他们享受到改革发展的成果。既要满腔热情地为青少年办好事，使他们的学习、工作拥有更好的条件；又要旗帜鲜明地同侵犯青少年合法权益的行为作斗争，配合有关部门坚决扫除有害青少年身心健康的社会丑恶现象，使青少年成长的社会环境进一步得到优化。既要抓紧做好服务青年的具体工作，让更多的青年得到团组织更多的关爱和帮助；又要重视抓好服务青年的机制建设，推动这方面工作走上制度化、规范化、社会化的轨道，保持长久的生命力。

四、抓住开展保持共产党员先进性教育活动的有利时机，大力加强和改进共青团自身建设

中央决定，从明年1月开始，用一年半左右时间，在全党开展以实践“三个代表”重要思想为重要内容的保持共产党员先进性教育活动。这是新世纪新阶段党的建设的一项基础性工程。对共青团来说，要严格按照中央要求，搞好本系统的教育活动；要参照党组织的做法，在团内开展增强团员意识教育活动；最重要的是，要以全党开展保持共产党员先进性教育活动为契机，坚持以党建带团建，加强共青团能力建设，全面提高团的自身建设水平。加强和改进团的自身建设，要着力抓好基层组织建设和干部队伍建设两个重点。

抓团的基层组织建设，要在适应社会变革上狠下功夫。随着社会主义市场经济的深入发展和对外开放的不断扩大，我国经济社会结构继续发生深刻变化。在这一过程中，青年的群体分布、利益需求、价值取向、行为方式等也在持续发生新的变化。团的基层组织面对这些变化，必须主动适应。要继续探索基层团组织设置的新模式、新办法，努力扩大团的工作在团员青年中的覆盖面和影响力；要继续探索基层团组织开展工作的新思路、新方式，不断增强基层团组织的凝聚力、吸引力和战斗力。全团都要关注基层、支持基层、服务基层，尤其要为基层团干部开展工作提供更大的帮助、创造更好的条件，使他们全力以赴地做好工作，为共青团事业发展夯实基础。

抓团的干部队伍建设，要在转变工作作风上狠下功夫。中央反复强调，要弘扬求真务实精神，大兴求真务实之风。这不仅对党的干部队伍建设有很强的针对性，而且对团的干部队伍建设同样有很强的针对性。广大团干部一定要抓紧学习、积极实践，用科学

的理论武装自己，用广博的知识充实自己，用丰富的经验提高自己，不断增强求真务实的意识和本领；一定要脚踏实地、埋头做事、兢兢业业、甘于奉献，在每一项工作中都体现求真务实的要求。只有这样，团干部才能真正成为党放心、青年满意的好干部。

党的领导是共青团事业发展的根本保证。各级党委都要从党的事业兴旺发达的战略高度，加强对共青团工作的领导，经常给团组织出题目、压任务，为团组织开展工作创造条件，对团干部加强教育培养，更好地发挥共青团作为党的助手和后备军的重要作用。

同志们，在全面建设小康社会的历史征程上，青年一代是可以大有作为的，共青团组织也是可以大有作为的。让我们紧密团结在以胡锦涛同志为总书记的党中央周围，高举邓小平理论和“三个代表”重要思想伟大旗帜，动员组织广大团员青年，开拓进取，扎实工作，同全国人民一道，把中国特色社会主义事业不断推向前进。

全国人大常委会副委员长顾秀莲同志在全国预防青少年违法犯罪暨学校及周边治安综合治理工作会议上的重要讲话

（2004 年 4 月 27 日）

同志们：

今天，我们在这里召开预防青少年违法犯罪和学校及周边社会治安综合治理工作会议。这次会议的主要任务是深入学习贯彻党的十六大和十六届三中全会精神，贯彻落实中共中央国务院《关于进一步加强和改进未成年人思想道德建设的若干意见》，总结工作，交流经验，研究部署当前和今后一个时期预防青少年违法犯罪和加强学校及周边治安综合治理工作。刚才，冀平同志传达了锦涛、罗干、永康同志的重要批示，中央领导同志的批示体现了党中央对广大青少年的殷切关怀和厚望，为我们今后的工作指明了方向。上海市委、市政府十分重视这次会议，为会议的召开做了大量准备工作，云耕同志代表市委、市政府到会致辞，会议还将介绍上海的成功经验，观摩一些行之有效的做法。昨天我和北京来的同志参观了徐汇区、长宁区、上海青年文化活动中心等地，有的经验还是可以推开的，最重要的是党委重视，政府亲自抓，把社会各界资源组织起来。我昨天看了以后非常高兴，如果大家都做起来是会有成效的。刚才，胜俊同志和周强同志分别就学校及周边治安综合治理和预防青少年违法犯罪工作作了专门部署，我听了以后很有启发。他们的讲话要求明确，针对性强，卓有成效。希望大家按照他们的部署结合各地情况加以贯彻落实。同志们，近几年来，在中央综治委的领导下，在各地党委、政府的重视下，各地区各部门认真负责、密切配合，扎实工作，应该说还是取得了较大的成绩。在此，我代表中央综治委向所有关心、支持和重视预防青少年违法犯罪和学校及周边治安综合治理工作的同志们表示亲切的问候和衷心的感谢。

借此机会，我代表中央综治委讲三点意见：

一、认清形势，统一思想，充分认识加强预防青少年违法犯罪和学校及周边治安综合治理工作的重要性

当前，我国进入全面建设小康社会的新的历史时期，党的十六届三中全会提出要坚持以人为本，全面、协调、可持续的科学发展观，这是以邓小平理论和“三个代表”重要思想为指导，从新世纪新阶段党和国家事业发展全局出发提出的重大战略思想，对于做好包括社会治安综合治理在内的各项工作具有极为重要的指导意义。科学发展观要求

在加快经济发展的同时，更加注重社会的全面进步。不仅要看经济发展，还要看社会治安、社会稳定和社会和谐；不仅要看人民群众生活水平，还要看人民群众的安全感，看人民群众是否安居乐业。以科学的发展观指导社会治安综合治理工作，要求我们必须把包括青少年在内的最广大人民的根本利益作为出发点和落脚点，牢固树立以人为本的观念，防范和打击各类违法犯罪活动，保障广大人民群众的生命财产安全，维护社会治安、秩序和社会稳定；要求我们必须进一步重视预防青少年违法犯罪和学校及周边治安综合治理工作，着眼于青少年的健康成长，切实维护青少年的合法权益，不断优化青少年成长环境，最大限度地遏制和减少青少年违法犯罪，维护和保持良好的治安秩序，为确保国家的长治久安，促进经济、政治、文化的全面、协调和可持续发展创造良好的社会环境。

党和国家历来十分重视、关心青少年的健康成长，高度重视这两项工作。早在1996年就提出了整顿高校治安秩序和加强学校治安综合治理工作的意见。《中华人民共和国未成年人保护法》和《中华人民共和国预防未成年人犯罪法》颁布后，中办国办转发了中央综治委《关于进一步加强预防青少年违法犯罪工作的意见》，对如何落实“两法”提出了明确要求。今年2月26日，中共中央国务院下发了《关于进一步加强和改进未成年人思想道德建设的若干意见》，就新形势下全面提高未成年人的思想道德素质提出了新的任务和要求。最近，锦涛同志在批示中着重指出：“加强治安环境的综合治理，确保校园的长治久安”，这不仅是对学校的要求，也是对全党全社会的要求，是加强预防青少年违法犯罪和学校及周边治安综合治理工作的总动员令。罗干、永康同志的重要批示，更加增强了我们做好这两项工作的责任感和使命感。我们一定要深刻学习领会中央领导同志的指示精神，不辜负党中央的殷切期望，坚决把中央领导的指示贯彻落实到预防青少年违法犯罪和学校及周边治安综合治理工作中去。

我们正处在实施社会主义现代化建设第三步战略部署的新的发展阶段，国际国内形势正在发生着深刻的变化。我们既要看到我国对外开放进一步扩大、社会主义市场经济深入发展、信息技术等高科技日新月异给我们带来的新机遇，更要正视目前面临的严峻形势。国际敌对势力始终没有停止对我们的思想文化渗透，一些社会丑恶现象沉渣泛起，各种消极腐败现象干扰社会生活，拜金主义、享乐主义、极端个人主义思潮滋长，一些地方渲染暴力、色情、迷信的图书报刊和音像制品及电子信息产品屡禁不止。社会竞争和矛盾冲突加剧，就业、就学、社会福利和财富分配等方面存在着一些不均等现象，社会转型期的诸多问题没有及时解决，在各种消极因素的影响下，出现了青少年犯罪人数增多、恶性案件时常发生、未成年人犯罪增加的现象。今年在长春发生的“3.23”恶性抢劫杀人案，5名青少年犯罪嫌疑人中有4名未成年人，最近公安机关破获的一起12名青少年轮奸15岁少女案件，其中9人为18岁以下未成年人。学校及周边治安问题也有不同程度的反弹，一些地区校内校外治安秩序混乱，师生人身安全受到威胁，去年北京大学、清华大学发生的爆炸案以及今年2月云南大学学生马加爵杀害4名同学的恶性案件，就是典型案例。实践证明，越是经济社会快速发展，越要居安思危、防微杜渐，坚持社会治安综合治理工作不放松，坚持预防青少年违法犯罪和学校及周边治安综合治理工作不放松。我们必须进一步统一思想，提高认识，把这两项工作抓紧抓好。

二、把握规律，开拓创新，进一步增强工作的针对性和实效性

这次会议把这两项工作放在一起来研究，因为他们密切相关、相互促进，都是着眼于促进青少年健康成长，维护社会治安稳定的重要措施。自2001年中共中央国务院下发《关于进一步加强社会治安综合治理的意见》以来，各级党委和政府切实加强对这两项工作的领导，各地区、各部门认真履行职责，社会各方面广泛参与，坚持从源头抓起，扎实开展工作，创造了许多成功的经验：

*一是坚持“两手抓”，一手抓教育服务，一手抓打击整治。*一方面，从青少年自身出发，通过教育服务，帮助青少年树立正确的世界观、人生观和道德法制观念，从思想上构筑起一道抵御违法犯罪的防线。另一方面，着眼于优化环境，通过打击整治、震慑校园及周边违法犯罪分子，及时铲除社会环境中的不良诱因。近年来，各地各部门面向广大青少年，特别是青少年学生，广泛开展多种形式的理想信念、道德法制教育，及时服务青少年的身心需求，开展校园及周边治安整治行动，取得明显成效。实践证明，我们在工作中既要清除社会不良因素、打击学校及周边违法犯罪，更要帮助青少年解疑释惑，帮助他们解决实际困难，满足他们的正常需要，按照重在建设的思路推进工作。

*二是坚持做好重点群体的预防工作。*社会治安综合治理工作因人不同，因事而异，针对不同的对象必须采取不同的措施。就预防青少年违法犯罪而言，未成年人、闲散青少年、进城务工青年、罪错青少年等应当成为重点工作对象，根据各个群体不同的特点，综合运用教育、管理、服务以及惩诫警示、帮教矫治等不同工作手段。就校园及周边治安工作来说，必须把校内学生作为重点保护对象，加强教育服务，严格校内管理；把校外滋扰团伙和周边不法商贩作为重点防范打击对象，采取专项行动严厉打击危害校园安全和诱发青少年违法犯罪的各种不法行为。只有做好重点群体的工作，才能在很大程度上排除隐患，才能事半功倍，取得更大成效。我们昨天去上海的几个区里参观，发现他们的经验特别值得研究。我看了以后非常受启发，我们今后可以把家庭教育、学校教育、社会教育三位一体地结合起来，全面的研究各种不同的孩子，针对他们的思想状况、身心情况、家长情况、周围情况，找出规律，有针对性地开展思想教育工作，开展防范工作。这些工作在上海的四个区进行，还没完全推开。这不光是要党政领导重视这项工作，还要有经济实力，我觉得这些地方可以做些试点推开。我去年在江苏调研时，听到一个很重要的观点，那就是平安镇、平安市的概念，如果一个地区不平安，外商就不会来投资，所以一个社会的发展应该是平衡的、全面的，正如现在的西部大开发，发展经济的同时也要把稳定工作跟上去，这个问题要引起省部级领导的重视，然后把好的经验推开，当然这其中还有个干部作风问题，要切切实实抓落实。我昨天看了以后就非常希望我们好好地把这些经验总结推广，我们还有很多中等城市和小城市，逐步形成全国大网络，联网推动。挽救一个孩子就等于挽救了一个家庭，我们就要想方设法解决这些问题。综治委的工作、妇联的工作、共青团的工作如何在党委的统一领导下，形成整体合

力，这次会议正好提供大家一个交流经验、交流情况、统一思想的良好机会，还要整合资源，在人手少，钱不多的情况下，要把工作做好就要发挥人的最大潜力。

三是坚持把工作的落脚点放在基层。基层是各种社会矛盾的集结地，各类社会问题的焦点和难点也在基层，各个重点群体也大都分散在基层。因此，基层工作扎实与否，很大程度决定着社会治安综合治理工作的成效。实践表明，把预防青少年违法犯罪工作重点下移到社区，立足社区调查研究，制定措施，实施社区预防计划，可以及时地化解各类矛盾纠纷，有效遏制和减少青少年违法犯罪行为的发生。学校及周边治安综合治理工作通过落实校内外各相关单位联防联控责任，不断建立和完善治安防控体系，就能保持和维护校园及周边的良好秩序。社区是社会最大的基础，去年我在调查未成年人法的时候，就深切感受到法律进社区的重要性。

四是坚持专门机关与社会力量相结合。青少年违法犯罪和学校及周边治安是两个复杂的社会问题。专门机关职能作用发挥得如何，直接关系到工作措施的落实，关系到工作的成效。广大人民群众是社会治安综合治理的力量源泉，相信群众、依靠群众，是我们做好工作的重要保障。只有把发挥专门机关作用与发挥人民群众作用紧密结合起来，这两项工作才能取得更大的成绩。近年来，各地各部门充分发挥专门机关职能，加强专门工作力量，同时，畅通渠道，动员组织广大群众和社会力量积极参与，有力地促进了工作的深入开展。

五是坚持开展集中行动的同时，积极探索长效机制。集中行动是解决突出问题，震慑犯罪，遏制不良社会问题蔓延和危害的有力手段。长效机制是着眼长远，解决根本问题，推动工作持续发展的主要方式。我认为上海创造的工作经验属于长效机制，虽然我们现在经济不是最发达，财政也比较紧张，组织那么多社工也有相当的支出，但可以算一笔帐，如果因此维护了社会稳定，减少了违法犯罪，促进了社会经济发展，那就是平衡的，所以我们在研究办法的同时还要研究资金来源，要说服领导投入资金，一个安全文明的环境一定会促进中华民族的发展。近期又发生的非典疫情，很快就得到了控制，就说明中国人只要做事情有一个好的机制，就一定能够做好。我们思维的方法，工作的开拓，要从建立长效机制入手，逐步做好治安工作。伴随我国经济社会的快速发展，社会环境中引发青少年违法犯罪的不良因素不断发展变化，日趋复杂，学校及周边的一些新问题不断出现，形势要求我们既要采取果断措施消除不良现象，更要用经常性的工作解决带有根本性的问题。集中行动是优化学校及周边治安环境、缓解社会不良因素对青少年危害的治标之策，长效机制是有效预防青少年违法犯罪和维护校园长治久安的治本之举，只有在开展集中行动的同时，积极探索长效机制，才能做到标本兼治，取得实效。

以上是我们在以往工作中积累的宝贵经验，也是今后工作中必须坚持的原则。近年来，预防青少年违法犯罪和学校及周边治安综合治理工作不断加强，但是，我们也要看到，工作中还存在不少薄弱环节，例如，一些地方的工作要求和措施没有得到落实，工作观念和手段相对传统和滞后，基层的工作机构、队伍和阵地不够健全，一些社会不良因素和隐患没有得到及时消除等等，需要我们进一步解放思想、开拓创新，不断研究新情况，解决新问题，努力掌握新形势下预防青少年违法犯罪和学校及周边治安综合治理工作的特点和规律，不断提高整体工作水平。

三、加强领导，求真务实，全面落实社会治安综合治理的各项措施

预防青少年违法犯罪和学校及周边治安综合治理工作取得实效，关键在于各项措施落到实处。在这里，我着重强调三点：

*第一，切实加强领导。*各级党委政府和综治委一定要从讲政治的高度，深刻认识加强预防青少年违法犯罪和学校及周边治安综合治理工作的重要意义，牢固树立保一方平安的责任意识，进一步加强对这两项工作的领导。一是要建立机构。推动预防青少年违法犯罪和学校及周边治安综合治理工作的领导机构和工作机构建设，落实工作经费，配备必要的专职工作人员，健全中央、省、地、县四级领导和工作机构体系。二是要摆上位置。要将预防青少年违法犯罪和学校及周边治安综合治理工作纳入党政工作总体规划和年度计划，定期听取专题汇报，帮助解决工作中的困难和问题，及时作出相应的工作部署，检查工作的落实情况。三是要强化责任。要把预防青少年违法犯罪和学校及周边治安综合治理工作的实绩，列为党政干部考核的一项内容；把这两项工作纳入各地社会治安综合治理的考评体系，同部署，同落实，同检查，并严格实行奖励和责任追究。

*第二，各部门要认真履行职责。*预防青少年违法犯罪和学校及周边治安综合治理工作涉及到多个部门，需要各部门积极参与，密切配合。各级综治委及办公室要把这两项工作列入重要议事日程，根据“属地管理”的原则，指导、协调各有关部门充分发挥职能作用。各级宣传部门要按照中央综治委、中宣部《关于当前加强社会治安综合治理宣传报道工作的意见》，进一步做好这两项工作的宣传报道。各级司法机关要依法打击惩治有关违法犯罪行为，加强对涉案未成年人的保护和教育，巩固、发展和完善少年司法制度；严厉打击校园及周边地区存在的各类违法犯罪活动，调解矛盾纠纷，指导学校开展法制宣传教育工作，推进青少年法制教育的科学化、制度化、规范化。各有关部门要广泛开展多种形式的思想道德教育，加强工读学校建设，帮教转化有不良行为的学生；做好流浪儿童的救助保护和外来施工队伍的教育和管理工作；开展违规网吧、非法“口袋本”图书专项整治行动，认真清理整顿学校及周边各种非法经营活动；落实好预防青少年违法犯罪和学校及周边治安综合治理的工作经费。各级群团组织要发挥密切联系群众的优势，动员社会力量积极参与这两项工作，深入开展创建优秀“青少年维权岗”、“千校百万”培训计划、“中国少年儿童安全健康成长计划”等各种丰富多彩的活动，广泛建立“家长学校”，增强教育和服务的针对性和实效性。

*第三，狠抓落实，在关键环节上下功夫。*一是抓好重点项目。预防青少年违法犯罪工作要培育好“青少年违法犯罪社区预防计划”和创建“未成年人零犯罪社区”这两个工作项目，充分发挥各地、各部门的作用，动员社会力量，巩固预防青少年犯罪的工作基础；学校及周边治安综合治理工作要深入开展“安全文明校园”创建活动，强化校园内部管理，改善学校及周边的治安环境。二是围绕突出问题，研究制定针对性措施。从这两

项工作检查情况来看，目前群众反映比较强烈的主要是非法“网吧”和城乡结合部的中小学校园周边环境问题。对此，学校及有关部门要高度重视，密切配合，一方面要切实加强网上正面宣传，唱响主旋律，打好主动仗，另一方面要采取专项整治行动，通力解决非法“网吧”和“黑网吧”以及城乡结合部的中小学校园周边久拖不决的问题。昨天在新闻里就看到，有两个流连非法“网吧”的少年因为在“网吧”待的时间太长，在回家的路上睡在铁轨上被火车撞死，这也说明非法“网吧”可能导致的影响青少年身心健康的问题会十分严重，我希望各有关部门高度重视，密切配合，一方面要切实加强“网吧”的正面宣传，唱响主旋律，打好主动仗，另一方面要坚决采取专项整治措施，彻底解决非法“网吧”和“黑网吧”的问题，以及校园周边久拖不决的问题。三是坚持不懈地抓好基础性工作。预防青少年违法犯罪和学校及周边治安综合治理工作要认真贯彻实施中央综治委《关于加强社会治安治理基层基础工作的意见》，把各项措施落实到实处。要壮大工作队伍，进一步加强社区专兼职队伍建设，在动员组织青年志愿者、离退休老同志参与预防工作的同时，培训和聘请专职社工，加强社区青少年教育、管理和服务工作；要建好工作阵地，加强校内和校外青少年活动阵地建设，并创造条件对全社会开放，满足青少年的物质文化需求。昨天我参观了上海的禁毒教育展览，搞得非常好。去年我在四川调研，一个村子200多个孤儿，父母都是因为吸毒死亡，回来以后我们建议全国人大立法，加大禁毒力度。上海的展览非常好，我建议有条件的地方要用这种形式丰富的方法来宣传，通过展览的形象化地开展宣传教育。西南部的禁毒形势非常严峻，吸毒还会导致艾滋病的蔓延，虽然我们现在讲我国有84万艾滋病病毒携带者，昨天我在北京接见了纳米比亚议长，他们国家180万人，25%是艾滋病病毒携带者，但根本没有钱治疗，非常希望与我们合作，但如果我们搞不好将也会达到上千万感染者，这是一个相当严重的问题，直接影响国家安康，所以公安政法坚决制止吸毒和卖淫嫖娼十分重要。我们要积极创造条件教育青少年，还要丰富工作手段，运用教育、管理、服务、矫治、帮教、优化环境等多种手段开展预防青少年违法犯罪和学校及周边治安综合治理工作；要做到工作经常化、规范化、制度化，进一步健全工作机制，努力推动两项工作的健康发展。中央提出加强未成年人思想道德教育问题，说明中央下了很大的决心来做这项工作。中央电视台不久前开辟了少儿频道，我希望大家能给少儿频道提供更多更典型的报道，让他们看到我们社会上还有很多人非常高尚地在做工作，在孩子们尚未成年的时候，潜移默化地进行教育，加强家长学校的建设，把家庭教育、学校教育和社会教育三位一体结合起来，每个环节扣紧，切实解决未成年人的思想道德教育问题。

同志们，预防青少年违法犯罪和学校及周边治安综合治理事关千家万户的安宁，事关改革发展稳定大局。做好这两项工作利在当代，功在千秋。让我们紧密团结在以胡锦涛同志为总书记的党中央周围，高举邓小平理论和“三个代表”重要思想的伟大旗帜，牢固树立和落实科学发展观，与时俱进，开拓创新，扎实工作，为把这两项工作进一步推向前进，实现国家的长治久安作出新的贡献！

市委、市政府、团中央领导讲话

共青团中央书记处第一书记周强同志在中国社会主义青年团中央机关旧址纪念馆开馆仪式上的讲话

（2004年4月26日）

同志们、青年朋友们：

今天，我们很高兴在这里，为中国社会主义青年团中央机关旧址纪念馆举行开馆仪式。这是一个非常有意义的日子，这一时刻也是我们长久企盼着的。在此我代表共青团中央表示热烈的祝贺！

1920年8月22日，在上海共产党早期组织的领导下，上海社会主义青年团在这里成立，后被确定为社会主义青年团临时中央局，指导全国各地建团。1922年5月，在中国共产党的领导下，中国社会主义青年团正式成立。从此，中国青年运动进入了一个崭新的阶段，一代又一代热血青年在党的领导下救国图强、前赴后继。“渔阳里”因此奠定了其重要的历史地位，在中国革命的史册上写下了光辉的一页。这个石库门中曾经走出过俞秀松、刘少奇、任弼时、罗亦农、肖劲光等一大批杰出的革命家。

为恢复渔阳里的历史原貌，发挥其对广大青少年应有的教育作用，建团80周年前夕，上海市委和团中央决定对这里进行全面整修扩建，并建立旧址纪念馆。社会各界积极响应，广大团员青年以捐交特殊团费支持建设的方式来表达自己的心愿，许多老领导、老团干也给予了热情的支持。今天，渔阳里被注入了现代化多媒体展示的高新技术和匠心独具的设计手段，再现了八十多年前的光荣历史，生动地展现了中国青年英模的杰出代表。修葺一新的“渔阳里”焕发着活力，将发挥更重要的作用。

“渔阳里”团中央机关旧址纪念馆在整修扩建过程中，始终得到了中共上海市委的高度重视和关心，上海市委还专门划拨党费和财政专款用于纪念馆建设，使得整修扩建工程得以圆满顺利的完成。我记得当时是王安顺同志亲自协调经费和财政拨款事宜。卢湾区人民政府、上海团市委和上海市文物管理委员会也为纪念馆的整修扩建工程付出了大量的心血和人力物力，并为纪念馆能在今年“五四”前夕顺利开馆付出了艰辛的劳动。可以说，“渔阳里”团中央机关旧址整修扩建工程是上海市委及上海的各级党政领导高度重视青年工作的又一标志，团中央对此工程非常满意。在此，我代表团中央和全国广大团员青年向中共上海市委、卢湾区政府、团上海市委和上海市文管委以及所有在纪念馆的整修扩建过程中提供过帮助和无偿捐助的单位、个人及社会各界表示衷心的感谢和由衷的敬意！

前不久,中共中央国务院颁布了《关于进一步加强和改进未成年人思想道德建设的若干意见》。作为广大青少年接受爱国主义教育的各类纪念馆和教育阵地,应进一步充分发挥其教育功能,为广大青少年的健康成长提供服务。“渔阳里”团中央机关旧址纪念馆的落成,为这种服务又提供了一个新的内容和载体。我们相信,纪念馆一定能得到最好的保护与最科学有效的管理,同时最大限度地发挥其应有的教育功能,为新时期青少年思想道德建设提供一个生动活泼、寓教于乐的活动阵地。团中央将专门发出通知,号召全国共青团组织和广大团员青年充分珍惜和利用这一宝贵的阵地资源。

同志们,青年朋友们,青年永远代表着未来和希望。让我们踏着先烈们的足迹,高举邓小平理论和“三个代表”重要思想的伟大旗帜,紧密团结在以胡锦涛同志为总书记的党中央周围,为全面建设小康社会做出自己应有的一份贡献!

谢谢大家。

求真务实　开拓创新
努力做好预防青少年违法犯罪各项工作

共青团中央书记处第一书记周强同志在全国预防青少年违法犯罪暨学校及周边治安综合治理工作会议上的讲话

（2004 年 4 月 27 日 根据录音整理）

这次会议是继 2000 年成都会议以来预防青少年违法犯罪工作的又一次重要会议。这次会议对于深入贯彻"三个代表"重要思想，贯彻落实党的十六大、十六届三中全会精神，以及中共中央、国务院《关于进一步加强和改进未成年人思想道德建设的若干意见》，具有重要的意义。中央领导同志对这次会议高度重视，中共中央政治局常委、中央政法委书记罗干同志，中共中央政治局委员、国务委员、中央政法委副书记周永康同志对会议作了重要批示，充分体现了党中央、国务院对广大青少年的关心和爱护，体现了对预防青少年违法犯罪工作的高度重视，使我们倍受鼓舞，也深感责任重大。稍后，中央政法委秘书长王胜俊同志将作讲话，中央综治委预防青少年违法犯罪工作领导小组组长、全国人大常委会副委员长顾秀莲同志还将发表重要讲话，这对于我们进一步推进预防青少年违法犯罪工作具有重要的指导意义。我们要认真学习领会和贯彻落实。借此机会，我代表预防青少年违法犯罪工作领导小组，同时也代表团中央，向长期以来关心、重视、支持预防青少年违法犯罪工作的中央综治办，上海市委、市政府，中央有关部委，各省、区、市综治办表示衷心的感谢。下面，我受中央综治委预防青少年违法犯罪工作领导小组委托，就预防青少年违法犯罪工作讲几点意见。

一、近年来的工作回顾和当前形势分析

自 2000 年中央综治委召开全国预防青少年违法犯罪工作经验交流会以来，各地各部门深入贯彻罗干同志的重要讲话精神，按照中央综治委《关于进一步加强预防青少年违法犯罪工作的意见》要求，进一步加强对预防青少年违法犯罪工作的领导，积极探索预防青少年违法犯罪的工作机制，广泛动员社会各方面积极参与，全面落实各项工作措施，初步形成了齐抓共管的工作局面，预防工作取得了新的进展，主要体现在以下几个方面。

第一，工作体系初步形成。目前，中央有关部门，31 个省、自治区、直辖市，80%的地市和一部分县区、街道成立了预防青少年违法犯罪工作领导小组或工作机构。领导

小组成员单位也逐步增加到18个,有些地方根据实际情况进一步扩大了参与部门。各地积极探索,建立了联席会议、联合执法等多种协调联动机制。一些地方将预防工作纳入综治工作考核体系,促进了各项措施的落实。

第二,法制教育实效性增强。一是形式多样化。各地普遍开展了模拟法庭、以案说法等形式新颖的宣传教育活动。二是针对性增强。很多地方根据青少年的身心特点和日常生活中经常遇到的法律问题,密切联系实际开展法制教育。三是师资队伍逐步形成。各地公、检、法、司等系统会同教育部门,在全国80%以上的中小学校配备了法制副校长。四是阵地建设得到加强。各地建立了一大批社区青少年法律学校、社区青少年服务中心、青少年法制教育基地等基层工作阵地。

第三,青少年成长环境得到优化。一方面,各地针对非法"网吧"、不健康"口袋本"图书、毒品、校园暴力等容易诱发青少年违法犯罪的突出问题,积极开展了专项治理整顿。另一方面,本着重在建设的原则,广泛建立青少年能够就近就便参与的社区活动场所;推出了一大批适合青少年身心特点的图书、报刊、影视和文学作品、电视栏目,丰富了青少年的精神文化生活。

第四,对闲散青少年的教育和管理逐步加强。在成都会议上,中央领导同志、中央综治委明确提出,要将对闲散青少年的教育管理作为预防青少年违法犯罪工作的一个重点和一项基础工作来抓。这些年来,通过摸底调查、建档立卡,做到底数清、情况明,进而有针对性地采取帮教措施,取得了一定成效。在这方面,上海市做了很多的探索,积累了很好的经验。从2002年起,上海市对全市63000名闲散青少年实行"一人一卡"管理,全市建立了一个信息管理系统。通过对闲散青少年采取结对帮教、心理咨询、法律服务、技能培训和扶持就业等措施,实现了社区、家庭和学校工作的相互衔接,有效地控制了这一群体的违法犯罪,也有效地帮助了这个特殊的群体。因此,这次会议在上海召开,也是一次现场观摩会、经验交流会。

第五,基层工作队伍不断壮大。一是专职队伍有所加强。如上海市由政府出资建立青少年事务社工队伍,通过政府购买服务,经过公开招聘和培训后上岗,使他们具有较强的服务意识和专业素质,这支队伍已经成为一支重要的工作力量。二是志愿者服务队伍不断壮大。许多离退休老干部、社区居民、学生家长、民警和教师成为热心青少年工作的志愿者,在开展青少年文化教育、法制教育、结对帮教、预防青少年违法犯罪等方面发挥了重要作用。

在看到工作成绩的同时,我们也认识到,在预防青少年违法犯罪方面还存在着不少薄弱环节。在工作当中,有些地方轻视预防、方法单一、措施还不够到位。尤其是各地的预防青少年违法犯罪工作领导小组办公室,对青少年违法犯罪工作中出现的新情况、新问题研究不够。有些地方工作还没有到位,责任主体也不够明确。所有这些都需要在今后的工作中逐步加以解决。

当前,还应当清醒地看到,社会上仍然存在不少诱发青少年违法犯罪的不良因素,青少年违法犯罪形势还比较严峻。一是犯罪人数持续增长。二是占罪犯总数的比率升高。犯罪的"盲目性、冲动性、暴力性、模仿性、偶发性"特点比较突出。三是犯罪类型呈扩展式发展。犯罪类型主要以侵财型为主，并有向暴力、淫乱、吸毒和滋扰等犯罪方面发展的趋向。

面对这一形势，我们深刻地认识到，能否切实有效地抓好预防青少年违法犯罪工作，关系到青少年一代的健康成长，关系到国家改革、发展、稳定大局，关系到社会主义现代化建设顺利进行。我们必须进一步增强责任感和紧迫感，增强忧患意识，切实把这项工作抓紧抓好。

二、今后一个时期的主要任务和工作重点

当前和今后一个时期，预防青少年违法犯罪工作的主要任务是：以邓小平理论和“三个代表”重要思想为指导，牢固树立和落实以人为本、全面、协调、可持续的发展观，结合经济和社会发展的实际，针对青少年身心成长的特点，积极探索预防青少年违法犯罪工作的规律，采取教育、服务、管理、帮教、优化环境等多种形式，对青少年违法犯罪实行综合治理，努力创造有利于青少年健康成长的社会条件，切实维护青少年的合法权益，提高青少年思想道德素质、法制观念和自我保护意识，逐步构建预防青少年违法犯罪工作体系，遏制和减少青少年违法犯罪。当前，应着力抓好以下几方面工作：

第一，坚持不懈地抓好青少年思想道德和法制教育。

一是大力加强思想道德教育。要按照《中共中央、国务院关于进一步加强和改进未成年人思想道德建设的若干意见》的要求，在青少年中深入开展爱国主义、集体主义、社会主义和中华民族精神教育，大力加强公民道德教育，帮助青少年从小养成良好的道德品行和行为规范，树立正确的世界观、人生观和价值观。

二是深入开展法制和纪律教育。要充分发挥法制副校长、法制辅导员的作用，依托社区青少年法律学校等法制教育基地，运用警示教育、同伴教育、法制宣传周等方式，面向广大青少年开展丰富多彩、寓教于乐的法制教育活动，进一步增强青少年法律意识。

三是广泛开展自我保护教育。未成年人自我保护意识比较薄弱，相关知识更加欠缺。要围绕治安防范、心理健康等主题，通过举办自护培训班、自护学校，采取专家授课、录像观摩、模拟情景训练等形式，向青少年宣传自护知识，传播“认识社会、拒绝诱惑、远离危险、防范侵害”的自护理念，提高青少年自我防范意识和能力。

四是着力推动学校教育、家庭教育和社会教育的有机结合。积极推动学校、家庭、社会相结合的教育体系和综合评价体系的建设，指导和推进社区教育，通过具体项目把学校教育和社会教育的措施落实到社区，办好社区家长学校、家庭教育指导中心，使学校教育、家庭教育和社会教育相互配合、相互促进。

第二，从服务入手，做好重点青少年群体的预防工作。

一是针对闲散青少年，要专门建立区域性的信息管理系统，准确掌握他们的基本情况，做到心中有数。要分析他们面临的实际困难和问题，根据不同情况，通过跟踪服务、专人联系、定向辅导等方法，在生活上帮助他们解决困难，在学习上帮助他们进步，在行为上帮助他们矫正不良习惯，在就业上扶持他们就业创业，促进他们健康成长。

二是针对进城务工青年，要通过开展培训、维权和就业等服务，着力提高他们的文

化素质和就业技能,及时解决工资拖欠、人身伤害、强迫超时劳动、子女入学困难等实际问题,引导他们成为维护社会稳定的一支积极力量。

三是针对流浪儿童,要加大对引诱、控制、教唆流浪儿童违法犯罪黑恶势力的打击力度,围绕流浪儿童的基本生活需求,采取特殊的帮教、安置和抚养措施,积极探索对流浪儿童提供紧急救助的有效方法。

四是针对有罪错的青少年,广泛动员社会力量,开展志愿者“一助一”、“多助一”帮教服务,办好过渡性安置企业和基地,做好就业指导、培训和安置就业工作。要按照“教育、感化、挽救”的方针,从侦查、起诉、审判、执行等各个环节,加强探索,进一步完善我国的少年司法制度。

第三,整治和建设相结合,进一步优化青少年成长的社会环境。

一方面,要开展整治行动,大力净化青少年成长的社会环境,消除危害青少年身心健康的不良因素。我们现在面临一个很好的机遇,就是《中共中央、国务院关于进一步加强和改进未成年人思想道德建设的若干意见》发布以后,各部门、各地高度重视。5月中旬,中央文明委还将召开会议贯彻《若干意见》精神,中央领导同志将作重要讲话。我们要抢抓机遇,扎实工作。当前,要针对违规网吧、不健康“口袋本”图书、摇头丸等诱发青少年违法犯罪的突出问题,加大联合打击力度,坚持不懈地开展“扫黄”、“打非”和禁毒斗争,坚决查处传播色情、暴力、迷信和伪科学的出版物、电子信息和游戏软件等产品,严格查处“非法”网吧,落实禁止未成年人进入网吧等措施。要动员社会力量,通过设立举报热线、成立监督员队伍,建立监督、举报和快速受理机制,把不良的社会现象消除在萌芽状态。

另一方面,要着眼建设,创造条件满足青少年正当需求,积极营造有利于青少年健康成长的社会氛围。要依托现有的青少年专门活动场所,积极开展科技、文化、艺术、体育等青少年喜闻乐见的活动。倡导文明健康的网络风气,设立青少年专题网页、专栏,组织开展网上青少年活动。要创作、编辑、出版、播出优秀的青少年读物、视听产品、电视节目和报刊栏目,大力推动青少年文化建设。

第四,立足社区,夯实预防工作的基层基础。

一是加强组织建设。有条件的地方,要建立健全县、街道(乡镇)、社区三级预防青少年违法犯罪领导工作的协调体制;条件尚不具备的地方,也要解决社区预防工作“有人管”的问题,明确预防工作的责任主体。

二是建立工作队伍。目前,在专兼职干部组成骨干工作队伍的基础上,一些地方开始聘用专业社会工作者,成效十分明显,是今后队伍建设的发展趋势。同时,要调动广大人民群众的积极性,动员学校和社区“五老”人士、热心人士、青年志愿者以及社会团体参与预防工作,解决社区预防工作“有人干”的问题。

三是加强阵地建设。要充分用好学校和社会已有的阵地资源,免费或优惠向青少年开放。同时,要加快青少年教育活动场所的建设步伐,广泛建立小型多样、青少年能够就近就便参与的社区青少年活动场所。

第五,着眼长远,探索建立预防工作的长效机制。

一是要建立预警监测机制。根据影响青少年成长的主客观因素，采集青少年违法犯罪和预防工作的基本信息，加以综合分析，对青少年违法犯罪的趋势作出预警报告，提高工作的科学性和前瞻性。

二是要建立协调联动机制。各级预防青少年违法犯罪工作领导小组要针对涉及多个部门和区域性的突出问题，采用多种方式加大协调力度，牵头单位和有关部门、地区要协作配合，通力解决问题。预防青少年违法犯罪工作机构要加强与各地方、各部门的沟通与联系，做好各方面的服务工作。

三是要建立督导机制。采取有效形式，量化预防青少年违法犯罪工作指标，建立督促检查制度，加大对专门事项及大案要案的督导力度，督促各地、各部门落实好各项工作措施。

四是要建立激励与约束机制。要建立预防青少年违法犯罪工作责任制，把责任分解到各成员单位、各地区。强化责任追究，对失职、渎职、责任落实不到位、防范措施不得力的，要依照有关法律、政策查究有关单位和人员的责任。同时，要健全奖励制度，对作出突出贡献的单位和个人给予表彰和奖励。

三、以求真务实的精神落实好各项工作

求真务实是检验各项工作的重要标准。这就要求我们改进工作作风，狠抓工作落实。

*1.加强调查研究，掌握青少年违法犯罪的新情况、新动向。*一是要加强对青少年违法犯罪形势的动态研究，及时掌握各个地区青少年违法犯罪的人数、比例、犯罪特点等基本情况，把握青少年违法犯罪的变化规律和发展趋势。二是要对引发青少年违法犯罪的各种因素进行深入的分析和研究，从家庭、学校、社会等多个角度对青少年违法犯罪进行剖析，提出有针对性的对策和建议。三是要组织专门力量对广大群众关心的焦点、难点问题进行专题研究，当前，要重点针对工读学校、闲散青少年和青少年网络环境等突出问题，进行深入研究，制定解决措施。

*2.努力开拓创新，探索预防青少年违法犯罪工作新思路、新方法。*一是要在观念上创新。要树立大预防的观念，将预防青少年违法犯罪工作纳入国家和地方的经济社会发展规划，从社会发展规划上来加以解决。二是要在理论上创新。要充分借鉴国内外的理论和实践成果，不断探索预防青少年违法犯罪工作的有效做法。三是在工作方式上创新。探索运用行政、法律、经济等多种手段推动工作。

*3.切实真抓实干，把各项工作措施落到实处。*一是通过法律政策的推动抓好落实。积极推动《预防未成年人犯罪法》等有关法律的修改和完善，并配合有关部门对执行情况进行检查、监督和评估，推进各项措施的落实。二是通过项目化运作抓好落实。把预防工作落实到具体的项目之中，着力抓好“青少年违法犯罪社区预防计划”等项目的实施、管理和评估，把工作做实。三是通过办实事抓好落实。要把办多少实事、解决多少问题作为评价工作的一个重要标准，每年集中力量解决一两个突出的社会问题。

同志们，预防青少年违法犯罪工作意义深远，责任重大。让我们紧密团结在以胡锦涛同志为总书记的党中央周围，高举邓小平理论和“三个代表”重要思想的伟大旗帜，全面贯彻党的十六大和十六届三中全会精神，牢固树立和落实科学的发展观，与时俱进，开拓创新，为把预防青少年违法犯罪工作进一步推向深入，实现全面建设小康社会的宏伟目标作出新的贡献。

共青团中央书记处第一书记周强同志在全团加强和改进未成年人思想道德建设暨推进青年文化行动工作会议上的讲话

(2004 年 6 月 22 日 根据录音整理)

我们这次会议的主要任务是:以邓小平理论和"三个代表"重要思想为指导,深入学习贯彻中央 8 号文件精神、全国加强和改进未成年人思想道德建设工作会议精神,深入学习贯彻全国宣传思想工作会议精神,紧密结合共青团和少先队工作实际,认清形势、统一思想,抓住机遇、发挥优势,求真务实、开拓创新,总结前一阶段的工作,部署安排今后一个时期的任务和措施,大力推进青年文化行动,不断开创共青团加强和改进未成年人思想道德建设工作和青年文化工作的新局面。

一、加强和改进未成年人思想道德建设

关于共青团、少先队开展未成年人思想道德建设工作,最近我们讲得很多,在这次会议上,赵勇同志、杨岳同志、张晓兰同志还要作具体部署,我讲三个方面的意见。

第一,抢抓机遇,开拓进取。

中央 8 号文件下发以后,全国未成年人思想道德建设工作面临着难得的发展机遇,呈现出前所未有的好的发展形势。在这个大背景下,在全团的共同努力下,共青团、少先队的未成年人思想道德建设工作也呈现出良好发展态势。我们要抢抓机遇、乘势而上,同时要进一步增强责任感和使命感,努力把这项工作做得更好。

1. 党中央、国务院高度重视未成年人思想道德建设工作,全社会热情关心未成年人思想道德建设的氛围正在形成。今年 3 月,党中央国务院下发了 8 号文件。4 月份党中央又召开了全国加强和改进未成年人思想道德建设工作会议。这次会议在未成年人工作历史上是前所未有的,规格高、规模大,胡锦涛总书记出席会议并发表了重要讲话,为未成年人思想道德建设工作指明了方向;李长春同志、刘云山同志作了重要讲话。在今年"六一"期间,中央领导同志参加了未成年人的一系列活动。5 月 31 日,胡锦涛总书记在北京考察未成年人工作,到中国科技馆和北京市少年宫看望了少先队员并召开座谈会,就加强和改进未成年人思想道德建设工作发表了重要讲话,进一步指明了方向,提出了明确的要求。5 月 29 日,温家宝总理到国务院幼儿园看望了少年儿童,与少年儿童联欢,并祝全国的少年儿童节日快乐。5 月 30 日晚,曾庆红副主席在中国儿童剧院观看了儿童剧,对全国的少年儿童表示节日的祝贺。李长春同志先是在天津考察

未成年人工作并发表重要讲话，又在6月1日晚上，同刘云山同志、陈至立同志、顾秀莲同志、刘延东同志等一起在中央电视台出席了由国务院妇女儿童工作委员会、全国妇联、团中央和中央电视台共同举办的庆祝六一儿童节晚会。5月29日上午，王兆国同志在北京市青年宫视察了参加手拉手活动的少年儿童并发表重要讲话，对共青团、少先队工作提出了明确的要求。这一切充分体现了以胡锦涛同志为总书记的党中央对青少年一代的高度重视和亲切关怀，充分体现了“三个代表”重要思想。加强和改进未成年人思想道德建设关系到千家万户，关系着最广大人民群众的根本利益，是最大的民心工程。中央大力抓这件事情，人民群众、社会各界衷心拥护，高度评价。在党中央国务院的高度重视和亲切关怀下，各级党委、政府纷纷出台了有关政策，社会各界踊跃参与，在全社会形成了关心未成年人思想道德建设的良好氛围，为共青团、少先队做好未成年人思想道德建设工作提供了难得的机遇。

2. *党委统一领导、文明办组织协调、全社会齐抓共管的工作格局正在形成。*胡锦涛总书记在全国加强和改进未成年人思想道德建设工作会议上指出，加强和改进未成年人思想道德建设要建立党委统一领导、党政群齐抓共管、文明委组织协调、有关部门各负其责、全社会积极参与的领导机制和工作机制。现在，从中央到地方，各级党委都在按照这个要求建立工作机制，把社会各个方面、政府各个部门的力量调动起来、整合起来，共同关心、共同推动未成年人思想道德建设。中央文明办成立了12个专门工作小组，其中有一项是由团中央牵头，这就是青少年心理健康建设。其他比如网络文明工程、为青少年提供优秀的精神食粮以及校园净化工程等6项重要工作，团中央都是责任单位。未成年人思想道德建设工作非常具体，也形成了一个很好的工作机制。我们一定要抓住机遇，主动把共青团、少先队未成年人思想道德建设工作纳入到各级党委政府的统一规划之中，按照中央确定的工作分工，找准自己的位置，争取各个方面的支持，推动工作深入发展。

3. *共青团、少先队组织未成年人思想道德建设工作形成了新的局面。*中央下发8号文件、召开全国加强和改进未成年人思想道德建设工作会议和胡锦涛总书记在“六一”前夕发表重要讲话之后，团中央书记处连续召开会议，学习讨论中央文件和中央领导同志的重要讲话精神，结合共青团、少先队工作实际，研究部署贯彻落实措施。我们向全团下发通知和实施意见，提出办15件实事，后来又提出12个方面的具体措施。我们还成立了团中央加强和改进未成年人思想道德建设工作领导小组。这次专门召开全团加强和改进未成年人思想道德建设工作会议，进一步统一思想，研究部署我们今后的任务和措施，以推动共青团、少先队未成年人思想道德建设工作迈上一个新的台阶。在全团的共同努力下，我们形成了非常好的氛围，形成了一个很大的声势。我们反复强调，做未成年人工作，要出实招、办实事、解难事，既要有声势、有特色，又要突出一个“实”字。从这一阶段的情况看，全团全队加强未成年人思想道德建设工作形成了新的局面，呈现出良好的发展态势。同时，我们也要看到，未成年人思想道德建设是一项长期的任务，从某种意义上讲，也是一项艰巨的任务，需要我们长期而不懈的努力。从未成年人思想道德建设本身来讲，一些规律性的东西还需要我们进一步探索。从我们工作的角度讲，我们还需要进一步深化重点工作，开拓新的领域，建立新的工作机制。从全社会的角度看，在全社会形成关心未成年人思想道德建设良好氛围的同时，如何调动未成年人自身的积极性，还需要我们付出艰苦的努力。也就是说，如何把握经济社会发展对未成年人的要求，如何把握未成年人自身的成长规律，并把这两者有机地统一起来，需要我们进一步下功夫。

第二，尊重主体地位，把握成长规律。

做好未成年人思想道德建设工作，首先要尊重未成年人的主体地位，把握未成年人的成长规律，调动未成年人的内在积极性，这是共青团、少先队开展工作必须始终如一、牢牢把握的主线，任何时候都要紧紧扭住不放。在未成年人思想道德建设中，未成年人是主体，共青团尤其是少先队，是未成年人自己的组织，是未成年人工作的主体性组织。这是共青团、少先队组织在未成年人工作中具有不可替代作用的关键所在，也是我们的职责之所在、分工之所在。我们做未成年人思想道德建设工作，同其他部门的区别在哪里？我们不可替代的作用表现在哪里？关键就在这里，在于我们是未成年人自己的组织，是未成年人思想道德建设工作的主体性组织。这个问题是有针对性的，很多问题由此而生，所以任何时候都要体现这一点，从这一点出发。同时，工作中要坚持两条原则：一是把党的培养“四有”新人的要求、经济社会发展的规律与未成年人的成长规律统一起来。二是要坚持主客体、主客观、知与行、内因与外因的统一。未成年人是主体、是内因，要调动未成年人的积极性，尊重未成年人成长的规律，外因要通过内因起作用。我们创造了好的环境，但不通过未成年人的内因起作用，就难以起到根本性的作用。只有坚持我们的工作原则，扭住我们的工作主线，我们才能够增强工作的预见性、科学性、有效性，避免盲目性、随意性。

为什么讲这个问题，为什么有的孩子在很好的环境中最终走向迷途，很重要的一点，就是他的自身因素。全社会的关心是前提，没有这一条，未成年人不能健康成长。而对共青团、少先队组织来讲，重要的是要充分调动未成年人自己的积极性。没有他们的积极性，外部环境再好，也很难把未成年人培养成为合格的建设者和接班人。因此，一定要把孩子们的积极性调动起来，尊重孩子们的成长规律，而且要对孩子们提出有针对性的具体要求。讲这个问题，有利于我们克服形而上学，有利于我们全面、正确地看待未成年人。中央提出加强和改进未成年人思想道德建设，这是我们党站在战略的高度，着眼于党的事业长远发展，着眼于全面建设小康社会的宏伟目标，着眼于中华民族的未来而提出的战略举措。但是有的同志一提到加强和改进未成年人思想道德建设，就要先罗列未成年人的十条八条不行。这就不符合辩证法，也不符合中央的精神。共青团、少先队组织一定要把握好中央精神，充分肯定未成年人。当然我们不能回避问题，不能回避矛盾。

1. *充分尊重未成年人的主体地位，激发他们的主观能动性和积极性。*关于这个问题，毛泽东同志早就讲过，共青团要照顾青年的特点。江泽民同志也多次谈到，要尊重青少年的思想和性格特点，尊重青少年个性的健康发挥。胡锦涛同志在全国加强和改进未成年人思想道德建设工作会议上指出：“我国广大未成年人生活在改革开放的时代，他们胸怀远大理想，勇于自立自强，乐于接受新生事物，热爱祖国、积极向上、团结友爱、文明礼貌是当代未成年人精神世界的主流”。“要坚持从实际出发，不能超越未成年人的接受能力，不要提大而空的口号，不要提做不到的要求”。“对未成年人要多尊重、多理解、多关心、多帮助，不能仅仅把他们当作教育和管理的对象”。这些论述非常精辟，具有很强的思想性和针对性，对我们做好未成年人思想道德建设工作乃至整个青少年工作，具有重要的指导意义。怎么样尊重未成年人的主体地位，把握未成年人的成长规律，有一个观点很重要，就是要处理好环境与主体的关系。孩子们出现问题责任首先在成年人、在社会，而不在他们自己。我们的工作就是要把党和政府的要求落实到工作当中去，处理好社会与主体组织的关系。我们要始终看到，社会环境是前提，未成年人是内因，共青团、少先队在未成年人思想道德建设中要发挥不可替代的作用，就要进一步调动未成年人的积极性。

(1)要尊重儿童期。教育学上有一个很重要的观点，叫做“保卫儿童期”。应当说，我们对儿童心理的研究是很不够的。现在的孩子们相对早熟，我们的媒体基本都是成人世界主导的，总是在用成人的眼光、成人的世界、成人的标准来要求孩子。共青团、少先队有的工作没有完全符合规律，就是没有把未成年人成长的规律研究透。所以我们要尊重儿童期，要深入研究未成年人的成长规律。

(2)要激发未成年人的主动性和积极性，让他们自我教育。江泽民同志对少先队员提出的自学、自理、自护、自强、自律，做社会主义事业的合格建设者和接班人的要求，是非常精辟的论断，深刻揭示了未成年人成长的规律。我们在关心重视未成年人成长的同时，要让未成年人自学、自理、自护、自强、自律，关心而不替代、爱护而不包办、保护而不束缚，这才符合未成年人成长规律。为什么有的孩子在好的环境下还不能健康成长，甚至还不如环境不好的孩子成长的好呢？关键是内因在起作用。要提高未成年人的抵抗力，增强未成年人的免疫力。如果让孩子们一天到晚都像温室里的花朵一样，是没有免疫力的，是经不起风雨的，那样就会害了孩子。如何做到“五自”，如何激发未成年人的主动性，就是要坚持社会实践的基本途径、体验教育的基本方法，让他们在社会实践中得到提高。要以手拉手、雏鹰争章等为载体，突出未成年人的主体性，而不是单纯的我说你听。要把孩子们组织起来，发挥团队组织优势为他们自我教育创造条件。

(3)尊重未成年人的基本权利。未成年人的基本权利是与培育有理想、有道德、有文化、有纪律的社会主义新人的根本目标紧密联系在一起的。要把他们培育成为“四有”新人，就必须充分调动他们内在的积极性、主动性，从尊重和实现未成年人的基本权利做起。我国的相关法律法规对未成年人的基本权利都作出了明确规定，在我国签署的联合国《儿童权利公约》中也有所体现。具体到我们的工作中，就要牢固树立尊重未成年人基本权利的意识，尊重未成年人的人格尊严，代表和维护好未成年人的合法权益。

(4)要尊重未成年人的认识方式和表达方式。未成年人是一个有着自身认知特点的群体，他们对于世界有着自己独特的感知方式和认识视角，这使得他们有别于成人世界。未成年人的认知方式和表达方式是丰富的、极具创造性的，这一代未成年人还是新的学习方式、教育方式和生活方式的实践者，他们实践并创造着许许多多新的认知方式和表达方式。同时，由于未成年人在年龄跨度上较大，横跨小学、初中、高中三个学段，他们的思想和行为也以惊人的速度和幅度发生着变化。比如，一项对全国小学和初中的2万名学生的抽样调查发现，总体上说，学生崇拜的对象依次是“英雄人物”、“文体明星”和“科学家”，其中，城市孩子的崇拜对象排在第一位的是“文体明星”。比如姚明，很受青少年的崇拜。与这一数据相对应的是，在全国1万名高中二年级学生的调查显示，在“最欣赏或崇拜的人”中，周恩来以占24.5%的得票率位居第一。这说明，随着年龄的增长，未成年人的追求也有一个不断变化的过程，同时也启示我们，不能用成人的视角来看待未成年人的内心世界，只有充分尊重他们的认知方式，充分尊重他们的创造性，才能找到开展工作的有效办法。

(5)*要尊重未成年人的差异和个性。*由于年龄和学习内容的不同，小学生、初中生和高中学生在认知能力、认知水平等方面呈现出明显的层次性和差异性。同时，由于我国城乡之间、地区之间经济、文化发展的不平衡性，东部地区和西部地区之间，沿海和内地之间，城市与乡村之间的未成年人，以及在学校的未成年人和闲散未成年人之间，城市的中小学生和进城务工人员子女之间，即使处在同一年龄段，他们的思想、生活以及对事物的看法也存在着较大的差异。因此，我们要按照党的要求来引导他们，充分了解未成年人群体中存在的层次性和差异性，尊重他们的差异，平等地和他们交流，而不能居高临下。要有向未成年人学习的精神，鼓励他们大胆创新，多培养孩子的冒险精神、创新精神。

2.*深入了解未成年人，把握未成年人成长规律。*时代在发展，社会在前进，未成年人也在发生着变化。与以往相比，这一代未成年人有着许多新的特点。新的历史条件下，我们看待未成年人的眼光、衡量未成年人的标准也必须与时俱进，而决不能用旧的眼光、旧的标准来衡量未成年人。现在，各个方面包括我们自己对未成年人的了解还远远不够。孩子们经常说的话，成人是难以想到的。我们是未成年人自己的组织，更需要加强对未成年人的了解。

要充分了解当代未成年人的新特点。比如，当代未成年人受教育的机会和水平，在总体上明显高于他们的父辈，他们更加注重自我发展，同时也更加充满自信。据有关调查显示，我国城乡少年儿童对自己的相貌、体型、健康、性格、学习等方面的满意程度都比较高，其中对自己长相表示满意的占76.8%，对自己性格表示满意的占71.3%，对自己学习状况表示满意的占到了70%。这说明，今天的未成年人，对自我发展有着积极和肯定的估计，在许多方面都能够接受自己、肯定自己。又比如，随着我国民主法制建设的不断推进，未成年人的许多权利已经通过立法得到了保护，经过长期的普法宣传教育，我国广大未成年人有着较强的权利意识，并开始学会运用法律手段来维护自己的权益。调查显示，61.4%的城市初中生和55.6%的农村初中生认为父母或老师翻看自己的日记和信件是一种侵权行为。他们希望有独立空间，难以接受像父母偷看日记这一类干涉个人隐私的举动。

要充分了解当代未成年人中的许多新现象。这些年来，在未成年人中流行着各种各样的现象，如追星现象、文学少年现象等，都折射出当代未成年人的变化，都需要我们青少年工作者深入了解，而不能熟视无睹。又比如，在广大未成年人特别是城市少年儿童中，绝大部分都有着上网的经历，他们喜欢网上游戏，有着属于他们这个年龄群体的一些特殊用语和表达方式，等等。调查显示，我国网民中18岁以下的未成年人占网民总数的14.93%，如果加上18—24岁这一年龄段的青少年，则占网民总数的比例达到56.11%。因此，有人称当代青少年是“网上的一代”。还比如，在学习内容和学习方法方面，当代未成年人更倾向于接受具有实践性和探索性的方式和内容。调查显示，在法律知识的学习中，有超过70%的中学生喜欢以主体参与性为主的学习形式，如了解案例、模拟法庭、课堂辩论、讨论、参观展览等。

我们要在了解未成年人的基础上，把党的要求、教育目标与经济社会发展的目标、未成年人自身的需求结合起来，提出未成年人应具备的基本素质，把党对未成年人的要求科学化、具体化，明确自己的定位，明确自己的目标，明确自己的措施。这样，工作才有针对性，才能取得更大的成效。

3. 贴近未成年人，进一步推动社会、学校、家庭教育的衔接。按照中央的要求，我们要在社会、学校、家庭教育中发挥重要作用。在全社会共同开展未成年人思想道德建设的大背景下，共青团、少先队要充分发挥优势，千方百计地贴近未成年人，与他们交朋友，在工作内容的设计和工作方式方法上尽可能符合未成年人的特点，使我们的工作更加吸引未成年人，更加激励未成年人，更加启发未成年人。要进一步推动社会、学校、家庭教育更加尊重未成年人，使社会、学校和家庭衔接起来，努力做到知行统一。

第三，适应未成年人需要，加强和改进组织建设。

做好未成年人思想道德建设工作，必须进一步加强组织建设，增强共青团、少先队组织的吸引力和凝聚力。加强中学团组织和少先队组织建设，在街道、城镇广泛建立社区少工委和社区少先队，加强团干部和辅导员队伍建设，配合教育行政部门加大培训中学团干部和少先队辅导员工作力度。与中国关心下一代工作委员会密切配合，聘请“五老”担任少先队志愿辅导员，充分发挥“五老”在未成年人思想道德建设中的重要作用。要努力扩大组织和工作的覆盖面，包括在民工子弟学校建立少先队，建立专兼职相结合的队伍，探索好的机制。比如上海设立的青少年事务署，由市财政拿钱，通过义工做青少年工作，把社区的闲散青少年都统起来了，取得了很好的效果。

二、关于青年文化建设

这次会议还有一个重要任务，就是要进一步研究部署推进青年文化行动。团十五大明确提出，要积极推动青年文化建设。团十五届二中全会将青年文化行动作为一项重点工作，列入共青团工作战略发展规划。今年4月，团中央联合中宣部等7部委下发文件，对实施青年文化行动作出了全面部署。半年多来，各地在推进青年文化建设中不仅形成了高度共识，而且作出了积极探索。在新的形势下，我们要从为党培养社会主义“四有”新人的战略高度，进一步深刻认识实施青年文化行动对于加强和改进未成年人思想道德建设的重要意义。

加强青年文化建设是一项非常紧迫的任务。青少年的成长面临着错综复杂的文化环境，在世界多极化和经济全球化的大背景中，各种思想文化相互激荡，文化与经济、政治的相互交融，西方敌对势力对我国的文化渗透日益加剧，已经构成国际竞争的新图景。同时，随着大众传媒的迅猛发展，文化尤其是时尚文化传播速度更快，对青少年的影响更加快捷、广泛。另一方面，置身文化交流和交锋前沿的当代青少年在深受文化影响的同时，也在创造、积累、推动着文化的发展。青少年正处在人生成长发展的关键时期，对文化具有旺盛的需求，也蕴藏着极大的创造热情和能量。如果我们不能用先进文化影响青少年的心理、个性和精神世界，增强他们的精神力量，就无法在各种文化势力的争夺中赢得青少年；同样，如果我们不能满足青少年日益增长的精神文化需求，为青少年提供文化创造的现实途径和广阔舞台，就无法吸引凝聚广大青少年。适应新形势，共青团要把加强青年文化建设摆到重要位置，在更加开放的环境下更加有效地教育、引导、服务青少年，努力把青少年培养成为拥有强大精神支柱、拥有坚定理想信念、拥有高尚道德品质的人。

推进青年文化行动，加强青年文化建设，首先要牢牢把握正确的方向。要努力形成积极向上的氛围，加强对青年文化的宣传和引导。要积极开展丰富多彩的活动，促进青年文化建设的繁荣与活跃。要大力创作推广精品，充分发挥文化精品对青年的导向作用。要广泛培养和举荐人才，推动青年文化人才脱颖而出。要努力发展文化事业和文化产业，为青年文化建设提供保障。要突出青年特色，尊重青年的主体性，吸引动员青年广泛参与文化建设。要加强对青年文化建设的规划，形成项目，注重积累，突出特色，有序推进。要充分整合团内资源形成合力，整合团外资源为我所用，充分运用社会化的运作手段推进工作。我要特别强调一点，青年文化建设一定要面向基层，动员最广大的青年参与进来。比如，我们有很多活跃在打工青年中的民间艺人，深受打工青年的欢迎。未来的不朽之作，很有可能产生在打工青年之中，因为他们来自最基层，最了解真实的情况。纵观人类历史，无论古今中外，伟大的作品从来都是从实际生活中来，从来都是有着深厚的生活积累、反映人民群众的心声。

三、发扬求真务实精神，抓好当前团的工作

团十五届二中全会以来，我们贯彻胡锦涛总书记的要求，全团上下在工作思路、工作方式、自身建设等方面不断创新，取得了新的成绩，全团的工作继续保持了良好的发展态势。

今年，团的工作面临着新的难得的发展机遇。一是共青团加强和改进未成年人思想道德建设工作面临难得的机遇。二是党中央高度重视高校大学生思想政治工作，有关部门正在进行专门研究，对我们来说也是机遇。三是在经济全球化的大背景下青年对外交流工作越来越重要。今年很多重大的外事活动，包括中国与东盟青年部长会议、中非青年联欢节、中罗青年联欢节等等，都是党中央、国务院交办的任务。还有亚欧青年文明对话、保护母亲河行动、中国青年创业行动等，都有效利用了国际资源，体现了我们青年工作的国际化程度在提高。四是中国青少年科技创新奖励基金的设立。这是根

据邓小平同志的遗愿由邓小平同志的亲属倡议设立的。邓小平同志生前的所有稿费100万元全部捐献出来，用于奖励青少年科技创新。做好这项工作，对于激励广大青少年学习邓小平理论，学习实践“三个代表”重要思想，缅怀邓小平同志的丰功伟绩，勤奋学习，攀登科学高峰，都将产生深远的影响。中央决定这项工作由共青团中央来承担，这是对我们的信任，我们一定要把这项工作做好，做成一个激励青少年科技创新的品牌活动。五是在党中央的统一部署下，进一步加大了对港澳青少年的工作。比如我们组织的手拉手艺术团在香港的演出，社会各界反响很好。各级共青团、青联组织特别是沿海地区的青年组织在开展对港澳青少年工作中要发挥更大的作用。六是团的各项重点工作进一步深化。大学生志愿服务西部计划、青年中心、青年创业行动、保护母亲河行动、青年文化、农村青年劳动力转移、预防青少年违法犯罪、少先队民族精神代代传等重点工作，都形成了声势，取得了实效，有了新的发展。

下半年，全团全队要大力弘扬求真务实精神，切实抓好各项工作。在此，我提几点要求。

第一，埋头苦干，狠抓落实。要牢记“两个务必”，实践“三个代表”重要思想。力戒骄娇二气，力戒浮躁。共青团的岗位是学习的岗位，是锻炼的岗位，是奉献的岗位。团干部一定要埋头苦干，多做实事，多做少说。现在社会上有一些比较浮躁的东西，这对我们团干部是个考验。我们一定要耐得住寂寞，甘当苦力，求真务实。

第二，与时俱进，开拓创新。社会发展很快，新情况新问题层出不穷，我们必须与时俱进，创新我们的工作，推进我们的工作。要抓住机遇而不可丧失机遇，开拓进取而不可因循守旧。要出实招、出新招，敢闯新路，勇于探索。

第三，带好班子，抓好队伍。这是团干部队伍建设永恒的主题，任何时候都不能放松。最重要的就是要落实做“党放心、青年满意”的团干部的方针，忠诚党的事业，热爱团的岗位，竭诚服务青年。对新进团岗位的同志来讲，要尽快了解共青团的特点，尤其是要继承和发展党的优良传统，继承和发展团的优良传统。越是在社会飞速发展的情况下，越是在社会心态比较浮躁的情况下，越要继承和发扬党的优良传统。这一点至关重要，这也是保障我们的事业，保障共青团、少先队工作不断发展的前提和基础。要有一支保持好的作风和好的传统的队伍，还要有好的心态，常怀感激之情，常葆进取之心。同时还要健全制度和机制，形成好的用人导向，真正从制度上机制上保证共青团始终保持好的作风，有一支好的队伍。

同志们，加强和改进未成年人思想道德建设和推进青年文化行动，是十分光荣而艰巨的任务。让我们紧密团结在以胡锦涛同志为总书记的党中央周围，高举邓小平理论和“三个代表”重要思想的伟大旗帜，抓住机遇，求真务实，埋头苦干，为不断开创未成年人思想道德建设工作新局面作出积极的贡献。

中共上海市委副书记刘云耕同志在全国预防青少年违法犯罪暨学校及周边治安综合治理工作会议上的致辞

（2004 年 4 月 27 日）

各位领导、同志们：

今天，全国预防青少年违法犯罪暨学校及周边治安综合治理工作会议在上海召开，各位领导和同志们的光临为上海带来了光彩和荣幸。我谨代表上海市委，市综治委对会议的召开表示热烈的祝贺，向出席本次会议的中央综治委领导，团中央，教育部及各部委领导，各省、市、自治区的领导和同志们表示热烈的欢迎。顾秀莲副委员长，王胜俊秘书长，陈冀平副秘书长等领导同志，一直十分关心上海的综治工作，给予了重要的指导和热情的支持。周强书记还就本市的社区青少年工作，多次作出批示，并专门听取了上海团市委的汇报，提出工作要求。中央各部门和兄弟省市的同志们对上海的发展，长期以来一直非常关心支持。在此我代表市委和市政府，表示衷心的感谢。

近年来，上海的经济社会发展很快。去年，我们以邓小平理论和三个代表重要思想为指导，全面贯彻落实党的十六大精神，积极应对国内外形势的新的变化，努力克服非典疫情，持续高温等不利因素的负面影响，国民经济保持了持续、健康、快速的发展，全年实现国内生产总值 GDP 6250 亿，比前年递增了 11.8%。去年本市的财政收入，达到了 2829 亿，比前年增长了 28.5%，地方财政收入 899 亿，比前年增长了 32.5%。去年的地方财政收入增长是改革开放以来最高的水平。去年全年固定资产投资 2450 亿元，比上年增长了 12.1%。去年总的固定资产投资是建国以来历史上最高的。

但是上海在推进经济、金融、贸易、航运中心建设的同时也遇到了一些新的情况、新的问题和新的矛盾，其中包括预防青少年违法犯罪等社会问题。对此上海市委高度重视，连续两年在市委常委会工作报告中都明确指出要切实做好社区青少年工作。去年 7 月，市委常委会专门听取了关于构建预防和减少犯罪工作体系的专题汇报。在陈良宇同志的直接关心和支持下，市委决定设立市委决定设立社区青少年事务办公室、社区矫正办公室和禁毒办公室三个机构，三个机构都明确定为副局级，并且各个机构各设公务员编制 20 名，为青少年工作提供了有力的制度保证。按照“政府主导推动，社团自主运行，社会各方参与”的总体思路，经过民政部门批准，成立了上海市阳光社区青少年服务中心，上海市新航社区服务总站和上海市自强社会服务总社三个民间服务社团。去年 8 月，在四个试点区内，全社会公开招聘社团社工，一批就招聘了 397 名社工，工资为每月 1500 至 2000 元，通过政府购买服务的方式，组建了职业化、专业化的社工队伍，专职从事社区闲散青少年工作、社区矫正工作和禁毒工作。在团中央周强书记的关心和支持下，上海团市委作为青少年工作的专门机关，大胆探索，积极实践，依托社区，开发青少年活动基地，汇集多方资源，借助社区青少年活动中心的辐射功能，联系社区各类青少年，为青少年工作提供了较好的物质保障和组织保证。这项工作经过四个区的试点，取得了初步的成效。今年下半年我们准备在全市普遍推开。

学校及周边治安综合治理工作是社会治安综合治理工作的一个重要组成部分，直接关系到学校广大师生的人身安全和学校的教学秩序。同时，学校的稳定也直接影响到全社会的稳定。上海在这方面的治安秩序一直是比较平稳的。根据综治委的要求，我们在加强属地派出所政治和治安网格化基础建设的同时，加快了构筑学校及周边环境的管理平台，积极推进"网吧"等营业场所的管理体制建设，努力探索大学生校外租房管理机制，取得了一定的成效。

青少年工作关系着中华民族传承发展的千秋大业，学校及周边的良好秩序关系着全社会稳定和下一代的健康成长。中央综治委召开的本次专题会议是一次十分重要的会议，我们将按照中央综治委的总体部署，在"三个代表"重要思想的指引下，坚持科学发展观，认真学习借鉴兄弟省市的先进经验，抓好思想政治的统一，抓好基础工作，抓好具体落实，努力开创上海预防青少年违法犯罪和校园及周边治安综合治理工作的新局面。

由于最近本市正在召开亚太经社会会议，联合国的 40 届年会，SPEC 会议，有近千名外宾和很多中央领导同志在上海参加会议，因此给我们这次会议的接待和服务工作以及有关条件带来一定影响，在服务中可能有些不足，请同志们谅解。也希望上海参加会务工作的同志以更加主动、热情和周到的服务来弥补工作上的不足。

最后，祝大会圆满成功，祝各位领导和代表在沪期间身体健康、万事如意。

谢谢大家。

中共上海市委副书记王安顺同志在团市委十二届三次全体(扩大)会议上的讲话

(2004年1月5日)

同志们:

我们即将告别中国农历的羊年,迎来猴年。在这辞旧迎新之际,今天,团市委在这里召开十二届三次全会,学习贯彻中央近期一系列重要会议、市委八届四次全会和团中央全会精神,回顾和总结共青团过去一年的工作,研究和部署明年全市共青团工作,会议开得很及时,很重要。

刚刚过去的2003年,在我国的发展进程中是重要又很不寻常的一年,上海的工作也遇到了许多大事、难事、意外事。面对种种困难和考验,上海的经济建设和社会发展仍然取得了很大的成绩,上海在连续12年保持GDP两位数增长的同时,去年的GDP增速达到11.8%,为近几年来最高。一年来,上海各级团组织,按照市委和团中央的要求,围绕大局,坚持"青年为本,以德为先,服务为重,发展为主题"的"四为"工作理念,以制定上海青少年发展规划和上海共青团十项工作计划为抓手,不断加强青年工作的基础、机制和功能建设,探索形成了"品牌战略、实事工程、政策支持、阵地依托、基金辅助、开放体系和社会化运作"的工作机制,努力拓展团的工作领域,通过开展一系列富有创新、贴近青年实际的活动,发挥了青年在上海社会经济发展中的生力军和突击队的作用,为上海改革发展稳定的大局作出了应有的贡献。市委对大家的工作是充分肯定的。借此机会,我向全市广大团干部和团员青年表示衷心的感谢和亲切的问候!

2004年是上海实现"十五"计划的关键一年,也是全面落实党的十六大和十六届三中全会精神,深化改革、扩大开放、加快发展的重要一年。前不久,市委召开八届四次全会,审议通过了《中共上海市委常委会2004年工作要点》和《上海实施科教兴市战略行动纲要》,这次会议对于指导和部署今年全市的工作和全面实施科教兴市战略,具有十分重要的意义。各级团组织一定要认真学习领会,坚决贯彻执行。刚才,陈靖同志代表团市委常委会所作的工作报告及对2004年共青团工作的部署和安排,很好,很全面。下面,我代表市委谈几点意见。

一、进一步在全市广大团员青年中兴起学习贯彻"三个代表"重要思想的新高潮

兴起学习贯彻"三个代表"重要思想新高潮,是十六大提出的一个战略举措。上海

的团组织和团员青年历来有着积极学习、踊跃实践科学理论的优良传统。团中央也多次在上海召开学习推进会和经验交流会。在新的一年里，各级团组织要团结带领全市广大青年，充分发扬热爱学习、善于学习的优良传统，继续把学习贯彻“三个代表”重要思想作为重大政治任务来抓，重点放在全面把握和深刻领会“三个代表”重要思想的科学体系、丰富内涵和精神实质上，力求在武装头脑、指导实践、推进工作上取得新成绩。

*一是要加强和改善青年思想政治工作，把培养“四有”新人作为共青团的根本任务，努力为党的事业赢得青年。*培养“四有”新人是事关党的事业继往开来、事关中国特色社会主义事业发展的重大问题。多年来，我们一直坚持用科学理论武装青年、用改革开放辉煌成果激励青年，在教育引导广大青年树立科学的世界观、人生观、价值观和深入了解国情、了解实践等方面，做了大量富有成效的工作。但是，我们也必须看到，当今时代高度信息化，社会日益开放，各种思想观念相互激荡、社会价值取向日趋多样化。在这种情况下，如何最有效地为党的事业赢得青年，团结带领最广泛的青年群众跟党走，是当前共青团工作面临的重大课题。各级共青团组织要始终坚持用邓小平理论和“三个代表”重要思想教育青年、武装青年，与时俱进地做好青年思想政治工作，切实提高青年思想政治工作的针对性和有效性，教育和引导广大青年树立正确的世界观、人生观、价值观，树立远大的理想和坚定走社会主义道路的信念。要引导青年积极投身到学习贯彻“三个代表”重要思想的新高潮中去，在全面、系统、深入学习上下功夫，真正使“三个代表”重要思想在青年中“入耳、入眼、入脑、入心”，并外化为实际行动。

*二是要引导广大青年坚持理论与实践相结合，牢固构筑精神支柱。*学习的目的全在于运用。只有同指导实践相结合，才能把理论学深学透。在团员青年中兴起学习贯彻“三个代表”重要思想新高潮，要大力弘扬马克思主义学风，努力做到学以致用、用以促学、学用相长，避免形式主义，防止“空对空”，切忌“两张皮”。要联系上海社会经济发展的实际，引导他们把学习实践“三个代表”重要思想与服务大局紧密结合起来，在全面实施科教兴市战略、推进上海经济社会发展中建功立业，在实践城市精神中引领新风。要联系青年成长发展的实际，与服务青年的根本利益紧密结合，一切从青年出发、从解决青年的现实问题出发。通过紧密联系实际，经过不断实践检验，使广大青年所学到的科学理论真正成为指导行为的自觉意识，成为指导人生的牢固精神支柱。

*三是要加强组织领导，切实保证兴起学习贯彻“三个代表”重要思想新高潮的活动真正取得实效。*各级团组织要高度重视这次学习活动，切实加强组织实施，要通过多层次、多方式、多渠道的组织学习，确保兴起学习贯彻“三个代表”重要思想新高潮的各项措施落到实处，确保学习活动取得实效。要按照有重点、分层次、广覆盖的原则，动员包括“两新组织”领域在内的广大青年团员投身到这场学习活动中。要善于找准各类青年的需求，以发挥全市 29000 多个青年理论学习组织的作用为着力点，以团干部、大学生和各条战线的优秀青年为重点对象，进一步通过生动活泼、喜闻乐见、青年易于接受的方法，分层分类、分阶段地组织不同形式的学习活动。要特别重视运用网络等现代传媒手段丰富学习活动的样式，依托网络载体提高青年学习的参与性和互动性，切实发挥网络宣传和青年参与的互动作用，让团旗在互联网上高高飘扬。

二、服务大局，服务青年，努力在推进上海经济社会发展中建功育人

当前，上海改革开放和社会主义现代化建设进入了新的关键时期，提高城市的国际竞争力，建成国际经济、贸易、金融、航运中心之一，离不开广大青年的积极参与。各级团组织要深入研究当代上海青年的特点和规律，帮助广大青年成才发展，为推进上海经济社会发展充分发挥生力军作用。

*一是要服务大局，团结带领广大青年在社会主义物质文明、政治文明、精神文明建设中建功立业。*市委八届四次全会提出，做好2004年工作，必须梳理和落实科学发展观，坚持抓住发展这个党执政兴国的第一要务，全面贯彻科教兴市战略，努力实践城市精神，推动各项社会事业全面进步，切实维护社会稳定，不断开创工作新局面。市委制定的《上海实施科教兴市战略行动纲要》明确指出，科教兴市是推进上海经济社会发展的主战略，并要求“整合社会资源，汇聚各方力量，坚定不移、坚忍不拔，开创千军万马全面推进科教兴市战略的新局面”。新的目标和任务，要求各级团组织必须紧紧围绕全市大局工作，服务于大局工作，动员、团结和带领各族各界青年，充分发挥青年的积极性、创造性、能动性，努力为他们搭建舞台、创造条件、提供发展空间，让广大青年在推进上海改革开放和现代化建设中大显身手，建功立业。要组织引导广大青年积极、稳妥、有序地参与社会主义政治文明，引导他们积极主动参与基层民主实践，增强参与意识，规范参与行为，在实践中学会正确行使自己的民主权利。要充分发挥广大青年在建设社会主义精神文明中的重要作用，围绕实践上海城市精神，依靠文化力量和道德实践，创造性地推进上海的精神文明建设，不断提高他们的思想道德水平和文明素质。

*二是要服务青年，掌握新时期青年的特点和成才发展规律。*随着形势的不断发展变化，团组织开展工作的对象和方式与以前有很大的不同。特别是面对市场经济和开放世界的环境，面对外来文化、网络虚拟社会的挑战，当代青少年的思想观念和价值取向都受到了更加强烈和多变的冲击。因此，要研究青年思想变化的规律、青年学习成才的规律、不同青年群体发展变化的规律，充分认识和把握当代青年人思想变化的特点，牢牢掌握青年思想政治工作的主动权，从而有针对性地开展工作，凝聚更广泛的青年群体。

同时，我们要把竭诚服务青年作为全部工作的出发点和落脚点，切实实现好、维护好、发展好最广大青年的根本利益。成才发展是青年的根本利益。我们要切实按照全国人才工作会议的精神，围绕人才强国战略，按照党管人才原则，紧紧抓住培养、吸引、用好人才三个环节，积极创造条件和营造氛围，激励青年人人成才，帮助青年早成才、多成才、成好才，真正使青年人才创业有机会、干事有舞台、发展有空间。培养人才特别要落实好在去年12月19日到20日北京召开的全国人才工作会议精神，明天下午上海市委市政府将召开上海人才工作会议进一步贯彻落实。党中央、国务院召开人才工作会议在我们党的历史上、在新中国历史上还是第一次，参加的人员之多、规格之高也是空前的。中央政治局常委和中央书记处的全体同志都出席了人才工作会议，人大、政协、最高人民法院、最高人民检察院等领导和各方面各地管理协调人才的同志都参加了这

次会议。会议同时还分组召开了全国组织部长会议、人事厅局长会议、劳动和社会保障厅局长会议，紧紧围绕人才工作会议精神，对如何抓好具体落实进行了部署。在这里，我要特别强调，今后人才的竞争会越来越激烈，人才作为最宝贵的战略资源地位会越来越高。在座的都是人才，并且由你们联系的广大青年也都是我们要培养成中国特色社会主义有用人才的对象，同时是也给我们今后的发展提供了很好的人才基础。上海的经济非常之活跃，发展非常之健康，都给每一位青年施展自己的才华提供的广阔的舞台和空间。同时，对上海这样一个没有自然资源的城市，要提高城市综合竞争力，决定于人才。一支高素质的党政人才、经营者人才、科技管理者人才和数以千计的高技能劳动者人才，是决定我们上海未来发展的关键所在。在座的各位也赶上了上海非常发展的好时期，特别是战略机遇期，这给大家提供了一个公平成长、公平成才、公平施展自己才能的舞台。我们从加强政治民主意识的角度出发，积极探索干部任用制度上的民主化、科学化、规范化的进程；要积极贯彻党的十六届三中全会的精神，对多元化的、混合型的股份制企业完全按照法人治理结构，走市场化选择、董事会决定，来选用管理者；对国有独资和国有控股的企业，今后将采取公平竞争、市场调节的方式选用人才。要积极配合有关部门做好预防青少年违法犯罪工作，协助做好高校毕业生的就业工作，帮助下岗失业青年、进城务工青年等有特殊困难的青年群体解决实际问题。要完善工作体系，强化服务手段，丰富服务项目，积极运用现代化技术手段和先进的服务理念，努力打造一批青年欢迎、政府支持、社会认可的服务品牌。要加强阵地建设，充分发挥团属青少年活动阵地、新闻出版机构和团校等在服务青少年中的重要作用，不断开辟青年就业服务、社区青少年法律教育等新的服务阵地。

三、坚持党建带团建，不断加强党对共青团的领导

青年是祖国的未来和执政党的希望。市委历来高度重视青年和青年工作，在 2000 年 5 月召开青年工作会议后的近 4 年时间里，每年都要听取共青团的工作汇报，研究青年和青年工作。全市各级党组织在在加强党的青年工作领导上，也有许多有力的举措和成功的经验。

面对不断变化的新形势，全市各级党组织要站在全局和战略的高度，进一步加强对共青团的领导。要切实把团的工作放在党的工作的重要位置上。全市各级党组织要按照总揽全局、协调各方的要求，把共青团工作作为党的一项重要工作给予高度重视。要进一步加强青年工作的制度建设和机制建设，发挥好青年工作联席会议制度、社区青少年事务办公室等作用，支持共青团协助各级政府管理好青年事务。要切实加大对团干部队伍的培养力度。团干部是党的青年工作的骨干力量，是党的“凝聚力工程”在青年群众中的重要实施者。各级党组织要进一步加强对团干部的培养，坚持“高进、严管、优出”的选人用人原则，把团的岗位看作是培养优秀党政人才的重要实践岗位，进一步将思想好、能力强、作风正、在群众中有影响的优秀青年选拔到共青团的领导岗位上来，充实和加强各级团组织的领导班子，并不断加大培养和使用力度，确保共青团事业的持续发展。

加强各级团组织自身建设，是共青团工作坚持党的领导的重要方面，是坚持党建带团建的必然要求。因此，各级团组织要在同级党组织的领导下，大胆创新，努力实践，不断增强工作能力和提高工作水平。要创新团的基层组织形式。要针对各类新经济组织、新社会组织不断出现的新情况，积极发挥群众工作的优势，把更多的体制外青年纳入团的组织和活动中来，不断扩大工作的覆盖面。积极探索尝试依托居民区、高校生活园区、学生社团、经济园区等建立团青组织的做法。要创新工作方式和工作机制。要积极探索社会化的工作机制和快速反应的应急及协调机制，注意避免机关化、行政化的倾向，大胆创新载体和抓手，主动联系、热情扶持、有效引导各类青年服务机构和中介组织，进一步增强团组织的影响力。要加强团干部的作风锤炼。广大团干部要倍加珍惜团的岗位，努力带头学习实践“三个代表”，身体力行“两个务必”，自觉加强作风建设，竭诚服务青年，不断增强自身的学习能力和服务能力，努力做让党放心、青年满意、高素质、复合型的团干部。在作风建设上要有新举措，力求取得新实效，真正培养一支靠得住、有本事的团干部队伍。要进一步加强与工会、妇联等群团组织的交流合作。要加强与工会组织、妇联组织的主动联系，实现优势互补，资源共享，互联共赢，努力形成党的群众工作的合力。

青年朋友们、同志们！时代召唤青年，青年创造未来。青年事业是昂扬向上、激情澎湃的事业。让我们紧密团结在以胡锦涛同志为总书记的党中央周围，高举邓小平理论伟大旗帜，全面贯彻“三个代表”重要思想，奋发图强，开拓创新，为上海实施科教兴市战略、实现上海经济社会的发展作出更大的贡献！

再过两个星期，就是中国农历的新春佳节了，借此机会，向在座的同志们并通过你们向全市的团干部和广大青年朋友团员青年拜一个早年。祝大家工作进步，事业顺利，身体健康，全家幸福！

中共上海市委副书记王安顺同志在上海市青年工作联席会议全体会议上的讲话

（2004 年 3 月 29 日）

同志们：

今天，我们召开市青年工作联席会议全体会议，主要是审议《上海青少年发展规划(2004－2010)(草案)》，研究和部署今后一个时期市青年工作联席会议的工作，进一步完善青年工作合力机制，加快构建青年工作的新格局。

刚才，陈靖同志汇报了市青年工作联席会议成立以来的工作情况和青少年发展规划(草案)的起草情况，专家组的负责同志就该规划(草案)的有关内容作了说明，与会同志也对修改完善规划(草案)提出了许多好的意见和建议。下面，我讲三点意见。

一、准确把握时代发展趋势，进一步增强做好青年工作的责任感和使命感

当前，我们正处在一个飞速发展的时代。时代的发展，既对青年工作带来了新的机遇，同时也提出了新的挑战和要求。我们必须准确把握时代发展的趋势和脉搏，站在新的高度来思考和谋划青年工作，不断增强做好青年工作的责任感和使命感。

*首先，我们要深刻认识到，重视并做好青年工作，是顺应时代发展潮流、不断巩固党的执政地位的客观需要。*环顾当今世界，我们可以发现一个普遍现象，就是各国政府都在致力于做好新形势下的青年工作。据统计，到 2000 年为止，联合国 185 个成员国中已有 153 个国家制定了全国性的跨部门青年政策，有 167 个国家建立了青年事务管理或协调机构，有 114 个国家实施了全国青年行动纲领，同时采取以上三项行动的国家达到 95 个。由此可见，做好青年工作已成为世界各国政府优先考虑的战略选择之一。不仅政府如此，世界各国的政党势力也普遍把积极争取青年作为政党发展的重要目标和手段之一。作为执政的政党，总是主动采取各种措施来团结青年群体，以稳固执政地位；作为在野的政党，也千方百计地争取青年，以谋求未来走上执政的道路。这方面，世界政党发展的兴衰起伏有大量经验教训可资借鉴。世界上有一些大党、老党，比如像原苏联东欧国家的共产党、墨西哥革命制度党等，它们为什么会最终丧失政权，很关键的一条是思想僵化、制度老化，失去了青年这个具有活力的群体。相反，一些新兴的政党，尽管其发展历史不长，却能在短时期内赢得执政地位，其原因往往也在于，它争取到了一大批青年的支持和拥护。我们党是一个有着 80 多年历史的世界上最大的政党，要不

断巩固自己的执政地位，就必须认真汲取世界政党发展的经验教训，始终准确把握世界发展的大势，始终站在时代发展的前列，坚持在任何时候和任何情况下，都要把青年工作紧紧抓在手里，绝不能有丝毫的懈怠和马虎。

*其次，我们要深刻认识到，重视并做好青年工作，是实现我们在新世纪新阶段宏伟发展目标的客观需要。*党的十六大提出，要紧紧抓住并充分利用本世纪头20年这一重要战略机遇期，全面建设惠及10几亿人口的更高水平的小康社会。这是一个宏伟目标，也是一项艰巨任务。实现全面建设小康社会宏伟目标的历史时期，正是广大青年充分发挥聪明才智、为国家建功立业的重要时期。我们未来几十年的发展，主要靠当代这批和一代又一代的年轻人，他们是我国现代化建设的中坚力量。从上海来说，我们要紧紧抓住承办世博会的重大机遇，率先基本实现现代化，同样必须依靠广大青年为之奋斗。上海提出要大力实施科教兴市战略，走通“华山天险一条路”。科教兴市的核心是创新，关键在人才。而青年是社会上最富有朝气、最富有创造性、最富有生命力的群体。我们只有通过做好青年工作，造就和吸引一大批青年人才，把广大青年的积极性、主动性和巨大的创造活力激发出来，才能更快更好地把未来发展的蓝图变成现实。

*再次，我们要深刻认识到，重视并做好青年工作，是解决当前青年工作存在问题的客观需要。*上海历届市委、市政府一贯高度重视青年工作。2000年5月市委召开了市青年工作会议，后来又批转了团市委党组《关于加强和改进青年工作的若干意见》；市政府也批准设立了“上海青少年科技创新市长奖”、成立了“上海市社区青少年事务办公室”等。这些，在全国都是有率先创新意义的。在市委、市政府的关心重视和全市各部门的共同努力下，上海青年工作不断取得新发展，为上海的改革开放和现代化建设作出了很大贡献，青年工作的成绩大家有目共睹。但是，我们也要看到，随着形势的发展变化，当前青年工作也存在一些不适应的地方。比如，在社会情况日益多样化，青年群体也不断分化、重组和流动的情况下，青年工作的覆盖面还不够广泛，影响力也有待进一步提高；面对当今时代高度信息化、人们的价值取向日趋多元化、各种思想观念相互激荡的新形势，青年工作教育引导、协调整合的功能还需要进一步强化，工作的思路、方法和手段都需要进一步创新和改进。再比如，在社会大环境方面，一些部门领导对青年工作的认识不足、重视不够，没有真正担负起领导责任；全社会关心和支持青年工作的风气还需要进一步形成；等等。上述这些问题的存在，都迫切需要我们加大工作力度，进一步重视并做好青年工作。

青年是祖国的未来，是民族的希望。青年兴则国家兴，青年强则国家强。我们要从确保党的事业后继有人和社会主义事业兴旺发达的战略高度，从贯彻“三个代表”重要思想、树立和落实科学发展观、更好地坚持以人为本的高度，充分认识做好青年工作的重大现实意义和深远历史意义，求真务实、开拓创新，齐抓共管、形成合力，不断提高青年工作的整体水平。

二、以制定和实施上海青少年发展规划为契机，突出工作重点，扎扎实实地推动青年工作取得新的进展

2003年5月以来,根据市委的总体部署和市政府工作报告的相关要求,团市委等青年工作联席会议成员单位开展了上海青少年发展规划的调研起草工作。历时七个月,充分讨论,反复酝酿,做了大量富有成效的工作,最终形成了这一规划(草案)。规划的制定,是我们贯彻落实中央和市委对青年工作要求的重要举措,必将有力地推动青年工作取得新的进展。我们要以制定和实施青少年发展规划为契机,突出重点,集中力量,扎扎实实地抓好几件对青年长远发展有利的大事,开创上海青年工作发展的新局面。

1、要认真贯彻落实中央8号文件的精神,进一步加强和改进青少年思想道德建设。加强青少年的思想道德建设,是一项带有根本性、长远性和战略性的工程,是青少年工作的灵魂。广大青少年的思想道德状况如何,直接关系到中华民族的整体素质,关系到国家前途命运和民族命运。最近,中共中央、国务院着眼新的形势和任务,立足培养和造就党和社会主义事业的合格建设者和接班人,制定和下发了《关于进一步加强和改进未成年人思想道德建设的若干意见》,即中发[2004]8号文件。这对于指导我们加强未成年人思想道德建设,乃至加强整个青少年工作,都具有极强的现实意义。

优良品德的养成对人的一生至关重要。青少年时期可塑性大,是人生的起步阶段,是品德养成的关键时期。加强青少年的思想道德建设,对帮助青少年树立正确的世界观、人生观和价值观,十分重要。当前,我国对外开放不断扩大,社会主义市场经济向纵深发展,这为广大青少年了解世界、增长知识、开阔视野、提高本领提供了更加有利的条件,同时也为青少年树立正确的世界观、人生观、价值观带来了严峻挑战。我们要看到,国际敌对势力正在利用我们扩大开放的机会,加紧对我实施西化分化的战略图谋,他们通过各种途径进行思想文化渗透,加紧与我争夺接班人。最近,我看了一份内部材料,该材料指出:目前境外利用宗教对我进行渗透的形势相当严峻。由于上海所处的重要地位,境外许多宗教组织纷纷把上海作为其渗透的重点,他们利用讲学、开展学术交流、进行捐赠助学等合法手段为掩护,秘密在我们的一些高校中发展信徒,竭力拉拢甚至是威胁强迫我学生入教。梵蒂冈和美国在前些年结成"神圣同盟",策划对我国发起一场"争夺灵魂的斗争",妄图在不远的将来推翻我们共产党政权。另外,我们要看到,随着市场经济的发展,一些领域道德失范,一些地方社会丑恶现象沉渣泛起,加上以权谋私等消极腐败现象屡禁不止,包括部分文学作品宣扬的"俗"、"灰"思想或所谓"小资"情调等,也在很大程度上削弱了党的意识形态对青少年的主导作用。对青少年思想道德建设面临的严峻形势,我们确实要有清醒的估计和认识;对存在的问题,要下决心采取有效措施加以解决。

加强青少年思想道德建设是个系统工程,需要全社会的广泛参与。作为市青年工作联席会议及成员单位,我们要按照中央8号文件的要求,明确自己的工作职责,并一项一项地抓落实。要加强正面教育引导,坚持用"三个代表"重要思想武装头脑、教育青少年,帮助广大青少年牢固树立建设中国特色社会主义的共同理想,走全面建设小康社会的发展道路。要深入推进道德实践活动,以承办世博会为契机,组织动员广大青少年大力弘扬上海城市精神、积极实践《公民道德建设实施纲要》。要完善工作的体制、机制和法规、制度建设，加强投入，提供保障，形成社会各方广泛支持和参与的良好氛围。特别是要注意改进方法和手段，创新工作载体，以提高亲和力、说服力和感召力为目的，拓展组织化、社会化的教育方式，推进文化育人、服务育人、实践育人等重点工作，不断增强工作的有效性和针对性。

*2、要从《上海青少年发展规划》的制定和实施入手，不断增强青年工作的系统性和科学性。*上海制定青少年发展的中长期规划，在全国是一个首创。规划充分考虑了未来几年上海经济社会发展的背景，并借鉴了发达地区和世界其他城市的有益经验，起点高，视野宽，体现了上海现代化建设的必然要求，标志着上海城市文明的发展与进步。今天的会议原则同意规划(草案)。希望团市委作为牵头单位，根据大家提出的意见和建议，进一步修改完善这个规划(草案)，并按有关程序报批，适时向社会发布。规划制定只是一个阶段，关键是抓好实施。要按照规划确定的六个优先发展领域和行动计划确定的工作步骤，加强调查研究，加强督促指导，定期评估规划的实施情况，为市委、市政府研究和决策青年工作提供带有全局性、前瞻性、创新性的科学依据。要积极构建“上海青少年生存与发展指标体系”，并向社会发布监测报告，营造全社会共同参与的良好氛围。要配合规划的制定和实施，围绕青年的现实需求和长远利益，抓紧法规、政策和制度的配套建设，为青少年健康成长提供制度化保障。

*3、要切实加强基层基础工作，扩大青年工作的覆盖面和影响力。*目前，青年群体出现不断分化、重组和流动的态势。在新经济组织和新社会组织领域中，集中了大量的青年，其中不少是留学归国青年、各地在沪青年和处于流动状态的青年。他们的经济社会地位、思想观念和利益表达方式多元化。这就要求我们的青年工作适应新的形势，从基层基础工作抓起，不断扩大青年工作的覆盖面，增强吸引力、影响力和凝聚力。加强青年工作的基层基础建设，不仅要抓好各类活动建设，还要抓好组织基础建设，努力做到哪里有青年，哪里就有党团组织；不仅要重视和关心精英青年，还要重视和做好普通青年的工作；不仅要做好传统体制以内的青年工作，还要把工作拓展到社会的方方面面，努力把最广大的青年群体团结和凝聚起来。比如，目前全市外来青少年有300多万人，其中不少是来打工的青年。他们已成为上海经济建设的一支重要生力军，是党可以团结和紧紧依靠的群众力量。作为城市生活中的一个群体，他们特别需要各级组织的关心帮助。做好他们的工作，可以进一步夯实党的执政基础。相反，如果让他们长期游离于我们的工作之外，很容易被犯罪势力和其他黑恶势力所利用，威胁社会稳定，动摇我们的执政根基。因此，我们一定要主动加强工作，把他们纳入到我们的组织和工作中来，这也是树立和落实科学的发展观、正确的政绩观的重要体现。

三、切实加强对青年工作的领导，进一步形成齐抓共管的工作局面

进一步做好新形势下的青年工作，加强领导是关键。各级党委和政府要按照科学的发展观、正确的政绩观的要求，坚持把青年工作列入重要议事日程，纳入经济社会发展总体规划，切实加强和改善领导，努力形成党委统一领导、党政群齐抓共管、共青团组织协调、有关部门各负其责、全社会积极参与的领导体制和工作机制。各级领导干部特

别是党委、政府的主要负责同志,要切实担负起领导责任,大力关心和支持青年工作,努力为青年工作创造良好的条件和氛围。这里,我就做好市青年工作联席会议的工作,谈三点看法:

1、*要建立健全制度,形成合力推进工作的机制*。上海市青年工作联席会议是在市委领导下,在市政府支持下,统筹规划和指导全市青年工作、提出青年政策、协调青年事务的指导、协调和督查机构。构建这样的领导体制,有助于整合协调各方的力量,形成合力推进青年工作的格局。联席会议要通过建立健全相应的工作制度,履行职能,发挥作用。今后,联席会议原则上每年召开一次全体会议,听取年度工作报告,研究、部署、协调全市性有关青年的重大工作;遇有重要情况和重大问题需要研究,也可以不定期随时召开。要在今天会议的基础上,进一步完善联席会议的议题酝酿制度、协商承办制度、职能授权制度等各项制度,把联席会议的各项工作纳入制度运作的轨道。

2、*要发扬求真务实的精神,狠抓工作落实*。首先,要抓好责任落实。联席会议各成员单位要根据联席会议的总体部署,结合各自实际,进一步明确工作责任,分工要具体,责任要到人。要切实建立和完善工作责任制,形成一级抓一级、一级促一级的工作格局。其次,要加强督促检查,做到工作有布置、有检查、有评估、有总结,不断推动工作的落实。团市委作为联席会议办公室单位,要承担起工作职责,经常对各重点项目的实施情况进行跟踪了解和督促检查,必要时可请承办部门作出专题汇报。同时,还要发挥组织、协调的功能,加强沟通,主动服务,配合各成员单位开展好青年工作。再次,要坚持在创新中抓好落实。当前青年工作面临许多新情况、新问题,需要用创新的思路和方法研究解决。我们要解放思想,敢于冲破旧的体制和观念的束缚,用新思路、新招术应对新挑战、新问题,真正使青年工作体现时代性、把握规律性、富于创造性。

3、*要积极动员社会各方力量,切实为青少年工作提供有力保障*。做好青年工作是全党全社会的共同责任,需要全党全社会的共同参与。联席会议要积极动员全党全社会的力量,为青年工作的开展提供必要的物质基础、人员保证和经费支持。要进一步研究建立政府青年事务的长效授权委托机制,逐步把青年工作纳入法制化、规范化和现代化的轨道,更好地支持共青团协助政府管理青年事务。要进一步重视共青团等青年组织的建设,支持共青团依照法律和自己的章程创造性地开展工作,为团干部和广大青年创造更有利的成长环境,提供更多的锻炼和发展机会。要进一步加强舆论宣传工作,形成全社会都爱护青年、关心青年、支持青年的良好氛围。

中共上海市委副书记王安顺同志在团中央机关旧址纪念馆开馆仪式上的讲话

（2004 年 4 月 26 日）

各位领导，青年同志们：

在五四运动 85 周年纪念日前夕，我们在这里举行中国社会主义青年团中央机关旧址纪念馆开馆仪式。首先，我代表上海市委、市政府对纪念馆的落成表示热烈的祝贺！向长期关心、支持上海共青团和青年工作的团中央领导和全国各地团组织表示真诚的感谢！今天在这标志性的场所又有一批青年光荣地加入了团组织，我们也对他们表示衷心的祝贺！

五四运动以来的中国青年运动史，是中国社会伟大变革的历史篇章中一部绚丽的青春史诗，是中华民族伟大复兴的交响乐中一部雄浑的青春乐章。上个世纪 20 年代初，一批热血青年汇集在“渔阳里 6 号”，在党的早期组织领导下，率先建立了上海社会主义青年团，由此揭开了中国青年运动的新篇章。

团中央机关旧址在上海是上海的光荣，也是宝贵的资源。团中央书记处，特别是周强同志高度重视、全程指导“渔阳里”团中央机关旧址整修扩建工程，不仅从有限的团费中拨出 200 万支持工程建设，多次听取工程进展情况汇报，还要求各地团组织给予大力帮助。卢湾区严格按照文物保护的要求，在土建工程中精心设计、精心施工。团市委专门成立了项目组，使陈列布展克服困难、精益求精、尽心尽力、力求创新。文管委派出文博专家，提供热情周到的业务指导。

纪念馆在设计和陈列布展中充分考虑青少年的特点，把深刻的内涵和新颖的形式较好地结合起来，寓教于乐、寓情于景、互动参与，并成功地运用了现代高科技手段。纪念馆虽然不大，却集旧址原貌恢复、建团历史陈列、全国青年英模生动展示、上海青年运动史回顾于一体，丰富而生动。我们相信纪念馆将成为对广大团员青年进行爱国主义和思想道德教育的重要基地，将激励广大团员青年继承五四传统、弘扬民族精神，进一步增强使命感和责任感，更好地砥炼品德、建功成才。

“渔阳里”纪念馆建成不容易，但今后的管理、利用任务更艰巨、更重要。纪念馆不仅要为上海的团员青年服务，还要向全国的团员青年提供免费的优质服务。希望卢湾区切实把纪念馆管理好、使用好。要树立全新的发展理念，不断丰富陈列展览内容。各级团组织要组织好团员青年到“渔阳里”参观、进行活动，加大对革命传统、团的历史和青年英模的宣传展示力度。市文管委要发挥专业优势和特长，继续服务好纪念馆的管理、维护和开发。

再过几天就是五四青年节了。借此机会，我谨向全市团员青年致以节日的祝贺和亲切的问候！希望你们在党的指引下，在各级团组织的带领下，以“三个代表”重要思想为指导，按照胡锦涛总书记“勤于学习、善于创造、甘于奉献”的要求，改革勇攀第一峰、竞争勇夺第一名、工作勇创第一流，在火热的实践中书写无悔的青春！

谢谢大家。

中共上海市委副书记王安顺同志在少先队上海市第五次代表大会上的讲话

（2004 年 5 月 30 日）

亲爱的少先队员们、代表们、同志们：

在“六一”国际儿童节到来之际，少先队上海市第五次代表大会隆重召开了。在这里，我代表市委、市人大、市政府、市政协向大会表示热烈的祝贺！向全市少先队员们致以亲切的问候！向为少年儿童的健康成长付出心血和汗水的广大少先队辅导员、少年儿童工作者、老师们致以崇高的敬意！向热情关心支持少先队事业的社会各界表示衷心的感谢！

第四次市少代会以来，各级少先队组织在党的领导和共青团的带领下，勤奋学习，积极实践，勇于创新，健康成长，在上海城市大发展中积极参与和互动，创造性地开展了“养成道德好习惯，我做合格小公民”、“塑造城市精神，我们也来参与”、“新世纪我能行”、创建快乐中队和自动化小队等一系列富有意义、生动有趣的活动，使广大少先队员在星星火炬的旗帜下，自学、自理、自护、自强、自律，全面发展，茁壮成长。少先队组织激发了新活力，少先队事业实现了新发展。在这次少代会筹备期间，小代表们积极履行职责，广泛倾听队员心声，以聪慧的眼光、独特的视角提出了许多有创意的合理化提案，充分展示了当代少先队员的优良素质和关心集体、关心社会、关心国家、胸怀远大志向的精神风貌。

亲爱的少先队员们，少先队是党亲手创建，具有光荣传统。她永远是火炬，照亮人生前程；她永远是基石，奠定发展基础。希望你们不辜负党和人民的嘱托，不辜负老师和家长的培养，不辜负社会各界的期望，从小就形成良好的精神和品德，树立起热爱祖国、决心为祖国的繁荣富强贡献自己全部力量的坚定信念，树立起自强不息、不怕任何艰难险阻、勇往直前的奋斗精神，树立起与时俱进、昂扬向上、勇于创新的开拓意识，在鲜艳的少先队队旗的引领下，在少先队这所大学校中经历道德体验，学习承担责任，培养健康情感，训练耐挫能力，发展团队精神，努力成长为有理想、有道德、有文化、有纪律，德、智、体、美全面发展的中国特色社会主义事业建设者和接班人。

上海少先队事业的发展与上海这座城市的发展是紧密相连的。为迎接中国 2010 年世博会，努力实现“城市，让生活更美好”的宗旨，向世界展示中华民族的精神风貌，向海内外宾展示上海城市的文明程度和市民的综合素质，上海制定了《上海迎世博文明行动计划》。结合这一行动计划的基本任务，上海少先队制定未来五年的行动计划。大家决心以红领巾的行动来参加和推进城市的精神文明建设，以身心健康行动、道德好习惯养成行动、爱科学行动、手拉手交朋友行动，来参与上海“健康之城”、“诚信之城”、“学习之城”、“友善之城”等方面的建设。我们相信，上海少先队员有志气，一定会刻苦学习科学文化知识，努力把自己塑造成为未来合格的社会主义接班人。我们想念，上海少先队员有能力，一定能成为迎接世博会，参与上海城市精神文明建设的小主人、小先锋。

少先队事业的蓬勃发展，是党的事业始终保持生机和活力的重要源泉；少先队员的健康成长是国家和民族永远兴旺发达的希望所在。全市各级党组织和政府有关部门要进一步重视、关心和支持少先队事业，以邓小平理论和“三个代表”重要思想为指导，认真贯彻落实《中共中央国务院关于进一步加强和改进未成年人思想道德建设的若干意见》，充分关注少年儿童的道德养成，关怀少年儿童的心灵世界，维护少年儿童的根本利益，竭诚为少年儿童的健康成长服务，热忱为少先队事业的可持续发展营造良好的环境。教育部门要将少先队工作纳入教育发展整体规划，充分发挥少先队在学校教育中不可替代的特殊作用；宣传、文化、新闻出版、广播影视等部门要积极为少年儿童提供健康丰富的文化产品和活动阵地；共青团组织要进一步履行好“全团带队”职责，把少先队事业作为共青团事业的重要组成部分，进一步从思想上、组织上、队伍上、工作上带好少先队。社会各界要为少先队事业的发展和少年儿童的健康成长提供更多的帮助和服务，多办实事，多做好事。

各位少先队工作者、辅导员老师们，你们是少先队员的引路人和亲密朋友，你们的使命光荣而神圣。希望你们继续按照党对少先队的工作要求和时代赋予少先队的历史任务，坚持“儿童为本、道德为先、队建为基、发展为重”的工作理念，遵循少年儿童身心成长的特点和学习生活的实际，大力提高他们的科学文化素质和思想道德素质，为培养祖国现代化事业发展的强大后备军再立新功。

后天，我们将迎来小朋友们自己的节日——“六一”国际儿童节。在此，我衷心祝愿全市少年儿童学习进步、身体健康、节日快乐！

中共上海市委副书记王安顺同志在专题调研上海青年工作时的讲话(摘要)

(2004年6月18日)

加强青年工作是加强党的执政能力建设的重要组成部分,要从巩固党的执政基础、加强党的执政能力建设的高度,充分认识做好青年工作的重大现实意义和深远历史意义,进一步增强共青团工作的生命力和活力,解放思想,开拓创新,不断开创上海青年工作的新局面。

一、要注重青年工作的针对性和有效性

要正确处理好共青团组织的政治性功能、社会性功能和专业性功能的关系,避免陷入机关化、行政化的工作模式,以广大青年为工作服务对象,深入了解青年群体的思想脉搏,增强工作的针对性和有效性。不仅要服务团结优秀杰出的强势青年群体,也要服务团结失足、失业等困难青年群体;不仅要抓好各类活动建设,还要抓好组织基础建设;不仅要做好传统体制以内的青年工作,还要把工作拓展到社会的方方面面,努力把最广大的青年群体团结和凝聚到党的周围。

二、要把青年工作的领域向社区深化拓展

社区集中了大量的非公有制企业、中介组织和民办学校,其中汇聚了大量的青少年群体,作为社会的一个基础性领域,社区将越来越成为党的社会工作的重要领域。共青团组织作为党联系青年群众的桥梁和纽带,要积极依托社区,把共青团组织的影响力渗透到社区的各类经济组织和社会组织中去,通过创新团组织的运行机制,不断满足广大青少年的各类需要。

三、要进一步建立健全青少年事务的协同工作机制

上海市青年工作联席会议建立以来,统筹规划和指导全市青年工作,制定了《上海青少年发展规划(2004—2010)》,提出不少有关上海青年工作的政策建议,整合协调各方力量,形成了合力推进上海青年工作的格局。要大力抓好上海青少年发展规划的落实工作;青年工作联席会议制度要形成规范,建立健全相应的工作制度,保证联席会议履行职能,发挥作用;要进一步研究建立政府青年事务的长效授权委托机制,逐步把青年工作纳入法制化、规范化和现代化的轨道,积极协助政府做好青年事务工作;要借鉴国外的经验,积极探索政府购买社会服务的利益机制,逐步形成政府青年事务、青年项

目的授权委托机制，促进领导方式转到更多地依靠利益纽带来增强对社会的控制力上来；要以巩固党执政的青年群众基础为目标，探索建立与上海经济和社会发展相适应的青少年事务管理机构；要根据共青团组织的专业性特点，逐步培植发育为青年群体服务的专业化社会工作机构，更好地推动青少年事务的发展。

四、要充分利用好互联网这一平台

要教育从业人员讲政治，讲发展，讲责任，引导他们确立对党和国家、对人民、对下一代高度负责的社会责任感，把互联网这一平台建设成为忠实实践“三个代表”重要思想的阵地，共同为青少年的健康成长营造一个良好的环境。

五、要不断加强团的自身建设

在“四个多样化”条件下，团的工作环境、对象发生了深刻变化，团的自身建设面临许多新课题。要在坚持团组织的根本性质和宗旨的前提下，以团组织的能力建设为重点，不断提高学习能力和服务能力，进一步增强活力和凝聚力。团干部要增强党的意识，忠诚党的事业，始终坚持正确的政治方向，牢固树立坚定的理想信念，身体力行“三个代表”重要思想；要保持奋发有为的精神状态，热爱团的岗位，把团的岗位作为学习的岗位、锻炼的岗位、奉献的岗位，不搞形象工程，求真务实，扎实工作；要把对党负责与对广大青年负责统一起来，竭诚服务青年。要密切联系青年，把握时代特点，创新服务思路，强化服务手段，完善服务大局、服务青年的工作机制，不断开创上海青年工作的新局面。

中共上海市委副书记王安顺同志在上海大学生志愿服务西部计划志愿者汇报座谈会上的讲话

（2004 年 8 月 18 日）

各位大学生志愿者，同志们：

刚才，团市委介绍了上海大学生志愿服务西部计划的实施情况，几位大学生志愿者代表也满怀深情地畅谈了自己的切身体会与收获。听了以后，确实非常感人，令我们深受教育和鼓舞。在此，我代表市委、市政府对你们的凯旋归来表示热烈的欢迎，对你们报效祖国、服务人民的崇高情怀和在志愿服务活动中所作出的积极贡献，致以由衷的敬意！

大学生志愿服务西部计划于去年 8 月启动，是共青团中央、国家教育部根据国家院常委会精神，在财政部、人事局的支持下组织实施的一项志愿服务活动。这项活动吸引了全国大批优秀的大学应届毕业生报名和参与。按照中央的统一部署，上海市共青团、市教委、财政局、人事局等部门共同联手，组织实施了本市大学生志愿服务西部计划，共有 151 名上海各高校的大学生志愿者放弃优越的城市生活，自愿选择到云南、重庆、西藏等西部贫困地区从事志愿服务工作。一年来，你们脚踏实地，艰苦创业，辛勤工作，以自己果敢的奉献精神和聪明才智，为当地改革开放和经济社会发展添砖加瓦，赢得了当地人民的交口称赞，在国家西部大开发和上海服务全国的战略部署中谱写了一曲曲壮丽的青春之歌。同时，你们虚心向当地人民拜师学习，与当地人民同甘共苦，在志愿服务的过程中也增进了与人民群众的感情，培养了吃苦耐劳的精神，增强了社会责任感，提升了精神境界，真正做到了知国情、增阅历、长才干，涌现出了以冯艾同学为代表的一批全面发展的优秀大学生志愿者。在你们身上，充分体现了上海青年的良好精神风貌，展示了大学生志愿者“奉献、友爱、互助、进步”的时代精神。你们不愧是上海大学生的优秀代表，不愧是上海青年学习的好榜样。

大学生志愿者到西部基层服务一年后，一些同学主动提出要求延长服务期，还有一些同学表示要留在当地、扎根西部，继续为西部大开发服务。这些留下来的志愿者，加上今年新选派的 200 多位同学，目前上海有 300 多位大学生志愿者在西部开展志愿服务。首届西部计划的顺利实施，积累了很多成功的经验，也带给我们许多有益的启示。下面，我就如何进一步做好这项工作，再谈三点想法。

一、大力弘扬大学生志愿者的时代精神,激励上海广大青年报效祖国、服务人民

实施西部计划是党中央、国务院作出的重要决策,是实施"三个代表"重要思想、树立和落实科学发展观的重要举措。开展大学生志愿服务西部计划活动,找准了国家发展战略与青年成才报国的结合点,具有多方面的积极意义。首先,它有助于树立正确的成才导向,引导青年大学生到基层和艰苦的地方去建功成才。"艰难困苦、玉汝于成",艰苦的环境既磨练人,也造就人。当代大学生经过系统的教育,具备了一定的知识才能。但相对来说,还缺乏实践磨练,对国情了解也不够深。而西部计划高扬理想的旗帜,以责任激励青年,以奉献感召青年,以事业凝聚青年,为广大青年提供了施展才华、砥砺品格、增长才干的广阔舞台,有利于青年大学生在艰苦的环境中锻炼成才,有利于培养和造就一支既具有现代科学文化知识,又具有基层工作经验并富有社会责任感的优秀青年人才队伍。其次,它有助于促进西部地区经济社会发展,为当地群众带来实惠。大学生志愿者所具有的多方面专长,正是西部贫困落后地区发展所最急需的。大学生去到西部,不仅为当地教育、医疗、扶贫、青年工作补充了一批生力军,而且能够以新的思想观念和工作方式潜移默化地影响着当地社会与人民群众,为西部加快发展增添崭新的动力。再次,它有助于实现人才资源的合理配置,为西部地区输送更多优秀人才。西部发展,人才为本。大学生志愿服务西部计划采取公开招募、自愿报名、按需选派、定期轮换的方式,探索了一条在市场经济条件下,通过志愿服务这种非市场手段配置人才资源的有效途径,实现了人才资源的东西互动,城乡互动,既开辟了高校毕业生就业创业的新渠道,也为西部地区发展提供了有力的智力支撑和人才保证。最后,从上海来说,它也是上海服务全国的重要载体,是上海"以海纳百川而服务全国,在艰苦奋斗中追求卓越"这一城市精神的生动体现。总之,大学生志愿服务西部计划符合当前我国经济社会发展的实际,符合大学生成长的需要,是一项可以取得多赢、共赢的好活动、好办法。

志愿服务活动作为一项服务他人、奉献社会的高尚事业,对于促进社会和谐、促进社会文明、促进社会发展具有不可替代的作用。我们要采取多种形式,生动活泼地开展宣传工作,营造更加良好的社会氛围,大力弘扬大学生志愿者的精神,激励、号召和带动上海广大青年向你们这样的同龄人学习。学习你们胸怀祖国,志存高远,立足基层,扎根实际,主动到西部去、到基层去、到祖国和人民最需要的地方去的崇高精神,学习你们勇于奋发拼搏,敢于挑战自我,乐于奉献社会的可贵品格,为祖国的强盛和人民的幸福,为促进社会主义精神文明建设,书写壮丽的诗篇。

二、建立长效工作机制,为大学生志愿服务西部计划深入发展提供保障

西部计划不是权宜之计,不是临时项目,不是毕其功于一役,而是长期的战略决策。要保证它深入持久的开展下去,需要努力探索一整套有效的运作机制。希望团市委等主办单位要认真总结过去一年的工作经验,把握大学生志愿者的特点和规律,突出育人目标,不断完善工作机制,扩大活动效应。要进一步完善相关政策,建立起涵盖宣传动

员、招募、管理、奖励、培养服务，包括升学、就业指导等在内的工作规范。要充分依靠大学生志愿者服务所在地的党团组织，发挥好大学生志愿者自我管理，自我教育的作用，从而形成全员全程关心，全面管理和服务的工作机制。此外，在做好现有服务的同时，还要突出重点，进一步聚焦上海对口支援的云南、西藏、重庆、新疆等所属的八个地(州)，有力地配合市委、市政府对对口支援工作提出的新要求。

三、落实各项优惠政策，积极为大学生志愿者提供切实有效的服务和帮助

大学生志愿者是有理想、有能力、能吃苦、甘奉献的优秀青年群体，对国家和社会作出了很大的贡献，对他们的关心和支持就是对西部发展的支持，就是对志愿者事业的支持。今天的会上，市教委介绍了有关西部计划的优惠政策，希望各有关方面认真加以落实，切实为大学生志愿者的学习、就业、创业和生活提供必要的保障，积极营造人人争当志愿者、为奉献者奉献的良好社会氛围。教育行政部门和各高校要高度重视，按照相关政策，认真做好大学生志愿者升学等相关手续的办理和其他服务工作，并进一步出台鼓励与优惠的政策，促使高校与志愿者服务地区建立长效、稳定、密切的关系。人事部门及所属的人才交流机构，包括各高校就业指导中心在内，要积极及时为大学生志愿者提供需求信息、政策咨询、就业指导等服务，为志愿者就业和自主创业提供更多的帮助和机会。用人单位要在同等条件下优先录用回沪的大学生志愿者。今天，我很高兴地看到许多企事业单位负责同志参加座谈会和就业推介会，并表达了欢迎大学生志愿者加盟的意向。各级团组织要通过报纸、广播、网络等途径，整合青联、青企协等各方面的资源，引导社会各界关注志愿者、服务志愿者，畅通他们与用人单位之间的供需渠道，为其就业铺路搭桥和创造条件。同时要为大学生志愿者的自主创业提供支持，推动大学生科技成果的转论，努力帮助大学生通过创业实现就业。

各位大学生志愿者、同志们，实施西部计划是服务科教兴国战略和人才强国战略的有效途径，是服务西部大开发战略的重要举措，也时引导和服务大学生健康成长和建功成才的有效载体。希望全社会共同关心和支持西部计划的深入开展，为大学生志愿者给予更多的支持和帮助；希望大学生志愿者们再接再厉，自强不息，继续发扬青年志愿者的精神，多学习、多锻炼、多积累、多奉献，以自己的青春和才华，为祖国和人民作出新的更大贡献！

中共上海市委副书记王安顺同志在第十一届“上海十大杰出青年”颁奖典礼上的讲话

（2004 年 9 月 17 日）

青年朋友们、同志们：

今天，我们在这里隆重表彰第十一届上海十大杰出青年。首先，我代表市委、市人大、市政府、市政协向第十一届上海杰出青年及提名奖获得者表示热烈的祝贺！

这次十大杰出青年评选有两个显著的特点：一是明星汇萃。在你们当中，有从奥运会凯旋而归、实现历史性突破的体育健将，有情系西部的中国青年志愿服务金奖获得者，有敢于拼搏、敢为人先的优秀民营企业家，有勇攀科技高峰、屡克世界级难题的青年专家，还有奔赴北京小汤山抗击非典的白医战士，以及在各个领域作出突出贡献的青年精英，真可谓群英汇萃、群贤毕至。二是海纳百川。你们当中，既有为上海经济发展建功立业的精英，又有用智慧和青春服务全国的俊杰；既有黄浦江水孕育长大的上海儿女，也有来自异国他乡、如今与我们并肩奋战的“新上海人”，这充分体现了上海海纳百川、兼收并蓄的品格和风范。

十大杰出青年是诠释城市精神的典范。你们引领了时代风尚，创造了一个又一个“上海奇迹”。比如，来自上海田径界的刘翔以令世人震惊的“中国速度”，冲破了欧美人一直垄断的奥运男子 110 米栏的“黑色堡垒”，成为中国、也是亚洲第一位在奥运短跑项目上摘取金牌的选手，打破了所谓“黄种人不适合田径运动尤其是短跑项目”的迷信，创造了奥运史上的中国传奇。又如，来自市建设系统的秦宝华以深厚的专业功底和优秀的组织管理才能，成功地攻克了多项世界级造桥难题，创造了两项世界纪录。此外，还有打造“中国芯”的微电子专家陈进，坚持在西部地区义务支教的优秀大学生志愿者冯艾，等等。在你们身上，集中展现了当代上海青年求真务实、积极进取、追求卓越的精神风貌。这些都是上海城市精神最鲜活、最生动的展现。上海人民将以你们为荣耀，上海青年将以你们为楷模。

杰出青年的成长、成功，离不开良好的发展环境。20 世纪 90 年代以来，上海发生了历史性的变化，各项事业取得了举世瞩目的成就，整个城市欣欣向荣，充满生机与活力，这为当代青年的发展提供了大好机遇和舞台。在座的杰出青年都是在上海大发展的环境中得到培养、锻炼和提高的。实践证明，当代青年只有把自己的成长成才、创业发展，同推进中国特色社会主义事业的伟大实践，同推进城市经济社会发展的进程结合起来，矢志报效祖国，献身事业，自身才能得到更快更好的发展。今后几年，上海将面临一系列新的发展机遇，其中举办2010年世博会将是展示上海风采的一个千载难逢的机遇。当代青年作为城市最具有活力、最有生机、最有创造力的群体，必将在上海加快发展的进程中尽情施展才华，大有作为。

衷心希望各位杰出青年珍惜荣誉，发扬成绩，再接再厉，不断进取，以永不自满、永不懈怠的精神状态，继续顽强拼搏，不断超越前人、超越自我，力争在各个领域作出新的建树、取得新的辉煌，为推动上海科教兴市战略的实施、促进上海未来发展作出更大贡献，为上海培育和塑造城市精神增添新的亮色。

衷心希望上海广大团员青年以杰出青年为榜样，志存高远，发愤学习，勤奋工作，自觉地到祖国和人民最需要的地方去，到最艰苦和最有挑战的岗位上去，到改革开放和现代化建设的第一线去，在艰苦的环境中锻炼成长，实现有价值的人生。

青年朋友们、同志们，让我们紧密团结在以胡锦涛同志为总书记的党中央周围，全面贯彻“三个代表”重要思想，牢固树立和落实科学发展观，为推进上海经济和社会发展，加快“四个”中心建设，奉献青春的智慧和力量，让青春与世博同行，让人生与祖国共荣！

中共上海市委副书记王安顺同志在“中国青少年社会教育论坛——2004·媒体与未成年人发展”开幕式上的致辞

（2004 年 12 月 12 日）

各位来宾、朋友们、同志们：

上午好！

今天，“中国青少年社会教育论坛——2004·媒体与未成年人发展”在上海开幕了。在此，我谨代表中共上海市委、市政府对本次论坛的召开表示热烈的祝贺！向出席论坛的团中央、全国妇联、教育部、国家广电总局、新闻出版总署、中国社会科学院、全国少工委等主办单位的领导和与会来宾，以及来自海外的朋友们表示诚挚的欢迎！向长期以来热情指导和关心支持上海青少年工作的中央各部委、各兄弟省市的领导及同志们表示衷心的感谢！

进入新世纪，大众传媒的飞速发展使人类步入了一个全新的信息化时代，以互联网为标志的当代媒体正在深刻地影响着未成年人的成长和发展，影响着他们的思想道德、行为方式和人际关系。媒体环境已成为继经济、政治、文化环境之后，又一个关系到未成年人发展的十分重要和关键的社会环境。因此，党和国家领导高度重视大众传媒对未成年人发展的影响。胡锦涛同志明确提出，“要增强大众传媒的社会责任感，为未成年人思想道德建设创造良好的舆论环境。”此次中国青少年社会教育论坛把主题确定为“媒体与未成年人发展”，正是贯彻落实《中共中央、国务院关于进一步加强和改进未成年人思想道德建设的若干意见》，努力营造有利于未成年人健康成长的舆论、文化和法制环境，倡导尊重、爱护、关心和帮助未成年人的良好社会氛围的重要举措，有着现实和深远的意义。

本次论坛将就媒体对未成年人的影响、未成年人对媒体的使用权、媒体如何反映儿童心声、服务未成年人成长等话题进行专题研讨。论坛还邀请了来自国内外知名媒体和青少年教育研究机构等方面的专家和代表参加，体现了国际视野、广泛交流的特点。我相信，论坛的成功举办，必将对引导未成年人科学地对待和运用媒体、积极发挥媒体在促进未成年人发展中的优势和作用、全面推进团队组织和青少年教育机构运用媒体更好地服务未成年人成长、推动全社会共同关注未成年人发展等方面产生积极而深远的影响。

上海市委、市政府历来高度重视和加强未成年人的工作。近年来，先后制定了《上海市未成年人保护条例》、《上海青少年发展规划》等；建设了以“渔阳里”团中央机关旧址纪念馆、“东方绿舟”为代表的一批青少年教育活动基地；组织开展了“百万青少年爱国主义教育基地巡访”、“万名困难青少年看上海”、“让青少年走近经典”等一批未成年人喜闻乐见、思想道德内涵丰富的主题宣传教育活动；通过开办东方少儿频道和东方网少年频道、举办国际少年儿童艺术节、开放学校绿色网吧等一系列举措，积极为未成年人成长营造健康、良好的文化舆论环境。为承办好此次论坛，共青团上海市委会同上海市文明办等单位，先后开展了“感动未来”真情评选、“我的媒体主张”主题征文、“未成年人媒体需求调查”等系列活动，吸引了广大未成年人参与，为论坛的召开营造了良好的氛围。

青少年是国家和民族的希望，是人类进步和发展的希望。关心和爱护青少年的健康成长是全人类、全社会义不容辞的责任。我们相信，通过此次论坛的举办，媒体单位和青少年组织、青少年教育机构一定会更加清醒地认识到自己肩负的重大社会责任，自觉坚持用正确的思想启迪未成年人，用科学的知识充实未成年人，用生动的实践锻炼未成年人，用先进的典型激励未成年人，不断满足未成年人的精神文化需求，竭诚服务未成年人的健康成长。同时，我们也真诚地希望，以这次论坛为契机，加强上海与各兄弟省市以及海外媒体的交流合作，为促进未成年人的健康成长创造更加和谐的社会环境。

最后，祝本次论坛取得圆满成功。

谢谢大家。

中共上海市委常委、宣传部部长王仲伟同志在“中国青少年社会教育论坛——2004·媒体与未成年人发展”闭幕式上的发言

(2004 年 12 月 13 日 根据录音整理)

感谢论坛给我这样的机会,我想就我们媒体的责任与创新做一个发言。这次媒体与未成年人发展的论坛,抓住了我们当今社会的两个非常有活力的力量,因为当今社会无论是媒体、孩子青少年,都是非常有活力的社会力量,而他们之间的互动频率又是非常高。讲到媒体与青少年、未成年人的成长,我觉得我们这个论坛很重要的一点,是要深入媒体与未成年人之间互动关系的认识。

要推进媒体与青少年之间良性关系进一步发展。青少年对世界的认识、对问题的理解,以及他们的人生情感的丰富和培养都离不开大众传媒的许多信息。大众传媒一是进行新闻的传播,二是进行知识的传播,三是更多的有文化运用的功能,同时,互联网时代的大众传媒,是一种青少年交流的社会组织方式。在这种情况下,我们传媒应该清醒的感受到,我们对青少年的成长负有重大的责任,因为当今时代,青少年的许多价值观和行为方式的养成,除了家庭、学校以外,很大一个因子就是我们传媒的诱导,或者说传媒的暗示,或者说传媒提供的某种示范,因此我们今天在这里讨论这个问题的时候,我们传媒要面对我们的未来,我们的希望,面对我们的孩子,面对我们的所爱,要进一步明白我们自己的责任。我们应当每年和教育部门、团体、青少年保护机构等一起,对我们自身的传播价值观以及我们所提供给孩子们的知识节目作出评估,看看我们有哪些是有助于青少年健康成长的,哪些是偏离的。这种评估非常重要,实际上代表着我们媒体的一种自觉。媒体的这种自觉我认为是媒体创新和媒体品质提升的一种标志,这次论坛我认为会推动我们媒体自觉力的提升。我们上海的传媒,我想通过这样一次论坛以后,要逐步建立起这样一个机制,在中央去年召开青少年工作思想道德教育会议以后,我们借这次论坛的东风,每年都要形成一种自我的反省和社会的评估机制,看到我们在即将过去的一年当中我们媒体的所为,对我们青少年群众是不是肩负起了我们的责任,我们要检查一下我们哪些方面做的是可以的,哪些做的是不够。

在这里,我还想说一下关于媒体的分类。既然我们说媒体对青少年的成长具有很大的影响,但我们的媒体又不仅仅是面对青少年,媒体所承担的新闻传播的功能,知识传播的功能,以及文化的功能,是面对全社会的。我们都知道,有些文化,它对青少年目前人生发展的特定阶段,可能不适应,但是对社会来说可能是有趣的,甚至是需要的,在这样的情况下,我们的媒体管理要反省我们的责任,提升我们的自觉,我们就必须建立在媒体分类的基础上。我觉得,现在我们整个媒体的分类和定位的意识还不是很强,尽

管我们从前年开始在我们的整个广播电视节目当中，已经大力的、旗帜鲜明的在推进我们的专业化分工，我们的报纸也在按照定位管理的要求，进一步明确我们自己的性格和位置。但是我们也看到，现在许多媒体的定位模糊化的现象还是相当普遍的存在，许多媒体申办的时候，他往往打着旗号“我们是青少年的媒体”，许多媒体的上级部门也是我们青少年等群体团体，甚至是教育部门和青少年保护部门的机构，但是我们仔细的观察这些媒体，严格的说他们已经由于种种原因为了推动他们的利益，使他们不完全是面对青少年的目标来履行自己的职责，而是追求自己的利益。因此，我们的论坛必须很好的推动全社会去研究这个问题，怎么使我们媒体的定位管理和分类管理，催生一批适宜青少年媒体的品种，这是我们需要考虑的。由于青少年特别是未成年人，他是一个飞速发展的群体，作为目标群体来说，他往往市场空间可能是有的，但是他的效益空间、利润空间是未必大的，这种情况下，需要我们有政府财、税部门以及其他部门的扶持和引导，如果没有这一点，我们在媒体推进效益创收，推进自助改革，推进媒体的效益最大化的时候，就容易造成许多媒体最终出现误区，使我们真正面临青少年的媒体没有得到很好的保护和生长，模糊不清的媒体会产生。因此，真正办好青少年的媒体，要有一个比较好的环境，需要创新。

今天，我看到《文汇报》报道了我们昨天的讨论，我们原来想大概青少年对许多媒体的接触很广泛，也有很多的时间，现在发现他们还是有许多的东西不了解。由于我们的教育，我们的考试、功课还是很多，实际上我们是不大有时间让孩子有充裕的时间，真正全面的、比较深入的接触我们的媒体。所以在这个意义上来说，我们要真正催生、培育和创新面向青少年的媒体，我们也要腾出让青少年、青年接触我们媒体的时空，不然的话实际上是没有用的。我这里说一下我们的少儿频道，有关组织大多数要办少儿频道，甚至有人写信给中央，说一定要坚守少儿频道，但是，如果我们少儿频道办出来以后，我们有多少时间让少年儿童看，如果少儿频道不能融入我们的教育，这个少儿频道能不能坚守，我认为大可怀疑。所以，要有多少青少年的媒体，以及给青少年有多少时间去接触媒体，这两方面是不是做过一种计算和平衡，我认为我们要很深入的研究这个问题。

在创新的过程当中，认知和辅导也很重要。一开始开这个会的时候，我说就媒体和青年的成长我准备一个发言，忽然发现儿童和未成年人、和青年不是一样的，他们心声发展的水平都不一样的。今天我们锁定是未成年人，既然是未成年人，发展的水平是我们许多媒体需要正确认知的。由于他们对媒体的认知不清楚，所以媒体当中很多有益他们的成分，他们不知道怎么把它做出来，有些不一定适合他们的，他们往往简单的照搬，所以媒体和青少年的互动之间是要有一个引领的，如果缺乏了这一点就不能服务青少年。

媒体与未成年人之间要有良性的互动，也需要我们的教育部门，我们的青少年群众团体，我们的社会机构等等，真正让我们青少年认知媒体，正确的面对媒体，正确的接触媒体。我们的重要责任，还在于提升媒体在这方面的责任，同时帮助媒体面对青少年，理解青少年，不断的回顾自己的工作，评价自己的工作是不是符合青少年成长的健康。只有我们不断努力，推动媒体与青少年之间的良性互动，才能使我们的媒体更好的肩负起我们关怀儿童成长的责任；只有社会各界更多的支持媒体面向青少年的健康成长而不断的创新，才能迎接媒体与青少年良性互动的新局面。

谢谢大家！

中共上海市委常委、组织部部长姜斯宪同志在上海少先队庆祝建队55周年座谈会上的讲话

（2004年10月12日）

在中国少年先锋队建队55周年纪念日前夕，上海各界人士与少先队员、少先队工作者代表在此聚会，共同回顾中国少先队55年走过的光荣历程，畅谈少先队组织对我们的关怀与帮助，展望少先队事业更加美好的未来，意义非同寻常。

刚才，市红领巾理事会聘任我担任第四任上海市少先队队长学校名誉校长，我觉得非常光荣，愿意在这个岗位上为本市少先队的发展作出努力。

其实，我们都是在少先队组织里成长起来的，红领巾给我们的教益一生受用。我至今还保存着一张戴着红领巾的黑白照片，我还记得当时对我的成长很有影响的少儿节目，尤其是小喇叭节目及以后的星星火炬节目，也记得少先队鼓号声所带给我们的激动与向往。我当过少先队的中队委员，也当过大队长。少先队真是一所大学校，培育着一代又一代党的幼儿。

今天，我们这个座谈会的主题是“火炬·基石·激流”，这个主题非常好。少先队确实像火炬，我们自加入少先队那一天起，就知道鲜艳的红领巾代表了党和社会对我们的要求。在党的关怀下，在少先队组织的引导下，沿着火炬照亮的前程，不断发展，成长。少先队是基石，讲得也非常贴切，我们的理想情操都是在少先队组织中打下的基础，少年时代的一些生动有趣的实践活动留下令人难忘的体验，即使听到了今天，依然能回忆起当时的情景以及所受到的教育。这就像坚固的基石为人生打下坚实的基础。少先队永远是激流，就因为少先队具有强大的力量，把亿万儿童组织起来，像激流一样奔腾向前。

我今天受聘担任少先队队长学校的名誉校长，也算是继承上海党的组织工作的一个传统。1985年10月上海市首届队长学校开学时，时任上海市委书记江泽民同志为队长学校亲笔题词：“做热心服务、勇于创新的好队长。”给队长们以极大的鼓舞。曾庆红同志接受了市纪领巾理事会的聘请，担任了队长学校首任名誉校长，并早早地来到孩子们中间，出席开学典礼。他激动地敬着队礼，对孩子们说：“我今天是回来过队日了。”他还语重心长地对少先队工作者谈了这样一个观点：“……从战略上说，少先队队长是党的第五、第六梯队。”这是从党的事业的远大前程来考虑办队长学校。他鼓励队长们“要全心全意、勤勤恳恳地为少先队挑担子，准备长大为国家挑更重的担子。”此后，市委组织部历任部长赵启正同志、罗世谦同志等都先后担任了队长名誉校长，为少先队员的成长，尤其是为少先队各级干部的培训都做了富有成效的工作。今天，我光荣地成为第

四任名誉校长，我也一定会满腔热情地来关心少先队，支持队长学校工作。同时，我们也希望，也要求各级党政组织要按照中央关于进一步加强和改进未成年人思想道德建设的若干意见和市委市政府发的贯彻实施意见的精神，更关心、支持少先队工作，营造更良好的条件，共同促进少先队事业的新发展。

在隆重纪念中国少先队建队55周年的日子里，我向全市各级少先队队长提四点希望。四点希望可概括为四讲：

一讲服务。一条杠杠一份责任，全心全意为队员、为集体服务。

二讲团结。学会互助合作，团结友爱求进步。

三讲民主。有事同大家一起商量一起做，虚心向队员学习，接受队员监督。

四讲创新。积极带领队员创造性地学习、创造性活动、创造性地将自己的中小队建设成快乐、自主、友爱、向上的好集体。

我们希望上海少先队坚持以邓小平理论和"三个代表"重要思想为指导，树立和落实科学发展观，根据少年儿童身心发展特点与成长规律以及社会发展要求，积极开展一系列少先队员喜闻乐见、生动有趣的队活动，努力提高少先队员的思想道德素质，使上海的少先队员经受锻炼，不断进步，全面发展，同时也为我们上海城市精神的塑造，为这个城市的发展，为更加美好的明天作出积极的贡献。

最后，在这里衷心祝愿全市少先队员节日快乐！也衷心地感谢一代又一代的少先队工作者为少先队事业作出的贡献！衷心祝愿少先队事业蓬勃发展！

上海市副市长严隽琪同志在2004年上海大学生志愿服务西部计划出征仪式上的讲话

（2004年7月16日）

同志们、大学生朋友们：

今天我们在这里举行“2004年上海大学生志愿服务西部计划出征仪式”，为即将奔赴西部的大学生志愿者送行，我感到非常高兴和激动。我了解到，今年上海大学生报名到西部去的志愿者比去年增长了42%，最后入选的志愿者比去年增长了近50%。这是一个非常令人骄傲和欣喜的数字。刚才，去年第一批赴西部开展志愿服务的大学生志愿者代表蒋文胜同学结合自己一年来的服务经历，谈了真切的体会和感想；家长代表，也是老师代表，表达了自己对子女、对学生的殷切期望和深情嘱托，而即将赴西部的志愿者共同进行了庄严的宣誓，我听了都很受感动。

积极推进西部大开发，加快西部地区经济和社会发展，是全面建设小康社会的一项重大战略。相对东部，西部的经济发展是落后的，但西部又是美丽的，广阔的。神秘而美丽的西部曾召唤一代又一代有志青年，他们怀着对党的无比信赖忠诚，怀着对祖国和人民的一腔热情，积极响应党和国家的号召，为西部的发展作出了巨大贡献。今天，当代青年学生也同样面对着西部的召唤，你们在毕业之际，自觉地选择去最艰苦的西部志愿服务，选择到基层去，到祖国和人民最需要的地方去，去了解国情、经受锻炼、增加阅历、增长才干，在西部这个广阔的发展空间中来体现自身价值和社会价值。对你们这样的选择，我们由衷地赞赏支持，我们为你们骄傲。在你们身上，我们看到了西部日益繁荣的明天和祖国富强的未来。

在你们即将踏上赴西部旅程之际，我向大家提三点要求和希望：

一要积极学习宣传实践“三个代表”重要思想，努力成为先进生产力发展的推动者、先进文化的弘扬者、最广大人民根本利益的维护者。要紧紧依靠西部人民群众，全心全意、尽心尽力，把志愿服务工作做得扎实、做得有成效。

二要虚心向西部人民群众学习，密切联系实际，提高服务质量。要学习西部地区人民自强不息、艰苦奋斗、真抓实干、生生不息的优秀品格和工作作风。要确立工作目标，针对西部现实和实际，在西部教育医疗、农业科技等相关领域，努力发挥作用，要不断拓展服务领域，成为服务当地经济和社会发展的生力军。

三要做好吃苦的准备。西部是艰苦的，你们在西部肯定会面对很多困难，希望大学生志愿者们做好克服困难的心理准备。一方面要正视困难，勇敢去面对；另一方面，把克服困难当成是人生的一种体验和磨练。我相信艰苦而丰富的志愿服务经历将会成为你们一生难忘的体验，也将成为你们人生宝贵的精神财富。

亲爱的同学们，衷心希望你们用艰苦创业、开拓进取、扎根基层、拼搏奉献的生动实践向党和人民交出一份出色的人生答卷，让青春和生命绽放出最明亮炽烈的光芒！同时，衷心地祝福你们，在西部志愿服务期间，身体健康、工作顺利，取得优异的成绩！衷心地祝愿你们在西去的征程上一路平安！

上海市副市长杨雄同志在上海市信息化青年人才协会第一次会员大会上的讲话

（2004 年 9 月 27 日）

同志们：

今天，来自本市信息化领域各行各业的青年朋友济济一堂，共同祝贺上海市信息化青年人才协会的成立。我感到，以协会组织的形式广泛集聚 IT 领域的青年人才，既是信息化持续发展的客观要求，也是青年工作向社会延伸的有益探索。在此，我代表上海市政府，对协会的成立表示热烈的祝贺，向出席会议的各位会员，并通过你们，向工作在全市信息化领域第一线的广大青年，致以诚挚的问候！

下面，我结合上海城市信息化的探索与实践，就青年更好地参与和推动信息化建设，简要谈三点想法，与大家共勉。

第一，上海信息化近年来持续快速发展的成效，与广大青年在信息化进程中发挥的重要作用是紧密联系在一起的

近年来，上海紧紧抓住全球信息化潮流，将城市信息化作为覆盖现代化建设全局的战略举措加以推进，取得了显著成效。信息产业持续快速健康发展，1997 年以来一直保持 20%左右的增速，今年上半年，信息产品制造业销售收入和服务业经营收入实现 1905.3 亿元，同比增长 69.2%，产业增加值占全市 GDP 比重达到 11.1%，引进外资与出口额占全市比重均达 1/3 左右，主导型支柱产业的地位进一步巩固；集成电路产业、软件产业的销售收入分别达到 95.3 亿元和 142 亿元，同比分别增长 110%和 50.3%，产业总体发展态势良好，有效促进了上海产业结构的调整优化。信息技术应用不断深化，以口岸通关、诚信体系、银行卡等一批应用项目为抓手，打通经济运行各个环节，极大提高了经济运行效率，如个人与企业联合征信系统，截止 8 月底分别采集了 480 万、59 万户用户的基本信用信息，有效规范了市场经济秩序；以门户网站和政府业务系统为便民利民的信息化渠道，提高政府行政效能与管理水平，如“中国上海”门户网站上半年访问数达到 1337.24 万人次，直接下载的表格数与可受理事项分别达 2387 张、622 项，方便了市民办事；以社保卡、交通卡、“校校通”、付费通、市民信箱、电子地图、“百万家庭网上行”等项目为依托，整合各类为民服务的公共信息资源，进一步增强了城市综合服务能力；截止 6 月底，社保卡累计发卡近 900 万张，交通卡近 1300 万张；8 月上旬刚刚开通的市民信箱，目前注册用户已经超过了 15 万。信息基础设施的功能持续提升，集约化信息通信管线在市区基本成网，截止今年上半年，全市固定电话、移动电话用户数分别达 797.8 万户、1226.7 万户，宽带用户数目前已超过 130 万户，各类信息终端

加快普及和有效运用。技术创新、人力资源、信息安全、法制建设等发展环境继续完善，为信息化发展提供了保障。

随着上海城市信息化水平的不断提升，信息化已经并将继续成为科教兴市的开路先锋与重要载体，推动上海经济社会的全面、协调与可持续发展。这一蓬勃发展的历程，凝聚了全市近40万信息化领域从业人员的智慧与力量，今天在座各位及其他广大青年，都是重要的参与者和开拓者，也将是上海信息化发展的见证者。我们看到，青年以其特有的激情与创造力，已经成为上海信息化建设的主力军；同时，信息化作为高技术含量、高开放度和高创新性的新兴领域，也为青年的成长创业提供了广阔空间。可以说，信息化很大程度上是青年人的事业，青年在积极投身于信息化实践的过程中，必将实现个人价值与社会价值的统一。

第二，上海信息化要破解难题，实现新的发展，迫切要求广大IT青年发挥更加积极主动的作用

当前，本世纪前十年上海信息化的建设目标已经明确，即要跨越“三个台阶”，到2005年，信息化主要功能性指标达到发达国家中心城市平均水平，2007年，初步建成“数字城市”基本框架，2010年，以跨入国际先进行列的信息化水平迎接世博会召开，成为上海实现“两个率先”的重要标志。为此重点要做好五方面工作，一是推动信息产业持续快速发展，特别要发展以设计为核心的集成电路产业、以应用为导向的软件产业、以内容为重点的信息服务业；二是推动信息技术的深化应用，建设全市统一的电子政务平台，覆盖数字认证、在线支付、物流配送、信用征信等环节的电子商务平台，由智能交通、数字地图和应急联动等组成的智能管理平台，以及承载社保卡应用、在线教育、互动娱乐、社区服务等多项功能的市民服务平台；三是推动信息基础设施服务功能的优化，配合新城市化进程，同步开展郊区新城镇信息基础设施规划建设，推广集约化建设模式；四是推动信息安全管理水平的提高，形成长效管理机制，促进关键技术的产业化；五是推动人才、培训、法制等信息化发展环境的完善，形成全市工作合力，使信息化全方位、多层次、高水平地为上海加快建设现代化国际经济、金融、贸易、航运中心服务。

上海信息化发展远景的规划，对有志于信息化事业的青年而言，既提供了巨大机遇，又面临着严峻挑战。所谓“机遇”，就是为广大青年提供了站在全球科技革命与产业革命最前沿，在上海“科教兴市”战略中获得自我发展的时代机遇；所谓“挑战”，即信息化进程中不可避免地遭遇来自传统体制、机制的障碍，特别是面对许多没有可资借鉴经验的新情况、新问题，需要青年不畏艰难、勇于创新。这里，我结合信息化工作的实际，对青年朋友提几点希望。一是处理好抓住机遇和避免盲目跟风的关系，关注发展趋势，要求青年具备赶超先进的国际视野。在全球信息化方兴未艾、新的国际分工态势还不明朗的背景下，及时跟踪和了解全球信息技术发展态势，在上海今后重点发展的集成电路设计、嵌入式软件、内容产业等方面找准方向、早做准备，加强3G、网格、数字电视、LINUX、下一代互联网络等新技术攻关，积极借鉴国内外在市场化、标准化等方面的先进经验，力争把握新一轮发展的主动权。二是处理好信息化自身发展与服务全局的关系，明确工作定位，要求青年培养着眼长远的大局意识。按照上海建设“四个中心”的国家战略，加快信息技术在各个领域的广泛应用；按照优先发展现代服务业和先进制造业的要求，加快研发行业性应用软件和专用芯片，切实体现信息化作用全局的综合效应。三是处理好发展、改革与管理的关系，突破发展瓶颈，要求青年具备敢为人先的创新精神。针对信息化日渐凸现的“双刃剑”效应，探索多元化投融资、IT 服务外包、集约化等新型建设和管理模式，用好信息化，规避负面影响，实现信息化建设效益的最大化。四是处理好实现跨越式发展与可持续发展之间的关系，确定推进策略，要求青年培养不骄不躁的务实作风。坚持需求导向，切实加强包括理论研究、环境培育等在内的基础性工作，把握工作节奏，避免急功近利，把各项工作落到实处。

第三，明确协会定位，加强机制建设，切实推动信息化发展与青年人才培养工作

青年人才协会的成立，是团市委、市信息委等有关部门全力支持的结果，期间也得到了全市许多 IT 企业，以及信息化领域广大青年的积极响应。这表明，协会无论对信息化青年人才的自身成长，还是对信息化建设来说都将具有积极意义。今后，希望各有关部门、企业继续关心和支持协会工作。同时，协会的长效发展与机制建设，还有待在实践中继续探索和深入研究。这里，我再提三点建议：

*一是进一步明确协会定位。*在认真履行行业中介组织所固有的协调、服务、管理和自律职能的同时，特别要从信息化领域的工作特点出发，充分调研和了解 IT 青年的各类需求，同时抓住人才培养的重要环节，明确协会定位、找准工作切入点，加强与有关部门的协调与配合，力争在信息化建设与培养青年人才等方面发挥不可替代的重要作用。

*二是探索形成面向社会的服务产品。*在为会员提供各类服务的同时，协会应当根据全市信息化建设和其他全局工作开展的需要，组织会员和更广范围内的青年人才，发挥专业优势，为各个领域主动提供信息化培训、咨询等公共服务；同时，积极组织和参与各类公益事业，塑造信息化青年的良好社会形象，逐步形成和扩大协会的社会效应。

*三是加强协会的长效工作机制建设。*建设会务、会员管理等日常管理机制建设，尽快使协会工作常规化；加强人才开发机制建设，加紧制定吸引和服务青年人才的有效举措；加强资源整合机制建设，发挥协会联系政府、企业与社会的中介与渠道作用，积累各类工作资源，保障协会的良好运转和实现长效发展。

同志们，信息化的宏伟事业需要广大青年的积极参与和推动，希望青年朋友能按照“三个代表”重要思想，牢固树立和落实科学发展观的要求，在学习中善于创造，在实践中不断磨砺，乐于奉献、勤于进取，为上海信息化再上新台阶和推动上海实现“两个率先”而努力奋斗！

明天就是中国传统的中秋佳节，借此机会，也祝大家节日愉快、合家安康！

谢谢大家。

上海市副市长周太彤同志在上海青年就业创业行动计划暨上海青年职业发展基金(电气基金)启动仪式上的讲话

(2004年12月29日)

同志们、青年朋友们:

2005年新年即将来临之际,我很高兴参加上海青年就业创业行动计划启动仪式。上海青年就业创业行动是上海共青团组织深入贯彻“三个代表”重要思想,积极落实党的十六届四中全会、中央经济工作会议和全国人才工作会议精神,着力推动上海青年就业再就业工作的重要举措。首先祝贺这项富有时代意义的活动正式启动。借此机会,我也要向广大青年就业再就业工作者和青年创业者致以新年的问候和美好的祝愿!

就业是民生之本、安国之策。积极促进就业和再就业,是推动经济持续快速健康发展的要求,是维护国家长治久安的要求,是实现人民群众根本利益的要求。温家宝总理在全国再就业工作表彰大会上强调,要充分认识做好就业再就业工作的极端重要性,把这项工作摆在经济社会发展更加突出的位置,坚定信心,解放思想,转变观念,广开门路,努力开创就业再就业工作新局面。上海市委、市政府历来高度重视做好新形势下的就业和再就业工作,实施积极的就业政策,实现发展经济和扩大就业的良性互动。今年以来(截至11月底),全市已实现新增就业岗位64万,全市城镇登记失业人数为27.3万,比上年末减少了2.8万,预计到年底城镇登记失业率可以控制在4.6%以内。市政府在年初提出的“新增就业岗位50万个和城镇登记失业率控制在4.6%”两大指标可望顺利实现。

在今年的新增岗位中,30岁以下的青年人近35万个,其中25—30岁的近19万个,青年是最大受益人群。同时,我们又必须清醒地认识到,虽然青年就业岗位增多,但青年就业工作仍然面临巨大的压力。本市下岗失业人员中,青年仍然占有相当比例;城镇每年新增劳动力中,青年成为绝大多数;上海外来务工人员主要是青年;高校毕业生就业难也不容忽视。因此,青年就业和再就业问题解决得如何,将直接影响本市就业和再就业工作的大局。

党的十六届四中全会指出要加强党的执政能力建设。共青团组织作为党的助手和后备军,要站在巩固党执政的青年群众基础的高度,把促进青年就业和再就业工作作为一项重大而紧迫的任务。上海共青团要进一步发挥组织优势,整合社会资源,采取有力措施,着力培养创业型青年人才,在引导青年创业和服务青年就业的结合点上发挥积极作用,从而更好地推动上海就业再就业工作。下面,我谈三点具体意见:

一、要着眼于上海就业再就业工作大局，建立和完善上海青年就业创业服务体系

巩固党的执政基础，构建社会主义和谐社会，都需要积极扩大就业。解决就业问题是国家宏观调控的重要内容之一，是我国当前经济社会发展过程中一项重要工作，更是长期的艰巨任务。帮助青年就业创业是一项系统工程，涉及社会的方方面面，需要全社会的共同参与和努力。共青团组织要努力整合各类资源，形成合力，促进青年就业创业工作的总体部署，建立和完善上海青年就业创业服务体系，做好信息服务、活动交流、咨询规划、培训鉴定、见习实习、职业介绍、事务管理、机制保障等各项工作，为上海青年就业创业工作实现良性运转和持续发展提供重要保障。

二、要着力解决青年就业工作中的难点问题，不断加强青年就业能力建设

青年就业率已经成为、并且将在未来几年中成为衡量我国社会发展的一项重要指标。青年就业问题长期存在着两个基本矛盾，即人才资源发展与经济发展不相协调的矛盾、就业能力与社会需求不相适应的矛盾。青年就业的主要难点在于缺乏动手能力，缺乏职业经历，缺乏敬业精神。共青团组织要以创造就业岗位、促进青年就业为目标，引导青年顺应上海经济社会发展和 2010 年世博会的需要，积极投身现代装备制造业、现代服务业等上海亟待发展并具有广阔发展空间的产业领域，努力提高青年就业服务的专业性和有效性，着力加强青年就业能力建设，不断提升职业青年的岗位可持续竞争能力。

三、要着重以青年创业带动就业，变安置型就业为开发型就业，不断提高创业服务水平

就业离不开创业，在当前劳动者充分就业的需求与劳动力总量过大、素质不相适应之间矛盾突出的情况下更是如此。在现有岗位中进行调剂很难解决就业问题，而帮助一个人创业，能带动一批人就业，激励人人都去创业，就会取得吸纳就业的乘数效应，激活经济增长的潜力。当代青年总体上文化水平相对较高，思想敏锐，从小受到市场经济的熏陶，市场适应力强，是最有条件成为创业型人才的群体。创业是青年就业的最有效、最积极的方式之一，也是青年参与经济社会发展的重要途径。共青团组织要继续高扬创业的旗帜，传播创业精神，营造创业氛围，培育创业文化，培养创业人才，激励、引导、帮助广大青年自主创业，在创业中实现就业，在创业中建功成才，为推动上海经济和社会发展做出新的贡献。

同志们，青年朋友们，切实做好青年就业创业工作是关系到上海构建和谐社会的大事，是促进上海青年实现就业和再就业的实事，是推进青年职业生涯健康发展的好事。市政府将一如既往地关注、支持青年就业创业工作，进一步加大对青年创业就业的政策扶持力度，继续推进青年职业见习和个人自选方式的政府补贴培训，为广大青年创业就业助推加速。希望上海各级共青团组织认真学习贯彻市委八届六次全会精神，按照加强执政能力建设、加强统筹协调发展、加强自主创新能力、确保社会和谐稳定的总体要求，以深入实施上海青年就业创业行动为契机，进一步提高认识，明确责任，整合资源，形成优势，不断推动上海青年就业再就业工作的新发展，为深化改革、扩大开放、维护稳定做出更大的贡献。我们也由衷地祝愿广大青年创业者在新的一年中事业发展、工作进步。

谢谢大家！

大众传媒应为未成年人的健康成长创造良好环境

共青团中央书记处常务书记赵勇同志
在“2004·媒体与未成年人发展”论坛上的讲话

（2004年12月12日）

我们举办这个论坛的目的，就是共同探索媒体与未成年人发展的规律，希望达成更多的共识，采取更多的行动，造福未成年人。出席今天论坛的各位嘉宾和朋友们都是对未来满怀着神圣责任的人们，首先，我代表主办单位向大家表示深深的敬意！

人类发展史，既是文化发展史，也是文化传播的历史。从原始社会的结绳记事到现代的互联网技术，传播手段的日新月异正是人类渴望理解周围世界和追求自身发展的结果。到了21世纪的信息时代，大众传媒更是在人类的社会生活和社会发展中扮演着越来越重要的角色。如今，大众传媒已经与整个社会深深地结合在一起，成为现代社会的重要舆论载体、信息载体、文化传播载体和一种主要的文化存在方式。这种文化存在方式对每一名社会成员尤其是未成年人无时无刻不在发挥着重要作用，影响着他们的价值观念、行为方式和生活方式。“媒体与未成年人发展”是一个世界性的话题，对于处在快速发展中的中国来说，尤其具有特殊的意义。目前，我国18岁以下的未成年人约有3.67亿，占总人口的28%。他们的素质如何，不仅直接关系到现阶段中华民族的整体素质，而且关系到我们民族未来的素质，关系到国家前途和民族命运。

下面，我就大众传媒与未成年人的关系、大众传媒的责任和大众传媒如何更好地服务于未成年人的成长成才谈几点看法，与大家共同讨论。

一、大众传媒日益构成现代社会未成年人健康成长的重要环境

大众传媒已渗入社会的每个角落和人类的每一项活动中，成为贯穿社会结构体系的一股无形而巨大的力量。正如我们所看到的那样，人们每天的社会活动，从一定意义上讲，实际上都是产生、发送、接受信息和对各种信息作出反应的活动。大众传媒已构成了未成年人生存发展的重要环境。

*第一，大众传媒对未成年人的影响越来越大。*大众传媒分布在我们生活的每一个角落。它随着新技术的不断应用，全方位、广覆盖、多影响地向人类生活各个方面快速浸润渗透。它打破了时空局限，使世界变得越来越小，使人们的生活空间越来越大。大众传媒为未成年人提供了一个丰富多彩、立体多元的世界。从宇宙的形成和生命的起源，到星际探索和克隆绵羊；从“神州五号”上天到上海磁悬浮列车通行；从中国的孙悟

空到美国迪斯尼的唐老鸭，大多数未成年人都能讲出所以然，这离不开大众传媒的功劳。

大众传媒为未成年人提供了充足的学习资源和便捷的学习途径。大众传媒把科学、教育、文化等信息以超链接的方式提交给未成年人检索、查询和运用，能最大限度地满足他们多样性的学习需求。

大众传媒丰富了未成年人的交往方式。通过文字、声音、图像的即时传送，为未成年人人际交往提供多媒体、互动性的立体途径。如网络、手机短信、彩铃成为一些未成年人离不开的交流手段。大众传媒拓展了未成年人的生活空间，丰富了未成年人的社会生活。

大众传媒创新了未成年人的娱乐形式。大众传媒包罗万象，形式上丰富多彩，上至天文地理，下至衣食住行，古今中外，高雅通俗，不仅在内容上是超容量的复合体，在样式品种上也是超越任何文化形式的复合体。尤其是集动漫、音频、视频于一体的娱乐休闲服务很好地满足了未成年人多样化的文化需求和娱乐消费，有效地激发了未成年人的创造性、主动性和参与性。

大众传媒影响了未成年人的个性成长。大众传媒昼夜不停地向未成年人输送各种百科知识和时事新闻，从一定程度上培养了未成年人参与社会的习惯，也一定程度上激发了未成年人的好奇心与求知欲，对未成年人的意志品性、兴趣爱好产生了深刻的影响。

因此，大众传媒通过为未成年人提供大量丰富的信息刺激、广泛的社会生活感受和多元文化的环境影响，对于未成年人价值观念、生活方式和行为方式产生了深刻影响。我们过去讲对未成年人影响最大的是家长，然后是学校的老师，现在多了一位老师，那就是大众传媒，大众传媒已在一定程度上成为影响未成年人的另一位重要的“教师”。

与此同时，我们也要看到大众传媒对青少年的健康成长带来的不良影响。如出现了“数字代沟”，导致代际之间的学习和交流明显不足；沉溺于虚拟交往，使未成年人的正常社会化进程受到影响；不良信息和网络游戏危害未成年人身心健康，有的未成年人因为这些影响甚至走上违法犯罪的道路。这些问题的存在，同样要引起我们高度的重视。

第二，未成年人是新媒体的主要消费者。未成年人是“网络的一代”、“读碟的一代”、“影视的一代”、“拇指一族”的重要构成，是新媒体的主要客户。在我国每年 8700 万上网人数和每天 3 亿条短信发送者中，未成年人是其中的一支主力。未成年人为什么对新媒体情有独钟？这是由未成年人追求新鲜好奇、喜爱游戏娱乐的天性决定的。有调查表明，在选择一定媒体时，未成年人有特定的心理需求：消遣或娱乐是其最主要的心理因素，其次便是了解新闻，后面依次是放松自己、了解时尚和流行趋势、学习新知识、获得社交的话题、排遣寂寞、了解别人意见以及其它需要等等。

新媒体为未成年人提供了娱乐和学习的丰富信息资源。新媒体通过文字、图形、音频、视频等方式把丰富多彩的文化形式整合起来，向未成年人展示了一个新奇的世界。短信、闪客、BBS、博客、在线游戏等为未成年人提供了一个崭新的娱乐和交流平台。

新媒体为未成年人提供了追求时尚的载体。新媒体以现代信息技术为传播平台，以互动、新颖、快速的信息传播为特征，它总是尽力避免落入俗套，要么表现为鲜活的内容，要么体现为新颖的形式，不断地提供新的话语、新的信息、新的思想，满足了未成年人追求时尚、表现个性的心理需求。

新媒体使未成年人拥有了平等的话语权利。新媒体传播过程中每个使用者的地位都是平等的，既可以自由选择信息，又可以变成信息发布主体，拥有平等的信息发布权，这使新媒体对未成年人具有很大的影响力。

新媒体消融了未成年人和外部世界的距离。凡是人们能够想到的东西，随时都可以成为链接的主体。信息以光速传输，即时发布，不受限制，从而消除了地理界限，省略了人与人之间的距离。

因此，新媒体由于知识获取的快捷、时尚潮流的涌动、信息互动的沟通、话语地位的平等，满足了未成年人学习知识、追逐时尚、情感交流和自由表达的需求，从而得到了未成年人格外的青睐。

第三，全球化背景下未成年人面临的媒体传播新形势。全球化是经济的全球化，也是文化的全球化。它正汹涌澎湃地向我们涌来。世界正进入以层出不穷的高技术为推动力的信息社会，大众传媒既是全球化的重要元素和载体，同时自身也促进了全球化的不断扩展。

大众传媒向未成年人全面展示和开放了精彩的外部世界，成为未成年人感知世界的主要桥梁，持续传播推销着跨国界的文化产品和价值理念。生活在21世纪的未成年人，各种新型的视听媒体将成为他们接触世界、认知世界的主要渠道。卫星电视、手机短信、DV、电脑多媒体、互联网等为代表的新媒体的发展和对社会生活的全面介入，使成长中的未成年人所接受的综合发展信息发生一种质的变化。外部世界的一切都可以通过电视屏幕与电脑屏幕进入、甚至强制性地进入未成年人的视野。

在全球化条件下文化渗透日益加剧的今天，未成年人已成为国际范围内媒体影响和争夺的主要对象。文化渗透往往是由发达国家和地区向不发达国家和地区渗透，如近年来“韩流”、“日流”、“过洋节”和“跨国界追星”在我国未成年人群体中越来越流行。这些一方面为我们增添了新的文化元素，与此同时，我们也要看到，面对着伴随着MP3、卡拉OK、VCD光盘、卡通读物、Office工具、网络视屏等一起扑面而来的高强度的外来文化冲击，本民族文化根基薄弱、生活阅历浅和鉴别能力弱的未成年人极易迷失文化方向，从而丧失文化自信，成为文化缺失的一代。这种情况，不仅在中国，在世界的很多国家和地区都面临着类似的问题。因此，如何应对文化渗透，保持文化的主体性，弘扬民族文化，培养文化传人，已经成为全球化时代的一个重要的全球性问题。

在这一传播新形势下，我国大众传媒面临着既接轨世界，又弘扬传统的双重任务。怎样使未成年人面向世界，同时胸怀祖国，在学习借鉴外来文化的同时打牢民族文化的根基，在拥有开放的文化心态的同时拥有民族文化的自信，是当前形势下我国大众传媒面临的重大课题。

二、未成年人成长与大众传媒肩负的责任

胡锦涛总书记指出:“要增强大众传媒的社会责任感,为未成年人思想道德建设创造良好的舆论环境。”大众传媒作为社会公共事业和精神文明建设的重要阵地,生产着公共产品,肩负着以科学的理论武装人、以正确的舆论引导人、以高尚的精神塑造人、以优秀的作品鼓舞人的重任,这种责任直接关系着祖国的希望、民族的未来,这是大众传媒光荣而神圣的历史使命。

第一,未成年人的生理心理特征和成长需求决定了大众传媒的社会责任。未成年人处在成长的年龄,具有很大的可塑性,他们的社会阅历有限,往往是通过大众传媒看世界的。从一定程度上讲,大众传媒反映的世界就是未成年人看到的世界,大众传媒指引的道路就是未成年人要走的道路。一部好的影视作品、一首好的歌曲往往影响人的一生。我们知道,未成年人在表象选择上喜欢具有新鲜、奇异、多彩和变化特征的事物;在感知途径上重直感和想象,较少思维分析;在学习方向上喜好模仿,善于吸收;在价值判断上往往取决于环境影响和个人好恶。未成年人对外界信息的了解渴望是交往的需要和成长的本能。作为走向社会化的未成年人,迫切需要了解自己所处的环境,尤其在高密度传播和选择难度不断加大的信息时代,大众传媒有责任向未成年人展示一个真实的、美好的世界,为未成年人了解环境、认知世界提供有益的帮助,使他们积极地看待社会,认识自我,为他们提供健康有益的营养资源,使媒体成为未成年人学习知识、陶冶情操和愉悦身心的良师益友。

第二,媒体的性质和自身发展决定了大众传媒的社会责任。媒体是社会主义文化事业的重要组成部分,必须坚持把社会效益放在首位,在这一前提下努力实现社会效益和经济效益的统一。这就要求一切从实际出发,深入生活,及时反映现实,维护人民的利益,维护社会的稳定,促进经济社会协调发展和人的全面发展。

媒体同时还是一项社会产业。社会效益能够促进经济效益的不断提高。当前中国传媒处在上台阶的关键阶段,这其中既包括它的产业要素上台阶,规模越来越大,同时也包括它的观念即职业道德上台阶。优良的职业道德是打造品牌的平台,对道德的尊重,对社会义务的尽责,就能够赢得人们的信任,赢得社会公信力,就能赢得市场。例如,未成年人作为消费群体也在选择媒体,对他们健康成长有益的媒体,一定能得到他们的选择和认可。像《读者》、《青年文摘》能够发行数百万份,就是一个真实的例证。

第三,实现中华民族伟大复兴决定了大众传媒的社会责任。民族的产生源于文化,民族的传承系于文化,民族的盛衰在于文化。一个民族要实现持续发展,一个国家要实现繁荣昌盛,就必须拥有强大的精神动力。大众传媒作为精神产品的生产者和传播者,在为全民族提供共同奋斗的思想基础和精神支撑上肩负着义不容辞的责任。

民族的复兴和未成年人的成长紧密相连。今天的未成年人就是明天祖国的建设者,未成年人的素质决定未来中华民族的素质。塑造未成年人就是塑造祖国的明天,培养未成年人就是培养民族的希望。从这个角度来讲,未成年人在中华民族走向伟大复兴的进程中肩负的责任和媒体在未成年人成长中肩负的责任紧密相连。如果我们因为

一些微不足道的利润而损害未成年人的成长，这将是中华民族的悲哀。一个有远见的民族总是把目光投向未来，一个有远见的媒体也应该肩负起对未成年人成长的责任。

三、大众传媒要努力为未成年人的成长营造良好的氛围

大众传媒要肩负起促进未成年人健康成长的责任，首要的是要通过努力，营造一个适宜于未成年人成长的氛围，在这样的氛围里倡导全社会关爱未成年人，在这样的氛围里让未成年人茁壮成长。

*第一，坚持正确的导向，教育引导未成年人树立远大的理想，树立正确的世界观、人生观、价值观。*大众传媒营造良好的环境，第一位的任务是要为未成年人的成长提供正确的导向，在如何看待世界、怎样看待人生、怎样看待得失上引导青少年，在如何确立人生的目标上引导青少年。要以邓小平理论和“三个代表”重要思想为指导，以对党的事业、国家的前途和民族的命运极端负责的高度，增强责任感，坚持求真务实，采取有效方式，教育引导未成年人树立远大的理想，树立正确的世界观、人生观、价值观。

坚持正确的导向，是大众传媒为未成年人成长服务的根本要求。我们培养未成年人成为什么样的人要通过导向实现，我们致力于为未成年人打下一个什么样的思想道德基础要通过导向实现。坚持正确的导向就是要充分发挥好党和人民的“喉舌”作用，用马克思主义新闻观指导传播实践，大众传媒传播什么，倡导什么，抵制什么，反对什么，都要考虑对未成年人身心健康的影响。要贴近实际，贴近生活，贴近未成年人，把握未成年人的成长规律，尊重未成年人，教会未成年人做人、做事，帮助未成年人确立人生的航标，打牢未成年人成长的人生根基。

*第二，竭诚为未成年人服务，努力为未成年人提供优秀的精神食粮。*优秀的精神食粮是未成年人自身发展的需要，也是人类社会进步的要求。在现代社会，文化、知识、信息对未成年人的重要性比以往更为凸显。大众传媒是各种知识、文化、信息的生产、制作、传播的主要“工厂”，要竭诚为未成年人的成长服务。未成年人有自身独特的文化需求，大众传媒为他们提供服务要从他们的实际出发。要了解他们的需要，了解他们在成长中遇到的各种问题，有针对性地满足他们的要求。要精益求精，为他们提供文化精品，发挥优秀的精神食粮对未成年人成长不可替代的作用。未成年人的需要有着十分丰富的内容，为未成年人服务，大众传媒可以开拓的领域十分广阔。大众传媒为未成年人提供优秀精神食粮的过程，也是赢得市场的过程，为未成年人提供优质服务，对于未成年人和媒体都将是一个双赢的结果。

*第三，创新表达方式，不断增强媒体对未成年人的吸引力和感染力。*一代人有一代人的语言和表达方式，未成年人有他们独特的语言和表达方式，现在未成年人的话语体系，让我们成年人有时候感到莫名其妙，甚至感到沟通起来非常困难，这时候，成年人要尊重、理解未成年人独特的表达方式。传媒也是一样，传媒要发挥在未成年人成长中的积极作用，就要尊重未成年人的主体性，尊重他们的表达方式，说孩子听得懂的话，让孩子说话，为孩子说话，使所提供的精神食粮为未成年人喜闻乐见。为此，大众传媒要认真研究未成年人的生理心理特点和成长需求，创新表达方式，不断增强对未成年人的吸

引力和感染力。

让传媒产品为未成年人喜闻乐见，一个十分重要的方面就是要加强与未成年人的互动。未成年人有十分强烈的交流愿望，新媒体之所以为未成年人所喜爱，是由于新媒体改变了传统媒体单向传播的方式，为未成年人提供了一个互动平台。大众传媒完全可以借鉴这个经验，设计一些沟通和互动的渠道和方式，加强与未成年人的互动，在与未成年人的互动中提升媒体的品质和影响。

各位嘉宾，同志们，朋友们，传媒与未成年人发展有许多值得探讨的东西，在服务未成年人成长中有十分广阔的传媒发展空间，让我们来共同关注这一世界性命题，共同为未成年人的成长创造一个良好的环境。共青团中央、全国少工委愿意和社会各界一道，共同推进未成年人教育事业不断发展，让我们携起手来，为促进未成年人的健康成长作出切实的努力！

共青团中央书记处书记杨岳同志在全国预防青少年违法犯罪暨学校及周边治安综合治理工作会议上的总结讲话

（2004 年 4 月 29 日）

各位领导、同志们：

在中央领导同志和中央综治委的高度重视和亲切关怀下，在大家的共同努力下，全国预防青少年违法犯罪工作暨学校及周边治安综合治理工作会议圆满完成各项议程。受中央综治委预防青少年违法犯罪工作领导小组委托，我就会议的预防青少年违法犯罪内容作一总结。

一、会议的主要收获

这次会议是在深入学习贯彻党的十六届三中全会精神、以科学的发展观为指导、贯彻落实中共中央国务院《关于进一步加强和改进未成年人思想道德建设的若干意见》的形势下召开的。中央领导同志对会议作了重要批示。顾秀莲副委员长代表中央综治委发表了重要讲话。周强同志代表中央综治委预防青少年违法犯罪工作领导小组作了讲话。会议期间，大家认真学习了中央领导同志的重要批示，认真学习了顾秀莲副委员长的重要讲话，学习了周强同志的讲话，交流了各地区各部门预防青少年违法犯罪工作的经验，考察了上海市一些地区好的做法，讨论了《中央社会治安综合治理委员会关于深化预防青少年违法犯罪工作的意见》和《中央综治办中央综治委预防青少年违法犯罪工作领导小组关于开展创建“未成年人零犯罪社区”工作的意见》。这次会议在上海召开，上海市委、市政府做了大量工作。大家反映，这是继 2000 年成都会议以来预防青少年违法犯罪工作的又一次重要会议，既是一场现场经验交流会，也是一场鼓劲务实的工作部署会，时间虽短，收获很大。

一是分析了形势，统一了认识，振奋了精神。与会同志进一步认识到，我国正处在实施社会主义现代化建设第三步战略部署新的发展阶段，国际国内形势都发生了深刻变化，新形势下预防青少年违法犯罪工作面临着新情况新问题。当前，青少年违法犯罪形势依然严峻，我们的工作还存在一些薄弱环节，面临着严峻的挑战，我们应当保持清醒的认识，始终坚持预防青少年违法犯罪工作不松懈。大家一致认为，逐步构建预防青少年违法犯罪工作体系，遏制和减少青少年违法犯罪，是落实科学发展观的必然要求，是落实党中央殷切期望的重要举措，是应对严峻形势的现实需要，是着眼于促进青少年健康成长，培养社会主义事业合格建设者和接班人，保障国家长治久安的根本措施。我们有责任有义务把这项工作抓紧抓好。我们相信有党中央的高度重视，有科学发展观作指导，有多年来的工作作基础，一定能够把工作做实、做好，取得更大的成绩。

二是交流了情况、学习了经验，受到了启发和鼓舞。各地为这次会议进行了充分准备，总结上报了许多经验材料，办公室已经印发给大家。上海、山东等地的 名同志在会上发言，介绍了很多好的做法和经验。与会同志还实地考察了上海市的先进典型。通过学习交流，大家普遍认为，各地的做法和措施很有针对性，对于解决工作中存在的突出问题，推动预防工作的深入发展具有重要作用，值得认真学习和借鉴。在工作中既不能观望等待，无所作为，用经济社会发展水平的差距掩盖工作中的不足；又不能超越现实，急于求成。要开阔视野、积极进取，因地制宜，量力而行，切实把工作抓好。

三是理清了思路，明确了要求，确定了各项任务和措施。与会同志反映，召开这次会议非常必要，非常及时，充分体现了中央对预防青少年违法犯罪工作的高度重视。顾秀莲副委员长的重要讲话高屋建瓴，从牢固树立和落实科学发展观的战略高度，阐明了做好预防青少年违法犯罪工作的重要性，总结了经验，提出了要求，为我们今后的工作指明了方向。周强同志在讲话中提出要构建党政牵头、全社会参与的预防青少年违法犯罪的工作体系，明确了工作原则和工作任务，确立了今后的工作重点。大家一致认为，通过分析形势、研究情况，对当前和今后一个时期预防工作有了更清楚的认识和更全面的理解，进一步明确了各部门各地区的工作任务和工作措施。一致表示要把议定的各项措施带回去，结合本部门本地区实际认真加以落实。

二、会议精神的贯彻和落实

大家回去以后，希望各位代表及时向党政领导和综治委领导汇报这次会议的情况，通过各种形式向各级综治办、预防领导小组以及从事综治工作特别是预防工作的同志传达会议精神。要安排部署这次会议精神的具体落实工作，制定今后工作的计划和方案，把会议精神的落实情况在1个月内以书面形式反馈给中央综治委预防办。下面，我就今后一个时期的工作讲几点意见。

(一)实施好主导项目

“青少年违法犯罪社区预防计划”是预防青少年违法犯罪工作的主导项目，抓住“预防计划”可以起到牵一发而动全局的作用，可以达到事半功倍的效果。深入实施“青少年违法犯罪社区预防计划”，一是要抓好试点工作。中央综治委预防青少年违法犯罪工作领导小组办公室已经确立了全国50个“青少年违法犯罪社区预防计划”试点街道(社区)，各地也要确立各自的“预防计划”试点街道(社区)，进行长期联系和跟踪指导，及时总结经验，以试点为基础带动“预防计划”整体工作。二是要抓好培训工作。举办“预防计划”培训班，对试点街道、社区以及从事预防工作的负责同志进行政策理论和业务知识的培训，提高预防工作能力和水平。三是要抓好项目化运作。要把“预防计划”的工作内容化解成为具体的工作项目，选择符合自身实际的重点项目菜单，安排具体人，做好具体事，吸纳资源，从小做起，扎扎实实，逐步推进。四是针对闲散青少年，要通过摸底排查、建档立卡等措施，掌握闲散青少年的底数，建立社区闲散青少年网络管理系统，帮助他们解决就学就业和生活的实际困难。五是抓好评价、激励工作。即将开展的创建“未成年人零犯罪社区”工作，是“预防计划”的配套活动，是实施“预防计划”的评价、激励工作项目。要通过创建“未成年人零犯罪社区”工作，调动基层开展预防青少年违法犯罪工作的积极性，聚集工作资源，提高“预防计划”的实施效果。

(二)突出教育和服务

要综合运用教育、服务和矫治等多种手段，做好中小学生、闲散青少年、进城务工青年、流浪儿童、罪错青少年这五个重点群体的预防青少年违法犯罪工作。一是针对中小学生，要把思想品德教育与法制教育紧密结合起来，进一步深化“安全文明校园”创建活动；继续完善和推广中小学兼职法制副校长和法制辅导员制度；深入开展“法律进社区”、“雏鹰行动”和创建“青年文明社区”、“无毒社区”等活动，实现学校教育、家庭教育和社会教育在社区的整合。二是针对进城务工青年，要深化“千校百万”进城务工青年培训计划、优秀“青少年维权岗”创建活动和劳动安全监督员制度，加强对进城务工青年的培训和权益保护。三是针对流浪儿童，要结合收容遣送制度改革，加强大中城市、交通枢纽城市流浪儿童救助保护中心的建设，积极探索对流浪儿童提供紧急庇护和救助的有效方法。四是针对罪错青少年，要按照“教育、感化、挽救”的方针，进一步完善少年司法制度，加强工读学校建设，教育、矫治、挽救有严重不良行为的未成年人，建好“刑释解教人员信息管理系统”，着重做好释放、解教时的衔接工作，帮助他们解决实际困难。

(三)优化青少年成长的社会环境

优化社会环境，要针对危害青少年健康成长的突出问题，坚持整治与建设相结合。整治方面，一是要坚持不懈地开展“扫黄”、“打非”和禁毒活动，清除卖淫嫖娼、吸毒贩毒等社会丑恶现象；二是要开展有害卡通画册和淫秽“口袋本”图书专项整治行动，净化青少年文化市场。三是要继续开展对非法经营网吧整治行动，净化和规范网络文化经营活动。建设方面，一是要深入实施“社区青少年远离毒品”行动和“不让毒品进我家”活动。开展形式多样的毒品预防教育，增强青少年的拒毒防毒意识。二是深化“安全放心网吧”创建活动，加强社会监督。同时，依托中小学网络教室和城市社区青少年网络教室逐步建设一批未成年人互联网上网服务场所——“阳光网吧”，为青少年提供健康上网场所。

(四)加强自身建设

第一，在组织建设方面，今后一个时期，特别要重视和推动建立县级预防青少年违法犯罪领导和工作机构，县级以下的领导和工作机构可以分两种情况：有条件的地方可以成立领导小组或联席会议，组织体系要逐步健全；条件不成熟的地方，由综治领导亲自抓或者由专人负责，确保工作有人管。

第二，在队伍建设方面，重点要建立三支队伍：一是建好法制副校长和校外辅导员队伍；二是建好志愿者队伍，动员包括青年志愿者、社会热心人士等社会力量参与预防工作；三是推广上海经验，建立专业化的社工队伍。

第三，在阵地建设方面，职能部门要建好用好自身的工作阵地，如公安的社区警务室，民政的流浪儿童救助站，司法的少管所等；共青团牵头要建好“社区青少年法律学校”，妇联牵头要建设好社区家长学校，教育行政部门要推动学校活动阵地向社区青少年开放。

第四，在机制方面，重点要建立健全预警监测机制和协调联动机制。预警监测机制建设先从信息简报的形式开始，按照地方到中央的通报途径，重点通报当地青少年违法犯罪动态情况。对于紧急和重大案件，要利用传真、电子邮件等手段直报中央综治委预防办，尽量减少信息通报时间和程序。中央综治委预防办将探索实施青少年违法犯罪信息分级制度，努力实现预警监测的规范化。在协调联动机制方面，除了定期召开联席会议外，今后要重点实施青少年违法犯罪重要问题和重大案件的协调联动。

同志们，维护青少年的合法权益、预防青少年违法犯罪，促进青少年的健康成长，是一项利国利民的事业，也是一项需要长期坚持的工作。让我们在以胡锦涛同志为总书记的党中央领导下，高举邓小平理论和“三个代表”重要思想的伟大旗帜，牢固树立和落实科学的发展观，同心协力，扎实工作，为推动预防青少年违法犯罪工作的深入开展，实现全面建设小康社会的目标而努力奋斗。

共青团中央书记处书记张晓兰同志在“科技创业、报效祖国——2004 海外学人回国创业周(上海)”活动欢迎晚宴上的致辞

（2004 年 12 月 20 日）

女士们、先生们、青年朋友们：

大家好！

今天，来自世界各地的优秀青年留学人员齐聚国际大都市上海，这是一个创业的聚会、一个友谊的聚会、一个青春的聚会。在此，我代表共青团中央、中华青年联合会向积极参加“科技创业、报效祖国—2004 海外学人回国创业周(上海)”活动，立志回国创业发展的青年留学人员表示诚挚的欢迎！向给予“2004 海外学人回国创业周”活动大力支持的上海徐汇区委、区政府的各位领导，向共青团上海市委员会、上海市青年联合会；向江苏、浙江有关方面的党政领导、共青团和青联组织，以及社会各界人士表示衷心的感谢！

再过几天，我们就要步入新的一年，各位海外学人放弃休假回到祖国，我感到，这本身就是对祖国建设的大力支持。学有所成、报效祖国，不仅是各位海外学人的美好愿望，也是海外学人的优良传统。这些年来，许多在自世界各地的海外学人，以项目合作、技术服务和创办高新技术企业等多种方式回国创业，不仅自己事业上得到长足的发展，对国家建设发展更是功不可没。在以知识经济为特征的新经济浪潮中，你们所掌握的先进技术、科研成果正是祖国发展所需要的，你们报效祖国的理想和热情正是中华民族和平崛起的强大支撑！

本世纪的头二十年，对我国来说，是一个必须紧紧抓住并且可以大有作为的重要战略机遇期。这二十年间，我们将全面建设惠及十几亿人口的更高水平的小康社会，使经济更加发展、民主更加健全、科教更加进步、文化更加繁荣、社会更加和谐、人民生活更加殷实，到 2020 年力争使我国国内生产总值比 2000 年翻两番，综合国力和国际竞争力明显增强。这个重要战略机遇期，既是推进人才强国战略、加快现代化建设、全面建设小康社会的关键时期，也是广大青年留学人员回国创业、报效祖国的黄金时期。面临千载难逢的发展机遇，更加广阔的施展天地，已经有越来越多的青年留学人员回到国内发展事业，人生有了新的篇章。

为了适应时代发展要求，充分发挥共青团、青联组织广泛联系的优势，为青年留学人员回国创业和为国服务牵线搭桥，团中央、全国青联联合欧美同学会于 2001 年起，以“科技创业、报效祖国”为主题，共同举办“海外学人回国创业周”活动。至今，这项活动

已经连续举办四年，取得了丰硕的成果。海外学人回国创业周活动各项内容更加成熟，各项举措更加丰富、更加务实。今年，团中央、全国青联在正式成立全国青联留学人员联谊会的同时，联合国务院国资委、欧美同学会，共同主办“2004 海外学人回国创业周”活动，在北京统一举办“2004 海外学人回国创业论坛”，引导、鼓励广大留学人员抓住机遇、发展事业、报效祖国；集中开展“聚焦特大型国有企业”专题活动，组织近 50 家特大型国有企业与近 500 名参会留学人员进行人才招聘、人才合作、项目合作、技术合作、资金合作等多层次多渠道的合作洽谈，为留学人员积极参与和投身特大型国有企业的改革发展搭建桥梁，为国企增强国际竞争力提供帮助。此外，从众多的报名者中邀请千余优秀海外学人分 8 条路线赴北京、天津、河北、上海、江苏、浙江、江西、河南、湖北、广东、山东、四川、重庆、陕西共 14 个省、市开展项目洽谈和人才交流活动。

上海团市委、上海青联也是连续四年承办这项活动，为凝聚、吸引海外学人回国创业发挥了重要作用。每次活动，上海都吸引了大量海外学人的关注，我感到，这是和上海地处我国改革开放的前沿，在国家对外交往和国际经济合作中起着十分重要的作用分不开的，是和上海经济与社会协调发展、大踏步前进分不开的。众所周知，2010 年上海将举办世博会，围绕世博会的新一轮发展正在如火如荼地展开，的确是广大留学人员创业的好起点、发展的好平台。上海市各级党政部门和共青团、青联组织，也非常重视青年留学人员工作，不断创新工作机制，不断优化创业环境，不断提高服务水平。上海团市委、市青联还开展了留学人员同城聚会等活动，在青联组织内特别设立留学回国人员界别，同时积极推荐优秀留学回国人员加入中华全国青联留学回国人员联谊会，努力营造吸引优秀青年留学人员来沪创业发展的良好环境，更好地为留学回国人员服务，凝聚海外青年学子踊跃投身全面建设小康社会的历史洪流。

不仅在上海，在祖国大地上，每天都有新变化，每天都有新发展，每时每刻、每个地区都有新的机遇。比如江苏、浙江两省，也是我国经济高速增长的地区，而且江浙两省和上海地缘相邻、人文相亲、经济相通，同时又具有腹地广阔、人力资源丰富等独特优势，所以，也希望各位海外学人多到各地走走看看，特别是参加上海一江苏活动的海外学人，在上海段的活动结束以后，也积极参与接下来的江苏段的活动，江苏的有关领导和各界青年也正热切地盼望大家的到来！

青年朋友们，祖国的繁荣强大是我们每一个中华儿女的心愿，强盛的祖国更是海外学子最为坚强的后盾。祖国的强大需要我们每个中华儿女的共同努力。无论身在何处，我们都流淌着中华民族的血脉，同为龙的传人把我们紧紧地联系在一起。我们期待，通过本次活动，能有更多的海外学子回到祖国这片充满梦想、孕育奇迹的土地上来，创造事业的新辉煌，为祖国的繁荣昌盛贡献自己的力量！

最后，祝愿各位海外学子的事业找到新起点，预祝本次“科技创业、报效祖国—2004 海外学人回国创业周”活动取得圆满成功！

谢谢大家！

团市委领导
讲话、工作报告

以“三个代表”重要思想为指导 整体推进团建创新 不断提高共青团服务大局、服务青年的水平

陈靖同志在团市委十二届三次全体(扩大)会议上的工作报告

(2004年1月5日)

各位委员、同志们:

今天我们在这里召开共青团上海市第十二届委员会第三次全体(扩大)会议。这次会议的主要任务是:学习实践“三个代表”重要思想,贯彻落实市委八届四次全会和团十五届二中全会精神,坚持“青年为本、以德为先、服务为重、发展为主题”的“四为”工作理念,通过整体推进团建创新,不断提高共青团服务大局、服务青年的水平,努力把市十二次团代会的各项任务落到实处,团结带领广大团员青年在实施科教兴市主战略、推进上海经济社会发展中建功立业。

下面,我受团市委常委会的委托,报告2003年工作,并就2004年工作提几点意见。

2003年,市委、市政府的主要领导多次亲临青少年活动,对加强和改进青年工作提出了许多新的要求。一年来,上海共青团组织在市委和团中央的领导下,高举邓小平理论伟大旗帜,深入学习实践“三个代表”重要思想,认真贯彻党的十六大和团十五大精神,成功召开了市十二次团代会,坚持服务大局、服务青年,在探索形成“四为”工作理念的基础上,进一步深化了“服务年”的工作思路,以制定上海青少年发展规划和上海共青团工作十项计划为主要任务,依靠基础、机制建设和功能开发,扎实地推进了上海青年工作新格局的构建。

一、认真学习贯彻“三个代表”重要思想,推进青年思想政治工作

坚持用“三个代表”重要思想武装共青团、教育青年。召开了上海团干部学习贯彻《“三个代表”重要思想学习纲要》精神座谈会,向全市29000多个青年双学小组、邓小平理论研究会、“三个代表”实践团等基层青年理论学习组织赠送《纲要》等学习资料,组建了“三个代表”重要思想专家辅导团,为基层青年开展辅导讲座30余场。开展了上海青年学习实践“三个代表”重要思想百个基层优秀项目资助。加大对团干部、优秀青年群体的培训力度,先后举办了新上岗团委书记“三个代表”重要思想学习班、百名优秀基层团干部学习贯彻“三个代表”重要思想免费培训班、青年项目经理“三个代表”重要思想

学习班等。开展了“在光辉的旗帜指引下”上海青年学习实践“三个代表”重要思想千字文征集活动、演讲比赛、优秀理论学习组织评选活动和上海大学生“三个代表”重要思想学习红色网页展示活动。同时,在青年报、青年电子社区开辟专栏、建立专题网页,广泛宣传展示,推动互动式的网上学习,促进青年学得生动、学有所获、学以致用、学而奋进。

充分发挥团的工作特色,扎实推进青少年思想道德建设。举行“永远跟党走”——上海千名青年新党员入党宣誓仪式、“青春中国”国庆升旗仪式、“上海市十八岁成人仪式”和上海青年建设者集体婚礼。以“学习实践‘三个代表’、展望上海新一轮发展”为主题,启动了“万名大学生看国企”、“万名中学生看名校”、“万名困难青少年看上海”等寻访活动。组织百支大学生十六大精神宣讲团进社区,开展“汇聚在光辉旗帜下”暑期大学生社会实践活动,全市共有10多万大学生组成了1100余支各类实践团队奔赴全国各地,1300多名大学生到全市各区挂职锻炼。组织职业青年开展“岗位抗‘非典’、青春耀浦江”青年百日立功竞赛,组织社区青少年开展“啄木鸟”小队、道德评议等活动。举办优秀新闻工作者何晓明和消防英雄陈华文等先进事迹报告会。这些贴近青年、贴近实际、贴近生活的实践教育活动,进一步增强了青年思想政治工作的亲和力、说服力、针对性和有效性。

二、制定上海青少年发展规划和上海共青团工作十项计划,切实贯彻市十二次团代会的总体部署

集中各方力量,完成全国首个地方青少年发展规划的起草。制定上海青少年发展规划是团市委在全国、全团范围内的第一次尝试,是我们探索承担政府青年事务的重要举措。按照《市政府工作报告》关于制定实施青少年发展规划的要求,我们邀请了中国青少年研究中心、市委、市政府有关部门和社科界专家学者,先后通过召开团市委全会、三次专家咨询会议,并借鉴立法听证的相关制度,就青少年发展问题首次举行面向全市的规划听证会等渠道,基本完成了规划的起草工作和相关指标的设定。市委、市政府和团中央对此都高度重视。下一步,将通过召开上海青年工作联席会议,进一步将规划变成党和政府推动青年和青年工作发展的基本政策。

落实市十二次团代会精神,制定上海共青团工作十项计划的实施方案。本次全会下发的《上海共青团工作十项计划实施方案》,是贯彻落实十二次团代会精神,推动未来五年上海共青团事业新发展的基础性工作。团代会后,团市委专门召开工作务虚会集中讨论研究,形成实施方案的征求意见稿,并在团市委十二届二次全会上征求意见。下半年,我们加紧调研,围绕突出实施重点,结合基层实际,进一步增强创新性、针对性和可操作性,集中对实施方案作了修改和完善,明确了各项计划的项目品牌、内容、机制、时间等具体要素,落实了责任部门。希望全市各级团组织按照这个指导性文件的要求和精神,及时结合本单位、本系统的实际,真正把团代会精神落到实处。

三、抓好青少年预防“非典”工作,大力倡导科学、健康、文明的生活方式

协助党政组织积极做好防治“非典”的有关工作。挖掘和宣传各类“抗非”先进青年

典型，举办上海青年抗击“非典”事迹报告会，编辑出版《感动春天——上海青年抗击非典的71个故事》和《上海抗非英雄赞歌》，青少年基金会在全市率先设立500万元的“抗非”基金。组织招募了2000多名青年志愿者接听“防非”健康咨询热线。利用网络资源，开展网上“‘五四’表彰”和网络论坛，设立“上海共青团网上工作交流专区”，创新组织联系新形式。关注并支援疫情严重的内蒙、山西、河北等地团组织和青少年开展“抗非”工作。组织动员职业青年开展“岗位抗‘非典’、青春耀浦江”青年百日立功竞赛活动，为促进上海经济作贡献。

*广泛动员团员青年深入“抗非”一线，大力开展青年志愿者行动。*与市血管办、市红十字会联合向团员青年发出参与无偿献血的倡议，仅“献血周”一周就有1500余名团干部和团员青年先后集体参加无偿献血。密切配合各级党政组织，立足岗位发挥作用，并积极在交通道口、机场、车站、校园等场所，开展有关“防非、抗非”的宣传咨询、维持秩序、发放资料等志愿服务工作。以团干部为主体，积极为参加“抗非”的医务人员家属提供志愿服务，解决后顾之忧。

*开展“新青年、新生活——倡导科学、健康、文明的生活方式，做可爱的上海青少年”主题宣传教育活动。*通过举办万人签名活动、动员餐饮业青年企业家开展不经营野生动物社会承诺活动、社区“啄木鸟”小队、金点子征集、青少年动漫宣传画征集活动、开展“养成文明好习惯、健康快乐过‘六一’活动”、“‘共青团号’健康生活社区行”等工作，积极鼓励和倡导青少年养成科学、健康、文明的生活方式。同时，在市政法委、禁毒委的支持下，在青年文化活动中心建立了“禁毒教育馆”，为广大市民特别是青少年提供了“珍爱生命、拒绝毒品”的教育基地，半年来，近15万人次的青少年前来参观。

四、围绕上海经济社会发展，创新品牌，服务大局

*开展课题研究，积极参与“世博会与上海新一轮发展”大讨论。*根据市委关于“世博会与上海新一轮发展”大讨论的部署，我们开展了世博会与上海城市国际化、市场化、信息化、法治化以及长三角园区发展等五个课题的研究，积极为上海经济社会发展出谋划策。我们邀请复旦大学、社科院等研究机构以及北京、香港的有关青年专家开展专题研究，并联合相关单位举办了“世博会与长三角园区发展”、“沪港经济发展”等5次青年专家、青年企业家论坛，形成了《创新城市的对策建议》、《国际金融中心建设的对策建议》、《市场化改革的对策建议》、《智能城市建设》、《公共危机与政府能力建设》和《长三角园区发展的对策建议》等6篇具有较高质量的研究报告，并汇编成《上海新一轮发展专题研究报告集》，报送市委、市政府决策参考，受到了好评。

*加快青年人力资源开发，广泛动员青年参与实施科教兴市战略。*继续开展“上海青年成才实践月”活动，评选表彰了首届上海市青少年科技创新市长奖、第十届十大杰出青年、第二届IT十大新锐、第五届文化新人、第三届十大青年项目经理、年度十大青年经济人物、新长征突击手等各类优秀青年典型。举办了上海青年创新成果大赛、金融行业青年个人理财服务综合技能大赛、大学生创业计划邀请赛、上海社区青少年技能大赛等活动。先后召开上海青年突击队活动20周年纪念大会和上海青年职业生涯导航活

动推进会，进一步完善和创新了企业青年成才发展的新路。召开全国大学生素质拓展计划现场推进会，实施大学生素质拓展计划、大学生人生发展导航行动和在校优秀大学生选拔培养工作。在基层，杨浦、嘉定团区委分别围绕建设“杨浦教育园区”、“上海国际汽车城”，航天局团委围绕“航天青年成才发展”，华东师大团委围绕建立“1＋8”学导制等，积极开展了富有特色的青年人才培养和人力资源开发工作。

勇开文明新风尚，积极塑造和培育城市精神。组织23人首次参加上海青年志愿者赴老挝志愿服务，146名大学生参加了西部志愿服务活动。扎实推进上海青年造血干细胞(骨髓)捐献志愿者行动，新增报名1.3万余人，总报名人数达6万余人。开展“共青团号健康快车”300多场次和上海青年志愿者维护社会治安筑城行动。集中组织了对战高温中的交巡警和青年建设者的慰问。开展“青春的节日——让青年走近经典”2003年度上海青年文艺巡演活动，组织巡演达200多场，“经典芭蕾郊区行”首次把芭蕾送到了海岛崇明。在青少年中积极宣传预防艾滋病，开展了上海青少年“青春红丝带”行动。继续做好服务全国的工作。一年来，希望工程共募集资金2000多万，一助一结对帮助6000多人。完成了“西部地区千名优秀基层团干部培训计划”。继续开展青年志愿者赴滇扶贫接力、研究生支教团和西部少数民族团干部来沪挂职锻炼等活动。进一步为重庆、甘肃、宁夏、内蒙、新疆、云南、西藏、陕西、江西等地的青年和青年工作提供力所能及的服务。

五、协助政府管理青年事务，丰富载体，服务青年

成立市社区青少年事务办公室，从体制、机制和队伍上深化服务社区青少年工作。在市委、市政府的大力支持下，正式成立了副局级建制的上海市社区青少年事务办公室。同时筹建市社区青少年事务中心，并在各区县设立工作站。在市委政法委的统一指导下，在浦东、闸北、卢湾、徐汇等试点区组建了职业化的社工队伍，153名青少年社工经过系统培训已深入街镇展开工作，并通过排摸调研、建章立制、个案分析等工作，初步形成了有效的工作运行机制。

打造新型服务载体，扩大共青团工作覆盖面。发行上海青年卡，正式推出了全团首张集电子团员证、金融服务、交通卡和消费优惠服务于一体的多功能服务卡，在整合社会资源的基础上，将使全市95万团员青年受益。目前，宝钢、复旦、静安、建工、华理、工技大、新闻出版、深发展等8家单位试点顺利。开通城市青年网(www.cityyouth.cn)，形成了体现网上“大世界基尼斯”才技大冲浪为特色的青少年综合性活动网站，为青少年开辟了一个开放互动的网上家园、网上学园和网上乐园，推进了“数字共青团”的建设。

六、推进团的各项建设，打牢基础，活跃基层

继续加强调查研究。出版《政治文明与当代青年——2003上海青年发展报告》。加大对青年新群体、新现象、新问题的研究力度，着力探索通过网络报名等召开直接面向青少年的听证会、座谈会，积极扩大青少年民主参与新渠道，广泛听取青少年意见，为

摸清青年思想状况,更好地研究和规划青年工作提供条件。团市委获得了“全团调研奖”的组织奖。

*进一步提高团干部的综合素质。*分期分批选派团干部参加党校学习,已有60多名团干部赴香港开展交流和研修学习。选派近30名团市委机关干部、基层团干部赴云南、重庆、西藏及本市党政机关和大型国有企业、著名民营企业挂职锻炼。尝试引进卡内基培训等新的培训项目,进一步为广大团干部提供各类培训机会。

团的各项事业取得新的进展。“渔阳里”团中央机关旧址整修扩建工作接近尾声。成功举行市青联九届一次全会,进一步发现和凝聚了一批优秀青年人才。加强新领域、高层次青年外事工作。积极发挥青年企业家协会、各地在沪青年企业家联谊会等青年社团作用,通过援建希望小学、举办青年经济人物论坛等多种形式,进一步服务全国、服务上海经济社会发展。学联、少先队工作在服务各自群体中都有了新的作为。大力实施共青团信息化,推进基层团组织上网工程,全市从年初的42家已发展到114家基层团组织建立了自己的网站(网页),初步实现了共青团的网上互联。与中央电视台联合举办“大世界基尼斯”十周年颁证晚会。青年管理干部学院、青年报在发挥教育服务功能、扩大社会影响力上得到进一步的提升。青年文化活动中心以人才市场和人才培训为重点,功能定位进一步明确。城市酒店、青旅、大世界、科技公司等团办企业在改革中稳步发展。因私出入境服务中心成功实现改制。

*依靠团建创新推动基层活跃。*一年来,全市各级基层团组织围绕团代会提出的任务,结合自身实际,积极实践“四为”工作理念,开展了很多富有特色的工作和活动。在社区,卢湾团区委探索社区青少年听证会、评议会、协调会“小三会”制度;黄浦团区委以“四联”活动为基础,推进地区团组织与部队共建活动;浦东新区试点成立社区团委;徐汇团区委开展了“街坊团建”工作;静安团区委开展了“楼宇团建”工作;普陀团区委开展了“两新组织团建”工作;长宁、青浦等区试点建设青年中心。在企业,纺织、轻工、医药等团组织积极探索产业结构调整、企业改制条件下共青团工作的新模式;金融系统团组织加快建立社区金融学校;建工集团团委等探索基层团组织三级直选,加强团内民主建设等。在学校,复旦大学团委推出了“360度考评法”;上海大学团委加强社区“中心支部”建设等。

*进一步加大对基层的资助支持力度。*先后资助基层百个“服务青年学习成才、激励青年就业创业”优秀工作项目和百个“三个代表”重要思想优秀活动项目。以基层为重点,评选一批共青团“首创奖”。资助了44个基层青年工作研究课题,评选共青团“调研奖”。资助了52家单位团组织开展基层“上网工程”,评选基层优秀网站(网页)。

同志们,以上是一年来的主要工作,对照年初全会提出的目标和任务,现在已经基本完成。我们深深地感到,这些成绩的取得,离不开市委和团中央的大力支持,离不开各级团组织和广大团干部的共同努力,这些工作是上海各级团组织学习贯彻“三个代表”重要思想,努力实践上海城市精神的生动体现。同时,我们也要清醒地看到,当前在推进大团建、加强制度建设、形成长效工作机制、深化品牌培育等方面,还存在一些突出的问题和困难,共青团组织的工作覆盖面、社会影响力和贡献率还需要进一步加强。

一年来，全市各级团组织以鲜明的机遇意识、快速反应和创新精神，激情投入，高效有序地推动了各项工作，形成了一批富有首创精神的工作项目，展示了上海共青团组织的创造力、凝聚力和战斗力。在此，我谨代表团市委常委会向在座的同志们，并通过你们向全市广大基层团干部表示衷心的感谢和崇高的敬意！

2004 年是上海共青团组织全面落实团十五大、市十二次团代会精神，继续推进上海共青团事业新发展的关键一年。2004 年上海共青团工作的指导思想是，认真贯彻党的十六大、市八次党代会和团的十五大精神，以“三个代表”重要思想为指导，坚持“四为”工作理念，深化“服务年”工作思路，进一步加强共青团机制建设，整体推进团建创新，努力服务于上海经济社会发展，服务于青年的全面发展，不断提高共青团的服务水平，加快构建上海青年工作新格局，不断巩固党执政的青年群众基础。

日前，市委全会通过了《上海实施科教兴市战略行动纲要》，团中央全会通过了《全面建设小康社会进程中共青团工作战略发展规划》。上海各级团组织都要结合实际，认真学习，贯彻落实。当前，全球经济增长呈现温和回升、我国经济总体保持高位运行的态势不会改变，上海经济加快发展的外部环境依然向好。但是，上海在发展过程中也存在着一些体制性和结构性障碍的问题。面对新的形势，市委明确提出要“看清楚、想明白、有准备”，抢抓机遇，加快发展。我们同样要有这种强烈的机遇意识，想方设法挖掘潜能，千方百计促进发展，努力服务好党政工作大局。同时，尽管市场经济和开放世界对青年的思想观念产生深刻冲击，但由于改革开放的洗礼和上海现代化建设辉煌成果的激励，当代上海青年政治上越来越成熟，知识越来越丰富，对国情、民情、社情和外部世界的认识越来越清晰和准确。这些特点的形成，是我们进一步做好青年工作的重要基础。

当前和今后一段时期，上海共青团组织要切实按照胡锦涛同志提出的“在工作思路上要创新、在工作方式上要创新、在自身建设上要创新”的要求，把实施上海青少年发展规划和上海共青团工作十项计划作为落实十二次团代会精神的主要任务，切实抓出成效，取得新的成绩。

在工作思路的创新方面，要站在新的发展起点上，坚持以人为本，坚持全面、协调和可持续的科学发展观，以构建青年工作新格局为目标，进一步按照服务大局、服务青年的工作思路，不断深化“青年为本、以德为先、服务为重、发展为主题”的“四为”工作理念，突出文化育人、服务育人、实践育人，满足青年具体需要，帮助青年解决现实问题，支持青年全面发展，从而更好地为党凝聚青年，培养“四有”新人。要充分发挥党的助手、政府的帮手和青年之家的作用，把争取政策支持、加强机制建设作为共青团工作的重要选择，谋大局，管大事，积极通过参与人大立法、把青年项目纳入政府实事等途径，进一步学会运用法律和政策推动青年工作实现新发展。要强化工作大资源、大协作机制，进一步加强与政府部门、工会、妇联、科协等群众组织、大众传媒、各类非赢利性社会组织、“长三角”地区团青组织以及海外青年组织的广泛联合，努力实现资源共享，多赢发展，充分体现都市青年工作的现代化、社会化、国际化、信息化特点。

在工作方式的创新方面，要在不断强化共青团政治优势、组织优势和坚持行之有效的传统运作方式的同时，深化“品牌战略、实事工程、政策支持、阵地依托、基金辅助、开放体系和社会化运作”。要通过构建服务体系、服务平台和大力借助社会平台等，使团的工作从单一的团内循环向社会化开放运作转化，从一般的活动向功能开发和机制建设转化，进一步强化成本、效率意识，不断提高共青团组织的覆盖面和凝聚力。要按照管办适度分离的工作原则，探索建立全市性活动向基层和专业机构授权委托机制，通过活动资助、引入项目招标、人员社会招募、召开听证会、重大事项公示、发布公益广告、设立青年项目形象代表、建立社工队伍、表彰支持青少年事业的代表人士等多种方式，努力发挥基层和最广泛社会力量的服务作用。要进一步发挥青年的主体作用，服务青年的项目、政策、阵地建设，要吸纳青年参与建、管、办。要继续发挥基金的作用，通过设立青年卡发展基金、团建创新专项基金、青年文化发展基金等，不断加大对共青团工作的支撑。要探索建立服务青少年的统一形象、标识和文化产品，进一步体现共青团的文化特色。

在自身建设的创新方面，要坚持党建带团建，围绕服务于增强党的执政能力这个大课题，通过各系统各领域团建的有力推进，进一步探索共青团建设的创新体系和创新机制，探索新型的团干部培训模式、团干部发展导航计划，探索科学的工作评价体系，不断为党执政巩固青年群众基础。当前，我们还要学习运用信息化手段推进和创新团的自身建设。要依靠信息化手段，大力建设青年卡、城市青年网、青年电子社区、基层团组织网站（网页）和网络视频会议系统等各类新的虚拟的组织平台、活动空间和工作载体，开展丰富多彩的充分体现基层和青年主体作用的网上活动。这些平台、空间、载体的建立和活动的开展，不仅解决了共青团工作领域和手段的拓展与延伸，更重要地是为广大青年提供了更广泛、更便利、更贴近的服务内容和服务、活动方式。因此，共青团信息化建设，从根本上讲不仅是一般的技术创新，更是共青团在网上的组织再造、流程再造、机制再造和系统再合成，从而打造开放、互动的“数字共青团”。

根据上述的认识，常委会决定把进一步加强共青团机制建设、整体推进团建创新，不断提高服务水平，作为2004年上海共青团深化“服务年”的工作重点全力抓好，并进一步统一思想，明确不提新口号，坚持把“服务年”工作思路做深做实，做出新的成效。今天会上下发了《上海共青团2004年工作要点》，在这里我不再就有关的具体项目和工作安排做说明，只着重提两个方面的工作要求。

一、坚持在服务大局、服务青年中有新作为，不断增强共青团的贡献率和凝聚力

1、围绕实施科教兴市主战略，广泛组织动员青年积极投身上海经济社会发展。要认真学习全国人才工作会议精神，着眼于人才强国战略和提高城市综合竞争力，牢固树立人人都可以成才的观念，抓住实践育人这个关键，依托青年职业生涯导航、大中学生素质拓展、少先队雏鹰争章等重点载体和青年技能、才艺的系列培训与竞赛，为广大青年各显其能、各尽其才提供政策和机制的平台，加快构建青年人力资源开发体系，不断培育青年人才大军。要以参与实施科教兴市主战略为重点，深入开展“青年成才实践月”等主题活动，引导青年“勤于学习、善于创造、甘于奉献”，积极投身经济建设主战场，

支持青年创新创效创业，发挥主力军和突击队作用。要继续集聚青年的人才智力优势，为上海的经济社会发展服务。要最大限度地凝聚服务包括留学回国人员在内的海内外优秀青年来沪创业、成就事业，进一步体现共青团的积极作为。

2、围绕实践上海城市精神，大力引导青年勇开文明风气之先。要进一步贯彻全国和上海的宣传思想工作会议精神，继续探索社区青少年道德评议等有效的实践载体，不断提高青少年思想道德建设的水平，坚持用先进典型的生动事迹，教育、激励和团结青年，积极引导广大青年实践城市精神，做可爱的上海人。要启动“青春与世博同行”主题活动，继续推进“共青团号”创建、青年志愿者行动、青年造血干细胞（骨髓）捐献志愿行动、青春红丝带——青少年预防艾滋病活动、青年文化巡演、健康快车、法律援助、“为奉献者奉献”等青少年精神文明创建活动。要加强青年文化建设，注重依靠文化力量提升青少年的精神追求，努力为经济社会的全面发展提供精神动力。要继续提高服务全国的水平，深化实施希望工程、西部团干部培训、大学生西部志愿服务等项目。

3、积极协助政府管理好青年事务。要完善青年事务机制，积极推动青年法律政策的制定和实施，协助政府管理好青年事务，推动建立青年事务的协调机制。要进一步发挥青年工作联席会议制度的作用，探索建立政府青年事务管理机构，推动上海青少年发展规划的实施，力争建立青少年生存与发展指标体系，并纳入政府统计序列。要充分发挥上海市社区青少年事务办公室、市社区青少年事务中心和青少年社会工作者队伍的作用，进一步创新和完善社区青少年教育、服务和管理的长效机制，逐步形成一套包括思想引导、行为指导、就业援助、法律援助、心理咨询等内容的服务新模式。要继续探索青年项目的政府授权委托机制，以满足青年就业创业、教育培训等迫切需求为重点，充分借鉴和运用组织化、社会化和群众化的工作方式，不断提升服务青年的规模层次，扩大青年的受益面，从而增强共青团的凝聚力。

4、竭诚为青年提供更有效的服务。要围绕青年发展的迫切需求，着力构建服务青年的工作体系，完善服务青年机制，依靠搭建服务平台、巩固服务阵地、强化服务手段，最大限度地服务青年成才发展的根本利益，竭诚为青年提供更加具体、有形、富有实效的服务项目。要强化团组织联系青年的新型纽带，广泛联系、服务和凝聚广大青年，进一步集上海的全团之力，实施好上海青年卡、城市青年网，以及青年中心、爱心助学、就业创业、帮困结对等实事项目。要继续以帮助青年解决学习、就业、婚姻、闲暇活动等实际问题为切入口，充分运用信息化、社会化和市场化的手段，积极借助互联网、社区、企事业单位的资源和阵地，进一步开发各类实事项目的服务功能，立足打造品牌，建立广泛便利的服务网络，力争把更多的青年吸纳到团青组织的活动中来，凝聚到团的周围来。要充分发挥好团办企事业单位和团属宣传教育阵地的作用，在教育服务青少年中提高贡献率。

二、坚持在团的建设中有新思路，不断提高共青团的服务水平

提高共青团服务大局、服务青年的水平，关键是要始终坚持党的领导，把“三个代表”重要思想的要求落实到青年工作的全过程，用“三个代表”重要思想这一与时俱进的

理论指导与时俱进的青年工作，全面加强团的建设。要进一步贯彻构建青年工作新格局的总要求，始终在各级团组织和广大团干部中牢固树立起“把青年的呼声作为第一信号、青年的需求作为第一选择、青年的利益作为第一考虑、青年的满意与否作为第一标准”的观念，不断加强团的思想建设、组织建设、队伍建设和制度建设。

1、用“三个代表”重要思想教育青年，切实加强团的思想建设。要认真贯彻党的十六大精神，进一步把学习贯彻“三个代表”重要思想新高潮的活动不断引向深入，切实把青年思想政治教育放在突出的位置上。要作好广大团员青年的思想引路人，依靠科学性、人格化、互动式的手段，帮助青年释疑解惑，解决身边难题，不断增强青年思想政治工作的亲和力。要以完成“渔阳里”团中央机关旧址整修扩建工程并向社会开放为契机，在全市百万青少年中广泛开展弘扬爱国主义、民族精神和革命优良传统的主题教育活动。要充分依托大中学生“三个代表”实践团等各类青年理论学习组织，通过网络、实践教育等途径开展有效活动。要继续通过开展各类丰富多彩、寓教于乐的活动，进一步帮助青年树立走中国特色社会主义道路的坚定信念和信心，有效构筑青年的精神支柱。要完善教育青少年机制，通过完善教育评价激励机制、健全有形化的日常工作机制、建立青少年思想动态监测预警机制、进一步形成全社会齐抓共管的教育机制，更有效地为党的事业赢得青年。

2、围绕增强基层组织的活力和凝聚力，切实加强团的组织建设。要加强基层团组织机制建设，以创建“五四红旗团委”为载体，以完善基层民主建设和建立基层组织与团员的新型联系方式为突破，进一步使基层组织建设得到加强。要大力加强企业团建工作，以职业生涯导航活动为主要载体，进一步发挥共青团在参与企业人力资源开发和企业文化建设中的作用，努力建设成为学习创新型的团队组织。要进一步体现行业牵动，充分发挥行业中重点单位在团建创新中的示范带头作用。要继续巩固学校、机关等基层团组织，提高他们对各自党政中心工作的贡献率。要按照党加强社会管理和以网格化思路推进社区实体化的新要求，努力探索适合特大城市青年工作体制特点的社区团建新路，充分发挥好社区团组织的综合协调、综合依托作用。要高度重视非公企业等新经济组织中团的组织形式和工作方法，切实团结凝聚包括进城务工青年在内的广大青年职工，维护他们的合法权益，鼓励他们服务企业的健康发展。要抓住党政机构改革的重要契机，进一步探索在青年社团、行业协会、民间组织、民办学校等新社会组织中建团与团建的工作，合理设置团的组织，努力通过活动、阵地等有效联系方式，凝聚各类青年群体特别是群体中的青年代表人士，提高共青团的影响力。要大力探索团组织建在园区、建在楼宇、建在市场等新办法，在扩大团的组织覆盖的基础上，增强基层组织的活力，努力实现从“盆景”到“花园”的规模效应。要进一步拓宽共青团的工作领域，重视作好进城务工青年和高学历、高管理岗位青年、困难青少年等青年群体的工作，运用有针对性举措，加强对他们的教育和服务。要大力引导基层团组织进一步重视推荐优秀的生产、工作一线的青年和大学生入党。要进一步加强全团带队工作，支持并指导少先队召开好第五次代表大会和开展建队55周年系列活动。

3、以培养高素质、复合型团干部为目标，切实加强团的队伍建设。团干部是共青团事业发展的宝贵财富。要按照“忠诚党的事业、热爱团的岗位、竭诚服务青年”的要求，用党的先进文化、群团组织的理念教育团干部，切实加强团干部队伍建设。要切实加强团干部的理论学习，进一步通过与党校挂钩、定期推荐、联合办班等形式，分期分批分层次地选送团干部接受培训，逐步扩大基层团干部接受系统培训的规模。要不断增加团干部挂职锻炼的机会，加大团干部赴党政机关、企事业单位、中西部艰苦地区以及市委、市政府重大工作项目等参加挂职锻炼的力度，继续选派团干部赴香港、新加坡等海外青年组织开展交流培训，切实拓宽他们的工作视野。要进一步创新团干部教育培训的模式，拓展和引进如“卡内基”领导力培训、“华尔街”英语培训等国际流行的培训项目，针对团干部的职业特点和发展需求，完善他们的知识结构，提高他们的学习能力、服务能力和解决实际问题的能力，在团市委实施机关干部发展导航计划的基础上逐步向全市团干部推广。要积极借鉴海外青少年服务的有益经验，大力探索青少年社会工作者队伍的建设，从政策和机制上为400名青少年社工创造良好的工作条件，不断提高他们的专业化服务水平。要继续开展资助基层团组织百项特色活动、开展千名团干部培训计划等服务基层团组织和团干部的工作。要进一步完善团干部队伍建设机制，深化形成干部的教育培训、选拔任用、评价考核、监督和防范风险等机制，使团干部队伍永葆生机和活力。

4、*以加强和完善团内民主为重点，切实加强团的制度建设。*要坚持和发展团的民主集中制，切实加强制度建设，使团内生活更加规范化和制度化，逐步建立科学、开放的共青团工作评价体系。要进一步完善团的委员会和常委会建设，充分发挥团市委党组在贯彻执行市委重大决策中的政治核心作用。要充分发扬团内民主，通过完善团的组织生活，探索建立与团员青年利益密切相关的重大事项公示等制度，切实保障团员青年的知情权、参与权、建议权和监督权。要完善青年参与机制，着眼于组织动员机制和社会动员机制的有效结合，积极通过举办直接面对青少年的听证会、座谈会等载体，不断增强青年参与的主动性和共青团的动员力，进一步体现各级团组织在管理国家和社会事务中民主参与和民主监督的作用，发挥好为党联系广大青年群众的桥梁纽带作用。

最后，就春节前后的帮困送温暖工作再强调一下。市委和团中央都十分重视这项工作，各级团组织要从实践“三个代表”重要思想的高度，积极行动起来，广泛开展“真情送万家”活动，切实为各类困难青少年排忧解难，解决他们的实际困难。同时，要以青年志愿者行动为重点，组织引导广大青少年为困难群众提供力所能及的服务和帮助，进一步协助党和政府营造安定团结祥和的局面。

同志们，实施科教兴市主战略、推动上海经济社会发展的美好蓝图已经为共青团工作指明了新的方向。让我们在市委和团中央的领导下，与时俱进，开拓创新，同心同德，艰苦奋斗，不断开创上海共青团工作的崭新局面。

团市委机关建设的回顾和思考

陈靖同志在2003年度团市委机关总结表彰会上的讲话

（2004年1月19日）

今天，我们召开2003年度团市委机关总结表彰会。首先，我代表团市委党组向在去年工作中做出突出成绩的先进集体和个人表示热烈的祝贺和由衷的敬意！关于面上的工作，团市委十二届三次全会已经作了总结和部署。在听取党组成员和征求机关各部门意见的基础上，在这里，我就团市委机关建设谈一些思考和意见，主要讲两方面的内容：一方面就2003年团市委机关建设作简要回顾，另一方面对2004年机关建设提几点意见。

一、2003年度团市委机关建设的回顾

（一）机关建设取得的成效和进展

1、“服务年”工作思路在机关建设中不断深化

过去一年，团市委机关建设切实贯彻“服务年”的工作思路，按照“创一流业绩，育一流人才”的目标和“内强素质，外塑形象”的要求，高质量服务、高起点育人，着力扩大干部获取服务的受益面，既在工作开展上做出了成绩，也在人才培养上服务了干部。“服务年”的工作思路体现在服务机关干部上，主要包括三个方面：

一是发展服务。2003年度团市委共提任机关干部31名，其中局级2名、处级3名、副处级8名、助理9名、科级9名，向其他党政机关和企事业单位输送干部8名，目前担任部门负责工作的同志绝大部分是近几年内锻炼成长的。先后举办两期卡内基培训班，42名机关干部和8名挂职锻炼干部参加；20名处级以上干部接受华尔街英语培训；2名机关干部赴香港进行青少年培训；提供近30万元经费支持机关干部28人次参加学历培训，是2001和2002年度总和的两倍，培训基本实现全覆盖。共有47人次分获全国和市级荣誉，4名同志加入中国共产党。去年年底，围绕机关干部的能力培养、学力提高和经历丰富等需求，正式启动了机关干部发展导航计划，全面地为机关干部发展创造条件。

二是工作服务。2003年度共选派13名机关干部赴本市党政机关、大型国有企业、知名民营企业挂职锻炼，1名处级干部参加海外志愿服务，2名科级干部赴市有关委办协助工作，2名新进机关干部赴西藏、云南志愿服务，还有10多位同志参与到渔阳里团

中央旧址整修扩建布展工程、上海青年卡等项目工作。此外，有5位同志进行工作轮岗。机关干部共出访39人次，实施“上海青年工作骨干赴香港学习培训计划”，分三批派出12名机关干部赴香港学习。去年一年，机关干部挂职锻炼和赴海外学习、交流等的人次将近机关人数的100%。

三是生活服务。2003年度，团市委通过多方努力，积极争取资源，服务于机关干部的生活需求。第一，在货币工资收入方面，团市委机关干部工资收入的增长速度连续3年高于上海GDP增长水平，实现了党组定下的努力目标，2001、2002和2003年度的增长幅度合计超过了50%，特别是2003年度增长幅度较大。第二，在住房补贴方面，为所有2002年12月31日以前进入机关工作的同志提供了住房补贴，据初步统计，最近两到三年中先后有44名机关干部购房，将近一半的同志住房条件得到了不同程度的改善。第三，在健康服务方面，去年年底推出了机关干部健康服务计划，为机关干部提供更加细致周到的健康服务，机关干部体检由两年一次改为一年一次，还为机关每位同志提供每人每年2000元的体育锻炼经费。同时首次推出机关干部疗休养制度，一次性提供三年共计3000元的相关经费。

就服务团市委面上工作而言，2003年度是大投入、大服务的一年。至少有三项工作的资金投入在千万元以上：一是渔阳里团中央旧址整修扩建布展工程，二是青年卡项目，三是机关干部住房解困。百万元以上投入的有：“青春的节日”——上海青少年文艺巡演、千名西部团干部培训、“共青团号”健康快车、城市青年网项目、“4+1”论坛及青少年和青少年工作课题研究、资助奖励基层上网工程和优秀项目、团干部学习培训出访及海外交流、资助部门重大项目等。

去年一年，上海共青团在服务全国和推进青年国际交流方面也作了一些新的努力。除希望工程投入两千多万元外，在抗击“非典”、救灾活动、困难青少年帮扶等方面为其他兄弟省市提供了四百多万元的经济支持。从年初开始，相继组织两批青年志愿者赴老挝开展志愿服务，这是上海青年参与青年国际援助的开端。在整合青年企业家资源的基础上，通过全国青联在罗马尼亚建立了“中罗青年友好交流基金”，共投入10万美元，今年是中罗建交55周年，届时将运用这个基金邀请55位罗马尼亚青年代表来沪访问交流。另外，我们还为老挝团中央提供了5万美元的青年中心建设经费和价值2万多美元的办公用品。

2、机关民主建设不断迈出新步伐

一年来，团市委党组坚持贯彻民主集中制原则，加强集体领导，完善科学决策，推动形成了上海共青团事业良好的发展态势。在工作中，书记班子成员充分沟通，重大事项集体讨论，重大工作集体研究，如一万元以上经费支出都报书记办公会。在集体领导和科学决策下，上海共青团特别是团市委机关各项工作开展得规范、有序、有效。书记班子成员、党组成员还注重与机关干部的交流沟通，去年6、7月份集中开展个别谈心达40多人次，并专门开设了书记信箱，开辟了运用机关内部局域网交流沟通的新渠道。在干部培养使用上，积极引入竞争机制和任前公示制，不断推进民主化、提高透明度；在工作业绩评价上，积极引入基层团组织民主参与机关部门工作和部长述职的考核评分，参与优秀项目推荐;在工作决策上,通过召开青少年座谈会、听证会等方式,探索扩大团内民主,努力塑造青年机关民主、务实的崭新形象。此外,通过机关论坛、征集金点子活动等形式,有效激发广大机关干部群策群力地参与到机关建设之中。

3、机关干部队伍总体保持良好的精神状态

2003年度大事、难事和突发事件较多,团市委机关干部顾全大局,讲团结,讲奉献,关键时刻体现高姿态,总体上保持了良好的精神状态,高效、有序地推进了各项工作,取得了丰硕成果。例如,在主动服务基层方面,想方设法使得工作资源配置向基层倾斜,全年共有200多个基层团组织获得了全团、全市性的荣誉表彰和工作项目资助;包括渔阳里团中央旧址整修扩建布展工程、青年卡、城市青年网、青少年发展规划、社区办筹建、青少年科技创新市长奖等在内的一些难度较大的重点工作都按计划顺利推进。

一年来,广大机关干部忘我投身工作、竭诚服务青年,涌现出了一大批先进人物和感人事迹。例如,在西藏和云南工作的两位新进机关的干部在当地工作投入,春节也没有回家;援藏的张明同志和在老挝担任领队的俞彪同志表现非常出色;挂职锻炼的同志也给挂职单位的干部群众留下了团干部应有的良好形象。“非典”期间,39名机关干部报名献血,9名参加献血;市第十二次团代会期间,8位同志参加骨髓捐献血检,使得团市委机关参加血检的人数达到54位。为送青年文艺巡演活动的演出节目到海岛崇明,宣传部徐俊亮等同志付出了辛勤的劳动;研究室顾淑华同志夫妻分居两地,孩子年幼,仍尽心尽力地投入工作;学校部张漪同志结婚后未休一天婚假就赶来上班;管理信息部徐珏同志坚持工作到生孩子的最后关头;学校部刘晓娜同志在团中央组织的外事出访活动中表现突出,团中央国际联络部还专门来电表扬。特别需要指出的是,因井冈山交通事故受伤较重的徐军、顾晨洁、李锦、褚敏等同志都保持了良好的工作状态。

(二)机关建设存在的问题和不足

1、面上工作存在的问题

一是机关各项制度有待进一步落实。团的建设包括思想建设、组织建设和作风建设,其中制度建设贯穿其中,制度的落实仍存在着不容忽视的现象,一些同志对机关学习等也重视不够。比如,在明知周五机关已有学习安排的情况下,有些部门仍然将工作或活动安排在这天,导致当天学习只能请假,从机关学习活动出席情况的统计看,去年做得比较好的是组织部、宣传部、少年部和机关党委,出席率保持在85%以上,但是也有个别部门甚至还不到50%。又如,一些同志不够重视机关值班制度。此外,落实结对走访工作在机关干部中也存在着不平衡,很多同志长期坚持关心照顾结对对象,个别同志虽然形式上结对了,但是平时关心还不够。对机关的各项管理制度,大家要严格按制度办事,勿以事小而不为。

二是党支部建设有待进一步引起足够重视。大多数党支部十分重视支部建设,能够认真进行队伍建设、活动组织和支部学习记录,及时反馈支部学习讨论情况,并按时收缴党费,但也有极个别部门对支部建设不够重视。据统计,组织部、办公室、研究室、学校部、少年部的支部学习记录率为100%,而极个别部门甚至只有25%。特别要指出的是,新组建的青基会和中青报上海记者站支部学习抓得非常紧,并能及时反馈学习情况。

三是工作进度完成情况不平衡。不同的项目、不同的部门工作成效有差别，许多项目和部门工作做得非常扎实，如渔阳里团中央旧址整修扩建布展工程的社会化运作千方百计谋求创新；又如去年的"成才实践月"推出一些专家、学者、领导、代表人士的高层次论坛，力求媒体联动、企业协助、吸引青少年参与，最后还将讲座的内容刻成光盘发送基层，使工作成效得到进一步延伸。但是，去年也有极个别项目完成得不好，如"青春与世博同行"相关项目总体质量不如人意。

在2003年度机关考评中，已经根本改变了凭印象和感觉对部门和干部的工作进行评价的方式，而是着重看项目、数据和指标。在2003年度部门和个人的先进评比中，我们一方面尊重民主测评的意见，另一方面参照了部门及同志的综合表现，如组织生活、支部学习情况、机关活动参与情况、牵动基层、投入面上工作情况、优秀项目评选情况、服务基层项目情况等。

2、干部队伍建设存在的不足

一是学习创新能力有待不断提高。团市委工作节奏快、建设任务重、面上活动多，但规律总结、理性探索不够；强调创新意识多，实际工作推陈出新、创新创造不够；强调学历提高多，全面学习、学用结合、学以致用不够。另外，少数同志对青年思想动态缺乏敏锐性，不能深入到青年中，离青年较远，例如去年上海举办的房产展、车展、动漫展等吸引了大量青少年参加，但是却没有引起团干部和青少年工作者的应有重视。我们认为，团市委机关干部要做善于学习、善于创新的表率，只有博学多知、广学多识，才能厚积薄发、学以致用，才能不断与时俱进。

二是工作作风、责任意识有待进一步锤炼和加强。如个别同志作风不够扎实，自我感觉良好，到了基层俨然是"领导"；个别同志口气比较大，心态比较浮躁，被基层同志称为"口气比力气大"；个别同志到基层调研、上辅导课和指导工作时准备不充分；个别同志在部门内部、横向部门之间、基层中的三类评价有差别；极个别同志甚至参加团市委全会也迟到；少数同志看别人的不足多，看自己的优点多。

我们要求部门主要负责同志要做部门同志和基层的示范、表率。做团市委的部长是不容易的，要得到大家方方面面的认同就更不容易。在团市委各项工作推进进程中，部长发挥着非常关键的作用，压力也较大。因此，党组一方面将更多地支持、理解部长们的工作，为你们"减负"，另一方面，也要求部长在带队伍、做表率方面作出更多努力，多关心部门同志，多为部门同志的发展提供服务。有位中央领导同志曾经指出，领导必须得到群众的信任，这种信任靠上级封不出来，靠权力压不出来，靠自己吹不出来，靠耍小聪明骗不出来，只有靠真心实意、尽心竭力、坚持不懈地为群众办实事、办好事，才能逐步建立起来。

二、2004年度团市委机关建设的要求

2004年度机关建设的总体要求是：深入学习实践"三个代表"重要思想，坚持和不断深化"四为"工作理念，努力实现"内强素质、外塑形象"的要求，牢固树立和认真落实

科学的发展观、政绩观、人才观和群众观，充分信任机关干部、严格要求机关干部、紧紧依靠机关干部、热情服务机关干部，不断用党的先进文化、政府工作的规范、群众团体的理念来推进机关建设，更好地促进机关干部创新有机会、干事有舞台、发展有空间、困难有关心，努力锻造一支让党放心、让青年满意、高素质、复合型的团市委机关干部队伍。具体有以下五点要求：

1、创新激励

要按照胡锦涛同志提出的“在工作思路上要创新、在工作方式上要创新、在自身建设上要创新”的要求，努力探索建立团市委机关工作的创新体系和创新机制。

在工作思路的创新方面，要强化大资源、大协作、大服务的工作要求，进一步加强与政府部门，工会、妇联、科协等群众团体，大众传媒，各类非赢利性社会组织，“长三角”地区团青组织以及海外青年组织的广泛合作，努力实现资源共享、共赢发展。

在工作方式的创新方面，要构建服务平台、建设服务体系，使团的工作从单一的团内循环向社会化运作转化，从一般的活动向功能开发和机制建设转化。要探索建立全市性活动向基层和专业机构授权委托的机制，通过活动资助、项目招标、人员社会招募、召开听证会、重大事项公示、发布公益广告、设立青年项目形象代表、建立社工队伍、表彰支持青少年事业的代表人士等多种方式，努力发挥基层和最广泛社会力量的积极作用。要进一步发挥青年的主体参与作用，服务青年的项目、政策、阵地建设要吸纳青年参与建、管、办。要通过统一团市委系统的标识、形象，纸张重复利用、使用再生纸名片等，进一步倡导科学环保、绿色办公。

在自身建设的创新方面，要探索新型的团干部培训模式和团干部发展导航计划，探索科学的工作评价体系。要通过信息化手段带动“数字共青团”建设，推动共青团在网上的组织再造、流程再造、机制再造和系统再合成。

当前，我们要进一步推动创新体系的建立。各职能部门要很好地研究如何在团的工作中建立创新体系，要有制度保证和具体项目。到今年年底述职时，各部门除了要汇报部门工作、调研学习的情况外，还要汇报创新举措、取得的实效以及形成的规模。全体机关干部都要具备创新意识、培养创新能力，全市团干部都要参与创新氛围的营造。

2、科学评价

科学地评价干部和工作，实际上是一场思想上的改革和创新。建立科学评价体系，是为了在全机关形成有利于团的事业发展、有利于团干部发展、有利于做事业和做出业绩的干部优先发展的良好氛围。要坚持客观、公正、透明的原则，建立一套对干部和工作的科学评价体系。

首先，要解决“谁作评价者”的问题。党组有主导权，但不包办，应进一步采取党组、机关干部、基层“三线交汇、综合评定”的办法，探索形成机关民主测评的新机制。

其次，要解决“评价什么”的问题。要按照陈良宇同志“改革勇攀第一峰、竞争勇夺第一名、工作勇创第一流”的要求，坚持和深化“四为”工作理念，建立科学全面的工作评价体系；要突出工作实效，建立科学全面的干部评价体系。过去一年，我们非常强调部门工作完成情况和参与团市委重大工作的贡献率，今年要继续坚持。同时，还要强调在创新工作和服务基层方面有好的举措、大的作为。例如，要大幅度减少收费项目，减轻基层负担，切实服务基层。对于必须、适当的收费项目，要做到既有政策依据，又要坚持以“四为”工作理念和“服务年”的工作思路去评判。

再次，要解决“评价指标”的问题。要努力做到全面、客观、真实、科学，要用事实、用项目、用完成工作的质量和成效来评价，防止片面性和简单化。既要看当前工作的成绩，又要看在基础性、长效性工作中的作用；既要看日常工作的成效，又要看在重要时刻、重点工作、重大事件中的判断、决策、落实能力和工作成效；既要看活动项目开展的成效，又要看职能、机制、队伍建设的成效。

当前，我们对工作的评价指标主要有：面上工作的完成情况、参与全团工作的情况、应对紧急事件的处置情况、民主测评的情况、服务基层的情况、支部建设情况、参加机关各项活动的情况，等等。

对干部的评价指标主要有：工作意识上是否符合党的要求和共青团事业发展的要求；工作水平上是否具备为青年成长发展利益服务的能力；工作作风上是否体现出勤于学习、善于创造、甘于奉献。今年在干部评比上，一是要努力做到公平、公正、公开，决不让那些勤勤恳恳、踏实工作、不事张扬的同志吃亏。二是于今年7、8月份对部门工作进行一次年中测评，鼓励先进，鞭策后进，促进工作和干部发展。三是增设机关干部个人调研成果奖，要求每个机关干部每年至少完成一篇有质量的调研报告。

需要指出的是，评价较好的部门或个人要多找不足之处，评价较差的部门或个人也不是一无是处，评比结果只是相对的。

3、发展导航

要扎扎实实地实施团市委机关干部发展导航计划，并逐步向全市团干部推广，通过发展导航推进工作的开展，促进干部成长。目前，机关干部发展导航共性的内容比较多，个性化的内容相对较为缺乏。发展导航的效果关键取决于两点，一是个性化服务，要为每个同志制订人生发展规划；二是个人参与，要自助导航，内因和外因要共同起作用，这其中内因起决定性作用。

发展导航是今年机关建设的一项重点工作。党组主要负责抓班子和队伍建设，把握方向，进一步做好招才、育才、用才、荐才、爱才的工作，从学力、能力、经历三个方面为大家的发展创造更有利的条件。在具体实施中要突出个性化，要充分考虑到大家在学历、专业、岗位、发展后劲等方面的差异，按照不同职级、不同知识背景、不同社会阅历，有针对性地开展职业导航活动。同时，我们既要关心年轻干部发展，更要关心好那些默默无闻、立足岗位奉献多年的机关老同志。例如，吴仁杰同志在团市委机关工作将近四十年，依靠整合社会资源建立了希望工程教师上海培训基地，并二十多次荣获得局以上荣誉称号。

规划好干部的职业导航，根本在发展。陈永弟同志曾总结过团干部所具有的八个方面优势，包括：政治熔炉、风华正茂（年轻优势）、培养全局视野、增强群众意识、锻炼组织协调能力、培养开拓创新能力、培养与人共处能力、训练表达能力。因此，在整个导航工作中我们要把这些岗位优势转化为个人发展的动力和更大的发展优势。

在导航过程中，一是要培养干部，为党政提供后备人才，促进机关干部发展；二是要服务大局、服务青年，在实践中推动事业发展。干部发展和事业发展是相互作用、相互渗透的两个因素，导航也应该是双向互动的过程。2004年度将继续开展党组与机关干部和团干部谈心活动，做到有约必谈。另外，组织部门和机关党委将组织团市委机关科及科以下干部培训班，届时，书记班子将与学员集体谈心。

4、文化营造

团市委历届书记班子都非常注重机关文化建设。机关文化是一种柔性的力量，不具强制性，但长期坚持却有水滴石穿的功效。它的作用就象水和空气般无处不在，平时不觉得多么重要，一旦离开了它就无法生存。可以说，机关文化是机关建设的魂。

在去年“七一”机关表彰会上，我已经就塑造机关文化问题提出了一些思考。现在再强调几点：

一要倡导机关精神。机关精神应体现党的先进文化、政府工作规范和群团工作理念。

二要树立机关价值。竭力扩大和巩固党执政的青年群众基础是团干部的根本价值追求。当前，要按“四为”理念，在服务大局、服务青年上有更大的作为。

三要强化机关意识。用鲜明、大气、务实、高效、开放的要求来强化机关意识，武装我们这个团队。要形成争先创优的氛围，鼓励冒尖、创新，勇于承担责任。要形成讨论的氛围，鼓励发表不同意见。要强调贵在坚持，如为基层办实事、加强自身理论学习、参加体育锻炼等，要把好的习惯、做法坚持下去，坚持不懈，必有所成；要提倡互相谦让，淡泊名利。

说到淡泊名利，我想起了清末的湖广总督张之洞，他坚持平生有三不争：不与俗人争利，不与文士争名，不与无谓之人争闲气，他在当时曾保送大量青年才俊公费留学，但自己儿子出国留学尽管也符合公派条件，却明确“该员自备资斧，不领薪水”。张之洞在许多富庶之地担任要职，始终洁身自好，以至于“还都后窘甚，生日萧然无办，夫人典一衣为置备”，这在当时“三年清知府，十万雪花银”的官场是少见的。可是，我们现在极个别干部放松了对自己的要求，把个人利益看得比较重，甚至存在互相攀比现象。应该讲，在市场经济条件下，外部诱惑很多，机关干部自身工作、生活、学习以及事业发展的压力也很大，我们要经受得住各种考验，有原则、要能够做到吃得起苦、吃得起亏，把清正廉洁作为一种习惯和品行，在各方面交往中要有“底线”，要守得住这个“底线”。其实从长远角度看这种吃亏是吃不了大亏的，这种吃亏也是会有回报的。机关是一个大家庭，是一个有着理想、旗帜、价值、传统、理念和追求的精神家园，所以，一定会支持、理解、关心好每一个人。这几年，我们并没有因为干部即将转岗而影响他们的待遇和荣誉。如在去年和今年的先进评比中，当时刚刚转岗的周斌、李华仍然分别被评为先进；赵彪、曹明喆、赵万兵虽然已经转岗，但是仍然享受了应给的机关住房补贴。对于个人的合理利益，党组一定会千方百计关心好、服务好。

四要倡导机关民主。要营造有利于工作、有利于个人发展、同事携手进步、民主和谐的良好人文环境。要坚持陈云同志倡导的“不唯上、不唯书、只唯实”的要求，正确看待和处理好领导与群众、面上与基层、人前与人后、部门内与部门外、八小时内与八小时外、一时与一贯等关系，始终做到表里如一。我们认为，当面只是表现，背后才是境界。机关民主的核心内容是尊重人、重视人、服务人。要让每个同志都工作得心情舒畅，都有成就感，都获得最大的发展。同时，也一如既往地欢迎大家对党组成员特别是我本人进行民主监督并提出批评意见。党组、书记班子历来十分重视大家的意见和建议，在以后的工作中期望继续得到大家的提醒和帮助。

5、制度建设

加强机关制度建设，首先应以规范岗位责任和工作规程为重点，进一步修订和颁布各项规章制度，包括干部教育制度、部门工作制度、岗位责任制度，真正通过制度来约束人，用制度来管人。2004 年度，我们要“迈小步，不停步”，继续出台和完善机关的规章制度，例如，在服务基层方面要约法三章。同时还要强调制度的执行和落实，在执行制度上要做到既讲原则，又讲感情，原则性和灵活性相结合。

其次，坚持以人为本的思想，努力营造尊重人、理解人、教育人、提高人的良好氛围，做好服务工作。现在，对团市委面上工作的要求更高了，对部门参加机关学习、支部组织生活、服务基层的要求也要体现以人为本的思想，相关部门要提高工作质量、增强服务意识。如机关党委组织集体活动和学习时要保证质量，支部学习要安排好计划，要有可操作性。

同志们，通过长期以来特别是近几年以来的努力，我们的工作已经有了一个比较良好的基础，特别是基层团组织、团干部、团员青年对我们的认同度也在不断提高。在新的一年里，我们要乘势而上，做好各方面的工作。同时，我们也要清醒地认识到，现在的工作基础仍有进一步夯实的空间，一些工作仍显薄弱，需要我们时刻保持居安思危的忧患意识，始终保持谦虚谨慎的良好作风，把艰苦奋斗、不断创新、充满激情地工作作为人生的常态。

让我们在邓小平理论和“三个代表”重要思想的指引下，按照胡锦涛同志对广大团干部提出的“忠诚党的事业，热爱团的工作，竭诚服务青年”的要求，在市委和团中央的领导下，在新的一年里，更好地发扬勤勉实干的优良传统和作风，大力倡导比思想内涵、比敬业精神、比求真务实作风、比工作实绩，共同营造求实向上、你追我赶的良好氛围，使团市委机关真正成为锤炼理想的大熔炉、提高素质的大学校、团结友爱的大家庭、施展才华的大舞台。我相信，2004 年度必将成为团市委机关建设又一个“丰收年”。

最后，感谢大家一年来的辛勤工作，也请大家转达团市委党组对长期以来支持团市委和机关干部工作的家属们的新春问候。

整体推进团建创新
把上海共青团组织建设提高到一个新水平

陈靖同志在2004年上海市共青团组织工作会议上的讲话(摘要)

(2004年3月10日)

同志们:

在2004年的上海共青团工作中,要大力弘扬求真务实精神,树立和落实科学发展观,通过整体推进团建创新,来深化"服务年"思路,把团的组织建设提高到一个新水平。

一、站在共青团发展新的高度,充分认识整体推进团建创新的重要性

整体推进团建创新是巩固党执政的青年群众基础的需要,也是团组织参与政治文明建设的重要渠道。团组织、团工作的根本任务是育人,根本目标是巩固党执政的青年基础,团建创新工作要服务于这个根本目标。

整体推进团建创新还是团组织竭诚为青年服务的迫切需要和新世纪共青团组织自身发展的迫切需要。这几年,各级团组织和团干部在团建创新方面开展了很多扎实有效的工作,但团建创新还不能适应时代发展和青年发展的需要。

二、大力弘扬求真务实精神和科学发展观,整体推进团建创新

求真务实和科学发展观,是推进团建创新的指导思想、指导方针。要在上海团组织和团工作中,大力弘扬求真务实精神,树立和落实科学发展观。整体推进团建创新,具体有六个方面的工作:

1、建立工作机制。

一是坚持"党建带团建"机制。要争取把团建创新从思想上、组织上、制度上、作风上、队伍上纳入党建整体格局,争取做到规划同步定、任务同步下、活动同步搞、考核同步做、评优同步议。二是完善政府青年事务机制。积极承担党政组织的青年事务项目,进一步发挥青年工作联席会议制度的作用,推动《上海青少年发展规划》的实施。三是优化区域联动和行业牵动机制。积极建立以地区团组织为牵头的条块结合、以块为主、有组织功能和活动功能的区域性团组织,探索建立以行业、产业团组织为重点的跨区域、跨系统的具有活动管理功能的行业性、产业性团组织。

2、形成整体合力。

一是加大联手抓团建创新力度。进一步完善团市委团建联席会议制度,各条线要群策群力、突出重点推进团建创新。二是把团建创新贯穿于基层团组织的工作和活动之中。要创新老项目、推出新项目,最大限度体现创新,并形成长效机制。三是形成团建创新社会化推进格局。积极争取党政支持,与社会各部门和其他群团、社团加强合作,同时,鼓励基层团组织、委托社团和社会中介组织承接部分工作项目,使团的工作从单一的团内循环向社会化开放运作转化。

3、加强队伍建设。

一是实施团干部发展导航计划。提高和丰富团干部的能力、学力和经历,在实施团市委机关干部发展导航计划的基础上,面向全市团干部推广。继续增加团干部挂职锻炼的机会,并进一步向基层团干部倾斜。二是初步形成新的团干部培训模式。认真落实千名团干部培训计划,继续办好各种培训,并借鉴互动式、卡内基、汇才等新的培训理念和做法,并向基层延伸。三是树立求真务实作风。坚持出实招、办实事、求实效,把求真务实的要求落实到具体工作,落实到干部的管理、服务、发展、评价上,使各项工作落到实处。

4、实行科学评价。

一是评价主体。除了上级组织和领导,还要让基层团组织、团干部、团员青年和社会中介组织参与评价。二是评价内容。按照陈良宇同志“改革勇攀第一峰、竞争勇夺第一名、工作勇创第一流”的要求和市团代会上提出的“青年为本、以德为先、服务为重、发展为主题”的“四为”理念进行评价。三是评价指标。评价基层和干部要从一般评价向量化、项目化、机制化、社会化评价转变。

5、培育创新典型。

一是传统领域。按照党加强社会管理和以网格化思路推进社区实体化的新要求,努力探索适应特大型城市青年工作特点的社区团建新路,充分发挥社区团建综合协调作用。要深化青年职业生涯导航活动和大中学生素质拓展,扎扎实实抓好推广工作。二是新兴领域。进一步培育青年社团、行业协会、民间组织、民办学校的团建典型,使团组织和青年组织建在园区、楼宇、市场。三是推广典型。召开若干扎实有效的团建创新会议,希望各条线认真准备、基层团组织积极参与。

6、抓好各类载体。

一是阵地载体。完成“渔阳里”团中央机关旧址整修扩建工程,在“五四”前夕向社会开放。抓好“青年中心”的试点工作,充分发挥其作用。二是服务载体。进一步加大对基层团建创新的资助服务力度,继续开展“万名大学生看国企、万名中学生看名校、万名困难青少年看上海”活动。三是信息化载体。在推进上网工程的同时,开发好网络视频会议系统,把上海青年电子社区网建成展示基层团工作成果和团干部风采的平台,把城市青年网建成上海青少年的活动网和技能认证、展示网。

三、积极稳妥推进青年卡发行,进一步推动团建创新

今年,还要积极稳妥推进青年卡发放。青年卡集电子团员证、银行卡、优惠服务卡、交通卡等功能为一体,其最核心理念就是服务。同时,这也是一个全新的面向近百万团员青年的服务体系和动员机制,是团建创新的最新载体。团组织将最大限度提高青年卡的含金量,为团员青年提供更多服务。

这项工作是今年团市委的重点工作,也是团建创新工作的重中之重。希望大家高度重视、形成合力、联手推进。在推进中遇到问题和困难,基层团组织要及时反馈和努力化解。要集团内优势和力量,积极争取党政支持,向团员青年充分沟通有关工作,严格按照时间节点和工作质量完成任务。

希望各级团组织按照求真务实的精神和科学发展观的要求,落实好今年的各项工作。同时处理好继承和创新的关系、活动和建设的关系,把握好工作的度,使工作兼顾当前和长远。

注重构建体系　着力提高素质
大力推进上海青年人才开发工作

陈靖同志在共青团全国青年人才工作会议上的发言

（2004 年 3 月 31 日）

各位领导，同志们：

我代表上海团市委向大会介绍一下上海共青团在青年人才开发方面的工作情况。

一、近年来上海共青团青年人才工作的主要做法

构筑上海人才资源高地，形成有利于优秀青年人才脱颖而出的政策机制、成长环境，是上海市委、市府和社会各界一直热切关注的重点。作为党的助手和后备军，长期以来，我们根据新世纪上海经济社会发展目标和广大青年成长成才的需求，坚持“青年为本，以德为先，服务为重，发展为主题”的工作理念，积极参与了上海青年人才开发工作，努力构建起四大青年人才工作体系，即：青年人才信息体系、青年人才培育体系、青年人才服务体系、高层次青年人才集聚体系。在此基础上，基本形成了开放式、系统化、社会化、国际化的上海共青团青年人才工作新格局。

今天，我想向大家重点介绍我们在构建青年人才培育体系和青年人才服务体系方面的若干做法，请大家批评指正：

（一）开展各类青年人生导航活动，构建系统化的青年人才培育体系

青年人才导航活动是我们逐步探索出来的一项系列活动，近年来，已从最初的青年职业生涯导航，发展成为涉及职业青年、大学生和团干部等各类青年的系统化的青年人才培育体系。以下分别作简要介绍：

1、青年职业生涯导航活动。这是我们在学习借鉴职业生涯管理理论的基础上，探索实践出来的一项参与企业青年人才开发的新机制。导航以“发展性谈话制度”、“五定培养预案”和“职业生涯导航手册”为载体，以“互动式职业生涯设计”为主要途径，注重对青年的个性化培养和全过程培养，提高青年的成长成才效率。

在团中央的关心下，这项工作已从最初只有江南造船集团、宝钢集团两家企业开展，推进到 2002 年在全市 15 家企业中试点，2003 年在 100 家企事业单位中推广。

为加大导航工作力度，我们还积极争取到市总工会、市建设党委、市金融党委、市经济工作党委、市社会工作党委、市国资委党委、市人事局、市劳动和社会保障局的支持，

联合组建了上海青年职业生涯导航活动组委会，共同推进这项青年人才工程。

通过实施导航，我们形成了以高级技师、技师、高级工和中级工的培养为重点的职业青年人才培养体系，促成72个职业(工种)的优秀青工高等级职业资格破格鉴定工作，231名青年参加了鉴定，平均年龄28.7岁，其中最小的只有20岁。

2、大学生人生发展导航活动。这是上海高校团组织针对大学生成长发展的特点而开展的。主要是依托由先进青年群体组成的导师团，以1名导师结对2名学生为基本形式，帮助大学生进行职业设计和人生发展辅导，更好地完成从"校园人"到"社会人"的转折，实现人生导航。经过两年实践，现已形成了"市级、校级、院系级"三级导航体系，其中，"市级导航"的导师团主要由上海十大杰出青年、上海IT青年十大新锐、上海文化新人、优秀青年企业家、市青联委员等50多名优秀青年组成。目前，已有近10万名大学生成为导航的受益者。

3、团干部发展导航活动。去年年底，我们全面启动了"团干部发展导航计划"，首先从团市委机关干部开始试点，按照"缺什么，补什么，有什么，提高什么"的原则对机关干部实施全程培养。试点成熟后我们将把导航 计划推广到全市专职团干部。

计划分三个阶段，第一阶段为"能力培养"，重点培养机关干部的调研、理性思考、文字表达、沟通协调等基本能力，相应建立了干部"入门"培训制、导师制、试用期满考察制、机关干部论坛制、重大项目选派制、艰苦环境锻炼制、下基层实习制等7项制度，目前，已有17位新进机关未满两年的科及科以下干部与各自部门负责人签定了"带教协议"；第二阶段为"学力提高"，主要是通过业务培训、学历培训和海外交流，提高机关干部的学习能力和学历层次，拓宽知识面，开阔视野，今年春节前，我们投入30多万元用于支持机关干部进行研究生学历培训；第三阶段为"经历丰富"，主要是通过挂职锻炼等手段丰富机关干部的工作岗位经历和实践经验。为了保证"团干部发展导航计划"的针对性和有效性，我们还制定了自主规划、个性化服务、发展性谈话、科学评价、破格发展、动态管理、《手册》记载等制度，为机关干部度身制定发展导航计划。

与此同时，我们特别注重通过各种方式培养团干部，并充分发挥团市委的资源优势，为团干部接受培训和锻炼提供各种便利条件。

如，近两年我们连续开展了3期团干部免费培训班，开设了许多全新的课程，使500名街道、镇一级团干部接受了一次高质量、现代化的培训；我们还与中央党校联系、协商，组织了100名区、县、局(公司)、大专院校团委书记，到中央党校接受了一次高层次、系统化的党的十六大精神专题培训。

我们还积极拓展团干部实践锻炼的渠道，使团干部在实践中经受锻炼，提高能力，磨砺意志。如，我们去年选派了15名团干部到市委组织部、市教委、宝钢集团等大型国有企业、紫江集团、复星高科技集团等大型民营企业进行为期半年的挂职锻炼，选派了大批团干部参加援藏、援疆、支援老挝，以及参加大学生西部服务计划，到云南、重庆进行挂职锻炼，等等。

结合上海实际，我们还开展了一系列团干部外向型培训，如，组织了14名团干部分别到香港青年协会、新加坡人民协会青年运动，进行为期3周的挂职学习；组织100名优秀基层团干部到香港进行培训;组织 100 多名团干部参加英语强化培训班,发放奖学金近 16 万元;花费数十万元引进国际知名的卡耐基素质拓展培训和华尔街自助式英语培训,培训团干部 90 多名;此外,还选派了 10 多名团干部参加参加市委组织部举办的赴美国、新西兰进行为期 3 个月至半年的外向型培训。最近,还准备同时派出 10 名团干部赴英国诺丁汉大学进行为期半年的培训。

在团中央的领导下,我们还积极服务于西部地区青年人才培养工作。两年来,圆满完成了西部地区千名优秀基层团干部培训计划,受甘肃团省委委托举办了"甘肃省百名优秀团干部上海培训班"。我们还接受了 100 余名西藏、云南、重庆团干部赴上海挂职锻炼,至今已选派了 160 名青年志愿者在云南开展志愿服务工作,选派了 200 多名大学生参加"研究生支教团"和大学生志愿服务西部计划。此外,我们还通过上海希望工程办公室筹资 3800 万元建立了"希望工程教师上海培训基地",目前已培训全国希望小学教师 8000 多名。

4、"上海青年成才实践月"活动。在开展各类导航活动的基础上,我们已连续两年举办了"上海青年成才实践月"活动,为青年人才提供展示风采的平台。在实践月中,我们开展了"教育引导交流"、"素质拓展训练"、"典型示范展示"和"强化保障依托"等四个系列的活动,出资 20 万元资助了基层团组织百个"服务青年学习成才、激励青年就业创业"优秀工作项目,数万名青年直接参与了活动。其中,"让青年走向成功——青年人才交流活动日"、"上海企业青年职业生涯导航活动现场观摩会"、"上海园区青年创业论坛"等活动在青年中引起了热烈反响。

(二)积极争取青年人才工作的阵地依托,构建青年人才服务体系

近年来,我们充分发挥团办事业为青年人才服务的功能,通过大力加强上海市青年人才交流服务中心、上海市青少年发展服务中心、上海市因私出入境服务中心、上海人才培训广场等三"中心"一"广场"的建设,为青年人才资源的市场化配置搭建了一个多层次的交流服务平台,构建起一个较为完备的青年人才服务体系。

1、上海市青年人才交流服务中心。该中心以"让青年从这里走向成功"为宗旨,通过社会化、网络化、市场化运作,形成了以人才交流为核心的的全方位、一条龙服务体系,目前已成为华东地区最大的固定人才市场之一。开办四年来,中心共举办大型人才交流会 82 场,为青年人才提供岗位累计达 4 万余个,同时,积极参与市政府"青年职业见习计划",瞄准"世界五百强"、"全国五百强"及各行业中大型知名企业作为青年职业见习基地,见习基地涉及 IT、物流、建筑、报纸、房地产等多个行业,见习单位已迅速发展到 72 家,招募见习生达到 5122 人次。

2、上海市青少年发展服务中心。该中心致力于青年创业培训和再就业扶持工作,至今已累计培训学员 2434 人次,其中 576 名学员成功创业,增加社会就业岗位 2610 个,吸收下岗失业人员近 3264 人,取得了社会效益和人才效益双丰收。

3、上海市因私出入境服务中心。该中心是上海规模较大的海外留学中介机构,十多年来,为赴海外留学深造的青年提供了从出国前语言培训,到出国后慰问、跟踪、关心,直至学成回国后介绍工作的全过程服务。为此,中心专门组织成立了境外学生"互

助互学小组”，还建立“猎头公司”进行人事代理服务。近年来，中心平均每年为1500名左右的青年提供这样的全程服务。

4、上海人才培训广场。该广场是国内第一个综合性、大规模、面向长三角地区的大型人才培训广场，集课程研发、专业培训、考证发证、择业咨询、外“智”交流、人才中介、资格认证、人才测评、创业指导等功能于一体，形成了人才培训服务的产业链。目前，上海紧缺人才培训事务中心、长江三角洲紧缺人才事务中心等40多家国内外知名培训机构和配套服务机构已入驻培训广场。

二、当前和今后一段时期的工作思考

为进一步贯彻落实全国人才工作会议和上海市人才工作会议精神，当前和今后一段时期，我们将重点推进四个方面的工作：

首先是机制建设，我们将在青年人才举荐机制、青年人才工作评价机制、青年人才信息发布机制、青年人才中介服务机制、青年人才工作衔接机制等五个方面进一步加强研究探索，使上海青年人才工作机制更趋完善。

与此同时，我们将继续积极寻求市委、市府的政策支持，争取把青年人才工作进一步纳入上海人才工作总体规划，争取把更多的青年人才工作项目纳入政府实事工程项目，争取制定更多的青年人才工作政策，争取政府授权共青团实施更多的青年人才工作事务。

在此基础上，我们将进一步依托、动员社会各方形成青年人才工作合力，如：依托上海市青年工作联席会议形成全市青年人才工作合力，建立团市委青年人才工作联席会议形成团内工作合力，借助各类社会力量形成青年人才培训工作合力，还将不断整合社会资源设立综合性的上海青年人才发展基金。

最后，我们将进一步加强青年人才工作平台建设，如在进一步构建青年人才评选表彰平台中，增加评选透明度，扩大社会参与度，增强奖项权威性，拓展表彰新领域。还要加大工作力度，积极构建起以共青团为主导，以青年联合会为枢纽，以青年社团为桥梁，以高层次青年人才论坛为品牌的青年人才交流集聚平台。

青年人才开发是一项需要常抓不懈的工作，党和政府对青年人才开发工作有着殷切的期望。随着时代的发展和社会的进步，青年人才开发工作的要求将不断提高，共青团的工作空间也将更为广阔。我们坚信，在党的领导下，在全社会的共同关心下，青年人才开发工作必将不断地跃上新的台阶，走上一条可持续发展之路。

坚持体制创新、机制创新和实践创新 切实做好预防青少年违法犯罪工作

陈靖同志在全国预防青少年违法犯罪暨学校及周边治安综合治理工作会议上的发言

（2004 年 4 月 28 日）

各位领导、同志们：

2002 年 3 月以来，在中央综治委、团中央和上海市委、市政府的关心支持下，我们围绕控制规模，加强教育，有效管理，减少犯罪的工作目标，根据市委政法委和综治委的统一部署，按照“政府主导推动、社团自主运行、社会多方参与”的工作要求，运用社会管理的思路和社会化的运作手段，坚持体制创新、机制创新、实践创新，坚持以人为本，立足源头，着眼发展，坚持正面引导和服务，合力推进社区青少年工作。初步形成了具有上海特点的预防青少年违法犯罪工作方式。

一、主要做法

1、建立组织机构，明确工作职责

2002 年 4 月，建立了上海市社区青少年工作联席会议制度，市委、市政府分管综治工作的领导担任召集人，全市 18 个委办局作为成员单位，联席会议办公室设在团市委，负责日常工作的推进与协调。2002 年 9 月在三个区试点的基础上召开了全市社区青少年工作会议，向全市推广试点经验。全市 19 个区（县）先后建立了联席会议制度，并在街镇和居（村）委会配备相应的工作力量，形成了市、区（县）、街镇、居（村）委会四级工作网络。2003 年 8 月，市委、市政府批复成立上海市社区青少年事务办公室，定为副局级单位，下设综合处、社工处和服务处，配备 20 个公务员编制，每个区县设一位公务员专门从事此项工作。办公室挂靠团市委，与原上海市社区青少年工作联席会议办公室合署办公。此后在四个区实施第二轮的试点工作。2004 年 2 月上海市阳光社区青少年事务中心挂牌成立，推荐产生了董事会、监事会和干事人选，中心重点管理各区县社工站及 400 位专业社工。社区青少年事务通过政府购买服务的方式，购买中心及所有社工提供的服务；中心在各区的工作站对辖区内所属社工进行业务指导、绩效考核和日常管理。团区委是负责各区社区青少年事务工作的主要责任部门，接受市社区青少年事务办公室和区综治委预防和减少犯罪办公室的指导和协调。

2、开展调研普查，建立信息系统

2002年5月，我们与零点调查公司合作，首次开展了针对社区青少年群体的状况普查工作，采用专业调查、上门家访、一对一访谈的形式，发动了近5千名调查员进行了摸底普查，至8月中旬，全市范围的普查工作完成并建立了信息系统。我们把社区青少年界定在16到25周岁，没有固定工作或已终止学业。据统计，全市共有社区青少年6万3千多人。男性占60.7%，女性占39.3%。单亲家庭占11.6%。92%的社区青少年学历在高中及高中以下，其中初中以下点31.8%。社区青少年数量每年都随着中考和高考的结束而有所波动。为了体现正面引导，我们统一把这些闲散青少年称呼为社区青少年。

3、加强队伍建设，夯实工作基础

按照社工和社区青少年1:150的比例，招聘社工，通过统一考试和面试、政审，择优聘用。经过120小时的集中上岗培训，在社工站的统一安排下，深入街镇开展工作。目前，首批在四个试点区共有社工149人。其中来自政法系统的社工63人，占42%；社会招聘社工86人，点58%；社工中大专以上学历137人。在其他非试点区，各区的队伍建设方面也进行了积极的探索。黄浦区、静安区从教育系统中选派了100余名优秀教师到社区，从事社区青少年的教育管理工作。长宁区招聘了12名社区辅导员从事社区青少年工作；闸北区利用区青年志愿者协会的资源，将近两年受表彰的青年志愿者作为工作骨干，组建了专业的志愿者队伍，定期对社区青少年开展志愿服务活动。杨浦区推出了社区青少年工作顾问团，还组织社区民警、“共青团号”号长、青年志愿者队伍，对曾经违法犯罪或有不良行为倾向的青少年进行“一对一”结对帮助。

4、培育项目载体，实现有效依托

两年来，我们依托上海青年文化活动中心，共开设了47场面向社区青年的专场招聘会，建立了十个社区青年就业发展服务站。劳动和社会保障部门共建立800多个青年职业见习基地，为广大社区青年提供就业服务；去年6月26日，由市禁毒办等建设的上海市禁毒教育馆在上海青年文化活动中心正式开馆，迄今共吸引了18万青少年前往参观；结合“青春的节日——上海青年文艺巡演”活动的开展，两年来我们共选送了140台文艺节目到社区，到监狱和少管所进行演出。针对社区青少年的需求，我们编写《上海市社区青少年服务手册》，人手一册赠送给社区青少年。举办了上海市社区青少年技能大赛。同时，各区县都形成了一批有效服务社区青少年的项目。杨浦区实施“阳光展翅教育训练”、“阳光成长就业培训”和“阳光携手帮扶”等三项计划，切实预防社区青少年违法犯罪；虹口区、崇明县建立了为社区青少年提供就业指导、心理辅导等服务的社区青少年指导服务中心。金山区团委和区司法局联合建立“金山区青少年法律援助站”；青浦区开设了“热爱生活”社区青少年维权热线等。

5、把握关键环节，实施分类管理

控制源头和畅通出口是社区青少年工作成败的关键。在控制源头方面，教育部门和青保办认真落实了三方面的工作。一是抓源头，通过提高高中、高校入学率，严格限制劝退，对社区青少年数量进行有效控制；二是抓接口，建立信息通报制度，使社区及时掌握落榜、问题青少年的情况；三是抓基础，加强成人教育、就业指导等工作，为三校生的再发展提供条件。在畅通出口方面，我们通过开设招聘专场、技能培训、就业援助和职业辅导等多种方式为社区青年提供服务。我们还注重对社区青少年的分类管理，制定了社区青少年"一人一卡"分类管理办法，明确市、区(县)、街镇、居(村)委会四个层面各自应尽的职责。针对失管、行为不良或濒临违法犯罪的社区青少年群体，依托社工，积极开展面对面的帮扶工作；针对失学和失业的社区青少年，联合教育和劳动保障部门，共同形成有关解决社区青少年失学、失业问题的政策，狠抓源头控制、确保出口畅通。卢湾区对社区青少年实施分类管理，根据社区青少年的不同情进行红黄绿三色分类，使工作更具针对性。

二、工作成效

1、制度框架初步形成

两年来，市、区共制定有关社区青少年工作的各类制度和实施意见100余项。我们下发了《上海市社区青少年工作实施意见》、《关于推进构建预防和减少犯罪工作体系(社区青少年事务)试点工作的实施意见》等文件，统一思想，明确要求；制定并完善了《上海市青少年社会工作者管理办法》。指导试点区及时形成社工工作流程和规范化的工作表单，建立"一月一报"、"一月一表"、"一季一会"、流失学生情况通报等信息沟通和工作制度。同时还从社会工作专业工作的要求出发，形成了专业督导制度、社工培训制度和相关专业大学生实习制度等。

2、工作方法不断创新

社区青少年工作开展以来，各区初步形成了了各具特色的专业工作方法。浦东新区、闸北区积极组织社区青少年开展小组"团康活动"。社工们挑选具有共同问题、相同背景的社区青少年参加活动，运用融冰游戏、朋辈辅导、格式塔团体取向和交互模型等手法，开展青年职业发展小组互动式培训。

3、工作力量得到整合

两年来，上海社区青少年工作联席会议成员单位按照职责分工，积极参与社区青少年工作。市综治办、教委发挥组织保障作用，加强对工作的、督促与协调；市公安局结合实有人口管理工作要求，要求基层派出所对辖区中的社区青少年普遍开展排摸，公安系统的团员青年还与2000多位困难青少年结对帮扶；市检察院推动区检察院积极与团区委配合，建立信息通报制度，探索规范社会主义服务规程，将犯罪嫌疑人"诉前社区考察"、"诉后社区矫治"工作与试点工作有机结合；法院、司法等部门通过召开经验交流会等形式，积极开展青少年法制教育和法律援助工作，切实维护青少年合法权益；工商、文化部门加强对文化和娱乐场所监管，强化对网吧的整顿；民政部门在社区服务中心设立了专门的青少年事务受理窗口；妇联积极开展家庭教育，并通过建立社区妇女学校，吸纳社区女青年到妇女学校学习；市爱心工程基金会在本市部分街镇建立了爱心活动室，并开设社区青少年技能培训班等等。

4、工作成效初步体现

截止到今年3月份，两年来全市共推荐社区青年就业近4万5千人次，接受各类技能和知识培训3万3千人次，各区县共举办40余场面向社区青年的专场招聘会。共编写了68期社区青少年工作简报，编写了40篇社工纪事和工作个案。我们在浦东、卢湾、徐汇、闸北等四个区的试点工作也取得了新的进展，基本上实现了对社区青少年的全覆盖。截止3月中旬，浦东新区共排摸社区青少年7059人，建立了7007名社区青少年的基础台帐，台帐建立率达99.2%。一般个案5288名，特殊个案80名，重点案主1688名，并对重点案主逐一建立了信息档卡。共与1368名案主见面，案主见面率达到81%。卢湾区共排摸社区青少年1016人，社工走访社区青少年2460多人次，建立个案512个，其中红色34人，黄色226人，绿色252人，共推荐77人次就业。徐汇区共排摸社区青少年2440名，目前社区小青年的数量下降到2129名。社工个案跟踪数达到271件，随访交流达到3510人次(含面谈和电话)，完成个案分析45份，给予心理辅导以及成功推荐就学就业65人次，社区青少年无一人犯罪。闸北区有社区青少年5924人，社工共接触工作对象4502人，谈话5035人次，上门走访工作对象3472人，其中接触重点对象417人，谈话达1080余人次。

社区青少年工作的成效是在上海市委和团中央领导高度重视下取得的。市委良宇同志、云耕同志、安顺同志、团中央周强同志、杨岳同志等领导都给予亲切的指导和支持。特别是云耕同志率先垂范，为这项工作作了近10次的调研和10多次的专门批示。

三、下一步工作打算

1、完善社区青少年工作的管理机制

建立和不断完善政府社区青少年事务授权委托机制、联席会议各成员单位的协调和合力机制，以及工作中的政策支持、实事项目、基金辅助、阵地依托、竞争多赢、开放体系和社会化动作的机制。

2、积极推动社区青少年工作的立法

我们联合市人大内司委等开展了社区青少年工作专项调研，形成了《上海社区青少年工作的现状与发展研究》报告，考虑在此基础上推进社区青少年工作立法调研，并尽快形成相关的立法建议稿，明确社区青少年工作的法律地位。同时尝试制订社区青少年工作的统一规划。

3、抓好社工队伍建设

加强对社工进行专业技能和实务知识的培训，帮助社工提高服务质量和工作水平；制定社工绩效考核的指标体系，形成有序的竞争机制。落实社工奖励措施，为优秀社工提供奖励、发展培训、境外考察等服务。

4、切实为社区青少年提供服务

首批设立500万元专项经费，同时逐步建立以社区离退休干部、党团员、教师为主体的志愿者队伍，为每个社工配3—5个志愿者，延伸社工工作手臂，实现对全体社区青少年更加有效的全覆盖，同时引进外部竞争机制和辅助服务。通过购买服务的方式，委托律师协会、乐群社区服务社、热爱家园和成长心连心等社团及专业机构承担社区青少年外展服务、法律援助、心理咨询、就业指导和培训工作。全年至少安排200场法律宣

传和咨询活动进社区。

5、夯实社区青少年工作的基础

要重视阵地、调查研究和舆论宣传等基础性工作，依托青年中心建设，大力发展社区青少年工作的教育服务阵地，吸引社区青少年积极参与活动；重视社区青少年工作相关课题的研究，推进工作实践；通过青年卡以及青年报、青年网、上海青年电子社区和其他市级媒体，进一步加强社区青少年工作和社工的宣传力度，为社工开展工作营造良好的舆论氛围。

坚持实践育人、服务育人、文化育人
探索构建未成年人思想道德建设体系

陈靖同志在全团加强和改进未成年人思想道德建设暨推进青年文化行动工作会议上的发言

（2004 年 6 月 22 日）

党和政府历来高度重视青少年特别是未成年人的思想道德建设，广大未成年人是经济社会发展最鲜明的得益者。未成年人思想道德上的问题是发展中的问题，同时，我们也要清醒地看到，当前由于外来文化特别是外来俗文化的冲击，和以网络及手机短信传播为主的不健康信息泛滥，还有市场经济自身的特点和消极方面的负面影响，未成年人负担过重，家庭、学校和社会教育的局部脱节等，都直接地影响了未成年人思想道德素质的健康发展。未成年人违法犯罪、数万社区（闲散）青少年的现状，都表明应该从“国运所系”的高度，切实加强和改进未成年人思想道德建设。

近年来，在中共上海市委和团中央的领导下，上海各级共青团、少先队组织按照各级党委的要求，以实施上海青少年思想道德推进计划为抓手，以突出青少年的主体性、团队组织的主导性、思想教育的实效性和活动开展的实践性为原则，运用组织化、社会化、群众化相结合的教育方式，通过开展青年志愿者行动、社区道德评议、雏鹰争章、大中学生素质拓展等来体现实践育人，通过开展“健康快车”、法律援助等工作来体现服务育人，通过开展“青春的节日”文艺巡演、原创歌曲比赛等来体现文化育人，整体推进青少年思想道德建设，积极构建上海青少年思想道德教育体系，为全面提高包括未成年人在内的上海青少年思想道德建设水平作出了积极探索。

中央八号文件下发以后，上海各级团组织认真学习贯彻中央精神，团市委提出了为加强和改进未成年人思想道德建设要办好 16 件实事，并与基层联动。最近，在上海市委、市政府即将下发的《加强和改进未成年人思想建设实施意见》中，团市委、少工委广泛地参与了未成年人思想道德建设工作，并牵头实践教育方面的工作。接下来，我们将重点抓好以下几项工作。

一、要积极创新理念、体制和机制，努力构建未成年人思想道德建设体系

要坚持“青年为本、以德为先、服务为重、发展为主题”的理念；坚持充分尊重、全面关心和有效引导未成年人；坚持品牌战略、实事工程、政策支持、阵地依托、基金辅助、开放体系和社会化运作。要着眼广覆盖、管长远，进一步争取党政的政策支持，更加主动

地协助政府管理好青少年事务、参与制订有关服务未成年人的政策措施，积极争取各级政府每年为未成年人办几件实事。要探索建立未成年人思想道德状况重要指标的统计、监测、评估和发布等制度，并建立预警和快速反应机制，建立高效的未成年人动员机制。要建立倾听机制和参与机制，认真倾听并努力读懂这些“少年维特的烦恼”，使广大未成年人成为思想道德建设的主体参与者和实际受益者。要争取建立未成年人思想道德建设基金，不断增加对服务未成年人公益性活动的投入。要通过购买服务等形式积极发育各类非政府、非赢利专业机构，努力为未成年人提供专业便捷的社会化服务。要继续深化全团带队工作，大力推进社区共青团和少先队组织的建设，切实加强中学生业余党校、团校包括网上党团校的组织建设和“双推优”工作。加强中学生的理想信念教育。在积极选拔优秀青年担任团队干部的同时，探索服务未成年人的社工队伍建设。逐步实施对未成年人全覆盖、个性化的发展导航计划。

二、要广泛开展道德实践活动，努力促进未成年人在体验中成长

进一步开展好“民族精神代代传”和“百万青少年爱国主义教育基地巡访”等活动，充分发挥百老德育讲师团等的作用，帮助未成年人大力弘扬民族精神和上海城市精神。深入开展“养成十个道德好习惯”体验活动，继续创新和推广“道德评议台”等活动载体，引导未成年人在社会参与中快乐成长。全面推进成人预备期及十八岁成人仪式教育，力争年内在全市中学的普及率达到 90%。依托“万名困难青少年看上海”、“万名中学生看名校”等项目，多渠道开辟未成年人的社会实践基地和有效途径。

三、要充分发挥文化育人作用，努力满足未成年人的精神文化需求

继续开展每年 300 场的“让青少年走近经典”文艺巡演、青年原创歌曲“校园行”和少年儿童歌曲征集传唱等活动，全力支持和引导各类满足未成年人精神文化需要的新品力作，努力把优秀文艺作品送到校园、社区和未成年人身边。广泛宣传《青少年网络文明公约》，进一步发挥城市青年网、上海青年电子社区、青少年读书网等网络阵地的示范作用，大力倡导健康上网，积极引导未成年人走好网路。有效推进“青年中心”的建设和管理，力争用三年时间基本覆盖全市社区，切实加强未成年人文化活动阵地的建设和管理。充分发挥大众传媒特别是青年报、青年文化活动中心等团属教育宣传阵地的作用，进一步创造未成年人健康成长的舆论环境和文化条件。

四、要切实为未成年人提供有效服务，努力营造促进未成年人成长的良好社会环境

继续开展“希望工程助学进城计划”，组织“同在蓝天下”民工子女关爱行动，为他们提供切实有效的服务。深入推进创建“优秀青少年维权岗”活动，积极参与不良网吧整治、“社区青少年远离毒品”等活动，并每年针对未成年人开展 100 场法律援助活动，切实维护未成年人的权益。大力创建“快乐中队集体”，积极营造未成年人健康成长的群体环境。积极开展“心手相连”社区志愿者与未成年人结对活动，帮助困难未成年人解决实际问题。

加强队伍建设　提高党建水平

陈靖同志在中共共青团上海市委直属机关第二次代表大会开幕式上的讲话

（2004 年 6 月 28 日 根据录音整理）

各位代表、同志们：

在我们伟大的党成立 83 周年之际和我们学习贯彻市委八届五次全会精神的时候，团市委直属机关第二次党代会胜利召开了。

首先，我代表团市委党组向大会表示热烈的祝贺！同时，也向市级机关工委、向江大华部长长期以来对团市委系统党建工作的关心表示衷心的感谢！

长期以来，团市委直属机关各级党组织在市级机关党工委的关心和指导下，求真务实、辛勤工作，以党建工作的良好成绩保障和推进了上海共青团事业的不断发展。长期以来，团市委系统的党建工作比较正常、比较规范和比较有效。通过大家的一起努力，在上级党组织的关心下，形成了一些比较好的工作基础，形成了良好的工作和事业发展的氛围。如我们几个直属单位的经营管理、经济效益，在同行业当中还一直走在比较前列。其次，我们的党建工作、干部工作、队伍培养，这方面也做得比较正常和有效。这里有几件事要特别提出来：像上海青年管理干部学院、活动中心还有像城市酒店党的建设等，都比较有力和有效；还有团市委机关，如组织部联合党支部等支部，在学习、工作方面也取得了很好的成绩。所以，在这里我代表党组对团市委系统的广大党员和党务工作者表示衷心的感谢和崇高的敬意！

刚才，机关党委书记王宏伟同志做了一个很好的工作报告，很全面，也很有特色，非常务实。这里，我代表党组再强调几点，总的要求是：以“三个代表”重要思想为指导，树立和落实科学发展观，全面推进团市委系统的党建工作和各项事业的发展。也就是，以这次党代会为一个新的起点，使我们的党建工作和各项事业能够更好地发展。

总的来说，希望有个目标，就是实现“三个前列”：

1、党建工作要通过努力，逐步走在市级机关系统的前列。刚才，王宏伟同志的报告中，包括上次党组会议专门听取机关党委汇报的过程中也提出，我们目前的党建工作，在整个市级机关系统中还不算走在最前列，还有很多工作要做，还有系统团工委的工作应该在市级机关团组织中走在前列。团市委自己系统的团组织如果都没抓好的话，是不应该的。

2、团市委机关各部门和各事业单位要在全团的相关领域中通过努力走在前列。过去，我们在这方面的特征还是有的。但是，我们还要继续以更鲜明的形象和工作成效体现出来。如青年报和其他省市青年报相比，团校和其他省市的团校相比，活动中心和其他省市的青少年活动中心和青少年宫相比等等，我们都要争取更鲜明地走在前列。

3、各直属企业要走在上海同行业的前列。如酒店和上海同等类型的酒店相比，媒体和上海的其他媒体相比。因为，上海经济社会发展到今天，我们和其他省市相比，特别是和中西部地区相比，已经有了一个比较好的基础。所以，单纯和全国比还不够。

因此，我们总的一个目标是：要通过党建工作扎实有效地开展，保障并推进团市委系统在创一流业绩和育一流人才上能够有新的发展、新的成效，也就是前面所说的“三个前列”。下面，我具体再提三点要求：

一、围绕中心、服务发展，进一步提高直属机关党建工作的水平

围绕中心，就是围绕党的中心任务、重点工作，根据市委、市政府的工作要求和部署，服务于中心、服务于大局、服务发展。

首先，要坚持全面发展的观点，坚持科学的发展观。

发展是硬道理。从团市委系统（包括机关和直属单位）而言，我们的发展表现在出一流业绩、育一流人才上，表现在经营管理的成效上，表现在精神文明建设的水平上，也表现在我们党群工作的成效上。

其次，要把党组织教育、管理、服务、监督的职能渗透到本单位、本系统的各项工作中去。

团市委机关这些年一直坚持抓好党的建设、支部建设、队伍建设，并通过这些建设的成效来推进我们事业的发展。直属单位的党建工作，我们一直坚持与适合各单位事业的发展、经营管理的成效、人才的培养结合起来。在当前，直属单位处于改革、改制的关键时期，相对来说，对党建工作的要求更加高一些，这表现在对企业发展的方向、目标、思路和改制工作中各种问题的解决、矛盾的协调、思想工作的开展更加需要强有力的党建作保障。在我们改制、改革过程中，有几条希望各直属单位的党委参考：

1、我们在推进改制、改革过程中，党的组织要高度重视，发挥好保障作用。党员，特别是党员领导干部、班子成员要身先士卒，做好表率。工作中，要积极投入地解决矛盾和问题，在利益上，党员应该要退后一些、谦让一些，更多地体现对普通职工，特别是困难职工的关心。在改革、改制过程中还要坚持“以人为本”。企业为什么要改制、改革？是因为我们希望在今天竞争日趋激烈的环境中赢得新的发展机会和空间，使我们的事业能持续地发展。所以，在设计改革、改制方案时要围绕、服务于这个目标。同时，我们要把职工利益放在心中、看在眼中。在国有企业的改制过程中，我们往往更多地看到国有资产的保值、增值问题和未来发展的问题，这些的确都很重要。但我们也许有时对职工、尤其是困难职工的关心不够，把职工推向社会，职工应有的、合理的利益比较难给予保障，这就不是“以人为本”的精神。企业要发展就要规范操作，要充分考虑到团办事业经过 20 多年甚至更长时间的发展，有许许多多职工为此做出了贡献。在我们改制的关

头，对这些做出了贡献的老职工要给予充分关心。在这一点上，希望党组织能发挥很好的保障作用。

2、在改制的过程中要确保有利于发展、有利于稳定。我们党组多次开会，听取直属单位有关改制工作方案、思路的汇报，反复强调团市委系统单位的改制、改革工作要勇挑重担，勇于解决困难，勇于化解矛盾，而不给政府和社会增加负担、添麻烦。所以，思想工作一定要做好。

二、加强人才培养，进一步抓好团市委系统的队伍建设工作

无论是机关还是直属单位，都应该非常重视人才的培养及队伍的建设。团市委这几年来一直把育人放在十分突出的位置，提出要培养“党放心、青年满意，高素质、复合型”的团干部队伍，按照“高进、严管、优出”的要求来建设队伍。

各直属单位就目前来说，人才培养的任务也非常迫切和重要。我们大部分企业是从 80 年代开始建立和逐步发展的，原有的一些优势已经开始淡化、弱化。比如，我们刚开始创办团办企业时可以依托政府的一些政策，依托共青团组织的政治影响和有关社会资源的支持来推进工作。但是，在日趋完善的市场经济体制下，这些优势虽说还有，但不再像以前那样明显和不可替代了。从这个角度来讲，就需要更多的事业、企业单位自己在市场经济的大海里搏击激流。另外，在我们团办事业初创的时候，我们企事业单位的领导班子还相对比较年轻。但经过 20 多年，干部的年轻化、专业化又面临新的挑战。我们一些班子的骨干成员这么多年在创业过程中积累了丰富的经验，但另一方面也逐步面临出现结构年轻化、专业化有待进一步提高、优化和完善的问题。事实上，团市委对直属单位领导还是非常重视的。比如，在青联的换届选举中，我们明确各直属单位领导在青联委员的推荐上应该给予优先考虑的机会。但就年龄而言，我们也很难在各单位经营管理的主要负责人中推荐出合适的青联委员或常委人选。这与我们十年前的情况就不一样了。再比如，最近青企协要换届，我们明确团办事业特别是企业中，要推荐一些青企协的理事或会员。但我们也感觉有关的经营管理人才还是有所欠缺。从这个角度来说，人才培养和队伍建设的任务的确非常迫切。

那么，在市场经济的背景下，团办事业的未来靠什么？第一要靠机制。通过改制和改革，形成一个全新的能够高效参与竞争的良性机制。第二要靠人才。这两点要在有效的党建基础上得以保障和推进。具体来说，团市委机关今年年初推出了“团干部发展导航计划”。这个计划在实施对象的范围上广泛地听取了各方面的意见。我们要通过对“发展导航计划”的实施，真正把队伍建设推上一个新的台阶。至于各直属单位，希望机关党委和组织部门在本次党代会后一起来做一些研究，制定和实施符合实际情况的、可操作的、比较有效的人才培养和队伍建设的实施意见。党组和机关党委要对直属单位的班子建设关心得更多一些。在整个中层干部、骨干队伍的建设上，组织部门和机关党委要相互配合，把工作做好。我们要给机关和直属单位的同志搭建一个舞台，使大家的潜能和才华最大限度地发挥出来。我们一直强调，在工作上、思想上严格要求，坚持高标准，同时，在生活上，在队伍和人才的发展上，要给予充分关心，全面服务。也就是一方面是高标准,另一方面是周到的关心和服务。希望通过这次党代会,我们系统的队伍建设和人才培养都能有一个新的工作开端,有一个新的工作局面。

团市委在队伍建设上的一些举措、在人才培养上的政策,我觉得可以更多的与直属单位的工作进行联动,给予倾斜,给予支持。一直以来,团市委书记班子很注重在团办事业的发展过程中尽可能多地提供条件、提供服务,争取各方面的支持和政策,从而争取一个良好的氛围和环境。在平时的经营活动中,有些资源和项目要主动地提供给团办事业。这几年,团办事业在发展过程中确实有一些困难,团市委书记班子、各部门的负责同志都达成一个共识,一般情况下尽量不麻烦直属单位,不给直属单位增加经济上、物质上以及其他方面的工作负担和经营压力。我们也很高兴,直属单位的党政班子和员工对团市委面上的工作始终非常主动、积极地给予支持。这两方面结合起来,与我们创办团办事业的初衷是吻合的。我们创办团办事业,一方面是为了更好地支持青少年事业,从阵地和物质上予以保障,另一方面是为了最大限度地让团的干部来学习经济、学习管理、熟悉市场经济的知识。应该说,我们过去这两条都做得很好。当然,将来,团市委的部门,也包括企事业单位本身,还可以做一些设计,体现直接为青少年服务的公益活动和公益形象。

三、加强自身建设,不断增强党组织的凝聚力和战斗力

从加强自身建设来说,我想强调五个小点:

1、*直属机关党委和纪委的建设*。这一次,我们在酝酿候选人的时候,对机关党委的构成作了一个比较大的改革和完善。在请示并得到市级机关党工委同意的基础上,党组提出了这样的建议:机关党委会委员原则上都是各直属单位的党委主要负责人。在过去的工作中,我们有这样的体会:各单位的党委主要领导对党建工作很重视,他们参与直属机关党委会的话,对于推进这个单位的党建工作会更有帮助一些,力度会更大一些,成效会更明显一些。所以,这次党委会的构成就把“一把手”作为党委委员,在组织建设上首先确保把党建工作放在单位工作的首要位置。纪委也是这样,把各直属单位分管纪委工作的副书记作为纪委委员。机关党委对于这样一个新的结构要进行研究,以确保工作的正常有效运行。因为情况、成员、对象、工作要求与过去都有所不同。党代会以后,要拿出新的运行规范。

2、*要进一步加强和完善制度建设,用制度做保障*。新一届党委在制度建设方面要有比较明显的工作推进,特别是在制度的落实上。

3、*要认真抓好基层组织的党建工作*。四年以前,我们对团市委系统各个支部的党建工作作了一次比较全面、细致的调研,感觉基本正常、基本规范、基本有效,但是也有一些可以完善的地方。团市委系统的党建工作、党的工作有没有活力和效果,重要的一点是在各个支部、各个党员和领导干部身上,有没有得到体现。

4、*要抓好党风廉政建设*。团市委系统和其他社会企事业单位相比,干部相对比较年轻,团市委机关更是如此。因此加强党风廉政建设,要领导高度重视,措施具体得力,制度完善、落实。要用党的优良传统和作风要求我们的党员、群众,特别是领导干部。

5、*要建立和实施科学全面的评价体系和激励机制*。我们每年的党建责任制到底落实得如何、效果如何，应该有很好的评价体系去评价。团市委机关经过这些年的努力，已基本形成了一个项目化、量化的评价体系的雏形，要继续完善。各直属单位在党代会后也可以就此做一些研究。除了评价体系之外，还有激励机制。在团市委系统，无论机关还是直属单位，要形成一个人人创新的氛围。创新不是单靠书记班子，也不仅是靠部长，部门所有成员都应该具备创新意识和创新能力。各直属单位也是一样，单单靠党政领导是不够的。要实现人人创新，激发每个人的创新潜能，这样单位和组织才有活力和竞争力，才能够持续发展。评价什么？我们的机关和直属单位平时的组织生活，学习上党课、交党费，这些是否正常？市委、市级机关工委部署的工作落实得如何？党建责任制落实得如何？平时的培训、民主生活会和有关工作是否按照党建的要求来完成？还有非常重要的是党组织在领导发展和破解难题上的能力……我想可以从评价和激励上来推进团市委系统的党建工作。

同志们，让我们以这次党代会为新的起点，全面推进团市委系统党建工作和上海共青团事业的发展。

谢谢大家！

加快完善上海青年工作新格局 不断扩大党执政的青年群众基础

陈靖同志在团市委十二届四次全体(扩大)会议上的工作报告

(2004 年 7 月 27 日)

各位委员、同志们:

今天我们在这里召开共青团上海市第十二届委员会第四次全体(扩大)会议。这次会议的主要任务是:坚持以邓小平理论和"三个代表"重要思想为指导,按照科学发展观的要求,贯彻落实市委八届五次全会和市委关于加强青年工作的指示精神,坚持"青年为本、以德为先、服务为重、发展为主题"的工作理念和服务大局、服务青年的工作思路,坚持不懈地整体推进团建创新,统一思想,提高认识,开拓创新,狠抓落实,加快完善上海青年工作新格局,巩固和扩大党执政的青年群众基础。

下面,我受团市委常委会的委托,向全会报告上半年工作,对加强党的青年工作谈一些初步的思考和认识,并就下半年工作提几点意见。报告分为三个部分。

一、对上半年工作的简要回顾

(一)围绕学习实践"三个代表"重要思想,加强青少年思想道德教育工作

依托全市已有的 29000 多个各类青年理论学习组织,重点开展上海大中学生理论学习活动,通过评选青年理论学习组织优秀奖和创新奖,引导团员青年在组织中学、在活动中学、在实践中学。充分发挥典型示范的积极作用,学习宣传冯艾等优秀青年的先进事迹,倡导全社会发扬奉献友爱的良好风尚,鼓励广大青年在实践中学习"三个代表"重要思想。

围绕贯彻落实中央《关于进一步加强和改进未成年人思想道德建设的若干意见》精神,结合《上海迎世博文明行动计划》,以未成年人为重点,强化实践育人、文化育人和服务育人,实施上海青少年思想道德建设推进计划。在市委和团中央的高度重视及社会各界的大力支持下,经过艰苦努力和辛勤工作,今年 4 月"渔阳里"团中央机关旧址纪念馆整修扩建工程完成,并向全社会开放,"渔阳里"集旧址原貌恢复、建团历史陈列、全国青年英模展示、上海青年运动史回顾于一体,运用现代化多媒体展示的高新技术手段,为新时期青少年思想道德建设提供一个生动活泼、寓教于乐的活动阵地。以"渔阳里"向社会开放为契机,开展百万青少年爱国主义教育基地寻访活动,使广大青少年在实践中接受爱国主义和革命传统教育。开展少年儿童"养成道德好习惯"、青少年清明祭扫、

“民族精神代代传”系列活动等，不断提高青少年的思想道德素质和文明素养。围绕建党83周年、“五四”运动85周年等重大纪念活动，举办“青春拥抱阳光——上海青年原创歌曲大型演唱会”，同时举行千名青年新党员入党宣誓仪式。举办以“阳光·健康·快乐”为主题的未成年人思想道德建设网上知识大赛，提高青年思想政治工作的亲和力。

（二）围绕实施科教兴市主战略，开展青年人才培养工作

按照分层、分类的原则，围绕促进青少年的全面发展，在全市少年儿童中，深入开展雏鹰争章活动(近10年授章累计2800万枚)，充分发挥了13万支假日小队和快乐中队的作用。在大中学生中，以创新和就业、创业能力培养为重点，通过“市、校、院系”三级导航体系及导生制，推进素质拓展计划和人生发展导航活动。在职业青年中，深化实施青年职业生涯导航活动，现已在全市100多家企事业单位中全面开展，覆盖几十万名职业青年。在团干部中，启动团干部发展导航计划，现已在团市委机关干部中试行。通过各级团组织的积极推进和大胆创新，青年人才培养工作的覆盖面不断扩大，基本涉及到青年成长发展全过程，同时从评价体系和工作机制上予以深化，从而探索建立以“发展导航”为标志的全过程、广覆盖的青年人才培养体系。

动员青年参与实施科教兴市主战略，推进上海青年成才实践月活动。在学习培训方面，开展了职业青年专业技能培训、进城务工青年专项技能培训、上海团干部专题培训等活动；在就业发展方面，实施了上海青年职业发展服务计划、社区青年就业援助职业指导活动等；在成才实践成果展示方面，举办了第三届上海大学生创业计划大赛、上海企业青年创新成果大赛成果发布、上海职业青年技能大赛、各类优秀青少年评选宣传展示活动等。深化开展青年突击队立功竞赛活动，发挥各级、各类“共青团号”集体在上海诚信体系建设中的积极作用。进一步完善鼓励优秀青年人才脱颖而出的评价激励机制，评选表彰第十一届“上海十大杰出青年”、第二届“上海十大青年经济人物”、第二届“上海IT青年十大新锐”、第五届“上海十大文化新人”等各类优秀青年典型。

（三）围绕弘扬上海城市精神，进一步引导青少年勇开文明风气之先

以“青春与世博同行”为主题，鼓励青少年发挥主人翁作用，积极参与筹备世博会，以社区、家庭和学校为主阵地，引导青少年参与文明社区、文明行业、文明单位的创建活动。继续组织“青春的节日”——2004年上海青年文艺巡演活动，目前已举办了40场演出，同时还把演出送到部队，送到安徽的白茅岭和军天湖，慰问上海干警。成功承办了中罗青年上海大联欢，举办长三角青年大联欢，取得了良好的效果。

积极倡导志愿者精神，进一步形成覆盖全市的青年志愿者服务网络，做好F1世界锦标赛2004年中国大奖赛、亚太经社会第60次年会、全球扶贫大会等重要赛事和会议的青年志愿者工作。继续推进上海青年志愿者赴滇扶贫接力计划、海外服务计划和大学生志愿服务西部计划，今年有222名大学生参加志愿服务西部计划，另有60余位参加志愿服务西部计划的大学生主动提出延长服务期。扎实推进上海青年造血干细胞(骨髓)捐献志愿者行动，上半年新增报名4700余人，总报名人数已达66000多人。开展上海青年法律援助行动80余场，“社区青少年远离毒品”禁毒宣传教育活动在全市

10余个区县展开，同时上海青少年预防艾滋病“青春红丝带”行动在17所高校积极开展，并逐步推向社区。进一步深化保护母亲河行动，开展保护母亲河行动日和生态文化展示活动，吸引了千余名青少年绿色志愿者踊跃参与。召开希望工程十周年纪念表彰大会，十年来，上海希望工程已为全国援建了1150多所希望小学，救助失学儿童6万余名，资助本市困难学生24700多人次，累计捐款达3.3亿元，通过希望工程教师上海培训基地和“白玉兰远程网”培训了希望小学教师10000余名。

（四）围绕增强共青团组织凝聚力，不断在服务青少年的政策、机制、平台上取得突破

着眼青年工作和共青团事业的可持续发展，在市委、市政府的领导和支持下，今年3月召开了市青年工作联席会议全体会议，进一步明确了65家联席会议成员单位的职能分工和工作职责，并原则通过了《上海青少年发展规划(2004—2010)》。这对于进一步加强和改进党对青年工作的领导，巩固和扩大党执政的青年群众基础，推动青年事业新发展，提供了有力的制度和组织保障。

正式成立上海市社区青少年事务办公室，同时成立市阳光社区青少年事务中心，组建了500多人的专业化、职业化的社工队伍，并将招募近3000人的专门志愿者队伍，通过“政府主导推动、社团自主运作、社会多方参与”的途径，初步实现了对上海社区青少年的有效工作覆盖，创新和完善社区青少年教育、服务和管理的体制、队伍和长效机制。今年4月，团市委与有关单位联合承办了全国预防青少年违法犯罪暨学校及周边治安综合治理工作会议，会议肯定了上海探索社区青少年事务的初步成果。

坚持以有效服务凝聚青年，不断打造服务青少年的新型载体和平台。重点通过“卡”(青年卡)、“网”(青年网)、“中心”(青年中心)、“社团”(阳光社区青少年事务中心等)等建立新的有效的服务体系和动员机制，探索建立多领域、多样化、开放互动的青少年服务体系。在基层团组织和团干部的全身心投入和辛勤工作下，青年卡工作进展顺利，在人员信息采集、数据库系统开发和服务网络构建等各项基础建设方面取得了重要的、阶段性的成效，目前已经完成50多万份持卡人的信息采集和录入工作，同时初步建成了10大门类、共400多家单位的特惠服务网络，开发了700多家银行网点代理青年卡金融服务业务。进一步加强城市青年网建设，上半年团市委面上和基层数十项活动在城市青年网上开展，共青团“活动网”的功能逐步体现，“青少年网上技能展示”也在普陀等区重点推进，同时加快共青团信息化公共服务平台建设，目前电子邮箱、BBS论坛系统已经建成并开通，视频会议已分两批在基层团组织和团市委机关部门试点，手机短信系统进入测试阶段。通过加快青年中心这种青年自我管理的新型青年组织、新型阵地平台的建设，更加广泛地联系、服务、凝聚青年，目前已确定了43个青年中心试点单位。

（五）围绕整体推进团建创新，大力加强团的组织、干部队伍和各项建设

以上海共青团组织工作会议的召开为标志，进一步明确整体推进团建创新的主线。强调尊重和鼓励基层的首创精神，逐步推广基层首创的做法和经验。如黄浦区团委与驻地武警部队共同开展“思想工作联抓、人才培养联手、公益事业联做、文体活动联谊”

的“四联”活动，被团中央和武警总部作为全国典型推广；浦东新区、徐汇、静安等团委开展的社区团建、街坊团建、楼宇团建；普陀团区委的“两新”组织团建；卢湾团区委开展的青年工作听证会、评议会、协调会的“三会”制度；建工集团团委开展的基层团组织负责人三级直选；复旦团委对团干部360考评法等。同时，积极探索在新的领域、行业中创新联系青年的有效组织形式，成立上海金融青年联合会等，用多样化的组织和活动去覆盖多样化的群体和需求。

进一步加强对青联、学联和少先队工作的指导，加强全团带队工作，成功召开少先队上海市第五次代表大会。“七一”前夕，直属机关第二次党代会顺利召开。团办企事业取得了稳步发展，青年管理干部学院按照教育产业化发展要求，不断拓展教育特别是团干部培训规模，有效地服务全国、服务基层；青年报社通过改革促进发展，在社会影响力上有了较大提升；青年文化活动中心不断强化教育、服务青少年的功能建设和项目开发，树立了良好的社会形象；城市酒店、科技公司、因私出入境服务中心等单位的综合竞争力不断提高，青旅成功实现企业化改制，大世界保护和修缮工作也在积极推进。

上半年，我们按照年初全会的要求，按照重点工作项目进度表的具体安排，现在时间过半，工作得到了有序的开展。在共青团全国青年人才工作会议、全国加强和改进未成年人思想道德建设暨推进青年文化行动工作会议、中国青少年网络协会第一次会员代表大会上，团市委作了交流发言。团市委常委会认为，自市第十二次团代会以来，全市青年工作的总体态势是好的，取得的成效是明显的。全市各级团组织积极贯彻团代会精神，实施上海共青团工作十项计划，坚持活动与建设并重，着眼长远，打牢基础，在政策、机制上不断突破，在项目、品牌、活动上大胆创新，扎实地推进了上海青年工作新格局的构建。

当前，上海共青团、青年工作在市委、团中央的领导和支持下，在一些工作项目上取得了一定成效，但我们也必须清醒地看到，目前的工作现状离党的要求和青年发展的需求，离最大程度地巩固党执政的青年群众基础，尚有相当大的距离；在青少年思想道德建设的有效性、服务青少年成才发展和服务基层的针对性与覆盖面、整体推进基层团建的力度、团工作品牌项目的培育等方面做得还不够，还面临一些突出的问题和困难，这些都有待于在下半年的工作中加以改进。

上半年以来，全市各级团组织和广大团干部，特别是基层团干部，以鲜明的大局意识和扎实的工作作风，积极进取，全身心投入工作，获得了党政与社会的肯定，赢得了广大团员青年的认同，为上海青年工作和共青团事业的可持续发展奠定了良好的基础。这些成绩的取得，是全市广大团干部共同努力的结果。在此，我谨代表团市委常委会向在座的同志们，并通过你们向全市广大基层团干部表示衷心的感谢和崇高的敬意！

二、对加强党的青年工作的初步思考和认识

（一）要深刻理解“共青团事业的发展处在一个新的历史起点上”的科学内涵

去年7月，胡锦涛同志在同团中央新一届领导班子成员和团十五大部分代表座谈时的重要讲话中指出：“共青团事业的发展处在一个新的历史起点上”，共青团组织“在

工作思路上要创新、在工作方式上要创新、在自身建设上要创新”。当前,“三个代表”重要思想作为我们党必须长期坚持的指导思想已经写入宪法,我国社会发展也进入了全面建设小康社会的新阶段。这为共青团事业的发展提出了新的使命。

当前,青少年在群体结构、人格特征、发展要求、参与方式等各个方面出现了新情况和新问题。一方面,当代青少年是更加追求上进、更加理性务实、更加开放包容、更有服务奉献精神的一代,是值得信赖、大有希望的一代。另一方面,在改革开放不断扩大和社会主义市场经济不断完善的进程中,政治、经济、文化、社会等诸多的因素对青少年的世界观、人生观和价值观不断产生着影响和冲击,当前上海青少年的思想状况和行为取向等也都出现了一些值得关注的情况。如,青少年的思想观念和生活态度显示新特点;青少年受外来文化、通俗文化影响和文化参与呈现新态势;青少年的交流渠道和沟通方式产生新变化;青少年在群体分化和重组过程中不断涌现新群体;青少年的利益表达出现新要求等等。自然,青少年中的这些问题是属于发展中的问题,可以通过发展逐步解决,青少年中也有困惑,但在实践中他们不断思索、逐步成熟。为此,我们必须高度重视这些社会现象,并积极引导青少年正确和科学地解决好自身发展中的困惑和问题,帮助他们在品格塑造和社会实践中不断完善自身。

上述新情况和新问题都直接对共青团的发展战略、组织建设、工作方式创新提出了新的重大课题。我们不仅需要有危机感,更需要以宽广视野和创新精神,在更深层次、更广领域上思考共青团和青年工作。面对市场经济和开放世界,我们必须认真研究如何创新完善共青团的组织职能,认真研究青年和青年工作的现代化,不断增强自身的核心能力,既要增强组织活力,防止机关化、行政化的倾向,又要创新体制、机制,防止出现以活动代替建设的倾向。近年来,市委以加强党的执政能力建设为目标,从理念、体制、机制、队伍等方面进行了有效地创新和实践,党的建设进入了新的发展阶段。团的建设也必须与上海的经济和社会发展水平、与党的建设要求、与青年发展的需求相匹配、相协调。

(二)要全力服务于加强党的执政能力建设

加强党的执政能力建设是新世纪、新阶段党的建设的重要内容,这是由我们党的执政地位决定的。加强青年工作是加强党的执政能力建设的重要组成部分。共青团的全部工作就是要紧紧围绕巩固和扩大党执政的青年群众基础。在新的历史条件下,共青团等党领导的群众团体只有通过主动地整合各群体、各阶层的具体利益,才能实现党代表最广大人民群众根本利益的目标。按照这样的要求,共青团应该更积极地争取、更充分地运用党执政所赋予的各种资源,代表、维护广大青少年的整体利益和合法权益,不断满足青少年日益增长的发展需求,更广泛、更紧密地团结凝聚青年,使之成为一种经过有效组织化整合的积极、有序的力量,追随党的事业,以此来服务于加强党的执政能力建设。

服务于加强党的执政能力建设,关键是要进一步增强共青团的核心能力。在完善社会主义市场经济体制的过程中,增强共青团的核心能力,就要牢固树立马克思主义青年观,善于进行理论思维和战略思维,不断提高科学判断青年和青年工作发展形势的能力；就要坚持按照青年工作的科学规律办事，及时研究青年的新情况新问题，不断提高驾驭市场经济条件下做好青年工作的能力；就要正确认识和稳妥处理青年中各类问题和矛盾，善于协调他们的利益，不断提高应对复杂局面、突发事件的能力；就要增强共青团参与政治文明建设的自觉性，不断提高在依法治国、依法执政环境中的组织动员能力；就要围绕全市工作大局，结合共青团实际，有效整合各类青年群体利益，不断提高共青团服务大局、服务青年的能力。

（三）要积极研究和完善共青团组织的职能

江泽民同志、胡锦涛同志曾先后强调指出，共青团要进一步发挥好作为党的助手和后备军作用，发挥好作为国家政权的重要社会支柱的作用，发挥好作为党联系青年群众的桥梁和纽带作用，要协助政府管理青年事务。因此，在社会主义市场经济不断完善和党政、政企、政社分开的背景下，我们一方面要充分总结和继承党的青年工作的优良传统和长期形成的宝贵经验，另一方面要在“三个代表”重要思想指导下，以高度的使命感和进取精神开拓、创新，同时还要积极研究国外青年工作的成功做法，进一步创新完善共青团组织的职能。

八十年代以来，联合国和世界各国的政党、政府都充分认识到青年的社会地位，并高度关注青年的生存与发展。青年问题已经成为影响各国经济社会发展、影响政党执政的敏感问题、焦点问题。谁赢得青年，谁就能赢得未来，这个观点已成为世界各国政党、政府的基本共识。因此，各国都普遍出现了执政党高度重视青年问题、积极依靠执政优势和政权力量、大力推动青年政策制定、不断加大服务青年力度的趋势。同时，各类服务青年的社会团体、福利组织和专业机构也相继孕育而生，成为联系、凝聚青年的重要途径。这些情况值得我们在认真研究的基础上，按照中国特色社会主义政治制度和具体国情特点加以合理借鉴。

我们认为，当前青年工作要在坚持党的领导和共青团发挥核心作用的前提下，进一步运用党政有关政策和资源，重点探索协助政府管理青年事务的主要途径、具体方式和工作机制，大力引导各类服务青年需求的社团组织、专业机构的健康发展，不断创新完善适应社会主义市场经济体制特点的青年工作新格局，体现好共青团组织的职能。团中央也鼓励上海团组织积极先试先行。

要进一步体现作为执政党助手和后备军的职能。要发挥好共青团在党的青年工作中的核心和主导作用。要把先进青年、精英群体作为工作重点，用党的先进文化熏陶他们，培养接班人、优秀青年人才、输送青年干部，特别是培养和输送优秀青年党务干部。要着眼于巩固党的长期执政，注重意识形态领域工作，通过有效的思想教育，为党赢得青年。

要进一步体现协助政府管理好青年事务的职能。要在党的领导下，按照政治文明建设的总体要求，着眼于广大青年的生存与发展，通过政府青少年发展规划，探索建立政府青年事务机构，运用包括财政手段在内的各类政策与资源，不断推动青年与经济社会的和谐发展。

要进一步体现党联系青年群众的桥梁和纽带的职能。要竭诚服务青年、依法维护青年利益。要提高对社会青年组织的协调能力,通过众多服务青少年的民间社团、基金会、专业机构(包括各种非政府、非赢利组织)以及职业社工的服务,借助政府购买服务和社会资源等主要渠道,切实解决各类青少年的具体困难,代表和维护青少年的合法权益,进一步关心、满足青少年的生存和发展需求。

三、下半年要做好的几项重点工作

下半年,我们要积极贯彻落实市第十二次团代会提出的各项任务和要求,通过上海共青团工作十项计划的进一步实施,按照"凝聚力工程"和"高兴、放心"活动要求推进服务基层工作,抓建设、抓深化、抓机制、抓突破,突出重点、整体发展,切实把今年初团市委全会部署的各项任务落实好。

(一)深入推进以未成年人和青年学生为重点的上海青少年思想道德建设

党执政的一个重要标志是在意识形态领域中的主导作用。因而必须十分重视对青少年在思想道德方面的培养、塑造和引领,并建立起强有力的意识形态工作机制特别是预警和快速反应机制。要针对青少年思想道德上存在的各类问题,在体制、政策、机制、队伍和评价上加以解决,使青少年思想道德教育融入经济社会发展进程。

要深入贯彻中央8号文件和上海《关于加强和改进未成年人思想道德建设实施意见》精神,以推进团市委围绕上海未成年人思想道德建设开展的重点工作和实施上海青少年思想道德推进计划为抓手,以突出未成年人和青年学生等青少年的主体性、团队组织的主导性、思想教育的实效性和活动开展的实践性为原则,运用组织化、社会化、群众化相结合的教育方式,通过开展"养成道德好习惯"、推广社区"道德评议台"、十八岁成人仪式教育、大中学生社会实践活动等实践育人活动;开展"同在蓝天下"关爱行动、"优秀青少年维权岗"、法律援助、建立大学生素质拓展电子认证系统并推出首批《大学生素质拓展证书》等服务育人活动;开展"让青少年走近经典"文艺巡演、原创歌曲校园行等文化育人活动,提高以未成年人和青年学生为重点的上海青少年思想道德建设水平。

要围绕邓小平同志诞辰100周年、庆祝新中国成立55周年等重大纪念活动,广泛开展"青春中国"等主题教育活动。要积极参与上海迎世博文明行动计划,开展上海青少年"青春与世博同行"主题活动,"青春世博杯"上海市青年突击队、青年工程立功竞赛活动,评选第一届上海市青年建设者"世博奖"。要继续开展赴老挝志愿服务、大学生志愿服务西部、服务F1大赛和全国大学生运动会等青年志愿者活动。要组织"时尚上海——上海青年文化节",开展社区文化艺术节,深化实施希望工程、青年造血干细胞(骨髓)捐献志愿行动、"青春红丝带"行动等项目。当前,全市各级团队组织要积极响应市委、市政府号召,在青少年中广泛开展以"护环境,建生态之城,迎世博盛会"为主题的上海市青少年暑期节能活动。

(二)全力推进青年卡全面发行和青年服务体系及动员机制建设

发行青年卡是上海共青团着眼于上海经济和社会发展背景,着力于实现对全市百万团员青年广泛、有效的管理、服务和建立便捷、有效的动员机制,汇聚上海共青团整体合力,积极整合社会资源,不断打造服务青少年的新型载体和平台的重要举措。团中央把上海作为青年卡的重点试点地区。青年卡兼具电子团员证、优惠服务卡、金融卡和交通卡等功能，青年卡的全面发行及其功能的充分发挥，将以一种崭新的样式实现共青团组织对团员青年的有效凝聚、服务和管理。

下半年要着重做好以下几方面的工作：一是要从确保年内实现全市团员"人手一卡"的目标出发，抓紧做好尚未完成的50余万名团员信息的采集和录入工作，做到信息的采集和录入准确、完整，为青年卡工作的顺利推进奠定坚实的基础；二是要从青年卡设计功能的有效实现和可持续发展出发，高质量地完成包括上海团员信息库、上海团组织信息库和青年卡综合集成网站在内的数据库系统建设；三是全市各级团组织和广大团干部要以对团员持卡人高度负责的态度，精心组织好青年卡的发放工作；四是要充分整合共青团组织和社会的各类资源，为青年卡持卡人提供更多样、更优质、更便利的服务，充分体现青年卡的实用性。

(三)大力推进《上海青少年发展规划(2004—2010)》的发布和实施

上半年《上海青少年发展规划(2004—2010)》已基本完成制定工作，现正进入政府有关部门审核程序，有望于三季度发布。作为全国首个和上海首次制定的地方青少年发展规划，这将为推进全市青少年和青少年工作的发展创造了良好的政策环境。

在《规划》实施进程中，在市青年工作联席会议的领导、协调、组织、监督下，团市委将以工作项目组的方式，与联席会议成员单位密切合作、大力协同，抓紧拟定《规划》年度实施方案，结合各自的职责和分工，落实年度工作项目，提出具体的实施办法，并提供必要的人力、物力和财力保障；要在主动争取市有关部门的支持和学习借鉴有关单位成功经验的基础上，建立全市青少年生存与发展状况指标体系，并将相关指标的建立和监测纳入上海经济社会发展的总体框架；要通过统计监测和科学评估，定期编撰上海青少年发展报告，并及时向社会公布。

(四)整体推进基层团建创新

要开展"整体推进团建创新，支持基层百个优秀工作项目"实事活动，鼓励和支持基层团组织进行创新实践，更好地总结、推广基层有效做法，努力使团建创新的点滴经验"从盆景变花园"。要研究制定基层团干部直选工作试行办法。要汇编基层团建创新优秀资助项目成果集。要深入开展团员先进性教育活动，加强团员意识教育。

要深化"争红旗、创特色"活动，健全"五四红旗团委"的三级联创机制。要召开"两新"组织团建创新推进会，制定相应的制度。在青工系统，要召开发展中的大、中型股份制企业，改制、转制中的国有大、中型企业，大型非公经济企业团建工作研讨会。在调研和沟通的基础上，力争与国资委、社会工作党委、经济工作党委等相关委办联合形成关于混合所有制企业共青团工作的若干意见；大力发展青年职业发展服务中心等中介组织，加强职业青年以及下岗分流青年群体的共青团工作基础。在城区系统，要召开社区"两新"组织团建和居民区团建创新推进会议，总结楼宇团建、居民区团建工作经验，推广团干部民主选举制度和团工作"小三会"民主制度，探索在社区网格化建设中团建的推进方法和机制，开展社区团(工)委试点工作。在高校系统，要召开上海社会力量举办高校团建工作推进会，结合民办高校实际，与民办高校党委联合出台《关于进一步加强上海民办高校共青团建设的若干意见》，以进一步推动民办高校团的组织建设和活动建设。要进一步加强在高校生活园区、大学生社团、未就业大学生中的团建工作。

要指导各区县团委进一步加大青年中心建设试点力度，按照“社团活跃、网络联结、自主管理、按需服务”的思路，积极探索青年中心的运行方式，按照社会工作者、会员骨干、大学生志愿者相结合的队伍组成方式，建好青年中心的工作队伍，加大培训、交流和研究的力度，建好一批有示范效应的青年中心。团市委也将把青年中心试点纳入对于基层支持项目，整合资源推出一些全市联动的工作项目和政策，给各区县青年中心以必要的支持。

要通过上海共青团组织上网工程及电子邮箱、BBS论坛、视频会议、手机短信等共青团信息化公共服务平台建设，运用信息化手段，努力实现共青团组织的资源共享和工作方式创新变革，逐步实现面上和基层的互联、互动，以“数字共青团”建设的新成果更有效服务于全面推进团建创新。要进一步推进团市委及机关各部门服务基层的工作，继续为基层团组织的课题调研工作提供支持。要加强团的工作制度建设，通过制度的建立、完善和执行，推进团的各项工作沿着科学化、规范化方向运行发展。

(五)切实加强团干部和青少年社会工作者队伍建设

要坚持用党的先进文化、政府工作的规范、群众团体的理念，打造党放心、青年满意的团干部队伍，要按照“创一流业绩、育一流人才”的目标和“高进、严管、优出”的要求，以最严格的思想和作风要求，最高的工作标准和最好的发展服务对待团干部队伍建设。

要根据共青团事业的发展和团干部自身成长的需求，从团干部工作需要、发展的基本方向和个性特征出发，按照“缺什么、补什么”的原则，对全市团干部有计划、有步骤地从思想道德及作风建设和能力提高等方面实施全面培养。要在及时总结团市委机关试点开展的团干部发展导航工作的基础上，加紧方案论证，尽快向全市团干部推广。要积极汲取专业研究成果，结合团干部和团工作实际，有效引导团干部和团工作的正确发展方向，设计合理的团工作和团干部的科学考评指标体系，建立分层分类的团工作和团干部的科学考评机制，年内将试点进行基层团干部素质测评、协管单位团委书记和团工作考评。

要按照“突出重点、强化分类”的原则，通过举办区、县、局(公司)、大专院校团委和市属单位团组织新上岗团委负责人团建创新研修班、优秀基层团干部免费培训班、外来进城务工就业农民子女学校大队辅导员免费培训班等，开展素质拓展训练、团务知识设计课程等形式多样的培训活动，提高基层团队干部的组织动员能力、管理协调能力、项目实施能力等综合素质。要继续为优秀基层团干部创造到党校学习、赴海外研修、参加挂职锻炼等条件。

要按照系统性、阶段性、可操作性的要求，加强对青少年社会工作者的理论知识、专业技能和实务操作的培训。要按照“应知应会”的要求，总结提炼工作中形成的成功做法、个案典型，借鉴香港等地的相关培训经验，引进卡耐基、汇才等培训理念和合作项目，抓紧形成对青少年社会工作者队伍的基本培训教材，形成长效的培训机制。要制定对青少年社会工作者绩效考核指标体系，形成有序的竞争机制。要建立青少年社会工作者荣誉序列，为优秀青少年社会工作者提供奖励、发展培训等服务，形成有效的激励机制。要切实按照社会化、职业化和专业化的要求，为青少年社会工作者提供更多的工作资源和服务，切实建设好青少年社会工作者队伍。

（六）大力加强对青少年群体状况和青年工作的研究

要持续深入开展对青少年群体状况的调研，注重把握青少年的特点和青少年中产生的热点现象，一方面要扩大对于不同青少年群体的研究广度，在对以往传统的群体，比如学生（大学生、中学生）、知识青年（白领、蓝领、灰领）等群体做更多广泛性研究的基础上，加强对进城务工青年、困难青少年等群体的研究；另一方面要提高对青少年群体和热点现象的客观分析和科学判断的能力，做到及时、生动、深刻。年内要做好年度《上海青年发展报告》（蓝皮书）和市哲学社会科学规划课题——《当代大学生思想道德状况调查分析》等课题调研。

要大力深化工作调研，注重把握和遵循青年工作规律，一方面要为明年的工作做准备，同时争取将惠及广大青少年的一些政府青年事务纳入即将开始编制的上海十一五规划；另一方面要加强对执政党的青年工作统揽下的政府青年事务、社会青年工作等重大课题的调研，对市场经济体制比较完备的一些国家的青年社团、专业机构的运作模式、活动方式等也要开展专门研究。要继续做好年度上海青年工作课题调研集的汇编、出版工作，表彰和奖励基层优秀调研成果、优秀基层团委。要注重将调研成果转化为决策依据、工作思路和具体举措，及时应用和推广。

同志们，让我们在市委和团中央的领导下，高举邓小平理论和“三个代表”重要思想的伟大旗帜，牢固树立和全面落实科学发展观，按照党对青年工作和共青团事业发展的要求，以昂扬的斗志、扎实的作风和奋发有为的精神状态，团结和带领全市团员青年共同努力，加快完善上海青年工作新格局，巩固和扩大党执政的青年群众基础，推动上海青年工作跃上新台阶。

不断输送新鲜血液　壮大党的后备力量

陈靖同志在上海市共青团“推优入党”工作推进会上的讲话

（2004年10月28日）

同志们：

1994年市委组织部与团市委联合召开“上海市加强‘推优’，进一步做好在青年中发展党员工作”会议至今已有十年了。今天市委组织部与团市委再次联合召开“上海市共青团‘推优入党’工作推进会议”，目的是为了进一步贯彻落实党的十六届四中全会和全国发展党员工作会议精神，总结经验，进一步做好“推优”工作。

各级党组织长期以来对“推优”工作一直非常重视，给予了大力支持。“推优入党”在党的十五大时写进了党章（第五章第三十一条），十六大对“推优入党”工作又重新作了修改和完善。新党章里写到：对要求入党的积极分子进行教育和培养，做好经常性的发展党员工作，重视在生产、工作第一线和青年中发展党员，明确了“推优入党”的要求。多年以来，市委组织部一直非常重视“党建带团建”工作，非常重视“推优入党”工作。市委组织部和团市委联合制定了多个关于加强“党建带团建”特别是“推优”工作的实施意见。2000年市委召开青年工作会议以后，市委组织部专门从市委党费中划拨一部分支持“党建带团建”工作、支持青年党员和推优入党对象的教育和培养工作。去年市委组织部还专门拨出100万党费支持团中央机关旧址整修扩建工程。每年“七一”，市委组织部和团市委一起举行千名青年新党员宣誓活动。上海的“党建带团建”和“推优入党”工作有着较好的基础、良好的氛围。

一、十年来全市“推优”工作的探索和实践

1992年，中组部和团中央在上海联合召开了“推荐优秀团员作党的发展对象工作座谈会”，在全国范围全面部署了这项工作。1994年，市委组织部和团市委联合召开会议，下发了《关于加强“推优”，进一步做好在青年中发展党员工作的意见》，奠定了“党团联手，齐抓共管”的工作格局。1997年中组部、国家教委、团中央印发了《关于加强对中学生进行党的基本知识教育的意见》。1998年市委组织部又与团市委联合下发《关于加强青年“学理论、学党章”小组建设的意见》。在2000年召开的市青年工作会议上，市委批转团市委党组《关于进一步加强和改善本市青年工作的若干意见》，并要求团组织“进一步做好推荐优秀团员、青年作为党的发展对象和举荐优秀青年人才的工作，为党

的建设新的伟大工程源源不断地输送新鲜血液”，为进一步深化“推优”工作指明了方向，使全市的“推优”工作走上了制度化、规范化的轨道。

十年来的“推优”工作，取得了可喜的成绩。据团内统计，1994 年以来，90％以上的团员青年通过“推优”加入党组织，总数达 18 万人；发展青年党员数占发展党员数的比例在逐年提高，1994 年为 49％，2003 年上升到 74％；申请入党的青年人数不断增多，从 1994 年的 5.68 万人上升到 2003 年的 18.78 万人。我们体会，这十年的“推优”工作、“党建带团建”工作、团建创新工作和对青年教育工作的创新，使青年中逐步形成了一个积极要求上进的良好氛围。十年的“推优”工作，让我们欣喜地看到，尽管年轻人身上还有这样那样的缺点和不足，尽管还有很多地方需要引起我们高度重视和加强，但从主流来说，当代青年是健康的、向上的、理性的、务实的，是值得信赖大有希望的一代。回顾十年“推优”工作的历程，我们深切体会到年轻人当中要求上进、要求入党的氛围越来越好，这得益于各级党组织的重视，得益于基层团组织非常艰辛有效的工作。十年“推优”的成效，主要体现在以下四个方面：

*一是党委重视，党团联手。*各级党组织把团的建设纳入党的总体规划，把“推优”工作作为发展青年党员的重要环节。许多党组织普遍采取措施，运用各种方式加强对“推优”工作的指导、关心和支持，在本单位、本系统形成了良好的氛围。如五钢公司党委依托党建带团建“捆绑式”考核法，将“推优”工作与“青年人才培养工程”紧密结合。据调查，1994 年以来，全市有 90％以上的区、县、局、大专院校在“推优”工作中或联合召开会议、或联合下发文件；还有许多党的干部经常深入到团员青年中去，沟通谈心、党课辅导，面对面地指导，成为青年的良师益友。

*二是营造争优氛围，突出培养教育。*目前，全市大约有 3.1 万多个青年双学小组，吸引了几十万的团员青年，成为全市基层党团组织在加强青年入党积极分子培养教育中最主要和最基础的工作载体，当然还有很多业余党校。这些年来，许多团组织把“推优”工作的重点放在壮大青年入党积极分子队伍和实施培养教育这两个环节上，“学理论、学党章”，加强形势任务教育，成为对青年入党积极分子培养教育的重点内容。广大团组织还采取各种形式，从政治上关心、思想上提高、实践中锻炼三个方面入手，帮助青年积极分子尽快地成熟。如航天局五部通过思想引导、情感联系、制度保障，积极探索知识青年的“推优”新模式，取得了一定成效。

*三是规范“推优”程序，强化制度保障。*1994 年，我们制定下发了《关于推荐优秀团员青年作党的发展对象工作的实施细则》。十年来，上海各级团组织按此规定，严格“推优”程序，建立了“推优”工作的若干制度。有些单位党组织作出规定：凡是 35 岁以下的青年入党必须经过团组织的推荐，增强了团组织的政治责任和威信；有些单位明确了党团组织、上下级组织在“推优”工作中的各自责任和要求。如上海大学提出“社团推优”、“社区推优”等新机制，华东理工大学实施了入党“公开答辩制”。

*四是加强团干部队伍建设，优化“推优”环境。*近年来，特别是 1994 年市委组织部和团市委联合下发《关于进一步加强团干部队伍建设的若干意见》以后，各级党团组织在继续重视优秀青年入党工作的同时，又加强了对团干部的教育培养，并把团干部作为

“推优”的重点对象，这使团干部中的党员比例得到明显提高。

当然，我们在充分肯定成绩的同时，也要清醒地看到当前在“推优”工作中还面临许多新的情况。一是少数单位团组织对“推优”工作没有引起高度重视，工作主动性、积极性不够强；二是“推优”工作还跟不上党员发展工作步伐，“推优”工作与发展青年党员的衔接环节还不够顺畅；三是“推优”工作制度不够完善，制度的坚持与落实不够到位；四是工作发展不平衡，高知识青年密集的“两新”组织等领域“推优”工作相对滞后。

回顾这十年“推优”工作不平凡的历程，我们非常感谢各级党组织特别是党委组织部门对“推优”的领导和支持。

二、共青团组织如何进一步加强“推优”工作

一是从加强党的执政能力建设的高度，认识进一步加强“推优”工作的重要性。

1、从巩固党执政基础的高度，充分认识加强和改进“推优”工作的重要性。实践证明，开展“推优”工作，能够进一步扩大党在青年中的影响，使青年了解党、认识党、热爱党、追随党、密切党与青年的联系；能够不断发展壮大党的青年积极分子队伍，进一步促进在青年中发展党员工作；能够凝聚更广泛的团员青年，巩固党在青年中的执政基础。

2、从培养社会主义事业接班人的高度，充分认识加强和改进“推优”工作的必要性。广大团员青年不仅要掌握先进的科学文化知识，具备良好的思想道德素质、科学文化素质和民主法制素质，更要树立中国特色社会主义、坚持党的基本路线一百年不动摇的坚定信念。“推优”工作正是适应这一要求，引导团员青年进一步在建设中国特色社会主义的伟大实践中建功立业。

3、从进一步加大上海“推优”工作的角度，充分认识加强和改进“推优”工作的迫切性。新形势下，把“推优”工作这项基础工作做好了，团员青年整体素质将会有所提高，团组织才有可能更好地动员团员青年贯彻执行党的基本路线，引导团员青年在各自的岗位上为加快改革开放步伐，促进经济更好更快地上一个新台阶，发挥作用，增长才干，健康成长。

二是通过进一步加强团的自身建设，为“推优”工作提供组织保障。

“推优”作为共青团育人职能的集中体现，能有效占领团员的思想阵地、组织阵地和文化阵地，提高团员综合素质，是基层团支部全面活跃的有效载体，有利于加强团的自身建设；同时，团组织作为“推优”工作的具体实施者，加强团的建设将增强团的凝聚力、创造力和战斗力，进一步巩固和加强基层团组织，为“推优”工作提供可靠的组织保证。

1、抓好团支部特别是团支部书记队伍的建设。“推优”工作的终端要落到团的基层组织，因此，我们要从培养载体、尽力完善机制、大规模培训干部的角度加强团支部和团支部书记队伍的建设。

2、活跃团的活动。在“推优”过程中有很多行之有效的特色活动，这些必须要坚持下去并发扬光大。同时要积极研究和发育一些新的能够吸引团员青年的活动方式，如可以通过青年卡等服务、动员广大团员青年，要不断创新、不断实践。

3、规范程序、民主推荐。要在原有规范程序的基础上进一步形成机制，并扩大团内民主的程度。要进一步加强“党建带团建”，建立健全党团工作衔接机制。团组织在制定“推优”工作计划时，要主动向党组织汇报，认真听取党组织的意见，努力使“推优”工作计划和重点与发展青年党员的工作要求相吻合，使“推优”工作的部署、指导、检查、考核与发展青年党员工作相同步。要实施好“推优”的每一个环节，在培养、举荐过程中要发挥广大团员青年的积极性、主动性，主动接受团员青年和群众的民主评议、民主监督，不断提高“推优”对象的群众公认度。

4、形成合力，积极稳妥地做好新领域的“推优”工作。要党团联手、资源共享、优势互补，对“两新”组织、留学人员、优秀青年人才都要做好“推优”工作。在这点上，团市委机关要做好研究和联手。

5、重视“推优”对象的发展导航。把“推优”和“育优”结合起来。在对入党积极分子进行党的知识、党的优良传统教育、党性培养的同时，也要为他们的发展导航。我们在大中学生中开展素质拓展和建立人生发展导师，在职业青年中开展职业生涯导航，在团干部中在团市委机关试点的基础上今年在全市推出了团干部发展导航计划，很受欢迎。对入党积极分子要在发展上提供服务，这是他们的重要需求。

6、加强新形势下“推优”工作的研究。目前，少数单位的“推优”工作发展不平衡，更多是党组织带着团组织去做。“推优”工作对团组织来说，一定要在培育团员青年、发展青年党员时发挥不可替代的作用。要形成良性机制，真正在整个发展青年党员过程中、在青年人才培养中发挥不可替代的作用，这是非常现实也是非常迫切的问题，同时也是我们的薄弱环节之所在。希望大家加强这方面的研究。基层有很多创新，我们鼓励基层的首创精神，共同促使上海的“推优”工作在这次推进会后有一个新的局面。

把“两新”组织团建工作提高到新水平

陈靖同志在上海市“两新”组织团建工作推进会上的讲话

（2004 年 12 月 22 日）

同志们：

这次会议的主要任务是，以“三个代表”重要思想为指导，贯彻落实市委八届六次全会和团中央十五届三中全会精神，交流总结全市加强“两新”组织团建工作的经验和做法，对当前和今后一段时期的工作进行研究部署，努力把“两新”组织团建工作提高到一个新的水平。

下面，我讲四个问题。

一、“两新”组织团建工作的新发展

改革开放以来，上海的“两新”组织迅速发展，截至 2003 年底，全市“两新”组织已达 56 万家，从业人员 421 万余人，约占全市就业职工人数的 50%以上，新经济组织的经济总量占全市 GDP 的 35.8%。近几年，在党组织的领导和支持下，各级团组织对“两新”组织团建工作进行了有益的探索，团组织的覆盖面和工作影响力不断扩大，在团建方式和活动方式上也积累了一些经验。

*第一，党建引路，团建先行。*各级基层团组织积极争取党组织的重视与支持，主动把团建工作纳入“两新”组织党建工作的整体格局。在没有建立党组织的“两新”组织，团组织或单独，或与工会、妇联联手，进行了有关建设和活动，把党的主张和温暖送到青年当中。

*第二，重点突破，试点带动。*全市“两新”组织数量多、分布广，不同单位的自然状况和团建基础各异。基层团组织探索出了社区建团、园区建团、楼宇建团、行业建团等多种有效方式，在服务进城务工团员青年、凝聚高知识青年群体等方面进行了务实有益的尝试。

*第三，讲求实效，提供服务。*各级团组织围绕青年多样化的需求，在思想品德教育、行为方式指导、审美观念和情趣的培养、劳动技能培训、闲暇生活的服务、恋爱及婚姻问题等方面积极开展工作，受到了“两新”组织团员青年的欢迎和认可。

*第四，营造气氛，丰富活动。*基层团组织在党委、政府的支持下，与工会、妇联等联合，积极整合社会资源，开展了各种丰富多彩的活动，充分发挥团活动的社会效益、人才

效益，实现团组织对“两新”组织青年的有效影响。

*第五，组织渗透，建立社团。*以社区团组织为核心，在“两新”组织中或“两新”组织集中的区域成立各种青年社团，对“两新”组织经营者和团员青年具有较强的吸引力，逐渐成为团组织发挥作用的重要渠道，团结了一大批“两新”组织青年骨干。

二、提高对“两新”组织团建重要性的认识

共青团肩负着为党团结、凝聚、教育和引导青年的光荣任务。在越来越多的青年向“两新”组织集聚的情况下，必须进一步加深对“两新”组织团建重要性的认识。

*第一，是扩大和巩固党执政的青年群众基础的需要。*当前，改革和发展处于关键时期，“四个多样化”对广大青年产生了重大影响，尤其在“两新”领域，团的工作还比较薄弱，多数青年游离于团的组织之外，不能适时接受团组织的教育和管理。长此以往，团组织将逐渐失去这一领域的青年。因此，重视并加强“两新”组织团的建设，引导和教育团员青年树立正确的世界观、人生观、价值观，自觉将个人的理想融入到为上海社会主义现代化建设事业的奋斗中，更加坚定建设中国特色社会主义的信念，是扩大和巩固党在“两新”组织的青年群众基础和执政基础的迫切需要。

*第二，是加强共青团服务能力建设的需要。*竭诚服务青年是共青团全部工作的出发点和落脚点。在“两新”环境中，竞争更为激烈、生活工作节奏更快，在青年员工权益保护等各方面都需要团组织发挥作用。只要我们坚持为这部分团员青年办实事、做好事，让他们感受到组织的温暖，我们的工作就一定能受到他们的真心欢迎，我们与这部分青年的联系就会更加紧密，团组织的服务能力、凝聚能力、学习能力、合作能力也将得到不断提高。

*第三，是新形势下共青团自身发展的需要。*现在团的工作越来越忙、压力越来越大，除了长期以来大量项目的积淀，每年还有很多创新项目，但团组织对青年生存和发展的作用和影响力却可能削弱。因此，当前检验团工作的一个很重要的标准就是对“两新”组织青年的联系、服务和影响如何。各级团组织要按照市委关于加强社区党建和社区建设工作的总体部署和团中央的有关要求，着眼于实现团的组织体系的优化和完善，不断扩大社区中“两新”团组织的有效覆盖，把“两新”组织团建工作切实抓紧抓好、抓出成效，整体推进全市团的基层组织建设。

三、努力提高“两新”组织团建工作的有效性

要做好“两新”组织的团建工作，我们必须按照胡锦涛同志提出的在工作思路、工作方式、自身建设上创新的要求，结合整体推进团建创新，研究以下三个有效性。一是组织设置的有效性，要从以纯粹的单位为依托向以单位、社区、阵地等多种依托并重转变，采取多种方式灵活设置团组织；二是组织管理的有效性，要从相对封闭的管理方式向更为开放的管理方式转变，整合社会各方资源，围绕提高团员青年对团内管理的参与度，努力形成科学合理的管理机制；三是工作运行机制的有效性，要从以依靠行政手段为主的传统运作方式向群众化、社会化的新型运作方式转变，逐步建立起符合群众组织性质

和特点的，充满生机与活力的工作运行机制。这几年，我们在社区团组织建设特别是居民区团组织直选，扩大团内民主方面作了积极有效的探索，这些成果和经验要运用到“两新”组织团建工作中。

第一，坚持党建带团建。今年11月，全国“两新”组织党建工作研讨会在上海召开，上海各级党组织把“两新”组织党建工作摆在当前党建工作一个十分突出的位置，这为我们开展团建工作营造了一个很好的氛围。各级团组织都要抓住这个契机，力争通过建立相应的工作机制，把“两新”组织团建工作纳入到党建工作的目标任务和整体格局之中，做到同步安排部署、同步检查落实。要发挥共青团作为党的助手的积极作用，利用好党政的政策资源，大力度推进“两新”组织团建工作。只有这样，“两新”组织的团建工作才能紧紧跟随党建的步伐更快更好地开展。

第二，灵活设置团的组织。要根据“两新”组织的实际和青年状况，采取单独建团与联合建团、体内建团与体外建团、区域建团与行业建团等多种建团方式，并探索网上团的工作、创新网上团的建设，力争实现全覆盖，做到哪里有青年，哪里就有团组织和团工作的渗透。当前，要重点在社区、园区、楼宇、行业建团。在社区，要对应街道（社区）团组织的设置，探索建立社区团工委，加强社区中“两新”组织建团工作，特别是无上级主管部门的单位；在经济开发区、高科技园区等，要依托开发管理部门建立园区团（工）委，在一些重点企业中设置团组织，开展园区内“两新”组织的建团工作；在楼宇，可以自发建立团组织、依托物业部门团组织或设立团员青年服务联系点等方式，积极推进在团员青年集聚的商务楼宇中的建团工作；在各类行业协会，要建立健全协会团组织或行业性团组织。

第三，找准服务青年和服务企业发展的结合点。一是结合企业生产经营的实际，积极开展职业技术以及各种新知识、新技能培训，努力营造有利于青年人才成长的良好环境，开发青年人力资源，促进青年人才不断涌现。二是结合企业文化建设，积极开展丰富多彩、形式多样的文化娱乐活动。三是充分发挥团的组织优势，为青年参与社会开辟渠道、创造条件，推动青年在参与中奉献社会、服务人民。四是把青少年维权岗等工作与“两新”组织的特点结合起来，切实做好维护青年权益的工作。今后，我们要继续尝试利用政府的职能、政策、资源，为“两新”组织青年提供一些实事服务。

第四，有效延伸团的工作手臂。要发挥青联、青企协、青科协、青年志愿者协会等青年社团、青年组织的积极作用，做好其成员中“两新”领域人士的工作。在“两新”组织中已经建立团组织的，可以依照有关法律、法规，适应青年的多层次和多样化的需求，建立和发展各类青年社团，积极开展有效的服务和活动。对于建团条件暂时还不成熟的“两新”组织，可以先行建立青年社团，扩大影响、营造氛围，并积极培养工作骨干，发展新团员，从而为建团创造条件。要适应市场经济以及“两新”组织和青年特点，创新工作体制机制，探索通过制订标准、等级评定、购买服务等方式，引导各类社团对吸引、服务、凝聚青年的积极作用。

第五，提高进城务工青年的综合素质。要通过加强“两新”组织团建工作，使团工作渗透到进城务工青年之中。要加强对他们的政治思想教育，建立健全进城务工青年团的基层组织，做好团员发展、教育和管理等工作。特别要通过提供组织保障、构建服务体系、营造务工文化，提供就业、学习和维护合法权益等方面的具体帮助，重在提高素质，来吸引和团结进城务工团员青年。团组织要通过提供条件、营造氛围，加大对青年的综合素质培训，推进他们的学习活动。我们在青年文化活动中心引进了40多家专业培训机构，打造了一个为青年提供各类培训的平台，将来要发展成为“培训超市”。

四、进一步提高团组织的吸引力、凝聚力和战斗力

团组织成立以后的工作关键在于团组织对团员青年的吸引力，在工作的过程中增强凝聚力。要适应社会主义市场经济要求和“两新”组织的特点，改进团的工作方法、活动方式，不断提高工作水平。

*第一，探索新的团活动方式。*要针对团员青年的实际需求，搭准他们的脉搏，寻求灵活有效的机制、载体和方式。如希望工程、青年志愿者、造血干细胞捐献等工作，就在开拓城市文明新风中把青年的积极性很好地调动起来了，这些工作也要引入“两新”组织青年中。要依托青联、网络、青年卡等多种载体，采用活动联系、社团联系、组织联系等方式，开展丰富多彩的活动，为团员青年的成长成才服务。既要使团的活动融入到企业经营管理、科研开发、市场营销、人力资源开发等各个环节，也要深入到团员青年工作、学习、生活当中，从而使团的活动受到企业经营者和团员青年的欢迎和支持。同时，活动方式要以“业余、小型、分散、灵活”为主，积极拓展视野，整合各种社会资源，走市场化、社会化的发展道路。

*第二，创新团的组织生活制度。*着眼于提高团的组织生活质量和实际效果，立足于团员自我教育、相互教育，采用共案式、菜单式的组织方式和主讲式、参与式的开展方式，把单位职业培训与团内学习活动结合起来，把网上活动与网下活动结合起来，把理论学习与素质拓展结合起来，把教育灌输与互动参与结合起来，探索形成新型团的组织生活制度，切实增强团组织对团员的凝聚力。

*第三，开展增强团员意识教育活动。*要引导广大团员坚定永远跟党走的信念，牢记自己是青年中的先进分子，增强他们作为共青团员的光荣感、责任感和使命感。要探索形成符合“两新”组织实际情况的“推优”工作方式、程序、制度，为党输送新鲜血液。要依托青年中心、团员服务联系点、上海青年卡（电子团员证）等形式和载体，探索建立以流动团员和隐性团员团籍确认、管理为重点的，动态、开放的团员管理机制，最大限度地方便和加强他们与团组织的联系。

*第四，加强对团干部的发展导航。*要按照“重在素质，合理兼职”的要求，从是党团员的青年业务骨干中选配团干部。要积极倡导公开选拔、民主推荐、竞争上岗等方式。要积极为“两新”组织的团干部服务，把他们作为团干部发展导航计划的重要对象之一，关心他们的工作和生活，帮助他们成长成才。要把团的组织优势和团干部的实际需求结合起来，推动团干部在企业中发挥更大的作用，赢得更大的发展，同时，为他们参与社会提供更多的机会和渠道，使他们可以在更广阔的社会舞台上展现自己、提高自己。要把“两新”组织的团干部纳入各级团委领导班子，特别是区（县）、街道（镇）团（工）委班子

成员的选拔和培养视野。

加强“两新”组织团建工作是团市委2005年重点工作。我们要通过开展课题研究、支持工作项目、举办免费培训，通过进一步总结和交流，通过在体制、机制、理念、队伍建设上的创新，大力推进“两新”组织团建工作。各级团组织和广大团干部要进一步统一思想，形成合力，一切从实际出发，大胆创新，使上海的“两新”组织团建工作取得新的成绩。

提高思想理论境界　推动青年事业发展

马春雷同志在马克思主义青年观与邓小平青年思想专题研讨会上的讲话(摘要)

(2004 年 8 月 13 日)

今年 8 月 22 日,是邓小平同志诞辰 100 周年纪念日。进一步学习研讨马克思主义青年观与邓小平青年和青年工作思想,深入践行邓小平理论和“三个代表”重要思想对于推进新形势下上海共青团和青年工作发展极其重要,也是我们作为青年工作者缅怀邓小平同志的丰功伟绩和崇高风范的最好方式。

邓小平同志是全党全军全国各族人民公认的享有崇高威望的老一辈无产阶级革命家、中国社会主义改革开放和现代化建设的总设计师。党的十一届三中全会以后,邓小平同志成为中国共产党第二代中央领导集体的核心,领导我们开辟了建设有中国特色社会主义的新道路。在这条道路上,国民经济迅速发展起来,综合国力愈益强盛起来,人民生活逐步富裕起来,社会主义显示出前所未有的生机和活力。如果没有邓小平同志,中国人民就不可能有今天的新生活,中国就不可能有今天改革开放的新局面和社会主义现代化的光明前景。

青年是邓小平理论指引下中国改革开放和现代化进程的最大受益者,因而对邓小平同志充满着崇敬和感激之情,对邓小平理论有着极高的认同度和思想共识。共青团组织作为党领导的政治性群众组织,我们的责任就是要按照马克思主义青年观、邓小平青年思想和“三个代表”重要思想的要求,更广泛地把广大青年团结、凝聚起来,使之成为一种经过有效组织化整合的积极、有序的力量,追随党的事业。

一、马克思主义青年观是马克思主义科学理论的重要组成部分,是指导我们做好青年工作的强大思想武器

青年观的核心问题是如何正确认识和看待青年。用全面的、辩证的、发展的眼光来正确认识和看待青年,是马克思主义青年观的基本观点。马克思主义青年观是不断发展的,是无产阶级政党在领导青年运动中,把马克思主义基本原理与青年工作实践相结合的产物。我们党历来高度重视青年,充分肯定青年,热情关心青年,严格要求青年,始终把青年看作国家的未来,民族的希望,对青年一代寄予厚望,并在实践中不断丰富和发展了马克思主义青年观。

党的马克思主义青年观体现在毛泽东、邓小平、江泽民、胡锦涛等党的领导人的重

要论述中。毛泽东同志把青年生动地比作早晨八、九点钟的太阳，指出青年是整个社会力量中的一部分最积极最有生气的力量，并强调青年工作要照顾青年特点。邓小平同志鲜明地提出，"青年一代的成长，是我们的事业必定要兴旺发达的希望所在。"邓小平同志还从我们党和社会主义现代化事业未来发展的战略高度，提出了培养青年的"四有"标准，并多次强调，要充分考虑青年，大胆使用青年。江泽民同志对青年一代的健康成长倾注了极大的心血，反复强调，"青年兴则国家兴，青年强则国家强"，"发展的希望在创新，创新的希望在青年"。胡锦涛同志深刻指出，"一个有远见的民族，总是把关注的目光投向青年；一个有远见的政党，总是把青年看作是推动历史发展和社会前进的重要力量。"这些精辟论断构成了马克思主义青年观的重要内容。

坚持马克思主义青年观，对于共青团工作和青年工作具有重要指导意义和实践意义。第一，马克思主义青年观是指导青年健康成长的强大思想武器。坚持马克思主义青年观，能够使广大青年深刻认识到自己在社会群体中的地位和作用，勤奋学习、发奋成才，积极投身全面建设小康社会的伟大实践，更加坚定自觉地肩负起历史和时代赋予的光荣使命。第二，马克思主义青年观是指导共青团工作的强大思想武器，共青团作为先进青年的群众组织，牢固掌握和运用马克思主义青年观是为党做好青年工作的重要前提。第三，马克思主义青年观对指导全社会正确认识和看待青年具有重要作用，为青年健康成长提供了良好的社会环境。第四，马克思主义青年观对于青年工作和共青团工作的理论建设具有重要的指导意义，是青年工作和共青团工作理论建设的思想基础。第五，马克思主义青年观进一步丰富和拓展了马克思主义科学理论的内容，成为马克思主义科学理论重要的组成部分。

二、邓小平青年和青年工作思想是对我国社会主义时期青年运动历史经验的科学总结，是引导青年工作不断前进的科学指南

在邓小平建设有中国特色社会主义理论体系中，包含着丰富的青年和青年工作的思想。这些思想是在社会主义革命和建设进程中，特别是在改革开放和社会主义现代化建设的实践中，逐步形成和发展的，是引导我国青年工作不断前进的科学指南。邓小平关于青年和青年工作思想内容十分丰富，涉及青年和青年工作的方方面面。

1、*关于青年的社会地位和历史使命。*邓小平同志从改革开放和社会主义现代化建设的宏伟目标出发，高度重视青年的社会地位和历史使命。他指出，"我们毫不怀疑青年是我们的希望和我们的将来。"青年是我们一切事业的继承者，是实现我国发展战略目标的最终依靠力量。他强调，国家发展战略成功与否的关键，就是能不能造就一代新人。因此，必须十分重视青年在国家生活中的作用。邓小平同志在阐述科学技术是第一生产力的思想时，也多次强调科学的未来在于青年，必须大力提高青年科技素质。

2、*关于青年一代的培养目标。*邓小平同志一贯强调青年要德智体美劳全面发展的思想。他根据党在新时期的根本任务和跨世纪发展战略目标的需要，创造性地向全体中国青年提出了"做有理想、有道德、有文化、守纪律的共产主义新人。"并在多次重要讲话中反复加以阐述。他认为，培养"四有"新人是社会主义精神文明建设的根本任务，强调这是我们的事业不断发展壮大的重要保证。因此，必须牢固树立青年的精神支柱，精心培育青年的道德品质，大力提高青年的科学文化素质，不断增强青年的法律意识和纪律观念。

3、关于培养教育青年和青年成长的基本途径。邓小平同志倡导尊重知识，重视教育，同时也非常重视实践的育人作用。他指出，“把劳动和教育结合起来，是培养具有共产主义品德和真实本领的年轻一代的根本道路。”他多次提出在新的历史条件下要认真研究如何更好地贯彻教育与生产劳动相结合的问题，倡导青年深入社会实践，在实践中锻炼成长。他还特别强调“教育要面向现代化，面向世界，面向未来”，使得我们的青年眼光更加开阔，胸襟更加广阔。

4、关于教育青年的基本方法。邓小平同志指出，对青年要注重思想上的引导和教育。他指出，“要引导人们向兴旺的道路走。要树立共产主义的远大理想。越到困难的时候，越要有志气。在青年里面应该广泛地宣传这些思想。”引导和教育青年要坚持摆事实、讲道理的方法，要把事实摆足，把道理说透，用事实教育青年。他认为，解决思想问题，要靠经常性的说服教育，讲清是非和利害，积极帮助，耐心等待，这才是对青年的爱护，对青年的真诚引导。

5、关于精心培养和大胆选用青年人才。邓小平同志指出，“我们有正确的思想路线、政治路线和组织路线，只要大胆而谨慎地工作，只要经过周密的调查研究，广泛听取群众意见，就完全有把握把大批优秀的中青年干部提拔起来，保证我们的事业后继有人，后来居上。”培养选拔青年人才作为一项十分紧迫的战略任务，是决定社会主义事业兴衰成败的头等大事，是坚持党的基本路线一百年不动摇的组织保证。他指出，培养选用青年人才必须坚持德才兼备的原则，坚持革命化、年轻化、知识化、专业化的选才标准。他强调，德才兼备的青年，必须破格提拔，大胆使用，要破除陈旧的用人观念，努力营造有利于青年人才脱颖而出的社会环境。

6、关于共青团工作的主要任务。邓小平同志指出，“作为中国共产党的亲密助手，共产主义青年团还必须学会怎样把最广大的青年群众团结起来一道前进。我们不只是要善于团结先进青年，而且还要善于把一切爱国的青年、包括还不赞成共产主义世界观的爱国青年，都团结起来，共同为祖国的社会主义事业奋斗。”共青团工作的主要任务之一就是要站在青年中间，密切联系青年群众，最大限度地把青年团结和组织起来，为社会主义现代化事业而奋斗。他认为，团要代表和维护青年的具体利益，但反映问题要全面，代表青年利益要分析。邓小平同志指出，“群众团体的工作，应由群众团体自己去讨论和执行。过去对群众团体的认识是不清楚的，一般是包办与放松领导两个毛病都有的，今后应加以纠正。同时，在提出群众团体的组织独立性时，又要防止群众团体脱离党的政治领导的倾向，防止团脱离党的领导的闹独立性的倾向。”团的工作要有青年特点，要有独立活动，但不是脱离党的中心另搞一套，而是应该围绕中心、服务大局。

7、关于党对共青团的领导。邓小平同志指出，“团的工作无非两部分，一是参加全党全国范围内的各种工作，在同级党委领导下面，努力奋斗；一是属于青年团本身的特殊性质的工作，青年团应该有自己的系统领导。”保证党对共青团的领导是团的工作的根本和关键。要自觉坚持同级党委领导和团的系统领导相结合原则。他强调,共青团要经常把青年“温度”的高低告诉党,卓有成效地当好党的助手。邓小平同志重视团的系统领导。他认为,没有团的系统领导,就会失去全团的统一性,失去团的整体战斗力和存在的价值,党的任务就无法在团的系统和广大青年中贯彻落实。

邓小平同志关于青年和青年工作的思想是邓小平理论的重要组成部分,闪烁着实事求是这一马克思主义精髓的光辉。

三、以邓小平理论和“三个代表”重要思想为指导,推进新形势下上海共青团和青年工作发展

2002年5月,江泽民同志在纪念中国共青团成立80周年大会上的重要讲话,2003年7月,胡锦涛同志在同团中央新一届领导班子成员和团十五大部分代表座谈时的重要讲话,着眼于中华民族伟大复兴,着眼于党和人民的要求,着眼于时代的发展,对新形势下青年工作和共青团工作进行了新的概括,进一步丰富和发展了马克思主义青年观。这一丰富和发展可以从以下几个方面来理解。一是关于党与青年的关系问题。党的事业离不开青年,青年的健康成长更离不开党。二是关于党与共青团的关系问题。中国共产党与中国共青团有着特殊的政治关系,共青团的事业是党的事业的重要组成部分,青年工作是党的群众工作的重要内容。三是关于当代青年运动的重大理论问题。当代青年运动的旗帜是爱国主义;主题是实现中华民族的伟大复兴;方向是在党的领导下,同人民紧密结合,为祖国奉献青春。四是关于广大青年与“三个代表”重要思想。要在各行各业的本职工作中,在共青团组织开展的具有自身特点的各项活动中,努力为我国先进生产力和先进文化的发展作贡献,努力为最广大人民谋利益。五是关于共青团事业发展的历史方位和团组织自身建设。“共青团事业的发展处在一个新的历史起点上”,共青团组织“在工作思路上要创新、在工作方式上要创新、在自身建设上要创新”。

以邓小平理论和“三个代表”重要思想为指导,推进新形势下上海共青团和青年工作发展,就是要认真地、系统地读邓小平同志的著作,读“三个代表”重要思想的论述,读十一届三中全会以来党的重要文献,读马列的一些重要著作,并且要持之以恒,真正读懂读通。要在把握邓小平理论和“三个代表”重要思想的科学体系和领会它的精神实质上下功夫,尤其要着重领会解放思想、实事求是这个精髓。要学以致用,要把理论同工作实际结合起来,运用邓小平理论和“三个代表”重要思想来指导实践,解决上海青年成长发展和青年工作中的重大问题。学习理论要以我们正在做的事情为中心,着眼于对理论的运用,着眼于对实际问题的理论思考,着眼于上海青年工作新的实践和新的发展。

以邓小平理论和“三个代表”重要思想为指导,推进新形势下上海共青团和青年工作发展,就是要努力服务于加强党的执政能力建设,把广大团员青年团结凝聚起来,使之成为经过有效组织化整合的积极、有序的力量,追随党的事业。要坚持“青年为本、以德为先、服务为重、发展为主题”的“四为”工作理念;坚持围绕中心、服务大局,面向基层、服务青年的工作思路;坚持“品牌战略、实事工程、政策支持、阵地依托、基金辅助、开放体系和社会化运作"的运作方式和机制;建立和完善青少年思想道德教育体系、青少年人才培养体系、青少年服务体系、团建创新体系和青少年生存和发展指标体系。

以邓小平理论和"三个代表"重要思想为指导,推进新形势下上海共青团和青年工作发展,就是要一方面充分总结和继承党的青年工作的优良传统和长期形成的宝贵经验,另一方面在邓小平理论和"三个代表"重要思想指导下,以高度的使命感和进取精神开拓、创新,同时还要积极研究国外青年工作的成功做法,进一步创新完善共青团组织的职能,进一步体现作为执政党助手和后备军的职能,进一步体现协助政府管理好青年事务的职能,进一步体现党联系青年群众的桥梁和纽带的职能。要在全社会营造爱护青年、关心青年、支持青年的良好氛围,形成大批青年人才脱颖而出、竞展才华的生动局面。

新的社会结构下上海青工工作的思考

顾洪辉同志在2004年上海青工工作会议上的讲话(摘要)

(2004年2月19日)

上海青工工作发展到今天,有很多问题值得我们去研究。随着社会的变化,过去传统意义上所定义的一些概念已无法真正界定当前的工作。现在,团的工作层面越高,资源就相对多一些;越往下,资源就相对越少,工作也就越困难。从表面上看,是基层出了问题,实际上问题在上面。因此,我们必须要把青工工作放在整个社会发展的格局中去考察,用理性的眼光审视现在,用激情投入未来。当前,尤其要把我们的思想方式、思维方式和工作方式作一个必要的转变和革新,从源头上、根本上和大的格局上,研究青工工作的发展规律,寻找新的发展方向。

一、新时期青工工作背景的基本特征

大家知道,过去社会是单一社会,就是政治社会,一切以政治动员为主,社会资源配置以政治方式进行。后来,国家进行了经济改革,社会的动员方式发生了转变,企业不再作为政府的附庸,从第一域,即政治域中划分了出来,这样就有了经济资源配置方式,这是第二域,即由企业或者是市场组成的经济社会。但是现在社会里出现了许多新的组织形态与动员方式,与前面的都不一定是一样的,如团市委正在组建社工组织,它既不是政治域的,也不是经济域的,按照现代社会划分的理论,它是社会域的,即第三域组织。

共青团组织过去在一元化的政治社会里面,作为党的助手和后备军,工作资源极其丰富,可以说团组织也是青年成长成才唯一的途径,因此,企业中团的地位和作用十分突出。有了第二域以后,团组织又有了积极做好行政的帮手的职能,虽然碰到了挑战但也能应对。现在,两元社会的发展越来越充分,过去团组织在企业中主要承担拾遗补缺的任务,现在随着企业管理水平的提高,拾遗补缺的任务似乎也越来越少,找不到或不易找到工作作为。而新时期企业团组织要寻求工作作为就需要寻找新的突破方向。

目前的共青团工作基本上是单位化的,在三元社会结构中,单位团组织既要承担政治域的使命,又要承担经济域的任务,如果在社会域中不能确定自己的原则和位置,实实在在的工作作为就很难寻求到。社会域组织又可叫市民组织,这种组织往往是做政治域中政府、经济域中企业不做的事情——通常是不愿意或者是暂时不能够做的事情。

这几年我们越来越明显地感到，政府越来越关注与使用购买社会服务成果，这已经表明了转向社会域的一个带有根本意义的趋势。虽然共青团组织首先不是被定位为市民组织的，而是第一域组织的，但是要积极承担政府暂时不去承担、企业不愿承担的工作任务。这也就是说，在新形势下共青团组织往往可以而且应该在政治域、经济域和社会域的交叉区域上寻找到工作作为。做好新时期青工工作，我们既要用充分政治域的手段，又要用经济域的手段，同时在社会域中要学习用创新服务来求发展。

二、新时期青工工作的基本任务

新时期青工工作依然具有十分重要的优势，首先是政治优势没有动摇、没有变化；其次是组织网络优势很明显，这是其他系统或者组织不可比拟的；最后是队伍优势，有一支干部队伍，当然这个需要进一步巩固。团干部要正确看待困难和挑战，积极承担并努力完成共青团组织在社会转型中实现新发展的历史使命。团组织要帮助团干部培养一种“无中生有”的本领，在“没有”中学会产生“有”，又如“矮子投篮”，是一种过程性的训练，当“矮子”长高以后，就可以轻而易举地把篮球投进去了。因此，团干部要把现在的困难看成是财富，把挑战看成是机遇，只有这样，才能在有限的时间中不浪费青春。而且我们学会了“无中生有”的本领并且有了这样一种学习的能力，也就可以正确看待新时期青工工作所处的背景和具备的优势。

新时期青工工作的任务，着重在三个方面：一是政治参与，在政治域中承担责任的很重要一点是学习民主，代表、维护青年的整体利益，促进社会的和谐发展，当前首先要学会正确表达青年生存与发展的意愿；二是经济参与，在经济域中青工工作的重点是岗位建功，也就是促进青年就业和创业发展，这是我们的主阵地，社会的发展从来没有像现在这样使我们青年真正成为了社会的主力军，青年已经不仅仅是决定未来的力量，而且也是决定现在的力量；三是社会参与，在社会域中引领社会时尚，开风气之先。

三、新时期青工工作的主要内容

一是要研究和细分青年的需求。根据青年群体的不同需求，以柔性生产的手段提供个性化服务。在推进职业生涯导航活动中要花力气抓好这项工作，避免“上下一般粗”，形成不同的工作模式，营造百花齐放、万紫千红的局面。二是要构建公共服务平台，实现团组织之间、团组织与社会之间的大联合。这个公共服务平台应着重体现出集约性、共享性、服务性的特征，应以活动内容、项目机制、政策体系和信息化手段为主要支撑。三是要进一步突出服务、服务、再服务的工作主题。要注重开展建设性服务，在培训交流、政策研究、干部培养上进一步加大工作力度。

“求真务实”应该成为我们工作的第一准则，“建设性服务”应该是我们工作的着重点，当前要以建设公共服务平台作为具体的承载。这个平台其一应该是一个人力资源服务平台，要结合青年职业生涯导航活动的推进，建立青年职业发展指导中心，为青年提供就业服务、创业服务、培训服务等；其二应该是一个信息服务平台，要充分利用城市青年网建立青工网页和短信、邮箱系统，以信息化手段推动青工主体工作的深化，加强与基层、基层和基层之间的互动;其三应该是一个活动服务平台,要设计和提供丰富多彩的活动服务菜单,供基层团组织结合实际自主选择;其四应该是一个政策服务平台和一个理论研究服务平台。这个公共服务平台是一个开放的系统,是我们各级团组织资源共享的平台,它是我们团组织建设的一个创新。

认清形势　开拓创新

徐枫同志在上海市民办高校团建工作推进会上的讲话(摘要)

(2004 年 11 月 24 日)

一、民办高校团建工作的重要意义

中共中央、国务院《关于进一步加强和改进大学生思想政治教育的意见》就新形势下加强和改进大学生思想政治教育作出了全面部署。随后,共青团中央下发通知,突出强调了高校共青团组织在加强和改进大学生思想政治教育工作中的重要责任和任务,要求高校共青团组织利用特有资源优势,扎实推进工作,把大学生思想政治教育不断引向深入。另外,为顺应上海民办高校的发展趋势,市教育党委于去年成立了民办高校党委,对民办高校党的工作进行统一管理和统一指导。

在这种政策和制度环境下,推进上海民办高校团建工作显得尤为必要和重要。作为党的助手和后备军,民办高校团组织要责无旁贷地担负起大学生思想政治教育工作的责任和任务,教育引导在校大学生树立坚定的理想信念,永远跟党走。尤其在新的历史条件下,民办高校团组织要站在为党和国家培养和输送优秀人才,巩固党执政的青年群众基础,确保中国特色社会主义事业兴旺发达、后继有人的战略高度,充分认识民办高校团建工作的重要意义。

二、民办高校团建工作的基本状况

近些年来民办高校团工作取得了较大的发展,积累了不少有益的经验,但因民办高校仍属新生事物,这就决定了民办高校团建工作在很多方面有其自身的特殊性,还存在一些发展中的问题和困难。

1、*民办高校管理制度与传统团的工作存在一定程度的矛盾。*由于学校教学管理、财务管理等方面的制度性特点,使得民办高校共青团工作在经费、活动场地以及活动时间等方面都不同于普通高校。例如早自习和晚自习大多是作为民办高校的教学管理制度被规定下来并以学分的形式记入学生成绩的,在这种情况下,传统团学工作的开展至少在时间上受到了制约,规模和成效受到了一定的影响。这些都决定了民办高校团的工作必须走出传统的条条框框,以改革和创新的精神探索独具特色的团建路子。

2、*民办高校学生特点与传统高校共青团工作对象存在一定程度的不契合。*毋庸讳言,民办高校学生的认知水平和能力倾向不同于普通高校学生,心理需求和社会需求有其独特性，自理、自控和自学能力相对较弱，学校仍需要将一部分工作重心放在学生的养成教育上。这些都决定了民办高校团组织针对其工作对象开展工作时必须采取独特的方法，必须有所侧重，如果仅仅是照搬普通高校团组织的做法，往往难以取得理想的效果。

3、民办高校共青团组织的自身建设尚未十分完善。民办高校团建工作存在着主客观因素的限制，内在机制的不完善和不成熟仍是影响团工作水平的一个重要因素。目前，除了个别院校建立了校内三级团组织网络体系外，大多数民办高校团组织的架构还不很健全，有些学校团委直接面向各班团支部，工作成效难以得到保证；专职团干部严重匮乏，对本市10所民办高校的调研结果显示，整个学校仅1名专职团干部的占所调研学校数量的50％，仅有2名专职团干部的占30％，有3名以上专职团干部的仅占20％，这极大地加大了民办高校团干部的工作强度，而且影响了团工作的有效、有序开展。

三、推进民办高校团建工作的基本思路

1、坚持“党建带团建”，全面加强民办高校共青团组织建设。民办高校党委的成立为民办高校团工作的开展提供了很好的发展环境。各民办高校团组织要坚持“党建带团建”原则，主动争取学校党委的关心支持，围绕学校育人目标和党政中心工作，力争将团建创新从思想上、组织上、制度上、作风上、队伍上纳入党建整体格局中。要按照有关规定切实加强团的自身组织体系和工作网络建设，提升工作的规范性和有序性，逐步实现民办高校团组织工作的制度化、规范化和程序化，为各项工作的顺利开展奠定组织基础，寻求有力依托。

2、坚持“以作为求地位”，全面加强民办高校共青团活动建设。要立足学校办学方式和学生特点，大胆创新，勇于开拓，迅速建立起有特色、有重点、有实效的工作项目，将工作职能体系化、项目化，发挥团组织在民办高校育人工作中的重要作用。要在学校党委的领导下，加强与校内其他职能部门的沟通和协作，在活动场地、物资、项目等各方面为大学生素质拓展提供资源，拓展空间。要努力形成团建创新社会化的格局，把握和运用好民办高校的特有优势资源，与社会各界广泛开展合作交流，鼓励和委托社团及社会中介组织承接部分团的工作项目，以更加开放的姿态拓宽民办高校团活动的新模式。

3、坚持“服务大局、服务青年”，全面加强民办高校共青团队伍建设。团干部自身素质是民办高校团的工作水平的决定性因素之一。要加强民办高校团干部服务大局、服务大学生成长成才的意识，全力提高团干部服务大局、服务青年大学生的实际能力和业务水平，培养团干部的奉献精神和开拓精神，发挥他们联系大学生的桥梁纽带作用。要通过发展导航计划和各类业务培训，加强对团干部自身能力、学历、资历的培养和提升，同时还要切实关心爱护基层团干部，帮助他们解决工作、生活和学习中的实际困难。

扎实做好青年中心试点工作
巩固党执政的青年群众基础

李跃旗同志在金山区朱泾社区青年中心揭牌仪式上的讲话

（2004 年 8 月 6 日）

建设青年中心是共青团十五大提出的一项重大战略举措，是落实胡锦涛总书记对新时期共青团工作提出的“在工作思路上要创新、在工作方式上要创新、在自身建设上要创新”的要求，适应社会经济结构转型和青年群体分布变化，不断增强基层团组织生机和活力的重大创新，是进一步巩固党执政的青年群众基础，有效服务青年，扩大对青年，尤其是对社会青年、体制外青年凝聚的现实途径。青年中心的“新”就新在它是组织、阵地、工作三者的有机结合，是青年工作的组织机制、阵地建设和工作运行机制三者创新的有机统一。

一、青年中心要尊重青年的主体作用，发挥青年的主动性、积极性、创造性

青年中心是共青团领导下由青年自我组织、自我管理的新型社区青年组织，从根本上讲，要凝聚一切可以凝聚的青年，巩固党执政的青年群众基础。要达到这一目标，就要发挥青年的主体作用，把广大青年的主动性、积极性、创造性调动起来。

1、按照民主集中制的原则建好理事会。要发挥理事会一班人的骨干作用，倾听青年的意见和要求，把青年的呼声和需求作为青年中心设计项目、开展活动的主要依据，同时注重发挥理事的特长和作用，分工合作，各司其职，尽心尽力为广大青年提供服务。

2、重视做好会员发展工作。会员队伍拓展到哪里，青年中心的影响就拓展到哪里。要通过多种渠道宣传青年中心，通过有效的活动和服务项目来吸引青年，使青年中心的会员队伍不断扩大。

3、积极发育各类青年社团。要按照青年的兴趣、爱好、特长，发现青年中的一些热心骨干，启发青年自愿组合，给予必要的支持，形成广泛的青年社团性组织，实现青年活动自我组织、自我管理，让青年都能找到自己的位置。

二、青年中心的基本职能是服务青年，要按照“四为”工作理念，推进青年中心的项目化建设

1、要与共青团品牌工作项目相结合。青年中心是共青团工作的“终端显示器”，实践证明，众多青少年事务性工作可以由青年中心来承担，把青年组织起来解决自己的问题。当前，加强和改进未成年人思想道德建设是共青团的重大任务，青少年实践活动和素质拓展工作中的一部分可以交由青年中心来承担，如暑托班、夏令营等。其它像青少年心理辅导、法律咨询、就业培训、社区青少年管理、青年交友婚恋等都可以由青年中心来承担。

2、要根据本区域青年的实际需求来策划设计服务项目。如生活咨询和信息的服务、健康和情感需求的服务、素质拓展的培训和学习服务等，按需开展，提供菜单式的服务。在服务中注重发挥青年、会员各自的特长，体现互助、互动的优势。

三、青年中心要加强探索，及时总结，不断形成有效的工作运行机制

1、建好秘书处。朱泾青年中心安排了党员服务中心的专职人员来担任秘书长，这非常好。秘书处是青年中心日常工作机构，要选有专长、有热心的青年担任秘书长，要落实秘书长对青年中心发展的责任制，通过发展会员数、青年参与率等量化指标建立对秘书处工作的评价体系。

2、社会整合机制。要充分利用理事会成员和会员的优势和资源，实现青年间的互补和共享。运用好加盟服务机制。通过青年中心的运作，争取把与青年密切相关的企业、场所和设施纳入到青年中心的加盟服务单位中来，为青年提供满足多元化需求的优质优惠的服务。

3、服务社区机制。动员组织青年中心会员积极参与社区各项事务，为社区的三个文明建设作出青年应有的贡献。

4、健全日常工作制度。包括会员发展、设施使用、会员激励和志愿者工作制度等，使青年中心正常有效运转。

四、求真务实，大力扶持青年中心的建设和发展

共青团推动青年中心的发展，就是要在党组织的支持下，给青年中心的发展“把方向、抓协调、整资源、促发展”，而不是事事包揽。

要注重青年中心在青年中的美誉度，把“青年中心服务青年、青年中心青年自主管理”的品牌形象树立起来。要积极争取党政资源、青年人才资源向青年中心倾斜。要通过在青年中心设立大学生实践基地等做法，给青年中心配备大学生志愿者等工作力量。要把团的自身建设和青年中心建设结合起来，一方面要加强社区、楼宇、企业团的建设，同时也可以通过青年中心发现优秀青年，作为团的发展对象或党的推优对象。通过在青年中心设立团员服务窗口，为流动团员、社区团员提供基本的团务服务。

团市委将把试点的青年中心纳入今年团市委基层资助项目，给予一定支持。还将整合社会资源，全市 45 个青年中心联动，开发一些项目，并进一步加强对试点街镇团委书记和青年中心秘书长的业务培训。团区委也可以给予相应支持。

区县各级团组织要在各级党政领导的支持下，站在巩固党执政的青年群众基础的高度，从社会转型期青年工作规律出发，发挥团干部和广大青年的创造性，求真务实、勇于实践，扎实做好青年中心试点工作，为探索新形势下青年工作的新路子、为党团结凝聚最广泛的青年作出应有的努力。

在“三个代表”重要思想指引下
努力开创团市委直属机关党建工作新局面

王宏伟同志在中共共青团上海市委直属机关
第二次代表大会上的报告

（2004 年 6 月 28 日）

各位代表、同志们：

现在，我代表共青团上海市委直属机关党委向大会作工作报告，请予审议。

本次大会是团市委直属机关跨入新世纪后召开的第一次党代会，也是团市委在“三个代表”重要思想指引下，树立和落实科学发展观的要求，全面推进共青团事业新发展大背景下召开的一次重要会议，肩负着团市委直属机关党建工作继往开来的历史使命。这次代表大会的主题是：高举邓小平理论伟大旗帜，深入学习和践行“三个代表”重要思想，按照科学发展观的要求，与时俱进，奋发有为，不断开创团市委直属机关党建工作新局面。

一、近年来的工作回顾

近年来，团市委直属机关党委在市级机关工委和团市委党组的领导下，按照“青年为本、以德为先、服务为重、发展为主题”的工作理念和“内强素质、外树形象”的工作要求，紧紧围绕团市委中心工作，努力推进机关和各直属单位党的思想建设、组织建设和作风建设，充分发挥党组织的监督领导和协调保障作用，为团市委系统的物质文明、政治文明和精神文明建设提供了坚强有力的思想和组织保证。

（一）切实加强思想建设，增强党组织的凝聚力

1、坚持抓好理论学习，提高党员干部的思想政治素质

紧密结合团市委直属机关党员干部的特点，特别是培养高素质、复合型团市委机关干部的要求，加大理论学习的力度，着力提高党员干部的思想政治素质。

在学习内容上注重有重点、成系统。坚持把邓小平理论和“三个代表”重要思想作为理论学习的重点内容，以《纲要》为基本教材，结合学习江泽民同志、胡锦涛同志的一系列重要讲话和中央、市委的重要会议和文件精神，力争使本系统的党员干部能较为全面准确地把握邓小平理论的科学体系和“三个代表”重要思想的科学内涵。同时，还有计划地把国际国内形势、市情、当代英模典型和现代化科学知识纳入理论学习内容，从而进一步增加理论学习的深度和广度，提高党员干部的学习热情。2001 年以来，共举

办专题辅导讲座40余次,参加者逾3000人次。

在学习对象上注重领导干部带头学。建立健全团市委党组、各直属单位党委(党总支)两级中心组学习制度,重点抓好机关处以上干部和各直属单位中层以上干部的学习,力争使领导干部先学一步,学深一些,学透一点,以此带动广大党员理论学习的不断深入。积极协助团市委党组搞好每月1—2次的中心组学习,做到有计划、有专题、有研讨,如邀请专家学者就上海"国际化、信息化、市场化、法治化"建设开展专题讲座,邀请专家为机关干部讲历史、讲哲学、讲法制、讲国际形势,从而发挥党组中心组学习的示范引导作用。

在学习形式上注重多样化。通过报告会、讲座、论坛、专题辅导、支部生活会以及党校政训、参观考察等多种形式组织党员开展理论学习,力求学习形式的丰富多彩。2001年来已选派了65人次参加了市委党校的理论学习。组织党员考察了大小洋山深水港建设、张江高科技园区、卢浦大桥等,实地体验上海改革开放的最新成果。探索运用走出去学习的形式,考察了宁波、杭州、南京、苏州、昆山、江阴等地,学各地所长。充分运用互联网,开展网上学习论坛活动。编写了团干部理论学习指导手册。

在学习要求上注重理论联系实际。按照"三个着眼于"的要求,把理论学习与机关和各直属单位的工作目标相结合,与深入调查研究相结合,注重把理论学习的成果运用到实践中去,把工作实践中遇到的问题放到理论学习中去寻找解答。各级党组织还针对市场经济条件下党员思想上出现的新情况、新问题,因人、因地、因时地开展各项专题教育活动,进一步帮助党员坚定理想信念,树立正确的世界观、人生观和价值观,结合揭批"法轮功"组织,大力开展了马克思主义唯物论、无神论教育,引导党员崇尚科学,反对邪教;开展"致富思源、富而思进"教育活动,帮助党员树立进取意识和大局意识;结合国庆50周年、香港、澳门回归和建党80周年,开展了爱国主义和颂扬党的辉煌历史的教育活动。

2、注重开展思想政治工作,充分发挥党组织的服务保障作用

近年来,团市委各级党组织以"凝聚力工程"建设为抓手,把做好经常性的思想政治工作放在重要位置,切实抓紧、抓好、抓实。

开展调查研究,深入了解党员群众的思想状况。直属机关党委和各直属单位党组织经常性地深入党员群众,了解大家所关注的热点敏感问题,及时向党组和单位行政负责人汇报和沟通党员群众的思想状况,提出工作意见和建议。特别是各直属单位在改革改制的过程中,党组织通过召开职工代表会、走访谈心等形式,倾听和收集群众对各项改革的看法和意见,宣传改革思想和政策,使广大党员群众理解改革、支持改革。同时,在上海青年电子社区设立了书记信箱,党组主要负责人建立了与机关干部谈心制度,机关OA网上建立可匿名的机关论坛以及开展与党组成员谈心活动,通过这一系列新载体,加强与党员群众思想沟通工作。各级党组织还关心好党员群众的工作、生活,通过建立"事业留人、感情留人、待遇留人"等机制,为党员群众排忧解难,努力实现"了解人、关心人、温暖人、凝聚人、提高人"的工作目标。

坚持正面引导,营造良好氛围。在团市委党组的支持下,机关党委与组织部门等一起，努力营造团市委系统良好工作氛围，弘扬正气，激励先进。如，每一次机关大会上，党组主要负责人在工作总结中会表扬先进，鞭策后进；在干部提拔上，倾向于踏实做事、甘于奉献的干部；在培训、出访、学习等方面优先选派先进工作者；在年度评优方面，还注重各部门和群众的民主评议。设立了年度“优秀工作项目奖”和“新人奖”，树立工作典型，鼓励新人成长。同时，经常组织党员观看话剧《凝聚》、《党的女儿》、电影《生死抉择》等主旋律文艺作品，聆听秦文贵、李斌、公举东、黄东华、查文红、冯艾等英模事迹报告。因此，团市委系统党员干部一直保持着良好的精神风貌，在为抗击非典无偿献血的时候，近100名党员干部挺身而出；当开展“为了生命的希望工程——上海青年造血干细胞捐献志愿者行动”的时候，机关干部踊跃报名，并自己支付血检费；当选派援藏干部的时候，团市委符合条件的干部全部报名。

努力开拓创新，增强工作实效。通过征集机关建设“金点子”活动，鼓励党员发扬主人翁精神，为机关建设踊跃建言献策，“金点子”活动开展以来，先后有32条“金点子”受到表彰，并已有20多条得到了落实，如，每月一次的机关升国旗仪式已成为机关干部接受爱国主义教育的有效途径。在机关OA网上大胆探索网上组织生活的新形式，组织大家在网上开展“机关文化建设的内涵”、“当前社会上较为关注的青少年热点问题及现象探讨”等专题组织生活会。

坚持“两手抓，两手都要硬”，加强直属单位精神文明创建工作。机关党委在各直属单位开展了“文明单位”创建活动，初步形成了业务建设与精神文明建设同步推进、协调发展的良好局面，先后有3家单位被评为“上海市文明单位”，1家单位被评为“市级机关系统文明单位”，2家单位获市级机关系统“双文明”双十佳好事提名。

（二）大力加强组织建设，增强党组织的战斗力

1、着眼并着力于党组织的自身建设，推动全系统党建工作健康发展

建立党建工作责任制，配齐配强专兼职党务干部。为了更好地发挥党委的政治核心作用和党支部的战斗堡垒作用，同时，避免党建与经济、行政工作“两张皮”现象的发生，机关党委重点落实了党建责任制。将团市委机关各部门党支部建设情况纳入年度部门考核评分体系，重点考核党支部在推进工作中如何发挥战斗堡垒作用，如何以党建促进部门建设；每年年初与各直属单位党组织签订《党建责任书》，明确党建工作年度目标管理考核制，并将考核结果与领导班子成员年终奖励挂钩，有效促进了直属单位党建工作。团市委还明确了各直属单位党委（党总支）书记由各单位一把手担任，机关部门党支部书记由部长（主任）担任。与组织部门一起根据各单位和部门的实际情况，及时调整、充实、配齐各单位和部门的党组织领导班子，为加强基层党组织建设、提高党组织的战斗力提供了组织保障。

充分发挥作用，服务发展大局。各直属单位党组织为本单位的改革和发展积极发挥作用，取得了一定的成绩，如，上海青年管理干部学院党委立足学院的长远发展，以“建一流师资、育一流人才”为目标，大胆创新、务实开拓，在短短几年时间内，使学院的硬件和软件建设都跃上了一个新台阶，实现了令人瞩目的超常规发展；上海城市实业公司党委充分发挥党组织在城市酒店经营管理中的领导核心作用，率领全体员工艰苦创

业,数年如一日,克服了"非典"所造成的突发性困难,把酒店在上海市场的综合竞争力迅速提升到一个新的水平,成功升星,实现了企业效益和员工队伍建设双丰收的业绩;青年报社党委面对竞争日益激烈的报业市场,以改革促发展,以发展来解决矛盾和困难,勇于开拓,抢占先机,率领全体干部职工,发挥党员的骨干作用,抓改革、抓管理、抓队伍,使《青年报》的新闻质量、发行量等在近一年内就获得了较大突破,社会影响力迅速提升;上海大世界(集团)公司党委在面临停业、转制的艰难时刻,各党支部深入党员群众,耐心做好广大员工的思想工作,正视企业目前的困境,认清发展中存在的问题,动员大家齐心协力保稳定、和衷共济求发展;上海青旅(集团)公司党委面对资产重组的重大改革,上下齐心,不畏艰难,艰苦探索,力争使改革实现较大突破;上海青年文化活动中心党委在企业的"二次创业"中,大力加强党建工作,不断强化教育、服务青少年的功能建设和项目开发,不仅使中心努力地摆脱困境,而且及时调整经营思路,提出了"做强主业,盘活置业,管好物业"的"三业"发展定位,为青少年素质教育和青年职业发展服务做出贡献,树立了良好的社会形象;上海市青年科技发展公司党总支狠抓企业内部管理,运用平衡计算法的原理,不断加强和完善员工的绩效考核工作,抓住物流大发展的有利机会,做强原有航线,拓展"通用"等新项目;上海市因私出入境服务中心有限公司党总支则一贯坚持以培养人为主线,重视员工队伍建设,坚持培养青年业务骨干,以党组织来吸引、关心青年业务骨干的成长,凸现了自身党建特色。同时,团市委机关各党支部在部门建设、队伍建设和推进新世纪上海共青团事业新发展中作出贡献。2001 年以来,团市委系统先后有 4 个党支部被评为"市级机关系统先进党支部",21 个党支部被评为"团市委系统先进党支部",2 个党支部的组织生活还分获市级机关"最佳组织生活实例"征集评选活动"优秀奖"。

2、加大党员教育管理的力度,提高党员队伍素质

结合机关和各直属单位的实际情况,加强对党员干部的教育管理。积极组织党员认真学习党章和党的基础知识,学习有关法律、业务知识和各种廉政规定,帮助党员牢记党的宗旨,自觉实践"三个代表"重要思想,努力提高党性修养,发挥表率作用。2001 年以来,先后有 4 位党员被评为"市级机关系统优秀共产党员",2 位党员干部被评为"市级机关系统优秀党务工作者",36 位党员被评为"团市委系统优秀共产党员",12 位党员干部被评为"团市委系统优秀党务工作者"。

重视党员发展工作。根据"一线、一流、青年"的原则,重点培养发展优秀的青年入党积极分子,严格规范入党程序。2001 年以来,全系统共培训入党积极分子 249 人,先后有 67 位同志光荣地加入了中国共产党,为党组织增添了新鲜血液。

认真做好培养培训工作,着力提高党员干部的综合素质。针对机关干部普遍年龄较轻、追求事业发展、善于接受新事物、求新务实等特点,机关党委协助组织部门制定并下发了《团市委机关干部发展导航计划(试行)》,将团市委党组对机关干部成长的总体要求与机关干部个性化发展需求相结合,从而为每个人的成长指明方向。在机关干部中率先引进了卡内基培训和华尔街英语培训,选派干部到新加坡、香港的青年组织进行挂职锻炼,赴美国、英国、香港等进行培训,赴海外进行广泛交流,以此培养党员干部的

世界眼光，接受新的理念，促进全面发展。2001 年以来，团市委选派干部赴海外考察和外向型培训共计有 200 多人次，选派了 10 多名干部赴党政机关、大型国企、著名民企进行挂职锻炼。

3、加强对工会、共青团工作的领导，发挥群众组织在物质文明、政治文明、精神文明建设中的桥梁和纽带作用

充分发挥系统工会、共青团等群众组织在密切党群关系、干群关系，提高干部职工思想觉悟等方面的桥梁纽带作用，积极支持、帮助、指导系统工会、共青团组织独立自主地开展工作。支持工会开展各项活动，积极为干部职工办实事、做好事，关心干部职工的学习和生活，开展各类文体活动；搞好干部职工节日慰问和福利，坚持生日慰问和生病、生育同志的家访；落实干部职工体锻和休假制度；进一步关心离退休老同志等。近年来，工会共组织全系统干部职工向困难地区和灾区捐款 10 万余元。大力支持直属机关团工委开展工作，做好青年的思想工作，充分发挥团员青年在本单位、本部门工作中的生力军和突击队作用。近年来，先后有 4 个团组织荣获市级机关“优秀团组织”称号，2 人荣获“上海市新长征突击手”、8 人分获“市级机关优秀团干部”和“市级机关优秀团员”等称号。

（三）努力加强作风建设，增强党组织的影响力

1、加强党性党风教育，推进党员干部思想作风和工作作风建设

在党组领导下，机关党委配合组织部门坚持不懈地加强党员干部的作风建设。

在机关干部和直属单位领导班子建设中强调作风教育。党组成员以身示范，树立真心诚意地“服务基层、服务青年”的工作理念，实施了一系列实实在在的服务举措，受到基层团组织和青年们的好评。在党员干部中倡导“鲜明、大气、务实、高效”的作风，特别是引导机关干部学习继承团的优良传统，不断“用党的文化熏陶自己，用政府工作的规范打造自己，用群众团体的理念激励自己”，同时，在机关干部中强调事业为重、创新务实、团结协作、艰苦奋斗、追求卓越的精神。

结合作风建设，在机关处以上领导干部和直属单位领导班子中开展了以“三讲”教育和“三讲”教育“回头看”为主要内容的党性党风教育；制定下发了《共青团上海市委关于加强团的作风建设实施意见》；组织机关干部与基层团组织结对活动，组织全体机关干部与困难青少年“一助一”帮困助学活动，坚持在春节期间走访慰问困难青少年；在机关干部中提倡勤俭节约、艰苦奋斗，实行一纸多用和用再生纸名片。团市委机关各部门还制定了年度“服务基层，服务青年”计划，把服务意识落到实处。鼓励党员干部勇开风气之先，激励创新，宽容失败；倡导机关干部深入各类青年群体，走到青年中去，与青年交朋友，及时把握当代青年状况。

2、加强党风廉政建设和纪检监察工作力度，不断完善党内监督和反腐倡廉工作机制

机关党委、纪委认真贯彻中央确定的党风廉政建设和反腐败斗争的指导思想、基本原则，根据上级纪委对团市委纪检监察工作的总体部署，狠抓教育、监督和完善制度三个环节，进一步加大了党风廉政建设的力度。

加强教育,提高对反腐倡廉的认识。要求各级党组织认真学习《中国共产党党内监督条例(试行)》和《中国共产党纪律处分条例》以及每年中纪委全会和上海市加强党风廉政建设干部大会精神。采取多种形式,加强宣传教育力度,组织党员干部观看了监察部副部长屈万祥同志关于两个《条例》的报告和《一心为民的好书记——郑培民》、《扭曲的人生——李真》专题教育片,用正反事例教育党员干部自觉筑牢反腐倡廉的思想堤坝,廉洁勤政,遵纪守法。

健全纪检队伍建设,落实党风廉政建设责任制。近年来,在市纪委和市级机关纪工委指导下,建立了党组纪检组,加强对领导班子党内监督。根据干部工作实际情况,及时调整和充实机关纪委班子,督促直属单位相继健全纪检干部队伍,加强纪检工作力量。落实了各直属单位党风廉政建设责任制,明确党政主要负责人为本单位的党风廉政建设第一责任人。

完善制度建设,严格党内监督。在巩固以往有效做法的基础上,进一步完善了以下六项制度:一是加强民主集中制建设,团市委党组带头示范,涉及党员群众切身利益问题广泛听取群众意见,坚持重大决策、重要工作、干部人事工作和大额经费使用等提交党组会、书记办公会集体讨论决定,各直属单位领导班子也加强了民主集中制建设。二是完善团市委民主生活会制度,开好每年一次的党组成员和各单位、部门领导班子民主生活会,力求保证质量、开出成果。三是将述廉纳入到党员干部年度述职考评的内容。四是严格执行领导干部礼品、礼金上交制度,仅 2001 年以来,就收到团市委领导干部上交的各类礼品、礼金、有价证券(礼券)价值人民币 4 万多元。五是不断规范领导干部个人重大事项报告制度,把处级领导干部配偶、子女个人经商办企业、因私出国等情况等列入报告事项。六是加强信访工作,做好来信来访的调查处理工作。

各位代表,同志们,近年来通过全系统各级党组织和广大党员的共同努力,团市委直属机关党建工作取得了一定的成绩。回顾过去的工作,我们深切体会到:党组的高度重视,是直属机关党建的根本保证;围绕本部门、本单位的中心开展工作,是直属机关党建的重要前提;加强基层党组织凝聚力、战斗力建设,是直属机关党建的关键环节;求真务实、开拓创新、与时俱进,是直属机关党建的必由之路。但我们也应当清醒地认识到团市委直属机关党建工作中还存在一些不足,主要表现在:团市委直属机关党建工作水平尚不处在市级机关的前列;个别基层党组织建设尚未引起单位、部门负责人的重视,自身建设较为薄弱;党的制度建设水平有待进一步提高;少数党员干部先进性意识需要进一步加强;思想政治教育的内容和方式还需要进一步改进,等等。这些薄弱环节必须引起我们足够的重视,并在今后的工作中认真加以解决。

在本届直属机关党委即将完成使命之时,我们由衷地感到,我们在工作中取得的任何一点成绩和进步,都是市级机关工委、团市委党组正确领导的结果,也是全系统广大党员和干部群众共同努力的结果。在此,我谨代表团市委直属机关党委向市级机关工委和团市委党组领导、向辛勤工作在全系统各条战线上的全体共产党员和干部职工,表示崇高的敬意和衷心的感谢!

二、新一届直属机关党委的主要任务

各位代表，同志们，根据市十二次团代会提出的上海共青团工作的宏伟目标，新一届团市委直属机关党委工作的指导思想和总体目标是：坚持以邓小平理论和“三个代表”重要思想为指导，按照科学发展观的要求，与时俱进，扎实工作，以“凝聚力工程”为总抓手，以“建一流队伍、育一流作风、出一流业绩、创一流党建”为重点，努力开创团市委直属机关党建工作的新局面，团结带领全体党员为加紧完善上海青年工作新格局而努力奋斗。

（一）努力建设一流队伍

1、加强理论学习，大力推进学习型党组织创建活动

学习贯彻“三个代表”重要思想是一项长期的战略任务。要继续按照武装头脑、指导实践、推动工作的要求，进一步增强学习贯彻“三个代表”重要思想的自觉性和坚定性，紧密联系团市委工作的实际，将学习贯彻“三个代表”重要思想不断引向深入。把建设学习型党组织作为全面提高团市委系统党员干部政治素质、业务素质和科学文化素质的一个重要载体，开展“做学习型干部、创学习型部室、建学习型机关”主题活动，构建多元化、开放式学习格局，以提高学习力来增强创新力，全面提高党员干部的综合素质。要逐步在党员和广大干部职工中推广和深化“自主学习、团队学习、终身学习”、“工作学习化、学习工作化”的学习理念和管理理念，不断提高党员干部的学习积极性和主动性。进一步加大思想教育力度，促使每个党员成为终身学习的积极参与者，每个支部成为学习的积极组织者和倡导者，从而使整个系统呈现出勤奋学习、不断进取的良好态势。坚持发挥两级中心组学习的示范辐射作用，形成以处级干部为重点、机关党委抓落实、党员干部积极参与的理论学习工作格局。

2、加大对党员干部队伍的培养力度

以党对青年干部的总体要求，积极配合组织部门加强对党员干部的培养工作，加强直属机关人才队伍建设。支持干部管理制度的改革，力争在扩大民主、完善考核、开展交流、加强监督等方面取得新进展。要在协助组织部门开展《机关干部发展导航计划（试行）》中发挥机关党委的优势，多了解机关干部思想状况，提出工作建议；多关心机关干部工作和生活，及时为其排忧解难；多发现和宣传机关干部中的闪光点，倡导良好的机关文化氛围；多搭建舞台，让机关干部竞展才华；多加强党内监督，使机关干部健康成长。同时，在机关干部中提倡科学健身，开展“健康——让事业更辉煌”健身活动，努力使每位机关干部成为政治素质强、综合素质高、身体健康、富有发展潜力的青年人才。

3、进一步加强领导班子建设，组织开展“高兴、放心”活动

当前正在深入开展的“让人民高兴、让党放心”和学习赵为民同志先进事迹的活动，是新形势下市委进一步加强领导班子建设和干部队伍思想政治建设的一项重要举措。今年下半年，将在直属机关抓好“让人民高兴、让党放心”的好班子建设活动，将活动与树立和落实科学发展观、正确的政绩观结合起来，与“抓部门建设，抓工作落实，抓服务基层”结合起来，与挖掘先进典型、学习先进典型结合起来，使各级领导班子整体素质不

断提高。要通过活动，帮助各级领导班子成员明确“好班子、好干部”在新时期的时代特征和具体内涵是什么？具体标准是什么？如何提高党的执政能力和领导水平？着重在提高领导班子把握大局、破解难题、开拓创新和狠抓落实等四方面的水平上下功夫，不断提高工作能力。

4、大力开展“保持共产党员先进性”教育活动

要根据市委统一部署，开展好团市委直属机关“保持共产党员先进性”教育活动，教育引导党员牢记党的宗旨，进一步增强党员队伍的创造力、凝聚力和战斗力。机关干部要侧重于按照胡锦涛同志对广大团干部的要求，“忠诚党的事业，热爱团的岗位，竭诚服务青年，努力做让党放心、让广大青年满意的干部”这个主题开展活动。要进一步改进开展党员思想政治工作的方式，通过丰富多彩手段开展思想教育工作。以纪念邓小平同志诞辰100周年和庆祝建国55周年为契机，运用改革开放的伟大成果和全面建设小康社会的新成就，教育激励党员干部，坚定中国特色社会主义的理想信念。要定期开展直属机关“优秀共产党员”评选表彰活动和“十佳好事”评选活动，树立身边的典型，在全系统党员中起示范引领作用。要严格党员管理，积极慎重地做好党员发展工作，实行新党员公示和责任追究制度，以保证为组织输送合格的新鲜血液。

(二)大力培育一流作风

1、大兴求真务实之风，按照科学发展观的要求开展各项工作

组织党员干部深入学习中央、市委领导有关树立和落实科学发展观和正确的政绩观的讲话精神，深刻领会以人为本，全面、协调、可持续的发展观的深刻内涵和基本要求。充分认识树立和落实科学发展观是贯彻落实“三个代表”重要思想的具体体现，是全面建设小康社会的必然要求，是妥善应对各种风险和挑战的正确选择，是提高党的执政能力和执政水平的迫切需要。要进一步教育引导党员干部大力弘扬求真务实的工作作风，不断提高党员干部求真务实的自觉性，切实解决思想作风、工作作风和领导作风等方面存在的突出问题，进一步推进作风的转变。组织“寻找身边的闪光点，我为机关添光彩”和“寻找身边的不足，转变工作作风”的网上专题讨论。

2、继续开展“三优三满意”活动，服务基层，服务青年

根据“四为”工作理念的要求，在团市委机关继续开展“三优三满意”活动。要切实服务基层、服务青年，把基层和青年的意愿作为第一信号，把基层和青年的满意作为第一追求，在深入调研、敢讲真话、主动服务上下功夫，树立机关干部公道正派、高效务实、优质服务、联系青年的良好形象。要教育引导党员干部在工作中充分考虑群众的利益，实现好、维护好、发展好群众的根本利益，做到有利益先考虑群众，有困难先留给自己。要进一步加强调研，及时了解青少年中的问题和现象，体察他们的所思所想所需所求，将调研的手臂延伸到社区和有困难的团组织，提高服务的针对性和有效性，每年开展机关优秀调研论文评选活动。要继续搞好机关干部同身边困难青少年的“一助一”结对帮扶活动；成立机关干部志愿者服务队，定期到孤儿院走访慰问，关心孤残儿童。机关党委还将进一步加强各部门的优美环境建设，营造机关良好的环境氛围。

3、深入开展反腐倡廉教育，大力加强党风廉政建设

要以学习贯彻党内监督条例为契机，加强和健全党内监督。针对在党内监督方面存在的薄弱环节，抓住重点，依据《党章》、两个《条例》以及其他纪律规范，着力抓好强化监督意识、明确监督重点、严格党员组织生活制度、提高民主生活会质量和落实党风廉政建设责任制五个环节，力求在监督党员思想作风建设方面取得新的进展。直属机关纪委将进一步健全领导干部廉洁从政情况报告制度，继续做好述职述廉工作，逐步推行各种形式的任前廉政谈话、诫勉谈话和政务公开等制度。

要深入开展反腐倡廉教育，做到旗帜鲜明，态度坚决，立场坚定。切实帮助广大党员和领导干部树立起正确的“三观”，牢固思想道德防线，从思想上提高拒腐防变的能力。继续抓好领导干部廉洁自律工作，加强纪律教育，严格遵守四大纪律和八项要求，落实领导干部不得以权谋私的“三条高压线”和加强对“一把手”监督的“四项要求”。要坚持不懈地按照中央、市委的有关规定和要求，抓好廉政建设责任制的落实，做到严格要求、严格监督、严肃执纪、常抓不懈。

以完善制度为重点，切实加强直属单位党风廉政建设，重点是要抓住五个关键环节，建立完善三项机制。

抓住五个关键环节：一是资金流环节，特别要关注资金的流向、流动资金的金额、资金流动期限以及资金在流动过程中的增值情况，凡资金转移都应建立和严格实施审批制度。二是采购环节，要加强采购工作的管理，一方面要按比价原则，实行“货比三家”；另一方面要制定科学合理的采购预算计划和监管措施。三是基本建设项目的建设环节，要严格执行招投标制度。四是资本市场运作环节，要特别强调资金运作的规范性、安全性和可靠性。五是企业改制环节，企业改制中，无形资产的高低，账面资金的数额大小、资金质量的优劣以及资产评估的方式等都需要密切关注，防止资产评估、资产运作只由少数几个人操作，从而避免造成国有资产的流失。

建立完善三项机制：一是科学决策机制，企业决策必须要有议事规则、决策程序和表决制度，明确重大问题必须经过集体讨论研究、集体决定，不能个人包办、个人说了算，以确保企业重大问题讨论的科学化、民主化、规范化，避免决策失误，企业“三重一大”制度必须严格执行。二是财务预算机制，预算既是企业的计划，也是企业的目标，要把企业的经营、投资、费用各个环节都处于预算计划之中，并严格按预算计划执行，以避免和制约企业的失控现象，同时也能对预算外的经营活动起到预警作用。三是内部监督约束机制，要对下属单位的财务状况和资金运作情况进行监督管理；要强化内部审计，不但要抓好年度的财务审计和干部的离岗审计，还要对执行财政纪律、规章制度情况进行审计和专项调查，并对审计结果通过一定的方式进行通报；要开展效能监察，通过效能监察发现问题、查找原因，促进管理；要实行政务(厂务)公开制度，对年度财务审计报告等情况要向党员群众公布；要增加企业经营决策透明度，接受党员群众监督。

(三)切实做出一流业绩

1、争创“文明单位”，促进事业全面发展

各直属单位党组织要将创建上海市“文明单位”和市级机关系统“文明单位”作为推进事业发展的有效抓手，“文明单位”是检验各单位“两手抓，两手都要硬”的有效标志，要认真参照“文明单位”创建的各项标准，切实将创建过程变成推进本单位各项事业不断跃上新台阶的过程。

2、完善激励机制，引领党员争先创优

“追求卓越”是上海城市精神的重要内容，团市委各级党组织不仅要在思想上引领党员创一流业绩，还要在机制上激励党员出一流成绩。当前各直属单位正面临改革发展的关键时期，各级党组织要积极开展“岗位创优，示范党员”活动，发挥党员的先锋模范作用。要加强党内民主建设，广开渠道，建立党员群众建言机制和民主参与机制，充分调动党员群众的积极性、主动性和创造性，鼓励大家为本单位发展献计献策。要建立关心党员群众机制，切实做好党员群众的思想稳定工作，为各单位改革顺利进行发挥保障作用。团市委机关将继续做好机关建设“金点子”征集、表彰和落实工作，继续开展年度机关“优秀工作项目”评选活动。

3、服务经济建设主战场，发挥党组织的政治核心作用

发展是硬道理。各单位党组织要充分发挥在事业发展中的政治核心和保障作用，进一步研究和探索企业党组织在现代企业制度的框架内发挥党组织作用的有效途径和方式。在建一流队伍、育一流作风的同时，自觉服从大局、服务于各单位中心任务，把党建融入到业务中，支持行政做好工作，加强民主集中制建设，在形成班子的合力上下功夫，共同为企业的发展出谋划策。

(四)不断争创一流党建

1、加强党务干部队伍建设，不断提高党建工作水平

要拓宽党务干部选拔任用的渠道，扩大来源、充实力量、改善结构，配齐配强专兼职党务干部，建设一支党性强、作风正、热爱党务工作的专兼职党务干部队伍。加强培训和交流，提高党务干部队伍的工作水平。切实关心党务干部的思想、工作和生活，帮助他们解决实际困难，创造良好的工作条件。

2、改进工作方法，进一步落实机关党建工作责任制

把握党建面临的新形势、新任务，改进领导方式和工作方法。机关党委要强化规划、指导、督促、检查职能，主动搞好服务，抓好工作落实。加强与机关各支部、各直属单位党组织的工作沟通，及时协商解决好党建工作的难题和重点问题。进一步落实部门和直属单位主要负责人带头抓党建工作的责任制，形成推进直属机关党的建设的合力。

3、大力加强基层党组织建设，不断提高基层党组织的活力

大力加强支部建设的制度化、规范化，实行定期考核，各项考核指标力求量化。认真落实党的基层组织定期向党员报告工作制度。每年定期开展党支部书记培训班，编制党支部书记工作手册，增强党支部书记兼职到位的意识和“两手抓”的能力。开展“怎样当好(机关)党支部书记”征文活动，以“有活动、有成效、有活力”为目标，积极参与市级机关“最佳组织生活实例”征集评选活动，总结交流基层党支部工作的新鲜经验，提高党支部工作的针对性和有效性。进一步利用机关 OA 网，经常性地组织开展网上组织生活，积极探索组织生活有效形式。

4、加强机关党委、纪委班子的自身建设，进一步发挥整体作用

进一步完善机关党委、纪委内部议事和决策机制，发挥机关党委委员、纪委委员讨论决策、沟通联系、指导示范和检查调研的作用，建立机关党委委员、纪委委员联系基层党支部工作制度，推动基层建设。增强机关党委、纪委班子的整体合力，发挥集体领导作用，提高创造性开展工作和解决自身问题的能力。规范机关党委、纪委换届工作。

5、加强理论研究，不断推进机关党建工作创新

以加强党的执政能力建设为重点，积极探索新形势下加强直属机关党建工作的新途径、新方法。创新党建工作的内容、形式和载体，增强党的工作生机和活力。进一步发挥直属机关党建研究会和思想政治工作研究会的作用，加强党建理论探讨，把基层党组织的丰富实践上升为理论，更好地指导党的建设，不断开创党建工作新局面。

6、进一步加强对工会、共青团组织的领导，充分发挥党的群众工作优势

进一步关心、指导好系统工会深入学习贯彻《工会法》和《上海市工会条例》，关心系统内生活困难的干部职工，做好帮困送温暖工作。定期举办趣味运动会等小型多样、丰富多彩的文体活动，营造健康活泼的氛围。指导各直属单位工会健全职代会制度。要指导直属机关共青团组织的各项工作走在市级机关系统团组织的前列，自觉把团的建设融入到党建工作的总体格局中，以党建带团建，为直属机关青年成长成才创造良好环境。

同志们，今天的大会是一次承前启后的大会，对加强团市委直属机关党建工作和进一步开创各项工作新局面有着重要的意义。让我们紧密团结在以胡锦涛同志为总书记的党中央周围，高举邓小平理论和“三个代表”重要思想的伟大旗帜，在市级机关工委和团市委党组的领导下，按照科学发展观的要求，进一步解放思想，锐意进取，与时俱进，扎实工作，为把团市委直属机关党建工作提高到一个新水平共同努力！

服务青年成才发展取得新成效
推动青年人才工作跃上新台阶

陈凯同志在2004年上海青年成才实践月闭幕式
暨上海企业青年创新成果大赛表彰会上的讲话

（2004年6月21日）

各位领导、同志们、青年朋友们：

今天，市经委、市科委、市科协、市知识产权局、市发明协会和团市委联合举行2004年上海青年成才实践月闭幕式暨上海企业青年创新成果大赛表彰会。刚才，平安保险公司的负责人致了热情洋溢的贺词，市经委、市科委的领导代表活动主办单位宣布了上海企业青年创新成果大赛表彰决定和“高新技术成果转化”认证决定，上海企业青年创新成果大赛的优胜者也荣获表彰。在这里，我代表团市委向获奖的青年朋友们表示热烈的祝贺！向热情关心青年成长，大力支持青年成才实践活动开展的有关部门和单位的领导表示衷心的感谢！

下面，我谨代表活动主办单位，就2003年上海企业青年创新成果大赛作一回顾，同时对近年来上海青年成才实践活动作一总结，并就下一步深化推进上海青年成才实践工作提几点希望。

一、对去年上海企业青年创新成果大赛的回顾

2003年上海企业青年创新成果大赛，自去年9月开展以来，在企业党政领导的重视关心下，在企业团组织的积极推动下，在广大青年职工的踊跃参与下，取得了显著的经济效益、人才效益和社会效益。大赛共收到包括“开发一项新产品、创造一项新工艺、推广一项新技术、转化一项新成果”在内的“四个一”技术创新成果118项，管理、营销、服务创新类论文62篇。经过大赛评审委员会评审和大赛组委会审核，共有60项“四个一”技术创新成果和18篇论文获得奖项。本次创新成果大赛与往届相比，主要呈现出以下特点：

*一是活动覆盖面、企业参与面较广。*60多家企业的青年热忱参与，申报的各类成果涉及16个行业种类，数量大、领域宽。

*二是成果的创新力度、市场化程度较高。*针对企业生产、经营、管理中的实际问题，广大参赛青年通过运用高新技术手段，积极吸收国内外先进技术，有效地进行二次创

新，形成了一系列重要成果，有19项成果通过上海高新技术转化中心认证。

三是成果的自有知识产权含量、实际应用价值较高。在参赛获奖成果中，有47项成果已申请或拟申请专利，10多项成果已被列为企业技术秘密，100余项成果已在生产中得到应用或成功转让。

四是成果的市场前景良好，经济效益显著。据统计，大赛获奖成果累计创造效益达到人民币4.3亿元，多项成果填补了国内空白。

二、对近年来上海青年成才实践活动的总结

近年来，上海共青团围绕新世纪新阶段上海经济社会发展目标和广大青年成长成才的需求，坚持“青年为本、以德为先、服务为重、发展为主题”的工作理念，以积极促进青少年成才发展为工作主线，通过品牌战略、实事工程、政策支持、阵地依托、基金辅助、开放体系和社会化运作，共青团组织的育人职能得到了更好的发挥，坚持数年、面向基层、服务青年的上海青年成才实践活动取得了长足的发展。

（一）在青年中分层次、分类别、分需求地开展人生发展导航活动，基本建成全过程、广覆盖、系统化的青年人才培育体系

开展青年人生发展导航活动是近年来上海共青团服务于青年成长成才需求的一项工作创举，已从最初的青年职业生涯导航，发展成为涵盖职业青年、大学生和团干部等各类青年群体在内的较为科学化、规范化、系统化的青年人才培育体系。

1、在职业青年中，开展青年职业生涯导航活动。导航以“发展性谈话制度”、“五定培养预案”和“职业生涯导航手册”为载体，以“互动式职业生涯设计”为主要途径，注重对职业青年的个性化和全过程培养，提高职业青年的成长成才效率。青年职业生涯导航活动，由探索到试点，由试点到推广，现已在在全市100多家企事业单位中开展，覆盖几十万名职业青年。在整个推进过程中，得到了有关部门的大力支持，建立了上海青年职业生涯导航活动组委会，召开了上海青年职业生涯导航活动推进大会，下发了《关于开展上海青年职业生涯导航活动的实施意见》。今年4月，上海青年职业发展服务指导中心建立并开始为职业青年提供服务。

2、在高校大学生中，开展人生发展导航活动。这主要依托由先进青年群体组成的导师团，针对大学生成长发展的特点，以1名导师结对数名学生为基本形式，帮助大学生进行职业设计和人生发展辅导，更好地完成从“校园人”到“社会人”的转折，实现人生导航。经过两年实践，现已形成了“市级、校级、院系级”三级导航体系及导生制，其中，“市级导航”的导师团主要由上海十大杰出青年、上海IT青年十大新锐、上海文化新人、优秀青年企业家、市青联委员等100多名优秀青年组成。目前，已有近10万名大学生成为导航的受益者。

3、在团干部队伍中，开展发展导航活动。去年年底，上海共青团全面启动了“团干部发展导航计划”，从团市委机关干部开始试点，成熟后将推广到全市专职团干部。计划分三个阶段，第一阶段为“能力培养”，重点培养团干部的调研、理性思考、文字表达、沟通协调等基本能力，相应建立了“入门”培训制、导师制等7项制度；第二阶段为“学力

提高”，主要是通过业务培训、学历培训和海外交流，提高团干部的学习能力和学历层次，拓宽知识面，开阔视野；第三阶段为“经历丰富”，主要是通过挂职锻炼等手段丰富团干部的工作岗位经历和实践经验。

（二）注重工作创新、加大实践力度、构建服务平台、着力机制建设，推动上海青年成才实践活动实现新的突破

在开展各类导航活动的基础上，上海共青团已连续三年举办了“上海青年成才实践月”活动。在以往的“上海青年成才实践月”活动中，开展了“教育引导交流”、“素质拓展训练”、“典型示范展示”和“强化保障依托”等系列活动，出资资助了基层团组织百个“服务青年学习成才、激励青年就业创业”优秀工作项目，数万名青年直接参与了活动。其中，“让青年走向成功——青年人才交流活动日”、“上海园区青年创业论坛”等活动曾在青年中引起了热烈反响。当前，上海青年成才实践月活动，主要表现为以下几个特点：

1、注重工作创新。一是在上海青年成才实践月开幕式上，采用信息技术创新，首次通过网络视频会议的方式，使多个会场之间实现网络在线互动交流。二是在今天的闭幕式中，通过整合各类青年人生发展的导师资源，将开通网上“青年人生发展导师团”，使得原来仅能为部分青年提供人生发展指导和成才实践帮助的导师资源能为广大青年提供指导帮助，并超越了时间和空间的局限。青年成才实践月从开幕式到闭幕式，实现了从形式到内容的创新。三是青年成才实践网上“荣誉墙”的建立，实现了“全天候”展示、宣传青年实践成才典型，使业绩优异、贡献突出的青年人才不仅成为青年榜样，而且成为社会明星，更好显现共青团组织在青年人才培养中的积极作用。

2、加大实践力度。一是充分运用学习育人、培训育人等有效手段，进一步为青年成才发展提供有益的教育实践载体，开展上海大中学生理论学习活动、职业青年专业技能培训、进城务工青年专项技能培训、团干部专题培训、为困难青年参加培训垫付培训费、探索出资向专业培训机构购买青年培训服务等万名青少年学习培训活动。二是充分运用各类组织和社会资源，帮助和扶持青年就业创业，不断提升青年的自身能力和素质，举办“创业者风采”——上海优秀大学毕业生事迹报告会等活动，引导大学生树立正确的就业观念，服务大学生的就业创业；对青年进行有效的需求引导和职业指导，深入推进青年人力资源开发；针对社区青年的职业培训、就业创业等问题开设职业指导专场；举办长三角青年发展论坛等万名青年就业发展服务活动。三是通过开展丰富的才艺技能比赛，举办各类评选表彰活动，搭建实践锻炼的广阔舞台，充分挖掘青年的巨大潜力，积极向社会展示当代青年的时代风采，举办第三届上海大学生创业计划大赛、上海企业青年创新成果大赛、上海职业青年技能大赛、开展各类优秀青少年评选活动、优秀青少年宣传展示活动等开展万名青少年成才实践成果展示活动。

3、构建服务平台。不断集约工作效应，充分发挥公共服务平台在青年人力资源开发工作中的积极作用。一是依托青年卡，健全青年人才资源信息库。依托城市青年网、上海青年电子社区、青年人才网等网络载体，实现青年人才的信息交流，以此构建信息服务平台。二是提供丰富多彩的青年成才实践活动服务菜单，供基层团组织及广大青年结合实际需求，有针对性地自主选择，以此构建活动服务平台。三是建立上海青年职

业发展服务中心等青年人力资源开发的新颖组织，努力构建具有信息传播、活动交流、见习实习、培训鉴定、咨询规划、职业介绍、事务管理、机制保障等功能的组织服务平台。

4、着力机制建设。一是探索政策保障体系，在市科委、市高新成果转化中心的关心支持下，推出大赛青年创新成果纳入市政府高新技术成果转化认证十八条优惠政策；积极争取市教委支持，将雏鹰争章活动纳入学生素质评价体系，《争章指导手册》进入学生教材；开展青年技能破格鉴定工作。二是设立专项基金支持。整合上海共青团各类人才培养基金，集众家所长、成规模效应，通过形成分群体的基金序列，进一步加大对共青团工作的支撑。如，逐步形成"上海十大杰出青年"评选活动埃力生基金、上海十大青年经济人物评选赛龙基金等评选表彰专项基金；上海青少年深发展基金、上海青少年艺龙发展基金、大学生"励志成才"助学金、上海少先队均瑶专项基金、上海家饰佳少年基金等青年成才发展基金；青年文化发展基金和团建创新专项基金等基金序列。着眼于青年人力资源开发工作的组织机制、评价机制、保障机制建设，着力于为青年人力资源开发工作的提供机制保障，努力构建促进青年成才发展的良好环境和氛围。

三、对深化推进上海青年成才实践工作的几点希望

上海青年成才实践工作，是新世纪新阶段上海共青团充分发挥青年人才培养职能的有效工作载体，是一项具有很强发展潜力和广阔发展空间的工作。积极参与构建上海人才高地建设和不断满足青年日益增长的成才发展需求是青年成才实践工作的时代主题，科学的态度和务实的措施是青年成才实践工作得以持续推进的保证。下一步要着力做好以下三个方面工作：

（一）更新工作理念。坚持工作理念的与时俱进，不断焕发工作活力，是上海青年成才实践工作深化推进的重要前提。一是要按照树立和落实科学发展观的要求，深入研究社会主义市场经济条件下青年实践成才、成长发展的规律，尊重竞争规律和供求规律在青年成才实践工作中的作用，推动建立以人为本的青年人才培养、评价、选拔、推荐机制。二是要树立现代化的工作理念，敏锐地适应时代、环境和任务的变化，以现代化的思维、概念和范畴工具、物质技术手段，推动实施青年成才实践工作的工作体系、功能机制、推进方式实现现代化。

（二）抓好关键环节。上海青年成才实践工作是一项整体性的工作，抓住关键环节是深化推进工作的基本要求。一是要争取把青年人才工作进一步纳入上海人才工作总体规划，二是要争取把更多的青年人才工作项目纳入政府实事工程项目，三是要争取出台更多的青年人才工作政策，四是要争取政府授权共青团组织承担更多青年人才工作事务。

（三）完善工作机制。健全的工作机制，是上海青年成才实践工作深化推进的根本保障。一是要完善政策保障机制。在主动、有效争取有关部门制定出台有利于青年实践成才政策的基础上，帮助青年学习掌握政策，用足用好政策，努力创造更有利于青年脱颖而出的政策环境。二是要完善活动运行管理机制。要建立基层参与面更广、青年受益面更大、现实贡献率更高、持续影响力更强的活动运行管理机制，要切实加强活动的人才管理、项目管理、阵地管理和网络管理，推动工作不断向科学化、规范化和制度化方向发展。

同志们、青年朋友们，共青团开展青年人才开发工作是一项历久弥新的工作，坚持用时代的要求、发展的眼光和创新的思路来推进青年成才实践工作实现新的发展，共青团青年人才工作的空间将更为广阔，青年人才开发工作将不断地跃上新的台阶，走上一条可持续发展之路。

谢谢大家！

重要文件

上海共青团2004年工作要点

沪团委(2004)1号

2004年上海共青团工作的总体思路是:认真贯彻市委八届四次全会和团十五届二中全会精神,以"三个代表"重要思想为指导,围绕落实市十二次团代会精神,以实施上海青少年发展规划和上海共青团工作十项计划为重点,坚持"四为"工作理念,深化"服务年"工作思路,进一步加强共青团机制建设,整体推进团建创新,努力服务于上海经济社会发展,服务于青年的全面发展,不断提高共青团的服务水平,加快构建上海青年工作新格局,不断巩固党执政的青年群众基础。

一、深入学习实践"三个代表"重要思想,切实加强青年思想政治工作

1、把学习贯彻"三个代表"重要思想新高潮不断引向深入

进一步用"三个代表"重要思想武装头脑、教育青年。(1)以团干部、大学生和各条战线的优秀青年为重点,深入开展"三个代表"重要思想的学习实践活动,帮助广大团员青年牢固树立中国特色社会主义共同理想,有效构筑精神支柱。(2)不断完善青年理论学习制度,广泛开展丰富多彩、形式多样的主题教育活动,引导团员青年在组织中学、在活动中学、在实践中学,提高学习的针对性和实效性。(3)继续加强青年理论学习组织和宣传阵地的建设与管理,着力培育和带动一批新的青年理论学习组织,进一步拓展和创新网上学习阵地,切实发挥好团报、团刊、青少年网站等团属宣传阵地的积极作用。(4)坚持理论学习和指导实践相结合,注重发挥先进青年典型的榜样示范作用,努力在指导实践上取得新成效,在推动工作上实现新突破。

2、深入推进上海青少年思想道德建设

围绕贯彻落实《公民道德建设实施纲要》,不断提高青少年的思想道德素质和文明素养。(1)以完成"渔阳里"团中央机关旧址整修扩建并向社会开放为契机,组织百万青少年广泛开展参观寻访系列活动,在实践中接受爱国主义和革命传统教育,大力弘扬民族精神。(2)围绕邓小平同志诞辰100周年、庆祝新中国成立55周年等重大纪念活动,广泛开展"青春中国"等主题教育活动。(3)以开展"民族精神代代传"活动为重点,深化少年儿童道德体验活动;以培养"三公"意识为出发点,深入推进大中学生文明修身行动;以"七不"、"七要"宣传和道德评议活动为载体,深化社区青少年道德实践行动。(4)继续开展"走好人生每一步"系列仪式活动,推进成人预备期教育的系统化、规范化,积极探索仪式教育的立法调研。

3、切实提高青年思想政治工作的有效性

以提高亲和力、说服力和感召力为目标,努力创新工作载体和手段,拓展组织化、社

会化的教育方式，以文化育人、服务育人、实践育人为重点，不断增强青年思想政治工作的有效性。(1)着力加强对新社会阶层、新经济和新社会组织中青年群体、青年现象的研究，探索新形势下青年思想政治工作的特点、规律和对策。(2)充分利用网络阵地等资源，创新网上开展青少年教育活动的形式，努力探索民主开放、互动参与的教育新方法。(3)探索建立监测青年思想状况的指标体系和评价青年思想政治工作成效的考评机制，逐步实现青年思想政治工作的科学化、规范化。(4)尊重基层首创精神，积极鼓励基层团组织探索和创新符合时代特点和青年需求的工作方式、机制和载体，进一步总结和推广基层的经验。

二、大力开发青年人力资源，提高共青团在参与科教兴市战略中的贡献率

1、建立和完善促进优秀青年人才脱颖而出的平台与机制

围绕实施人才强国战略和科教兴市战略，切实加大青年人力资源开发的力度，进一步为青年各显其能、各尽其才提供有利条件。(1)集聚青年人才智力优势，以举办科教兴市战略论坛、2004沪港青年发展论坛、园区青年发展论坛等为载体，积极开展专题研究，努力为上海经济社会发展出谋划策。(2)继续开展“上海青年成才实践月”活动，通过评比表彰“上海十大杰出青年”等各类优秀青年典型，举办高层次系列报告会，组织各类青年技能大赛和综合素质培训，为青年成才搭建实践展示舞台。(3)充分发挥团干部发展基金、杰出青年评选基金等的作用，深化国际交流与海外培训工作，扩大各类优秀青年接受综合培训的规模，加大海外学人回国创业的工作力度。(4)加快青年人才资源信息库的建设，组建好信息化青年人才协会等青年社团，广泛联系、凝聚和大力举荐各领域优秀青年人才。

2、深化推进大中学生素质拓展

围绕素质教育的总体要求，深化推进大中学生素质拓展，进一步建立健全科学的素质拓展计划实施体系，有效提高大中学生的创新能力和就业创业能力。(1)着力拓展形式多样、内容丰富的活动项目，推进素质训练的项目化、品牌化和机制化。(2)以培养“合格＋特色”的未来建设者为目标，大力推进中学生素质拓展工作。(3)推进大学生科技创新活动，组织参加“挑战杯”第四届全国大学生创业计划大赛，举行上海优秀大学生创业者事迹报告会。(4)深入开展大学生社会实践活动，推进社会实践活动的课程化建设和学分化改革，进一步将社会实践活动纳入高校素质教育的总体评价体系。(5)推广大学生人生发展导航行动，试点开展大学生就业见习活动，服务大学生就业创业，推进在校优秀大学生选拔培养工作。(6)建立大学生素质拓展电子认证系统，推出首批《大学生素质拓展证书》。

3、进一步加强企业青年人才培养工作

围绕推进产业结构战略升级，促进企业经济发展，进一步探索企业青年工作的新方法、新载体。(1)全面开展青年职业生涯导航活动，努力探索建立具有职业评估、就业指导、培训鉴定等职能的市场化、社会化的人力资源开发体系。(2)深入推进职业青年创新创效活动，深化青工科技技能“双登高”计划，积极推广青年的创新成果，举办行业性

技能大赛，参与“上海市技能竞赛月”活动。(3)继续推进“共青团号”信用建设示范行动，加强分类指导，探索形成行业推进、行业管理的工作模式与机制。(4)深化青年突击队、青年工程立功竞赛活动，实施上海市青年突击队、青年立功竞赛“青春世博”行动。

三、引导青少年勇开文明风气之先，积极实践上海城市精神

1、积极参与世博会筹备

围绕“青春与世博同行”的主题，鼓励青少年发挥城市主人翁作用，积极参与筹备世博会，充分展示上海青少年的时代形象。(1)积极开展青春世博文明行动，以社区、家庭和学校为主阵地，引导青少年参与文明社区、文明行业、文明单位的创建活动。(2)大力推进青春世博交流行动，采取“走出去”、“请进来”的方式，进一步使青少年在海内外交流中开拓视野，不断激发建设祖国、发展上海的热情。(3)积极筹备组织青春世博志愿者行动，加大志愿者培训工作，依托青年志愿者网站建立“世博志愿者人才库”，积极为世博会储备青年人才。

2、深化青年志愿者行动

大力倡导志愿者精神，进一步形成覆盖全市的青年志愿者服务网络，推进青年志愿者的组织机制、动员机制和激励机制建设。(1)继续推进“一助一”结对助老、助困、慰孤、助学等长期性志愿服务工作，深化开展青年造血干细胞(骨髓)捐献、共青团号健康快车、千名大学生“为奉献者奉献”、“青春红丝带”、“青春辉映夕阳红”等活动项目。(2)以“绿色希望工程”为主题，深化保护母亲河行动，开展“天天环保”生态体验活动，举办环保论坛。(3)积极开拓法律援助、就业指导、物业管理、金融服务等具有城市特征的专业志愿服务工作。(4)继续推进上海青年志愿者赴滇扶贫接力计划、上海大学生志愿服务西部计划和上海青年志愿者海外服务计划。(5)进一步加强青年志愿者的机制建设，运用上海青年志愿者网站和注册管理平台，推动青年志愿者工作的信息化、社会化发展。

3、大力推进青年文化建设

着眼于满足广大青少年日益增长的精神文化需求，努力传播社会主义先进文化，推进青年文化创新，进一步丰富和活跃广大青少年的精神文化生活。(1)继续组织“青春的节日”——2004年上海青年文艺巡演活动，开展大学生社团文化节、社区青少年文化艺术月、乡镇青年文化节、企业文化CI大赛和青年文化、科技、卫生“三下乡”活动等群众性文化活动。(2)探索建立青年文化发展基金，大力推进青年文化作品创作和文化人才的培养，重点做好共青团“五个一工程奖”评选工作。(3)结合全民健身节，组织青少年开展足球赛、篮球赛、龙舟赛等强身健体的文化体育活动。(4)加强对青年文化现象的研究，积极培育和推动各类青年文化社团的建设，召开上海市青年文联第三次会员代表大会。

四、积极协助政府管理青年事务，在服务青少年中增强团组织的凝聚力

1、努力探索协助政府管理青年事务的机制和项目

围绕实施上海青少年发展规划，积极形成相关政策、机制和项目，探索建立青年事

务管理机构,协助政府管理青年事务。(1)充分发挥共青团民主参与和民主监督的作用,加强青少年立法和政策调研,做好修改《上海市青少年保护条例》的相关工作,进一步发挥好青年人大代表、政协委员在参政议政中的作用。(2)继续开展上海青少年生存和发展状况研究,继续建设好上海青少年社会调查系统,形成"上海青少年生存与发展指标体系",争取纳入政府统计序列。(3)组建好上海市社区青少年事务办公室,建立市社区青少年事务中心和专业化、职业化的青少年社会工作者队伍,进一步创新和完善社区青少年教育、服务和管理的体制、队伍和长效机制,积极从源头上预防和减少青少年犯罪。(4)继续探索政府青年项目的授权委托机制,探索建立青年工作的社会联动机制,逐步把青年事务纳入政府实事工程。

2、深化服务青少年工作项目

围绕不断满足青少年在生活、学习、就业等各个方面的现实需求,不断完善服务青少年的工作体系,竭诚为青少年提供更加广泛、有效的服务。(1)全面推行上海青年卡工作,加快完成各项基础建设,落实和完善青年卡的各项服务功能,积极有序地发放青年卡,进一步激活青年卡,不断提高青年卡的含金量,切实发挥青年卡的服务作用。(2)加强城市青年网建设,依托网上"大世界基尼斯"开展青少年才技大冲浪,开辟开放互动的青少年网上家园、网上学园和网上乐园,筹建网络视频会议系统。(3)实施社区青年就业援助行动、上海郊区青年增收成才行动和社区青少年素质训练营活动,服务青年就业、再就业。(4)实施进城务工青年发展计划,开展"残健同行"主题活动等,加大对特殊青少年群体的服务力度。(5)充分发挥青年文化活动中心、城市青年网等载体阵地的作用,切实为青年的婚恋、交友、求职、心理健康等提供服务。(6)进一步服务全国,大力推进希望工程,继续开展"上海希望工程西部万名教师培训活动",实施"希望网校微软乡村园丁培训计划",开展好"希望工程—让孩子都上学"和"爱心助学"等社会公益活动。

3、健全青少年维权服务网络

围绕创建优秀"青少年维权岗",构建有效维权网络,不断提高青少年法制教育水平,努力营造青少年成长发展的良好社会环境。(1)推进上海市优秀"青少年维权岗"的创建活动,加强优秀"青少年维权岗"创建组委会的职能建设。(2)完善优秀"青少年维权岗"的工作处理机制,参与不良网吧整治、校园周边环境整治等工作,开展"社区青少年远离毒品"行动,做好网上青少年维权服务。(3)开展"法律援助进社区"行动,充分发挥社区青少年法律学校等的阵地作用,为社区群众和青少年提供有效服务。(4)抓好"四五"普法教育,提高青少年法律素质和守法意识,努力营造有利于青少年成长的良好社会环境。

五、大力加强团的自身建设,整体推进团建创新

1、进一步深化团的职能建设和机制建设

着眼于巩固党执政的青年群众基础,进一步加强团的职能建设和机制建设,不断扩大团的工作覆盖面和组织凝聚力,进一步做好服务基层的工作。(1)进一步加大党建带团建的工作力度,分条线召开各系统的团建工作推进会议。(2)不断创新团的工作和活

动方式，进一步探索全市性重大活动向基层和专业机构的授权委托机制，努力建立青年工作创新机制和评价体系。(3)积极创新团的组织体系和基层组织制度，试点推进青年中心建设，在巩固国有企业、学校、农村团建工作的基础上，进一步加强两新组织团建，大力推进区域青年工作互动。(4)深入研究青年、青年工作和共青团的发展规律，继续资助基层青年工作课题研究，实施评选“上海市共青团调研奖”，召开“上海青年发展战略论坛”。(5)评选“上海市共青团工作首创奖”，进一步推进团建创新的研究、试点，深化“争红旗、创特色”活动，建立健全“五四红旗团委”的三级联创机制。(6)加强团内民主建设，完善团的组织生活，探索建立与团员青年利益密切相关的重大事项公示听证等制度，切实保障团员青年的民主权利。切实加强团的委员会建设。(7)大力加强团报团刊对基层青年工作的宣传力度。

2、切实加强团干部和团员队伍建设

大力建设党放心、青年满意、高素质、复合型的团干部队伍，不断壮大体现先进性的团员队伍。(1)制定《上海团干部教育培训工作规划》，实施上海市千名团干部培训计划，积极探索团干部发展导航，加大团干部挂职锻炼和海外培训的力度，拓展社会化培训渠道，努力创新团干部的培训模式。(2)完善团干部协管工作机制，强化团干部管理和使用中的党团衔接机制，探索团干部选拔任用新机制，按照“高进、严管、优出”的要求，加强对团干部的教育和管理。(3)深入开展团员先进性教育活动，加强团员意识教育，研究和规范团的各类教育仪式。进一步探索新时期团员队伍管理方式，推动团员到社区报到制度，加强流动团员、进城务工团员的管理。(4)继续开展千名青年新党员入党宣誓仪式，加大在大学生、一线青年和其他各类社会阶层青年中“推优入党”的工作力度，不断把体现党的先进性要求的青年推荐给党组织。

3、不断深化团的各项建设

着眼于推进共青团事业的可持续发展，切实加强团的各项建设。(1)进一步加强对青联、学联和少先队工作的指导，积极探索在新的领域、行业中创新联系青年的有效组织形式，加强全团带队工作，开好少先队上海市第五次代表大会。(2)深化共青团信息化建设，进一步推动基层上网工程，逐步实现面上和基层的互联、互动，积极推进“数字共青团”建设。(3)按照《关于规范国有企业改制工作的意见》的新要求，积极推进团办事业的改制改造工作，努力实现“创新思路、深化改革、有效监管、加强党建”的工作目标。

共青团上海市委员会

2004 年 1 月 2 日

关于动员组织广大团员青年积极参与高致病性禽流感防治工作的通知

沪团委发(2004)23 号

团各区、县委,各局(公司)、大专院校团委,各市属单位团组织:

当前,我国部分地区和本市先后出现了高致病性禽流感疫情。疫情发生以来,党中央、国务院迅速作出一系列重大决策,明确提出了防治工作的指导方针和政策措施。上海市委、市政府也采取有效措施,确保人民群众生命安全,团中央也专门发出通知,提出明确要求,近期不少团组织已纷纷开展富有特色的活动,接下来各级团组织要进一步行动起来,在各级党政的统一领导下,发扬"抗非"精神,特别是要利用 3 月 5 日前后的志愿者活动周机会,积极配合有关部门,认真做好高致病性禽流感防治工作。现将有关事宜通知如下:

一、充分认识做好禽流感防治工作的重要性,增强工作责任感和紧迫感

高致病性禽流感是一种传播快、危害大的一类动物疫情,严重危害畜牧业生产,严重危害人民群众的健康和安全。做好高致病性禽流感防治工作,直接关系到包括广大青年在内的人民群众的健康和安全,关系到农业发展和农民增收,关系到经济发展和社会稳定的全局。事实证明,禽流感并不可怕,只要依靠科学、依法防治、群防群控,禽流感是完全可防可控的。

各级团组织要以"三个代表"重要思想为指导,切实把人民群众的健康和安全放在第一位,动员组织广大团员青年迅速行动起来,和全社会一起,把党中央、国务院和市委、市政府的各项防治政策、措施和团中央的要求,落到实处,坚决打好防治高致病性禽流感阻击战,为维护社会稳定和促进经济发展作出应有的贡献。

二、落实市政府通告和团中央通知精神,群防群控,发挥团组织在防治工作中的应有作用

各级团组织要深入开展宣传活动。卫生系统团组织要通过"共青团号"健康快车等载体,学校、企业团组织要充分利用闭路电视、广播、咨询热线、团内报刊、宣传栏、宣传板报等阵地以及编印宣传资料、开展主题活动等方式,在团员青年中大力宣传党中央、国务院关于防治禽流感的方针政策、上海市政府通告和团中央通知精神以及禽流感科普知识,使广大群众和青年了解高致病性禽流感传播的特点和预防知识,提高自我保护意识和防疫能力,克服恐慌心理和麻痹思想。社区、农村团组织要结合青少年社区文

明行动，在居民、村民中广泛开展宣传活动，组织环境卫生整治活动，消灭卫生死角，创造清洁环境。要在进城务工青年中做好宣传和思想工作。

各级团组织要进一步倡导科学健康文明的生活方式，要动员广大团员青年带头执行市政府的通告，对所饲养的家禽、鸽子等禽类，要自觉主动接受动物防疫部门采取的消毒、隔离和强制免疫措施；要动员青年经营户坚决杜绝活禽交易或屠宰，杜绝销售无产地检疫证明的禽类及其产品；要带头养成良好的生活和卫生习惯，坚决不吃野生动物和未经检疫的禽类；要动员团员青年做有心人，发现消毒和禽类疫苗接种的死角，要及时报告。

各级团组织要发挥组织优势。动物防疫、卫生监督、畜牧兽医、环境保护、工商行政管理、质量技术监督、公安、交通管理等防治一线的团组织，要把团员青年动员起来，在艰苦繁重的防治工作中发挥团员青年的生力军和突击队作用。水务等有关单位团组织要组织青年志愿者队伍，协助做好河闸、道口和养殖大户的禽畜检疫防疫工作；要为奉献者奉献，切实关心和服务一线工作人员及其家属，为他们解决后顾之忧。

三、坚持一手抓防治，一手促生产，强化服务，促进发展

在参与做好禽流感防治工作的同时，要协助党政把禽流感对经济建设和社会稳定的影响减低到最小程度。各级团组织要协助有关部门，关心受禽流感影响较大的养殖、餐饮、食品加工等行业的企业、经营户、从业者的实际困难，要及时向党政反映他们的愿望和呼声，协助落实有关补贴政策，为企业的经营发展和部分经营户、专业户的转产提供各类信息和服务，通过组织开展培训等举措，做好稳定工作。各级团组织要维护好正常的生产生活秩序，教育广大团员青年树立健康生活观念，要正常消费和放心食用市场正规渠道供应的安全禽类食品。要通过组织立功竞赛等活动，组织广大团员青年多为经济建设作贡献。

各级团组织要把防治禽流感工作作为当前一项重大任务，协调力量，统筹兼顾，做到日常工作和防治工作两不误。要在党政支持下，主动与有关部门密切配合，在防治工作最需要的地方发挥作用。要注重了解广大团员青年的思想动态，善于发现防治工作中出现的典型事迹和优秀人物，做好信息沟通工作。对防治工作中出现的好的做法和经验，及时做好总结。《青年报》要加强对基层团组织的工作典型和团员青年典型的报道。

共青团上海市委员会

2004 年 2 月 13 日

关于在全市团员青年中开展向学雷锋先进典型冯艾学习的通知

沪团委发(2004)47 号

团各区、县委,各局(公司)、大专院校团委,各市属单位团组织:

上海赴滇青年志愿者、复旦大学社会学系研究生冯艾积极响应党和国家号召,4 年内两度赴西部基层艰苦地区从事志愿服务。2000 年 8 月至 2001 年 8 月,冯艾在宁夏西吉县白崖乡中学从事为期一年的支教工作。2003 年 6 月,团中央首批大学生志愿服务西部计划正式启动后,作为在读的二年级硕士研究生,冯艾再一次响应号召报名参加,2003 年 8 月入选“西部计划”,担任上海市大学生赴云南志愿服务队队长、临时团支部书记。同年 9 月,冯艾被其志愿服务所在地云南省宁蒗彝族自治县战河乡战河中学任命为副校长,现仍在当地担任初中语文老师。在西部支教服务期间,冯艾克服种种困难,走村入户,开展文化教育、帮助失学儿童、传播先进思想、普及文明生活、联系扶贫捐助,用自己的知识和才能全心全意地为西部人民服务,真心实意地向当地人民学习,充分展现了上海青年志愿者所具有的胸怀大志、志存高远的高尚情操和奉献、友爱、互助、进步的志愿者精神。2003 年末,刘云山、王兆国等中央领导先后亲切接见了冯艾。2004 年初,冯艾被团中央授予中国十大杰出青年志愿者称号和中国青年志愿者服务金奖奖章。日前,冯艾被中宣部作为四个全国学雷锋先进典型之一,在全国进行宣传。

冯艾的先进事迹是上海青年学习实践“三个代表”重要思想的具体体现,是大力培育和弘扬伟大民族精神和上海城市精神的生动事例,是上海青年以己所能服务全国的典型,是广大青年实践成才的优秀榜样。团市委号召全市广大团员青年要以冯艾为榜样,学习她胸怀祖国、服务人民的高尚情操,自觉地把自己的理想追求与党和国家的号召、人民的需要紧密联系起来,到祖国和人民最需要的地方去,在全面建设小康社会的时代洪流中成就理想,实现人生价值,书写无悔青春;学习她脚踏实地、艰苦磨砺的优秀品质,在深入社会中磨砺品格,在深入基层中经受锻炼,走与实践相结合、与人民群众相结合的成长道路,成为党和人民需要的优秀人才,在实践中不断坚定走中国特色社会主义道路的信念,不断用邓小平理论和“三个代表”重要思想构筑自己的精神支柱。

团市委要求,各级团组织要大力宣传冯艾的先进事迹,以及其他各项志愿服务工作中涌现出的先进典型,引导和教育广大团员青年学习、树立和弘扬雷锋精神。各级团组织要高度重视开展服务城市公益、服务西部开发和援助海外的各项青年志愿者品牌项目的重要意义,全面动员,精心组织,勇于创新,不断引导和教育广大团员青年在实践中坚定理想、自觉奉献、锻炼成才，进一步发挥好生力军和突击队的作用，为弘扬上海城市精神，投身科教兴市主战略作出新的贡献。

共青团上海市委员会

2004 年 3 月 9 日

关于开展争创学习型、科技型、服务型、管理型青年文明号(共青团号)集体活动的通知

沪团委发(2004)55号

团各区、县委,各局(公司),大专院校团委,各市属单位团组织:

为坚定不移地贯彻落实科教兴市主战略,进一步提高青年的职业技能水平和职业道德素质,深化青年职业生涯导航活动,更好地服务上海经济社会发展,结合团中央关于开展青年文明号10周年纪念活动的要求,团市委决定在2004年开展争创学习型、科技型、服务型、管理型青年文明号(共青团号)集体活动,现将有关事项通知如下:

一、活动目标

在巩固已有成果的基础上,利用一年左右时间,动员全市各行业各级青年文明号(共青团号)集体开展形式多样、丰富多彩的主题活动,积极丰富和拓展青年文明号(共青团号)集体团队学习、诚信服务、科技创新、优质管理的内涵,使青年文明号(共青团号)集体成为各行各业推动发展的骨干,成为良好社会氛围形成的推动力量。

二、实施范围

实施范围主要是全市各行业全国青年文明号、市级"共青团号"集体及创建集体。

三、主要内容

1、争创学习型青年文明号(共青团号)集体。重点是动员青年文明号(共青团号)集体加强学习型组织建设,建立共同愿景,不断提升青年文明号(共青团号)集体的学习力和竞争力。在各级青年文明号(共青团号)集体中倡导团队学习的理念和学习工作化、工作学习化的理念,引导集体成员面临激烈的竞争,不断增强学习的紧迫感和主动性,树立自主学习、终身学习的观念,通过不断学习,更新观念,掌握先进知识,并学会以首创精神参与广泛而生动的实践。要通过建立健全学习机制、制定实施学习计划、开展技能培训活动等,把争创学习型集体这项工作落到实处。

2、争创科技型青年文明号(共青团号)集体。重点是调动和发挥青年的智力优势,推动青年文明号(共青团号)集体的科技创新。积极动员相关行业青年文明号(共青团号)集体广泛开展科技攻关、科技登高、科技交流、科技创新等一系列活动,为提高产品的质量、降低产品成本注入更多的科技含量。积极引导集体成员参与科技创新项目的研究与开发、先进操作法的总结、专利发明的创造等工作,充分发挥青年锐意创新的优

势，鼓励青年争做科技创新的示范者。

3、争创服务型青年文明号(共青团号)集体。重点是围绕服务社会诚信体系的建立，深化青年文明号(共青团号)信用建设示范行动，进一步提高青年文明号(共青团号)集体诚信服务的水平。积极倡导“诚信为本，有诺必践，恪尽职守，率先垂范”的信用公约，动员集体成员强化服务意识、创新服务方式、提高服务质量、优化服务过程，推动服务产品、手段和内容的创新。积极开展兑现岗位服务承诺、推广诚信服务卡等活动，不断深化信用承诺、丰富服务载体，努力培养一批优秀的服务型人才。

4、争创管理型青年文明号(共青团号)集体。重点是围绕质量管理和安全管理，提高青年文明号(共青团号)集体服务经济建设的贡献率。积极鼓励青年文明号(共青团号)集体认真学习借鉴国内外先进管理经验，不断探索适应自身特点的管理模式、管理方法和管理手段；积极开展质量管理和安全管理活动，向管理要效益；认真总结管理新经验，推广管理新方法，推动管理的制度化、规范化、科学化和现代化，提高管理水平。积极调动青年文明号(共青团号)集体成员的积极性和创造性，分析查找管理中存在的薄弱环节和突出问题，为加强集体管理出主意、提建议。

四、今年主要工作安排

团市委将结合团中央《关于开展青年文明号10周年纪念活动的通知》的要求，组织开展一些具有示范作用的重点活动，各级团组织要从实际出发，因地制宜地开展富有特色的各种活动。今年的主要安排如下：

1、2004年4月1日，团市委在全市组织开展“文明先锋——青年文明号统一行动日”活动，重点以“弘扬时代精神，争做文明先锋”为主题，组织青年文明号(共青团号)集体开展诚信服务展示活动。

2、2004年4月上旬，出版《上海市青年文明号信用示范典型经验汇编》，展示上海市青年文明号(共青团号)集体开展信用示范建设的经验和成果。

3、2004年4月，开展党政领导寄语争创学习型、科技型、服务型、管理型青年文明号(共青团号)集体活动。

4、2004年“五一”和“十一”期间，开展窗口服务行业青年文明号(共青团号)信用监察活动和诚信服务促假日经济活动。组织监督员队伍对窗口服务行业青年文明号(共青团号)集体诚信服务进行明查暗访，保证青年文明号(共青团号)集体更好地服务假日经济。

5、2004年6月—8月，对争创学习型、科技型、服务型、管理型青年文明号(共青团号)集体进行检查和指导。

6、2004年11月—12月，分别召开学习型、科技型、服务型、管理型青年文明号(共青团号)集体争创工作座谈会，总结交流工作经验和初步成效，树立和宣传一批典型。

五、工作要求

一要提高认识，积极参与。各级团组织要充分认识到开展争创学习型、科技型、服务型、管理型青年文明号(共青团号)集体是动员广大职业青年服务经济建设和社会发展的有效途径。要把这项工作与提高青年职业素质、培育一流人才紧密结合起来,广泛动员各级青年文明号(共青团号)集体行动起来,积极参与申报,切实把这项工作抓好抓实。

二要精心组织,严格把关。各级团组织要按照申报的基本条件和相关程序,精心组织,合理安排,制定具有可操作性的工作计划、活动方案加以落实。原则上对拟申报2004年市级"共青团号"的创建集体,要求参加本次争创学习型、科技型、服务型、管理型青年文明号(共青团号)集体的活动,创建情况将作为推荐全国青年文明号和评选市级"共青团号"的重要依据。

三要讲求实效,扩大影响。各级团组织要以求真务实的精神和作风,挖掘、培养、树立一批在争创过程中作出显著成绩、具有示范意义的青年文明号(共青团号)集体典型,充分利用电视、广播、报刊、网络等宣传媒体,广泛宣传争创活动和争创活动中涌现出来的好典型、好经验、好成果,不断扩大活动的社会影响,把青年文明号(共青团号)活动不断引向深入。

共青团上海市委员会

2004年3月9日

关于开展2004年“上海青年成才实践月”活动的通知

沪团委发(2004)76号

团各区、县委，各局(公司)、大专院校团委，各市属单位团组织：

2002年以来，团市委围绕市委和团中央关于青年人才工作的新要求，每年在“五四”前后集中开展“上海青年成才实践月”活动，取得了积极成效。为坚定不移地贯彻落实“科教兴市”主战略，进一步深化和推进全市青年人才工作，团市委决定2004年继续开展这项面向基层、服务青年的主题活动。现将有关要求和工作安排通知如下：

一、指导思想

在“三个代表”重要思想指引下，深入贯彻落实党的十六届三中全会和市委八届四次全会精神，坚持“人才是第一资源”的思想，坚持“青年为本、以德为先、服务为重、发展为主题”的“四为”工作理念，积极实施“上海青少年综合素质培养和青年人才队伍建设计划”，深入推进青年人才培养和青年人力资源开发，引导广大青年在参与上海经济建设和社会发展中，努力实现自身的全面发展。遵循青年成才发展的客观规律，充分发挥共青团的组织优势和独特作用，广泛吸纳支持青年成才发展的各方资源，通过表彰青年人才、开展实践活动、创新工作载体、构建服务平台等有效手段，推动全市青年人才工作实现新发展。

二、活动主题

投身科教兴市促成才发展，弘扬城市精神开风气之先。

三、活动内容

组织开展青年成才实践月活动是纪念五四运动八十五周年的重要组成部分。本次青年成才实践月活动的主要内容是以实践月为重点开展“万名青少年学习培训活动、万名青年就业发展服务活动、万名青少年成才实践成果展示活动”和构建青年人力资源开发公共服务平台、加强青年人力资源开发机制建设。今年团市委将采用信息技术创新整个青年成才实践月活动，将首次通过网络视频会议的方式，使多个会场之间实现网络在线互动交流，在构建服务平台及组织各项活动方面将充分依托城市青年网及青年电子社区等网络载体，还将利用网络开设历届优秀青少年典型人物及团队网上集中展示专区等，从而进一步突现共青团组织在青年人才培养中的积极作用。

1、开展万名青少年学习培训活动

充分运用学习育人、培训育人等有效手段，进一步为青年成才发展提供有益的教育实践载体。

(1)开展上海大中学生理论学习活动。以引导大中学生深入学习“三个代表”重要思想，构筑大中学生精神支柱为目标，通过开展大中学生理论学习活动创意征集、大中学生学习“三个代表”红色网页展示、大中学生理论学习一体化推进等活动，进一步加强大中学生思想道德建设，并组织大中学生理论学习活动的先进表彰、经验总结和成果展示，推进理论学习的新发展。

(2)举办“科教兴市”高层讲座。紧紧围绕实施“科教兴市”主战略，坚持“核心是创新、关键是人才”的指导方针，邀请有关方面资深专家和社会各界知名人士，面向全市青少年，就科学的发展观、科教兴市与“四个中心”建设、科技是第一生产力、人才是第一资源以及创新发展等相关内容举行高层专题讲座。

(3)开展职业青年专业技能培训。以提高青年技术工人的技术能力和创新能力为重点，以普遍提升青年技术工人的技术等级为途径，以企业职业技能培训机构和网络技能培训学校为依托，大力实施“青工技能振兴计划”，通过导师带徒、岗位培训、技能比武、同业交流等手段，帮助青年技术工人立足岗位学技成才，努力造就一支高、中、初级技能人员结构合理的青年技能人才队伍。2004 年力争培训高等级青年技能人才 5000 名。

(4)开展进城务工青年专项技能培训。以培养进城务工青年争做“学习的模范、守法的公民、致富的骨干、创业的先锋”为宗旨，坚持深化“千校百万”培训点的建设，积极开展对务工青年的技能培训、素质教育，并对进城务工青年进行电子设备接装工、商品营业员、办公自动化、电子收银员等有针对性的职业技能培训。

(5)举办上海团干部专题培训。以建设一支高素质、复合型团干部队伍为目标，按照“忠诚党的事业、热爱团的岗位、竭诚服务青年”的要求，切实加强团干部的理论学习和队伍建设。团市委将启动新一轮上海市千名基层团干部培训计划，通过创新团干部培训方式和内容，强化团干部素质拓展、公共管理、沟通技巧等综合业务能力。电气、宝钢、船舶、城市交通、中冶建设等系统团组织将通过开展“三个代表”重要思想学习活动，加强团干部的思想作风建设。

2、开展万名青年就业发展服务活动

充分运用各类组织和社会资源，帮助和扶持青年就业创业，不断提升青年的自身能力和素质。

(1)开展上海大学生人生发展导航行动。上海高校团组织将进一步整合社会资源，推进人生发展导航行动的制度化、规模化发展，服务大学生的职业规划和人生发展。通过举办“创业者风采”——上海优秀大学毕业生事迹报告会等活动，引导大学生树立正确的就业观念，服务大学生的就业创业。

(2)启动上海青年职业发展服务计划。以深入推进青年人力资源开发，提高上海职业青年综合素质为宗旨，充分整合各方资源，建立共同协作的开放式工作格局，推动上海青年职业生涯导航活动向社会化、市场化、专业化、信息化发展。依托职业咨询和行业技术咨询专家队伍，对青年进行有效的需求引导和职业指导。通过为广大青年提供规范的见习、实习基地，探索研究促进青年破格参加考核鉴定的良好机制，为青年成长成才创造条件。

(3)开展社区青年就业援助职业指导活动。以“让青年走向成功”为主题，积极开展青年就业创业援助行动。针对社区青年的职业培训、就业创业等问题开设职业指导专场，邀请成功人士、心理专家和劳动职业介绍部门负责人等进行有针对性的就业指导，并对社区青年的培训意向和就业需求进行分析研究。

(4)举办长三角青年发展论坛。为汇聚青年智慧和原创力，在长三角区域联动发展中发挥生力军作用，成才实践月期间将举办“物流与园区发展”论坛，通过互动式主题讨论，引导青年关注长三角，推动长三角地区园区经济发展和青年创业成才。

(5)实施团干部发展导航计划。团市委将实施《团市委机关干部发展导航计划》，结合机关团干部自身发展需求以及工作岗位对干部的综合素质要求，按照“缺什么、补什么，有什么、提高什么”的原则，对机关干部实施全过程培养。并将总结经验，开展面向全市团干部的发展导航。

3、开展万名青少年成才实践成果展示活动

通过开展丰富的才艺技能比赛，举办各类评选表彰活动，搭建实践锻炼的广阔舞台，充分挖掘青年的巨大潜力，积极向社会展示当代青年的时代风采。

(1)举办第三届上海大学生创业计划大赛。以“培养创新意识，激发创意思维，提高创造能力，鼓励创业精神”为宗旨，通过组成学科优势互补、专业配备科学、人员结构合理的创业计划团队，根据市场调查和机会分析，撰写创业计划作品书，将一项富有创意的产品或服务，通过吸引风险投资，成立企业，推向市场。通过比赛、训练大学生的创新创业素质，为大学生的就业创业提供有效服务。

(2)举办上海企业青年创新成果大赛成果发布会。围绕增强企业核心竞争能力的战略目标，动员和引导广大企业青年职工树立创新意识，努力提高创新能力，积极投身创新实践，团市委将于成才实践月期间举行上海企业青年创新成果大赛成果发布会暨闭幕式，并优先推荐和重点奖励具备自主创新和自主知识产权的优秀成果。

(3)举办上海职业青年技能大赛。为贯彻落实上海职业技能振兴计划精神，扎实推进青年岗位能手活动，团市委将联合汽车、冶金、医药、电信、纺织、旅游、电力、房地、市直等行业、系统共同举办上海职业青年技能大赛，以不断提高青年职工的岗位实践能力和持续发展能力，加速培养一批适应上海经济建设、时代发展要求的高素质、高技能青年职业人才。

(4)积极开展各类优秀青少年评选活动。青年成才实践月期间，团市委将组织开展第十一届“上海十大杰出青年”和第五届“上海文化新人”等评选活动，推出、表彰和宣传在上海改革开放和社会主义现代化建设事业中做出突出业绩和重大贡献的优秀青年，在广大青年中树立学习成才、艰苦创业、无私奉献、开拓创新的青年典型，引领全市各族各界青年为实现全面建设小康社会的宏伟目标而努力奋斗。

(5)开展优秀青少年宣传展示活动。为进一步推出和宣传具有时代特征的优秀青年代表人物，团市委将开设历届优秀青少年典型人物及团队网上展示专区，集中展示青年突击队、青年文明号(共青团号)及新长征突击手、青年岗位能手、杰出青年志愿者、十大杰出青年、青少年科技创新市长奖获得者、十大IT新锐、杰出(优秀)青年兴业带头人、优秀进城务工青年、三好学生和优秀学生干部标兵、十佳少先队员等上海优秀青少年的崭新精神风貌，激励广大青少年向典型学习，在社会实践中成长为各项事业的骨干力量。

4、构建青年人力资源开发公共服务平台

不断集约工作效应，充分发挥公共服务平台在青年人力资源开发工作中的积极作用。

(1)构建信息服务平台。团市委将依托青年卡，健全青年人才资源信息库。依托城市青年网(http://www.cityyouth.cn)、上海青年电子社区(http://www.why.com.cn)、青年人才网(http://qnrc.21cnhr.com)等，实现青年人才的信息交流；积极与《成才与就业》、《青年报》等报刊合作，开设青年职业生涯导航专版；编辑《上海青年职业发展服务指导手册》，汇集青年人才服务信息，向全市广大职业青年发放。

(2)构建活动服务平台。团市委将组织实施万名青少年学习培训活动、万名青年就业发展服务活动、万名青少年成才实践成果展示活动，提供丰富多彩的活动服务菜单，供基层团组织及广大青年结合实际需求，有针对性地自主选择。

(3)构建政策服务平台。要充分发挥团市委与市委组织部联合下发的《关于积极做好举荐优秀青年人才工作的意见》、与市总工会、市建设党委、市金融党委、市经济工作党委、市社会工作党委、市国资委党委、市人事局、市劳动和社会保障局联合下发的《关于开展上海青年职业生涯导航活动的实施意见》、与市教育党委联合下发的《关于做好优秀在校大学生选拔培养工作实施意见》的作用，为青年人才的培养、举荐提供有效的政策保障。

(4)构建组织服务平台。团市委将建立上海青年职业发展服务中心等青年人力资源开发的新颖组织，努力构建具有信息传播、活动交流、见习实习、培训鉴定、咨询规划、职业介绍、事务管理、机制保障等功能的服务平台，为青年人力资源开发提供强有力的组织保障。

5、加强青年人力资源开发机制建设

进一步完善青年人力资源开发工作的机制保障，努力构建促进青年成才发展的良好环境和氛围。

(1)完善青年人力资源开发工作的组织机制。团市委将积极发挥上海市青年联合会、青年企业家协会等青年社团组织的作用，并将新成立信息化青年人才协会和金融青年联合会，通过这些社团组织广泛凝聚各类青年人才。通过抓住青年人才的凝聚、举荐、配置等关键环节，立足实践育人，推动青年成才。

(2)完善青年人力资源开发工作的评价机制。研究制定上海青年人才发展指数，使其成为政府评价青年人才工作的重要标准；制定全面、科学的团干部发展评价体系，规范青年评选序列，使团内评价与社会评价有机结合，形成分层次、分类别的青年人力资源开发工作评价机制。

(3)完善青年人力资源开发工作的保障机制。团市委将依托上海市青年工作联席会议制度,加强与党政有关部门的沟通与合作,积极吸纳各方面社会资源共同参与青年人才开发,形成开放互联的工作模式。

四、总体要求

培养青年建设人才是党交给共青团的一项根本任务。做好青年人才工作,是共青团的光荣职责。积极开展"上海青年成才实践月"活动,是共青团组织进一步兴起学习"三个代表"重要思想新高潮的重要实践途径之一,也是各级团组织服务大局、服务青年的具体体现。希望全市各级共青团组织精心组织、积极参与、求真务实、开拓创新,努力形成上海青年人才工作的崭新局面。

1、精心组织、积极参与

各级团组织要按照团市委的有关要求和部署,在"上海青年成才实践月"的活动过程中,精心组织广大团员青年积极参与,生动具体地展示当代青年奋斗的成长足迹和精神风貌,进一步激发广大团员青年建功成才的使命感和历史责任感。

2、上下联动、全面活跃

各级团组织要集中精力以这项重点工作为牵动,针对各自工作实际和青年实际,因地制宜地组织好、参与好各项活动,进一步推动这项工作在基层的活跃。各单位在活动中,要及时准确地将信息反馈团市委相关部门(信息表见附件),以便团市委掌握各单位的工作动态;同时,团市委鼓励基层结合实际联办、承办相关活动。

3、求真务实、开拓创新

各级团组织要突出围绕大局、服务青年的工作原则,坚持树立求真务实的工作作风,积极创新工作思路和工作方式,努力推出实效性强、参与面广、党政肯定、青年满意的具体措施,把青年人才工作做深、做实、做到青年的心里去。

共青团上海市委员会

2004 年 3 月 31 日

上海青年中心建设实施方案

沪团委办(2004)7号

共青团十五大报告指出:要按照有利于联系团员青年、有利于增强内在活力、有利于整合工作力量的原则,积极探索灵活多样的基层组织形式。条件成熟的地区,可以探索建立以乡镇、街道团组织为核心,有阵地依托,直接组织联系团员青年的“青年中心”,实现团的组织、工作、阵地有机结合,辐射带动基层团组织整体活跃。

青年中心是在共青团领导下,以29至40周岁青年为会员骨干,以联系、服务、引导青年为目的,以会员制、理事会制为主要运作方式的新型社区青年组织,是基层团组织集聚人才、联系青年的新纽带,服务青年、服务社区的新平台。

为认真贯彻共青团十五大精神,根据团中央《全国城市青年中心建设试点工作方案》和《全国农村青年中心建设试点工作方案》要求,结合上海实际,特制定本方案。

一、指导思想

以邓小平理论和“三个代表”重要思想为指导,认真贯彻党的十六大和团十五大精神,坚持“青年为本、以德为先、服务为重、发展为主题”理念,进一步解放思想、实事求是、与时俱进、求真务实,按照“品牌战略、实事工程、政策支持、基金辅助、阵地依托、开放体系、社会化运作”的工作思路和“先试点,后铺开;先建设,后规范”的原则,积极推进青年中心建设,创新基层青年组织形式,运用市场化、社会化手段整合资源,提高共青团服务青年的能力,广泛联系青年,有效凝聚青年,促进青年和经济社会的全面发展。

二、目的意义

青年中心是共青团主动适应时代发展要求和青年需求变化,创新团的工作思路、工作方式、自身建设的一个战略性举措。青年中心的创新,建立在近年来各级团组织创新成果的基础上,其核心是组织架构的创新和运行机制的创新。要站在共青团事业发展新的历史起点上,从全局的战略高度来认识、思考、把握建设青年中心的必然性和重要意义。

1、建设青年中心是共青团适应上海经济社会发展,更好地服务大局的需要。当前,我国已进入全面建设小康社会新阶段。上海正大力实施“科教兴市”战略,建设国际经济、金融、贸易、航运中心,努力率先基本实现现代化。在“三个集中”战略指导下,上海的郊区城市化、工业化进程也不断加快。以人才为第一资源,整合青年力量,服务上海“三个文明”建设是共青团的重要任务,但随着青年群体分布的变化和青年需求多元化,生活方式个性化，就业形式多样化，共青团传统的组织形式、工作方式已不能完全适应。青年中心立足社区，直接联系青年，服务青年具体利益，通过整合行政、市场、社会各方资源，满足青年多样化需求，通过维护权益，促进就业，引导创业，把青年的积极性和创造性凝聚到上海率先基本实现现代化的伟大实践中来，充分体现共青团联系青年的桥梁纽带作用，是共青团团结带领广大青年建功立业的有效载体。

2、*建设青年中心是共青团服务新形势下上海党建工作新要求，进一步巩固和扩大党执政的青年群众基础的需要*。伴随上海的现代化、市场化进程，上海的社会结构发生了深刻变化，社会领域和社区得到长足发展，大量“单位人”转变为“社会人”。目前，上海正大力推进社区党建工作，进一步开展“凝聚力工程”，做好基层党组织凝聚党员、凝聚群众、凝聚社会的工作，党员服务中心、服务点已在社区、楼宇逐步建立。青年中心是在共青团指导下，建在社区、开发区、楼宇的新型青年组织，广泛联系越来越多成为“社会人”的青年，与上海经济社会结构变化的趋势相一致，与上海党建发展的要求相匹配。建设好青年中心，联系、服务、凝聚一大批传统体制外的青年，是共青团提高对青年凝聚力的重要抓手，也是巩固和扩大党执政的青年群众基础的必然要求。

3、*建设青年中心是共青团增强自身内在活力，加快构建上海青年工作新格局的需要*。上海共青团正加快构建在党的领导下，既发挥共青团核心作用，又有社会各方参与，面向基层、充满活力的青年工作新格局。建设青年中心，既有共青团的核心作用，也有青年自己组织起来解决自己的问题，同时运用市场化、社会化手段来服务青年需求，是共青团协助政府管理青年事务，广泛协调各种社会资源，代表和维护青少年利益、提高共青团服务青年能力的新平台，是共青团在青年工作中的领导方式、组织方式、工作方式的创新，是构建青年工作新格局的具体途径。

三、先期试点范围

为探索青年中心的建设模式和运行机制，团市委已申报长宁区、徐汇区、嘉定区为团中央城市青年中心试点单位，青浦区、金山区为团中央农村青年中心试点单位。其余各区(县)各选择1—2个街道、镇(或开发区、商务楼宇)申报团市委试点单位，试点单位应由团区(县)委确定，报团市委同意。

试点单位应选择经济社会发展具有良好基础，社区建设有一定规模，团的工作基础和外部环境较好，具有试点工作积极性的社区(开发区或商务楼宇)，并与市级以上青少年社区文明行动示范点(青年文明社区)创建单位、青少年违法犯罪社区预防计划试点单位、“两新”团建试点单位相结合。

四、建设目标

通过组织创新和项目开发，使青年中心成为广大社区青年“精神的家园，事业的依托”；通过理念更新和机制转换，使青年中心真正做到“服务青年、发展青年、凝聚青年”；借助现代网络技术和阵地依托，使青年中心成为汇聚各类青少年社团的“组织中心”、承接青少年事务的“服务中心”，传播各类资讯的“信息中心”、开发青年人力资源的“培训中心”、丰富青年业余文化生活的“活动中心”。

五、实施内容

青年中心建设是一个全新的事物，要抓住建设、管理、运转等主要环节，采取新建、改建、联建等方式，按照新的建设理念、新的职能定位、新的组织架构建设。按照“先试点，后铺开；先建设，后规范”的原则，先期做好以下七个方面工作。

组建一个新型组织。青年中心在街镇团工委(团委)领导下，以会员制方式广泛联系社区中的青年和各类青年社团，以理事会、议事会等方式实现民主管理、自我管理。理事会一般应由社区主要单位团组织负责人、青少年社团负责人、青年代表性人士组成。青年中心开放性地吸纳青年，社区中的青年或青年社团凡同意青年中心章程，都可以成为青年中心的一员。团委书记可以担任青年中心的理事长。青年中心要通过社团法人登记来明确法律地位，在法律的规范下运行。

整合一批有效阵地。青年中心要有主阵地。阵地“不求所有，但求所用”，可以在党政支持下，依托社区综合性的文化活动中心、中学、文化站、图书馆、影剧院等已有的固定场所来建，也可以对闲置的仓库、厂房进行整修改造来建，还可以与经营青少年活动场所的有关企业合作，嫁接“青年中心”理念，在商定各自的权利和义务的基础上来建。青年中心要大力拓展加盟单位，形成多层次、宽领域的阵地形态。

形成一支骨干队伍。青年中心的总干事或秘书长可以争取党政出资，面向社会招聘热爱青少年工作，有一定工作能力的专职人员担任，也可以在理事会中整合资源，出资聘任。青年中心的其他工作人员可以充分发挥高校、社区和会员中青年志愿者的作用。青年中心要吸纳青少年社工和社区老师到中心为青年提供服务。

发育一套特色项目。青年中心要了解和研究本社区青少年的特点和需求，倾听会员的愿望和呼声，通过自主开发或引进专业机构来提供针对性的服务项目。可以与共青团原有的品牌工作，如青少年社区文明行动、青年职业生涯导航、青年就业援助、进城务工青年教育培训、青年志愿者行动、雏鹰争章等相结合形成项目。要积极承接政府有关青年事务，协助司法、劳动、民政、教育、计生、卫生、环保等部门开展政策法规宣传、维护青少年权益、预防青少年犯罪、计划生育、生态保护等服务活动。项目的开发突出社会效益，兼顾经济效益。

建设一个信息网络。青年中心建设要充分利用现代信息技术。每个青年中心都要建立自己的网页，与各区县团委网页、上海青年电子社区、上海城市青年网联网，通过介绍中心、发布信息、办理中心有关事务来建立更多联系青年的渠道。利用网络视频会议、交友、游戏等功能丰富青年中心的活动。

健全一套规章制度。青年中心要通过青年会员的讨论和集思广益，制定《章程》、理事会产生和工作的制度、发展会员的制度、青年中心各类日常管理制度等一系列规章制度。

统一一个形象标识。青年中心的名称和LOGO要全市统一，共同树立青年中心形象，打造品牌。

六、职能定位

青年中心的基本职能是：

1、提供服务。开展各种技能培训和青年文化教育服务，根据国家职业准入制度，帮助青年进行职业技能鉴定，获取职业资格证书，利用丰富的网络教育资源，与党校、电大、夜大等联合建立各种辅导站，开办学历教育等业务，满足青年学习科学文化的要求。提供信息和咨询服务，利用电视、报纸、杂志、互联网络等现代信息传媒，开展科技、市场、人才项目等信息查询、信息发布、资料收集、数据分析等服务。开展劳动中介服务，帮助青年就业。开展青年文体活动，丰富青年业余文化生活，提高青年文化和身体素质。

2、管理事务。协助政府参与管理青年社团、维护青少年权益和预防青少年犯罪等青少年事务。承接与青年生存、教育、就业、社会参与、婚恋等方面的社会青年事务。

3、承办团务。在团委的指导下，青年中心开设团务窗口，承办团的组织关系接转、团费收缴、团员证年审等具体事务；设立青年志愿者服务站，招募社区青年志愿者，做好志愿者注册和日常管理工作。

七、工作步骤

青年中心建设采取先易后难、典型示范与宣传推广相结合的办法，计划用3－5年的时间，在全市街镇普遍建立青年中心。在郊区的镇、中心城区有条件的街道可以适当加快进度。分以下四个阶段：

1、开展调研，制定方案。2003年下半年，团市委开展调研论证工作，在此基础上制定实施方案。团区县委和基层团组织相应开展社区青少年社团、活动阵地和需求等方面的调研，初步确定试点单位和工作方案。

2、试点先行，研讨总结。2004年5月前，各区县上报试点单位和工作方案，开展青年中心建设试点工作。2004年下半年，团市委会同各区县阶段性总结试点工作，邀请有关专家、学者对试点工作进行评估并开展研讨活动。

3、全面部署，逐步推开。2004年年底，团市委总结试点工作经验的基础上，加大宣传力度，结合市府实事项目(社区文化活动中心建设)的推进，召开全市性动员会议和举办现场观摩活动，全面部署青年中心建设工作。

4、全面建设，逐步规范。2004年后，在全市普遍开展青年中心建设工作，进一步总结建设办法、完善运行机制，建设规范的青年中心。

八、工作要求

1、提高认识，加强领导。青年中心是团十五大提出的一项重要工作。各级团组织要从实践“三个代表”重要思想和实现上海共青团事业可持续发展的高度来加强对青年中心建设的力度，把青年中心建设工作作为今后工作的重中之重。团市委在原社区共青团工作领导小组的基础上成立青年中心建设领导小组，办公室设在团市委地区工作部(郊区部),各团区县委也要成立相应领导机构,集全团之智,举全团之力,把青年中心建好。

2、整合资源、争取政策。积极主动争取党委政府的领导和各有关部门的大力支持,出台具体支持工作措施,建立政府购买服务的机制,从信息、技术、人力、物力、财力等方面为青年中心的建设管理工作争取有力支持。各级团组织要充分利用现代传媒手段,整合资源,广泛宣传,积极推动广大青年和社会各个方面都来参与支持试点工作,形成良好的工作氛围。

3、大胆创新,积极探索。坚持以创新的精神积极推进青年中心建设。注意把握方向,突出重点,大力推进组织创新、工作创新、阵地创新和机制创新。团区县委要充分发挥基层团组织的积极性和创造性,深入开展调查研究,及时总结推广经验。

4、着眼长远,完善机制。建设青年中心是一项复杂的系统工程,需要长期的艰苦努力。各单位要从青年中心建设与发展的实际出发,开动脑筋,大胆尝试,积极探索建立市场经济体制下与城市管理发展相适应的各项青年中心组织体系、管理体系、保障体系、评价体系,确保青年中心持续健康的运转和发展。

共青团上海市委办公室

2004 年 4 月

关于开展五四运动85周年纪念活动的通知

沪团委发(2004)90号

团各区、县委，各局(公司)、大专院校团委，各市属单位团组织：

今年5月4日，是五四运动85周年纪念日。为弘扬“爱国、进步、民主、科学”的五四精神，进一步引导和激励广大团员青年为实现上海经济和社会发展的各项任务努力奋斗，团市委将集中开展五四运动85周年系列纪念活动。现将有关事宜通知如下：

一、活动主题

纪念活动以“弘扬五四精神 加强青少年思想道德建设”为主题，通过回顾五四运动以来青年运动发展的生动实践，精心组织开展各类丰富多彩的活动，积极展示上海当代青年继往开来、锐意创新的时代风采，激励引导广大团员青年更加自觉地以邓小平理论和“三个代表”重要思想为指导，在实现“科教兴市”主战略、弘扬上海城市精神中发挥积极作用。

二、活动安排

要紧密围绕纪念活动的主题，重点抓好以下几方面的工作。

1、*引导团员青年深入学习贯彻“三个代表”重要思想。*以团干部、大学生和各条战线的青年骨干为重点，紧密结合上海经济和社会发展的实践，充分运用专家辅导团、座谈访谈、参观走访、竞赛沙龙等形式，广泛开展形式多样、为青年喜闻乐见的学习活动，把青年理论学习活动进一步引向深入。

2、*大力加强青少年思想道德建设。*按照《中共中央、国务院关于进一步加强和改进未成年人思想道德建设的若干意见》的要求，充分发挥爱国主义教育基地、主题团队日活动、新闻舆论阵地、互联网等作用，广泛开展丰富多彩的思想教育活动。

3、*激励团员青年在经济和社会发展的火热实践中建功立业。*通过宣传表彰先进青年典型，引导广大青年树立和落实科学的发展观，按照“改革勇攀第一峰、竞争勇夺第一名、工作勇创第一流”的要求，立足本职岗位，争创一流业绩。通过共青团号、岗位能手、创新创效等活动，进一步动员和鼓励上海团员青年为推进“科教兴市”主战略作贡献。

4、*丰富活动载体，建设节日文化。*结合青年和青年工作的特点，在五四期间积极营造浓郁的青年文化氛围。通过青年文化巡演、入团仪式等活动，努力创造具有鲜明时代特点、青年广泛参与、深受青年欢迎的五四节日文化。

5、加大服务基层的工作力度。纪念活动要立足基层,面向青年,一切从实际出发,通过总结并宣传基层工作典型、举办免费培训班、资助工作项目等途径,尽可能为基层创造条件、提供支持。

三、工作要求

纪念活动将从 4 月下旬开始到 5 月结束。纪念活动要求真务实,讲求实效,力戒形式主义。各级团组织要根据团市委总体活动安排,积极配合面上活动,充分发挥基层的积极性,带动基层的广泛参与。要结合实际制定本单位五四期间的具体活动方案,并于 4 月 20 日前报团市委组织部。

共青团上海市委员会
2004 年 4 月 9 日

关于开展2004年上海市大学生暑期社会实践活动的通知

沪团委联(2004)23号

各高校：

为了全面贯彻中共中央《关于加强和改进思想政治工作的若干意见》和中共中央办公厅、国务院办公厅转发的《关于广泛、深入、持久地开展高等学校学生社会实践活动的意见》，深入学习、宣传和实践"三个代表"重要思想，加强广大青年学生的思想政治教育，全面提高青年学生的综合素质，今年暑期，市委宣传部、市文明办、市教育党委、市教委、团市委和市学联将继续组织本市大学生开展暑期社会实践活动。

一、活动主题

今年是我国改革和发展十分关键的一年，也是社会实践活动开展20周年。今年的暑期社会实践活动将以"奉献青春智慧，落实科学发展观"为主题，积极宣传、贯彻落实《关于促进农民增加收入若干政策意见》、《关于进一步加强和改进未成年人思想道德建设的若干意见》，引导广大青年学生深入学习领会"三个代表"重要思想，把爱国热情和成才发展的强烈愿望转化为全面建设小康社会的实际行动，在奉献社会、服务人民中提高自身素质、实现全面发展。

二、主体活动项目

今年的大学生社会实践活动将在充分发挥各校特色和优势的基础上，全市组织100支重点团队分赴祖国各地、上海各郊区城镇，重点围绕以下两个方面展开工作。

1、面向全国，开展以宣传、实践"三个代表"重要思想，服务农村、服务东北、服务西部为重点的大学生志愿者文化科技卫生"三下乡"社会实践活动。

今年的"三下乡"活动以"三个代表"重要思想为指导，以宣传实践、贯彻落实《关于促进农民增加收入若干政策意见》、《关于进一步加强和改进未成年人思想道德建设的若干意见》为重点，突出科学发展观实践服务、农村政策宣讲、未成年人思想道德建设、博士生服务地方经济建设等主题。各高校要结合服务地区经济社会发展的实际，根据"按需设项、据项组团、双向受益"的原则，重点组织实施以下几个活动项目。

(1)大学生落实科学发展观实践服务团。贯彻落实中央经济工作会议和精神，按照"五个统筹"的要求，组织大学生学习、树立科学发展观，结合农村经济社会发展实际，研究运用科学发展观解决经济社会发展中出现的情况和问题，大力开展环境保护、城镇规划、支教扫盲、心理健康等方面的服务活动，为实现经济社会全面、协调、可持续发展献计出力。

(2)大学生农村政策宣讲团。围绕《关于促进农民增加收入若干政策意见》的贯彻落实，通过座谈会、文艺演出、板报、散发宣传品等方式，向农村群众宣讲与生产生活密切相关的法律和政策，宣传党和国家关于促进农民增收的方针、政策、措施。引导大学生正确认识、深入了解"三农"问题，真正理解城乡统筹发展的重要意义，积极投身于全面建设小康社会的伟大进程中。

(3)大学生未成年人思想道德建设实践服务团。围绕《关于进一步加强和改进未成年人思想道德建设的若干意见》的贯彻落实，充分发挥青年学生思想道德素质和科学文化水平较高的优势，精心设计服务农村未成年人思想道德建设的活动，组织大学生深入农村普及法律知识，宣传网络文明，传授自护知识，募集捐献面向未成年人的报纸、刊物和其他读物，积极向未成年人推介优秀影片、歌曲和图书，加强农村中小学师资培训，注重培养未成年人文艺骨干力量。并可以分别组织本校来自欠发达地区的青年学生利用返乡度假的机会，积极为家乡中小学生举办成才报告会，开展各类帮困助学结对活动，帮助他们建立长期联系，加强交流，促进共同提高。

(4)博士生振兴东北实践服务团。充分发挥博士生、硕士生等高学历青年学生的人才技术优势，为振兴东北地区等老工业基地贡献力量。要在充分调研的基础上，根据服务地方的实际需求，组建专业优势互补的博士生、硕士生实践服务团，按照项目化要求，认真选取课题，制定有效的实践方案，努力在医疗卫生、技术改造、企业管理、市场开拓、人才培养、校地合作等方面给予当地帮助和支持。

全市将在各高校申报的基础上，组织以上四类重点团队各15支，形成60支市级重点实践团队，着重加强组织、宣传工作。各高校还可以结合学校专业设置和自身优势特色，根据地方经济情况和社会发展需求，精心规划，认真组织，广泛开展科技支农、企业帮扶、文艺演出、法律援助、医疗服务等活动，通过形式多样、内容丰富的"三下乡"活动，服务于农村的两个文明建设，服务于农民的生产生活需求，服务于农村的改革、发展和稳定。

(1)农技推广与企业帮扶。组织学生深入农村基层，根据当地经济社会发展的实际需要，传播和推广农业实用技术，帮助群众解决生产技术难题，培训农村科技人才，促进农村的产业结构调整，应对加入WTO的挑战。要围绕地方乡镇企业改革和发展，开展技术创新、产品开发、市场营销、规范管理、职工培训等方面的服务。

(2)文化宣传和法律咨询。通过形式多样的文艺演出，丰富农民群众文化生活，培训乡村文艺骨干。通过图片展览、放映录像、发放资料、编演节目等形式，积极倡导社会公德和家庭美德，示范科学、文明的生活方式。通过群众喜闻乐见的方式，宣传科学思想，普及科学常识，引导群众相信科学，远离邪教。广泛进行法律宣传和咨询活动，帮助农村群众学法、懂法、守法，提高广大群众的法律意识和法制观念。

(3)医疗卫生保健。充分利用专业优势，组织大学生开展健康普查和常见病的治疗，为广大农村群众排忧解难；进行医疗状况调查研究，为当地政府的医疗卫生进步出谋划策；开展卫生常识宣传活动，普及医疗卫生知识，培训基层医务工作者，为农民送医、送药、送医疗器械。

(4)支教扫盲和希望工程助学。开展贫困地区教育调研工作，为当地教育事业发展献计献策；培训中小学师资，为农村中小学实施素质教育提供服务；开展扫盲活动，帮助青壮年文盲提高文化水平；为贫困地区的孩子捐献学习用品，捐建图书阅览室，帮助他们扩大知识视野，丰富中小学生的暑期生活。

(5)生态环境保护和环保宣传。组织大学生积极参与“保护母亲河”行动和“绿色希望工程”活动，进行生态环境调查，协助有关部门治理土地沙化、水土流失及环境污染，宣传环保知识，倡导环保意识。

2、立足上海，积极投身上海城市建设，开展服务社区、服务群众等多种形式的社会实践活动。

今年上海地区的社会实践活动，要引导大学生在“科教兴市”主战略中发挥积极作用，在城市精神的培育和实践中发挥引领作用，在加强未成年人思想道德建设中体现服务功能，在倡导健康文明生活方式中发挥宣传示范作用，着力开展以下重点活动。

(1)投身“科教兴市”行动。组织硕、博士研究生深入工厂、企业、科研单位，发挥智力优势和专业特长，在技术改造、科技攻关、战略规划、企业管理等方面提供服务活动；组织大学生开展专项课题调研，进行科学研究，在社会实践中提高科研水平与创新能力；联合市环保局、市市容环卫局、市海洋局等单位组织大学生开展环保环卫宣传、执法整治、专题课题调研等活动，为上海的环境建设献计献策，服务于上海城市的全面、协调、可持续发展。

(2)“青春在奉献中闪光”城市精神展示行动。各高校要组织大学生志愿者在F1世界锦标赛中国大奖赛、第七届全国大学生运动会、国际少年儿童艺术博览会等国际、国内大型活动中积极发挥作用，号召大学生通过多种形式积极参与各类大型活动，在志愿服务中体现上海大学生积极向上、团结进取的精神风貌，充分展示上海城市精神。此外，还可以组织大学生深入全市各街道、乡镇，开展社区发展调研，参与社区管理，为社区精神文明建设服务。

(3)“大手拉小手”未成年人思想道德建设行动。各高校要充分依托学校的教育资源，以宣传实践、贯彻落实《关于进一步加强和改进未成年人思想道德建设的若干意见》为重点，以“爱心学校”、“暑期爱心夏令营”等形式为基础，为社区中小学生、在沪民工子弟学生提供暑期教育和活动的服务。积极组织大学生与未成年人开展“大手拉小手”结对活动，采取知识传授和理想信念教育并重的方式，共同进行道德实践，帮助健康成长。组织大学生对中小学生课业、未成年人进网吧等未成年人的成长环境与关注问题开展专题调研，为相关部门制定政策提供依据和建议。

(4)健康文明生活方式宣传示范行动。重点开展“青春红丝带”大学生防治艾滋病暑期社区行活动，根据《中国预防与控制艾滋病中长期规划》和《中国遏制与预防艾滋病行动计划》的要求，联合市人口和计划生育委员会，组织大学生志愿者参加防治艾滋病的大型广场宣传讲解活动，参与街道、计生服务站的蹲点宣传工作，选择相关专题撰写调研报告。重点开展大学生"迎世博、除陋习"交通文明宣讲活动,围绕《上海迎世博文明行动计划》和《道路交通安全法》开展各类交通法制和交通文明宣讲,努力营造人人遵守《道路交通安全法》、珍惜生命文明安全出行的良好氛围。各高校还要广泛组织大学生深入社区里弄,组织开展小型多样的科学文化活动,引导市民树立科学文明的生活观念;要通过网络、板报、宣传栏等方式,在社区宣传文明健康的生活方式,革除各种陋习,营造社会文明良好氛围;要因地制宜地开展各种社区体育健身活动,引导居民养成开展体育运动,锻炼健康体魄的良好习惯。

以上四类团队,全市将各组织10支市级重点团队,以点带面,着重开展组织、宣传工作,扩大活动的影响力和辐射面。

(5)深入开展优秀大学生挂职锻炼活动。市委组织部、市教育党委、团市委等将在今年暑期继续开展优秀大学生挂职锻炼活动,选派优秀大学生到改革开放和三个文明建设第一线挂职锻炼,使大学生挂实职、干实事、出实效。同时,各高校要充分利用自身优势和社会资源,积极与社区、企事业单位协作共建,自主开展挂职锻炼活动,扩大活动在学生中的覆盖面。

三、活动要求

大学生社会实践活动是新形势下深化教育改革、推进素质教育的有效载体,是培养学生实践能力和社会适应能力的重要途径。各高校要充分利用这一有效载体,高度重视,多方协作,认真组织实施,确保活动取得良好的效果。

1、*广泛动员,精心组织*。各高校要全面动员、广泛宣传,充分整合各种社会资源,对本校社会实践服务的地区、内容、方式等进行充分调研,精心设计活动方案。通过集中组队、分散活动等多种方式和项目招标、专项资助等有效机制充分调动学生的积极性,形成学校党政关心、宣传和学生工作部门大力支持,团委协调统筹、院系积极配合和广大学生踊跃参与的实践活动体系和氛围。

2、*大力宣传,营造氛围*。各高校要积极联系各新闻媒介,结合自身的活动重点和活动特色,认真规划活动的新闻宣传方案,组建有效的宣传报道队伍,对实践活动进行全面、及时、深入的报道,为社会实践活动的开展营造良好的舆论氛围。要充分利用校内报刊、广播、电视、工作简报、网站等资源,拓展宣传领域,丰富宣传内容。要注重收集、保存活动资料,认真做好社会实践活动的简报编辑和资料报送工作。

3、*讲求实效,加强建设*。各高校要严格落实"按需设项、据项组团、双向受益"的工作要求,前期要深入了解当地的需求,结合专业特色,提高活动的有效性和针对性。活动前要加强培训,帮助在学生在思想上、心理上、专业上、身体上做好准备。活动期间要发扬艰苦奋斗的精神,千方百计减少当地接待负担,切实为农村群众提供有效帮助。活动后期要回馈情况、交流体会,树立先进典型,扩大教育成果。各高校要把暑期社会实践活动纳入学校素质教育的整体格局中,并作为实施大学生素质拓展计划的重要内容,归入《大学生素质拓展证书》的记录范畴,并尝试通过项目化、给予学分等方式,促进社会实践活动的进一步深入。同时,要加强社会实践基地建设,突出在革命老区、西部地区、少数民族地区、东北地区的基层乡镇、村建设基地。还可以以班级为单位,就近就便建立实践基地,为更多大学生经常性地参与社会实践活动提供机会和渠道。

4、落实保障,注意安全。要积极争取校党政领导的更大支持,力求在资金保证、工作力度上有所加强;努力创造条件,积极争取社会资源,探索实践活动的有效动员机制、运行机制、考核机制和保障机制,推动社会实践活动的机制化运行和项目化推进。同时要高度重视社会实践活动的安全保障工作,要对活动方案进行精心、周密的策划,做好活动预案;要保证实践活动的必要物质条件,加强对学生的安全意识教育,确保活动的安全开展。

四、总结与表彰

各高校在开展暑期社会实践活动中,要注重收集、挖掘活动中的典型事迹和人物,作好社会实践的总结准备工作。今年将开展“大学生社会实践活动优秀组织奖”、“大学生社会实践活动优秀项目奖”、“大学生社会实践活动先进个人”评选,表彰一批社会实践活动的先进个人和集体,并推荐部分高校以及活动项目参加全国“三下乡”社会实践活动的“先进单位”和“优秀团队”评选。各高校也要组织相应的总结表彰活动,建立规范化评选表彰体系,扩大社会实践成果,在高校和社会中逐步形成参与实践、崇尚实践的良好导向。

各高校要注重收集、整理、保存活动中的照片、音像资料,尤其要加强活动录像的摄制、编辑工作,主办单位将在活动结束后编辑各校暑期社会实践活动的录像材料,作为全市活动总结的重要组成部分。

五、社会实践20周年回顾纪念活动

1、组织开展“我与社会实践共成长”寻访活动。通过对各个时代曾经参与社会实践活动的相关人士进行采访,回顾20年来,社会实践在祖国发展各重要时期的活动特色与涌现的一批先进典型,以及实践育人的丰硕成果。希望各高校根据以往活动档案,结合校友走访,深入挖掘、多方了解,积极推荐合适人选。主办单位也将适时在全市开展征集活动。

2、组织开展“关注农业·建设农村·服务农民”调研报告征集活动。各高校在活动组织实施中,要注重引导大学生通过社会实践了解国情、关注三农问题,尤其是赴西部农村、经济欠发达地区开展实践服务活动的重点团队,要积极就农村的现实发展改革等问题进行调研、提出建议、形成报告。全市将在汇总、整理的基础上,形成调研报告集,为有关部门提供决策依据。

六、有关社会实践活动情况报送的要求

各高校团委要围绕实践服务地区的实际需求,结合本校实际,认真组织招募,精心安排策划,按照要求填写以下表格。

1、各高校团委要认真组织开展投身“科教兴市”行动、“青春在奉献中闪光”城市精神展示行动、“大手拉小手”未成年人思想道德建设行动、健康文明生活方式宣传示范行动 4 项重点活动，并按要求填写“2004 年上海市大学生暑期社会实践活动重点项目组团情况统计表”；

2、各高校团委要积极组织团队，并进行统计，扩大社会实践活动的参与面，并按要求填写“2004 年上海市大学生暑期社会实践活动项目一览表”。

中共上海市委宣传部
上海市精神文明建设委员会办公室
中共上海市科技教育工作委员会
上海市教育委员会
共青团上海市委员会
上海市学生联合会
2004 年 6 月 10 日

关于全面推进预防犯罪工作体系建设社区青少年事务的实施意见

沪团委联(2004)20号

团各区(县)委:

为认真领会和切实贯彻“全国预防青少年违法犯罪工作会议”和“上海市全面推进预防和减少犯罪工作体系建设动员大会”(以下简称动员大会)的精神,以立足管长远、全覆盖为目标,在四个试点区的经验基础上,进一步统一思想、明确目标、落实责任,重点解决和完善社区青少年工作的政策、体制、机制、队伍和管理等问题,全面而扎实地推进这项工作。现按照市委政法委和综治委“关于全面推进预防犯罪工作体系建设的实施意见”的统一部署,就各区县共青团组织开展社区青少年工作提出如下实施意见:

一、基本思路

按照“政府主导推动、社团自主运行、社会多方参与”的总体思路,围绕“控制规模,有效管理,加强教育,切实服务,减少犯罪”的总体目标,采用政府购买服务,社团组织专业化、职业化的社工队伍具体运作,充分发挥社区的载体作用等社会化管理的思路,整合社会资源,实现有效的社会管理,形成多元化、各司其职、协同管理的工作新格局,全面推进预防青少年犯罪工作。

二、主要任务

1、明确职能定位

上海市社区青少年事务办公室(以下简称事务办)与原上海市社区青少年工作联席会议办公室合署办公,内设综合处、服务处、社工处。事务办是政府主导推动的工作机构,通过建立对社团的考核评估机制和专业督导体系,承担社团业务主管单位的监督管理职责,具体负责全市社区青少年工作的推进、社区青少年维权和保护等相关事务。上海市阳光社区青少年事务中心(以下简称事务中心)在各区县建立工作站,对各区县所属社工进行业务指导、专业培训、绩效考核和日常管理。

团区(县)委是负责社区青少年工作的主要责任部门,接受事务办和区县预防和减少犯罪办公室(以下简称区县预防办)的指导和协调,负责对社工站的指导和协作。街镇团委要在街镇党委的领导下做好相应的配合工作。

事务办、区县预防办、团区(县)委、事务中心、区(县)社工站要理顺职能定位,明确工作界面,规范操作流程,工作中要避免部署重复、指导交叉、要求不一致、重点不统一的情况。

2、充实工作机构

要尽快完成事务办的人员配备。通过公务员招聘、从团市委机关内部和团区（县）委选调、面向社会公开招聘等方式进一步充实工作力量，完善人员结构，提高工作水平。事务办要指导和推动事务中心的人员招聘工作，落实经费保障，为社团尽快实现自主运作打好基础。

团区（县）委要尽快落实专人负责社区青少年工作。根据动员大会的精神，在四个试点区经验的基础上，结合本地区的实际情况，积极参与协调区县社工站的建立、办公条件的改善、人员招聘和经费落实等工作，指导区县社工站尽快投入工作。

3、抓好队伍建设

事务办要指导好事务中心抓好新一轮社区青少年事务社工（以下简称社工）的招聘和上岗培训工作，团区（县）委要做好组织配合工作。各级团组织要高度重视社工的培训工作，按照系统性、阶段性、可操作性的要求，加强对社工的理论知识、专业技能和实务操作的培训。要按照“应知应会”的要求，总结提炼试点工作中形成的成功做法、个案典型，借鉴香港等地的社工培训经验，引进卡耐基、汇才等培训理念和合作项目，抓紧形成对社工的基本培训教材，形成长效的培训机制；要制定好社工绩效考核的指标体系，形成有序的竞争机制；要建立社工荣誉序列，落实奖励措施，为优秀社工提供奖励、发展培训、境外考察等服务，形成有效的激励机制。要切实按照社会化、职业化和专业化的要求，为社工提供更多的工作资源和服务，切实建设好社工队伍。

4、创新工作方法

要总结和推广试点区好的经验和作法。团区（县）委要重点针对失管、行为不良或濒临违法犯罪的社区青少年群体，依托青少年社会工作者，积极开展面对面的帮教工作，增强他们的法制意识，提高他们辨别是非的能力，预防社区青少年违法犯罪；针对失学的社区青少年，要主动联合教育部门，形成解决社区青少年失学的有关政策，狠抓源头控制；针对失业的社区青少年，要主动联合劳动保障部门，形成解决社区青少年失业的有关政策，通过举办招聘专场、技能培训、就业援助和职业辅导等多种方式，确保出口畅通。

5、建立工作制度

团区（县）委要通过社工站和社工，完善“一人一卡”电脑化管理，及时掌握社区青少年的动态，建立对每一个社区青少年的情况了解制度；要指导社工站加强对社工的业务指导、绩效考核和日常管理，抓紧制定社工管理办法，建立对社工的管理制度；要充分发挥教育、劳动和社会保障等部门的积极作用，形成工作合力，进一步强化社区青少年工作联席会议制度；要建立区县预防办、团区（县）委和社工站、街镇团委等部门之间的合作、沟通及有效运作的工作制度；要结合实际，建立调查研究制度、工作月报制度和工作例会制度等。

6、完善工作机制

建立和完善政府社区青少年事务授权委托机制、联席会议各成员单位的协调和合力机制，以及工作中的政策支持、实事项目、基金辅助、阵地依托、竞争多赢、开放体系和社会化运作的机制。当前要加紧形成并完善政府购买社团服务的评估机制。要结合上海市社区网格化建设，探索社区青少年工作的新机制。如建立预警和快速反应机制、高效的社区青少年动员机制、关注青少年呼声的倾听机制、社工管理机制、青少年及社会力量参与机制等。

7、提供经费保障

事务办、团区(县)委要根据市委政法委、综治委的统一要求，积极探索财力支持的政策措施，争取财政支持，尽快落实社区青少年工作的专项经费。要充分借助社会力量，广泛吸纳社会资金，通过设立专项基金等方式，不断扩展社团、社工站的资金来源渠道，支持社团和社工工作，为社团、社工站的正常运作提供经费保障。

8、切实提供服务

要加强协调政府有关职能部门为社工开展工作创造条件，提供必要的资源支持。协调劳动保障部门要为社工的工作对象就业提供信息和政策，鼓励工作对象自主创业；协调教育及有关部门提供更多的、有针对性的教育培训项目；协调民政部门关注对象中的特困人员，想方设法为他们提供物质帮助，这些资源尽可能通过社工站使用于工作对象，以此来支持社团的工作。要加强志愿者队伍建设，通过社会招募、团组织发动和社工主动联系的方式，逐步建立以社区离退休干部、党团员、教师为主体的志愿者队伍，为每个社工配5名左右志愿者，延伸社工的工作手臂，实现对全体社区青少年更加有效的全覆盖。要积极引进外部竞争机制和辅助服务。要通过购买服务的方式，积极发育各类非政府、非盈利服务组织，逐步培育和形成政府购买服务的、有竞争的社团服务市场。

9、夯实工作基础

要加强与境内外相关机构的合作和联系，切实抓好阵地建设、调查研究、舆论宣传和信息化建设等基础性工作。

要巩固和开辟好青少年活动的各类阵地。吸引社区青少年积极参与活动；通过社会化运作手段，整合社会资源，建设融道德教育、法制宣传、技能培训等为一体的社区青少年免费培训学校；建立就业实习、见习基地，为社区青少年参与就业竞争积累实际工作经验。

加强课题研究。要充分调动社会各方资源，建立相应的专业研究机构，强化理论研究。要多思考和研究社区青少年工作的方向性、理论性和建设性问题，要善于运用社会资源(如高校、专家、有关职能部门)协同研究。探索建立对社区青少年及工作重要指标进行统计、监测、评估、发布制度。

加强舆论宣传。通过青年卡以及青年报、青年网、上海青年电子社区和其他市级媒体加强宣传，使更多的人认可和认同社区青少年工作，最大限度地获取社会支持；针对社区青少年工作和社工的工作特点及规律，加大正面宣传力度，提高社区青少年工作和社工的知晓度，做到“社会工作家喻户晓”。为社工开展工作营造良好的舆论氛围。

加强信息化建设。团区(县)委要进一步加大信息化建设的力度，要专门建立区域性的社区青少年信息管理系统，准确掌握社区青少年的基本情况，做好即时和长期服务。

10、推动工作立法

在已形成的《上海社区青少年工作的现状与发展研究》报告的基础上，推进社区青少年工作立法调研，并尽快形成相关的立法建议稿，明确社区青少年工作的法律地位。同时尝试制订社区青少年工作的统一规划。

三、工作步骤

1、6月中旬。举办团区(县)委专题工作推进会。

2、6月上旬—7月底。招聘青少年社会工作者并组织开展业务培训；各区县要形成社区青少年事务试点工作方案；明确职责，充实人员，落实经费；筹建社工站。

3、8月—11月。社工正式上岗；各区县要明确青少年社会工作者的工作职责、内容、方法，形成社工工作手册、社工管理、考核等制度，建立预防青少年犯罪工作的制度框架；围绕工作对象建立“一人一卡”，定期更新有关情况，进一步建设好社区青少年管理信息系统，加强对罪错和问题青少年的跟踪，形成清楚完整的工作流程；探索预防办、团区(县)委、社工站等部门工作运行的有效机制，形成优势互补、协调一致的工作格局；编写好工作简报，及时总结和宣传典型经验。

4、12月份。总结提炼工作中好的经验和做法，分析解决工作中存在的问题和不足，进一步完善有关社区青少年事务的工作理念和工作方法。要根据工作推进的实际情况，制定好区县2005年社区青少年工作计划和实施方案，做好2005年社区青少年工作部署。

社区青少年工作，是本市体系建设的重要组成部分，是共青团组织的份内事。抓好这项工作，是从源头上预防犯罪、确保本市社会稳定的一项重要举措，是促进一代青少年健康成长的大事。社区青少年工作牵涉面广，难度大，成效难以短期内显现。团各区、县委要高度重视，统一规划，发挥优势，形成特色，明确重点，有的放矢，重在落实，贵在实践。在开展工作的过程中，要扎实工作作风，反对形式主义，不断增强此项工作的针对性和实效性。要按照理念创新、实践创新和制度创新的要求，不断地探索、积累相关的工作经验。根据实际情况，发挥自身优势，形成社区青少年工作的思路、方法、制度、品牌和典型，抓重点，抓成效，努力形成各自的工作特色。

共青团上海市委员会

上海市社区青少年事务办公室

2004年6月16日

关于开展上海青少年纪念邓小平同志诞辰100周年系列活动的通知

沪团委发(2004)206号

团各区、县委,各局(公司)、大专院校团委,各市属单位团组织:

今年8月22日,是邓小平同志诞辰100周年纪念日。邓小平同志是伟大的马克思主义者,伟大的无产阶级革命家、政治家、军事家、外交家,久经考验的共产主义战士,中国社会主义改革开放和现代化建设的总设计师,邓小平理论的主要创立者。他在全党、全军和全国各族人民中享有崇高的威望,在世界上也有巨大的影响。按照中央的精神,根据市委和团中央的部署,在邓小平同志诞辰100周年的时候隆重举行纪念活动,是全党和全国人民政治生活中的一件大事,对于各级共青团组织和广大青少年高举邓小平理论伟大旗帜,全面贯彻“三个代表”重要思想和十六大精神具有十分重要的意义,是当前各级共青团组织大力开展青少年思想道德建设,塑造城市精神,积极组织青少年投身科教兴市主战略,不断推进建设中国特色社会主义伟大事业的重要载体。

现就纪念活动的有关事项和具体要求通知如下:

一、纪念活动的指导思想

以十六大精神为指导,坚持用邓小平理论和“三个代表”重要思想武装共青团,教育青年。通过纪念活动,使全市广大青少年更加深入地了解邓小平理论的丰富内容和邓小平同志的丰功伟绩,更加充分地认识高举邓小平理论伟大旗帜,全面贯彻“三个代表”重要思想的深远意义,更加坚定广大青少年走中国特色社会主义道路的信念,进一步投身科教兴市主战略,积极塑造城市精神,在以胡锦涛同志为总书记的党中央领导下,解放思想、实事求是、与时俱进、同心同德地为全面建设小康社会,为实现中华民族的伟大复兴而努力奋斗。

二、面上开展系列纪念活动的主要安排

(一)系列纪念活动时间

2004年7月中旬——8月底

(二)主要活动内容

1、“我向小平说句话”短信寄语活动。从6月25日到8月31日,团市委、上海市希望工程办公室、青年报联合上海移动、联通公司,举办“我向小平说句话”短信寄语活动,以对联、寄语和诗歌的形式,表达上海青少年怀念小平同志的深情厚意(移动用户发送

到 666683，联通用户发送到 966683）。短信捐款全部捐助希望工程给四川广安小平家乡。（由团市委宣传部、市希望办负责）

2、大中学生“寻访小平足迹”暑期社会实践活动。以“寻访小平足迹”为主题，大力开展暑期大中学生社会实践活动，在实践中让大中学生接受锻炼、接受教育。（由团市委学校部负责）

3、《邓爷爷照片里的故事》赠书仪式暨少年儿童“我心中的邓爷爷”演讲比赛。8 月中旬，团市委、市少工委和上海教育出版社联合开展此项活动，以向少年儿童赠书、演讲的形式，抒发对邓小平同志的深切缅怀。（由团市委少年部负责）

4、重走小平在沪足迹——上海青少年暑期爱国主义教育基地寻访活动。利用暑期组织广大青少年，重走小平同志在沪的足迹，重温伟人的谆谆嘱托，并结合百万青少年爱国主义教育基地寻访活动，就近就便参观全国、上海市等各级爱国主义教育基地，大力开展形式多样的青少年思想教育活动。（由团市委地区部负责）

5、向四川广安援建希望小学。在社会各界的支持下，向小平家乡四川广安捐建希望小学。（由市希望办负责）

6、向小平家乡捐书活动。为帮助小平家乡的小朋友更好地读书求知，团市委、市少工委号召上海青少年捐出一本书、奉献一片爱，开展向小平家乡捐书活动。8 月初将在上海青年文化活动中心专门集中设点，接受青少年和社会各界捐书，并将所捐书籍赠送四川广安。（由团市委宣传部、上海青年文化活动中心负责）

7、召开“马克思主义青年观、邓小平青年理论与上海青年工作”专题研讨会。8 月中旬，邀请有关领导、专家学者和基层团干部围绕邓小平青年理论，新形势下上海共青团和青年工作进行研讨。（由市青干院负责）

8、青少年纪念邓小平同志诞辰 100 周年特色活动征集活动。通过在各级共青团组织和广大青少年中开展有意义、有创意的纪念活动征集，集中反映上海青年对小平同志的深切缅怀，并在《青年报》上进行刊登。（由青年报社负责）

9、大力开展系列纪念活动的新闻宣传。团市委将联合本市主要媒体，积极报道在“我向小平说句话”优秀短信征集、上海团员青年重走小平路寻访活动等涌现出的感人故事。并利用《青年报》、《团的生活》、青年电子社区等团报团刊和网络阵地开辟专栏，反映基层广大青少年开展纪念邓小平同志诞辰 100 周年的有关活动。（由团市委宣传部、青年报社负责）

三、工作要求

1、高度重视，加强领导。要在各级党委的领导下，根据团市委面上的工作项目，结合当前加强和改进未成年人思想道德建设的要求，围绕在青少年中牢固树立正确的“三观”和理论武装等方面，精心组织实施好各项重点工作。各级团组织要切实加强组织领导，及时部署并配备好工作力量，抓紧形成具体行动方案和措施，努力把这项活动抓紧抓好抓实。

2、立足基层，务求实效。要深入企业、学校、社区、乡镇等基层单位广泛开展主题活动，吸引组织广大青少年广泛参与，努力扩大活动的覆盖面。活动的组织要结合实际，务求实效，要与本单位、本系统的中心工作相结合，与推进当前共青团主要工作相结合，力戒形式主义。

3、注重氛围营造，加大宣传力度。在开展各项纪念活动时，各级团组织要充分运用各类新闻媒体和团属宣传阵地，在全市营造隆重纪念的良好氛围，充分表达广大青少年对小平同志的深切感情，及时反映广大青少年以实际行动投身科教兴市主战略，积极塑造城市精神的良好精神状态。

各单位开展的纪念活动请及时报送团市委宣传部和团市委有关部门。

共青团上海市委员会

2004 年 7 月 15 日

上海市团干部发展导航计划(试行)

沪团委办(2004)13号

一、指导思想

以邓小平理论和"三个代表"重要思想为指导,按照科学发展观的要求,坚持"青年为本、以德为先、服务为重、发展为主题"的工作理念,通过有计划地开展上海市团干部发展导航工作,进一步加大团干部队伍建设的力度,提高团干部培养工作的综合性、科学性、针对性和有效性,促进团干部的全面发展,努力建设一支"忠诚党的事业、热爱团的岗位、竭诚服务青年"的党放心、青年满意的团干部队伍。

二、主要对象

本计划的对象涉及本市区、县、局(公司)、大专院校和市属单位团组织负责人,重点实施对象为团委主要负责人。

三、主要内容

根据共青团事业发展和团干部自身成长的需求,结合团干部所在单位对团干部的综合素质要求,从团干部发展的基本方向和个性特征出发,按照"缺什么、补什么"的原则,对全市团干部有计划、有步骤地实施全面培养。

主要分为以下三个方面:

第一方面:作风与能力

主要培养团干部的作风与能力(奋发有为作风、求真务实作风、深入基层作风、艰苦奋斗作风、民主协作作风和调查研究能力、文字口头表达能力、沟通协调能力、组织大型活动能力、跨领域合作能力、理性思考能力和创新能力)。

主要采取以下措施:

1、建立"团干部职务资格"培训制。

新上岗的团干部必须参加"团干部职务资格"培训,了解党团发展的历史和共青团工作实务知识,并通过考核,获得证书。

2、建立导师制。

新上岗的团干部由团市委组织部和团干部所在单位党委组织部门协商,确定专人(主要是所在单位的党政领导)担任该团干部的导师。导航内容为结合新上岗团干部的特点，进行思想品德、工作方法和工作作风的培养，导航时间为期 1 年。

3、建立工作考察制。

新上岗的团干部工作 2 年内，由团市委组织部和团干部所在单位党委组织部门共同考察。根据新上岗团干部的所任职务，除对其进行德、能、勤、绩、廉等方面的考核评定外，重点进行发展资质和能力的考察。

4、建立团干部论坛制。

新上岗的团干部要结合本领域工作进行调查研究，独立撰写动态简报和调研报告，在本系统的相关杂志上发表，或经所在系统推荐在《团的生活》及其他理论刊物上发表。

5、建立到艰苦环境锻炼制。

组织新上岗的团干部深入农村、社区和困难企业，到西部、部队和革命老区进行锻炼或开展结对帮扶等活动。

第二方面：学力

主要提高团干部继续学习的能力和学历层次。

主要采取以下措施：

1、业务培训。

实施"千名团干部培训计划"，建立"团干部发展基金"。由团市委组织部与团干部所在单位党委组织部门协商，有计划地推荐、选派团干部参加党校、团校的理论培训和其他与工作相关的知识、技能培训。

团市委将不定期组织优秀团干部赴中央党校、市委党校、中央团校参加各类短期培训；委托社会各类专业培训机构，对团干部实施英语、计算机等现代技能培训；还将不定期组织各类知识讲座，并向团干部赠送学习资料。团干部在一届任期或工作 3 年内，至少到党、团校参加一次学习。

2、学历培训。

团市委委托本市一些著名高校为团干部开设经国家教育部或国务院学位办认定的研究生等各类学历培训。

团干部参加学历培训，一般采取自愿报名与组织推荐相结合的方法。学习主要利用业余时间进行，招生工作按招生简章的有关规定办理。

3、海外交流培训和出境考察。

根据每年度海外交流培训计划，选派团干部到新加坡人民协会青年运动、香港青年协会等海外青少年组织进行短期的交流培训或出国、出境考察相关的青少年工作。

第三方面：经历

主要丰富团干部的工作和岗位经历。

主要采取以下措施：

1、挂职锻炼。

第一类团中央、中央国家机关组织的赴团中央、中央国家机关挂职锻炼。根据团中央、中央国家机关要求，选派团干部赴团中央、中央国家机关有关部门进行为期 6 个月至 1 年的挂职锻炼。

第二类赴重庆团市委、云南团省委挂职锻炼。根据沪渝、沪滇两地团干部相互挂职交流的协议，每年选派团干部到重庆团市委和云南团省委进行为期 3 个月的挂职锻炼。

第三类赴市有关委办、地区、企事业单位、民营企业和社团挂职锻炼。选派具有一定工作经历的团干部到市有关委办、地区、大型国有企事业、大型民营企业和社团进行为期 3－6 个月的挂职锻炼。

第四类赴市重大项目办公室挂职锻炼。根据市有关部门的要求，选派团干部到市重大项目办公室挂职锻炼。

第五类来团市委机关挂职锻炼。每年上半年、下半年各组织基层团干部到团市委机关各部门进行为期 3 个月的挂职锻炼。

第六类赴国内、外参加扶贫接力计划。团市委每年招募选派有一定专长的团干部赴云南、老挝等进行为期 6 个月的志愿服务。

2、兼职轮岗。

在各级党委组织部门的支持下，结合班子换届、人员调整等工作，进行跨部门、跨行业和上下级之间的兼职轮岗。

四、主要措施

1、自主规划制度

进一步增强团干部在发展导航过程中的积极性、主动性和创造性，团干部经常进行自我分析，提出下一阶段的发展目标。

2、个性化服务制度

按照团干部不同的职级、不同的阅历和不同的特点，有针对性地发展导航，满足团干部个性化的发展需求。

3、发展性谈话制度

新上岗的团干部，由团市委组织上岗前的集体谈心活动；参加市委党校中青班学习的团干部，由团市委在每期培训班开学前和学习中各组织一次集体谈心活动；参加团市委组织的各类挂职锻炼的团干部，由团市委组织部在挂职锻炼开始前组织集体谈心活动。同时设立“团市委书记电子信箱”，构建上下互动的谈心沟通机制。

4、互动设计制度

团干部对自己的导航计划进行详细设计、确定目标；各级团组织在党政领导的积极支持下，结合各单位实际情况，帮助团干部完善导航目标和进程。团市委经常与团干部所在单位的各级党政领导沟通，了解团干部个性化的需求，分析干部特点，共同提出进一步发展的方向。

5、科学评价制度

团市委将建立对团干部发展的科学评价指标体系，并每年会同团干部所在单位党委组织部门对任职 1 年以上的团干部进行抽查考核，考核结果将向党组织及本人反馈，作为发展导航的重要内容。

6、推优制度

团市委、各级团组织通过开展各类评选表彰和展示活动，通过人才资源信息库等多种渠道，向各级党组织推荐优秀团干部。

7、后备干部制度

根据团干部协管的规定，建立后备团干部队伍。在后备团干部上岗前，通过培训、挂职等途径实施有针对性地培养，定期对后备团干部进行分析了解，不断进行补充调整。

8、《手册》记载制度

实行《团干部发展导航手册》管理制度。手册由本人负责保管，各级团组织和本人分别记录相应内容。

共青团上海市委办公室

2004年9月16日

关于组织全市广大团员青年认真学习贯彻党的十六届四中全会精神的通知

沪团委发(2004)304 号

团各区、县委,各局(公司)、大专院校团委,各市属单位团组织:

为了进一步动员和组织广大团员青年认真学习、深刻领会和全面贯彻党的十六届四中全会精神,把全市团员青年的思想和行动统一到中央精神上来,把全市团员青年的力量凝聚到实现党的十六届四中全会确定的各项任务上来,在全市广大团员青年中迅速兴起学习贯彻党的十六届四中全会精神的高潮。根据近期《中共上海市委关于认真学习贯彻党的十六届四中全会精神的通知》和《共青团中央常委会关于深入学习贯彻党的十六届四中全会精神进一步做好新形势下青年群众工作的决议》的要求,就组织全市广大团员青年认真学习贯彻党的十六届四中全会精神作如下通知。

一、认真学习,深入领会党的十六届四中全会精神

党的十六届四中全会是在我国改革发展关键时期召开的一次极其重要的会议。组织全市广大团员青年认真学习、深入领会党的十六届四中全会精神,是全市各级团组织当前和今后一个时期的重要政治任务。

*要组织团员青年认真学习党的十六届四中全会的有关文件。*各级团组织要组织团员青年认真学习胡锦涛同志在全会上的重要讲话精神,认真学习《中共中央关于加强党的执政能力建设的决定》等文件,既要从总体上把握四中全会的主要内容和精神实质,又要将学习贯彻全会精神与学习毛泽东思想、邓小平理论和“三个代表”重要思想中蕴含的丰富的执政思想结合起来,紧密结合中国特色社会主义实践,深入理解掌握全会精神。

*要引导团员青年深刻认识新形势下加强党的执政能力建设的重要性和紧迫性。*各级团组织要引导团员青年深刻认识五十五年来党执政的主要经验,深刻理解把握加强党的执政能力建设的指导思想、总体目标及当前和今后一个时期加强党的执政能力建设的主要任务。要从关系中国社会主义事业兴衰成败,关系中华民族前途命运,关系党的生死存亡和国家长治久安的高度,充分认识加强执政能力建设的重要性和紧迫性,不断提高加强执政能力建设的自觉性和坚定性。

*要找准学习贯彻全会精神的切入点和着力点。*深入学习党的十六届四中全会精神,要着眼于巩固党执政的青年群众基础,着眼于广大团员青年现实思想问题的解决,着眼于新时期共青团事业的持续发展,深入思考加强党的执政能力对共青团提出的新

要求，深入思考新形势下做好党的青年群众工作的许多理论和实践问题，深入思考共青团和青年工作中遇到的新情况、新问题，努力以全会精神为指导推动团的各项工作。

二、联系实际，把党的十六届四中全会精神落到实处

《中共中央关于加强党的执政能力建设的决定》，是新世纪新阶段推进党的建设新的伟大工程、开创中国特色社会主义伟大事业的行动指南。各级团组织要围绕加强党的执政能力建设的要求，忠实履行党赋予共青团的光荣职责，切实做好新形势下的青年群众工作，巩固和扩大党长期执政的青年群众基础。

*围绕党不断提高驾驭社会主义市场经济的能力，引导团员青年为推动发展作贡献。*要按照坚持把发展作为党执政兴国第一要务的要求，引导团员青年树立科学的发展观，积极投身上海改革开放和现代化建设的伟大实践，发挥团员青年在社会主义市场经济中的生力军和突击队作用。要围绕科教兴市和人才强市战略的实施，大力开发青年人力资源。实施上海青年参与经济发展促进计划，深化"共青团号"、青年突击队、青年工程立功竞赛等活动，团结带领全市广大团员青年立足岗位、敬业奉献，不断提高对上海经济发展的贡献率。

*围绕党不断提高发展社会主义民主政治的能力，引导团员青年积极参与社会主义政治文明建设的实践。*要按照建设社会主义政治文明的要求，引导团员青年增强民主法制观念，坚持四项基本原则，积极实践社会主义民主。加强对团员青年的法制教育，使他们牢固树立法制观念，学会依法办事。培养团员青年的民主意识，引导他们积极参与民主实践。加强基层团组织和团干部直选、民主评议等团内民主建设。发挥好人大、政协中青年代表和青年委员的作用，不断提高青年政治素养和参与能力，推动青年合法、规范、有序的政治参与。发挥好共青团、青联和学联组织联系广大青年的作用，积极协助政府管理青年事务。

*围绕党不断提高建设社会主义先进文化的能力，引导团员青年为发展社会主义先进文化作出积极贡献。*坚持不懈地用邓小平理论和"三个代表"重要思想武装教育团员青年，帮助团员青年构筑起强大的精神支柱。进一步加强和改进青年思想政治工作，不断增强青年思想政治工作的针对性和实效性。以深化实施上海青少年思想道德推进计划为抓手，运用组织化、社会化、群众化相结合的教育方式，提高以未成年人和大学生为重点的青少年思想道德建设水平。繁荣发展青年文化事业，扩大"青春的节日——上海青少年文艺巡演"、上海学生社团文化节等品牌项目的辐射功能，为青少年的健康成长提供健康有益的文化作品和文化活动。

*围绕党不断提高构建社会主义和谐社会的能力，引导团员青年在和谐社会建设中充分发挥作用。*竭诚服务青年，努力为团员青年健康成长办实事、做好事、解难事。进一步健全和完善多领域、多样化、开放式的青少年服务体系，实现"中心"（青年中心）、"卡"（青年卡）、"网"（青年网）、"社团"（阳光社区青少年事务中心等）的互动，满足青年多样化需求。提高对社会青年组织的协调能力，通过众多服务青少年的社团、基金会、专业机构以及职业社工的服务，借助政府购买服务和社会资源等主要渠道，切实解决各

类青少年的具体困难，进一步关心、满足青少年的生存和发展需求。

围绕党不断提高应对国际局势和处理国际事务的能力，进一步深化青年外事与港澳台工作。积极加强对各国青年和青年组织的交流，以国际项目合作为载体，开展与各国青年和青年组织的合作，实现共同发展。拓宽工作视野，强化国际意识，整合国内外资源，完善青年外事工作机制，发挥青年外事工作的优势，努力在实施“走出去”、“引进来”战略中发挥积极作用。要通过举办沪港、沪台论坛等形式，大力加强与港澳台青年的交流与交往，加深了解，增进友谊，为保持香港澳门的繁荣稳定，为促进祖国的统一大业贡献力量。

加强团的建设，是加强党的执政能力建设的必然要求，是共青团做好新形势下的青年群众工作的根本保证。要积极适应经济社会结构和青年群体分布的变化，大力推进团的建设，坚持党建带团建，鼓励和支持基层团组织进行创新实践，更好地总结、推广基层有效做法。进一步加强民办大专院校和外来务工青年群体中的团建工作，加大“两新”组织建团力度；按照市委关于“社区建设实体化、社区管理网格化、社区党建全覆盖”的新要求，全面推进社区团建和青年中心建设，不断提高团组织服务青年的能力，扩大团组织的覆盖面和影响力。要进一步改进团的工作方式，创新团的工作机制，整合团的工作资源，加强团的制度建设，探索建立充满活力、富有效能的团的组织运行体系。

三、高度重视，切实加强对学习贯彻党的十六届四中全会精神的组织领导

各级团组织要从全局和战略的高度把组织团干部和团员青年学习贯彻全会精神摆上重要工作日程，高度重视，周密部署，精心组织，务求实效。

要高度重视，精心组织。各级团组织要在各级党组织的统一部署下，加强对团员青年学习的组织和指导。广大团干部特别是各级团组织的主要负责人要率先垂范、带头学习好、领会好、掌握好、贯彻好全会精神。要结合本单位、本系统的工作实际，制定周密细致的学习计划，精心安排，推动学习活动的深入开展。

要结合实际，务求实效。要始终坚持理论联系实际，把学习贯彻全会精神与推动上海团的各项工作和建设有机结合起来，拓宽工作思路，创新工作方法，突出工作重点，狠抓工作落实，努力做到学以致用，用以促学，学用相长，推动上海青年工作新格局的构建。

要注重宣传，营造氛围。要加大宣传力度，积极营造各级团组织和广大团员青年学习贯彻党的十六届四中全会精神的浓厚氛围。采取集中培训、举办学习班、报告会等多种形式学习全会精神，要通过报纸、团内刊物等刊发各级团组织和广大团员青年的学习成果、收获体会，形成全市团员青年学习贯彻党的十六届四中全会精神的良好氛围。

各区、县、局(公司)、大专院校和各直属单位团组织要根据本通知的要求，切实加强领导，迅速部署落实，有关学习贯彻党的十六届四中全会精神的活动开展情况，请及时报送团市委宣传部。

共青团上海市委员会

2004 年 10 月 29 日

关于开展"青春,点燃生命的希望——上海青年献血志愿者行动"的通知

沪团委联(2004)28 号

团各区、县委,各局(公司)、大专院校团委,各市属单位团组织,各区县卫生局、红十字会,市、区(县)血液管理办公室:

无偿献血,是社会文明进步的标志,体现人们互相帮助、无私奉献精神,是一种高尚的人道主义。为进一步弘扬青年志愿者"奉献、友爱、互助、进步"的精神,推动无偿献血事业健康发展,共青团上海市委、上海市卫生局、上海市红十字会于 2004 年 10 月 1 日在全市范围内正式启动开展"青春,点燃生命的希望——上海青年献血志愿者行动",目的就是要努力组建一支 5—10 万人规模的青年献血志愿者队伍,以应对重大灾害、重大抢救及突发事件造成的血库严重缺血等紧急情况。活动将通过广泛的宣传发动,注重动员和管理方式的创新,有计划、分阶段,积极稳妥地扩大青年献血志愿者库容量,并建立长效运作机制,带动更多的人参与到这项重铸生命的活动中来。现将有关事项通知如下:

一、活动主题

青春,点燃生命的希望

二、主办单位

上海市卫生局
共青团上海市委员会
上海市红十字会

三、协办单位

上海市血液管理办公室
上海市血液中心
上海新建桥企业集团有限公司
上海电信百事应信息有限公司

四、推进步骤

第一阶段:组织动员

全市各单位团组织、各区县卫生局、红十字会、市和区(县)血液管理办公室(简称血液办)要结合实际,因地制宜,积极组织广大青年报名加入上海青年献血志愿者队伍。要充分利用橱窗、报纸、广播、报刊等阵地,做好宣传发动工作。各区县团组织尤其要组织力量,使专题宣传海报尽快进社区。要通过组织生活、主题团日活动、讲座、报告会等形式开展组织动员工作。各区县红十字会要组织街道红十字会、基层红十字会及红十字卫生站开展宣传发动工作,进一步在青年中传播科学知识,倡导奉献精神,弘扬社会新风。团市委各条线部门、市红十字会各有关部门、市和区(县)血液办要指导各基层单位开展好青年献血志愿者的宣传发动、组织报名工作。卫生系统的团员青年除了带头报名参加献血志愿者队伍外,还要充分发挥专业特长,积极配合做好献血宣传。

志愿者登记表、宣传海报和一次性宣传杯子等宣传用品由团市委统一印制,各单位可根据实际需求到团市委权益部、市红十字会志愿服务部、市血液办领取。请各单位团组织于 12 月

15 日前将第一阶段活动计划安排表反馈至团市委权益部。

第二阶段:社会动员

要充分抓住 3 月 5 日学雷锋志愿者行动周、五四青年节、5 月 8 日"国际红十字日"、6 月 14 日"世界献血日"等重要活动节点和纪念日的契机,以社会动员的形式广泛发动,面向社会开展集中报名活动。

2005 年 2 月 22 日前,请各单位团组织将第二阶段活动计划安排表反馈至团市委权益部。

第三阶段:长效管理

通过一定的投入,开展包括电视、电台、报刊、网络、路牌广告等多种宣传媒体相配套的综合性宣传推介,形成一定的宣传声势。青年献血志愿者队伍由团市委、市红十字会、市血液办管理,各单位要将集中组织报名的志愿者登记表汇总好,统一报团市委权益部。在志愿者队伍达到预计人数之后,将进入长效管理阶段。届时,团市委、市红十字会、市血液办将通过组建青年献血志愿者俱乐部、建立相关奖励机制等方式,在不断扩大这支队伍的规模和影响的基础上,对志愿者队伍进行有效管理和服务。同时,把每年 6 月份的第三周作为"青春,点燃生命的希望"上海青年献血志愿者行动集中活动周,不断推动活动向制度化、规范化、经常化方向发展。

五、活动要求

(一)认真组织,加强领导。要充分认识当前建立献血志愿者队伍的重要性与紧迫性,增强广大团员青年在参与献血志愿者行动过程中的责任感和使命感,大力宣传献血的科学知识、互助共济机制,将青年献血志愿者招募工作与各区县拓建无偿献血志愿者队伍、与日常团组织活动及相关评优工作结合起来,与红十字系统考核评比工作结合起来,积极推动活动的深入开展。

(二)创新方法,务求实效。要结合本地区、本单位、本系统的实际情况,因地制宜地开展形式多样、青少年喜闻乐见、针对性强的宣传活动,充分调动广大团员青年的积极

性和参与社会公益事业的热情，引导广大团员青年投身青年献血志愿者队伍。

（三）整合资源，密切配合。各单位、各系统团组织和各级红十字会、血液办要紧密合作、密切配合，做好组织、宣传等相关工作。团市委、市红十字会、市血液办将整合各类资源，积极为各单位提供各类宣传用品，包括宣传海报、宣传单片（即报名表）、一次性宣传杯子等。凡在青年献血志愿者行动期间报名献血的同志经本人要求可计入各单位当年献血计划。

组建青年献血志愿者队伍是一项救死扶伤、助人利己的公益事业，是政府建立应急机制的一项重要工作，更是一项新的生命的希望工程，希望各有关部门和单位勇于开拓，扎实工作，为上海早日建成5—10万人以上规模的青年献血志愿者队伍、为上海的三个文明建设作出积极的贡献。

共青团上海市委员会

上海市卫生局

上海市红十字会

2004年11月18日

共青团中央致中共上海市委的一封感谢信

中共上海市委：

“渔阳里”团中央机关旧址纪念馆已全面建成。日前，举行了开馆仪式，一座崭新的“渔阳里”团中央机关旧址纪念馆呈现在广大团员青年面前。

在“渔阳里”团中央机关旧址纪念馆的整修扩建过程中，中共上海市委始终给予了高度重视和大力支持。市委专门从市委党费和市财政经费中划拨专款用于纪念馆建设，卢湾区人民政府、团上海市委、市文管会也为纪念馆的整修扩建付出了大量的心血和人力物力，并为纪念馆能在今年五四前夕顺利开馆付出了艰辛的劳动。“渔阳里”团中央机关旧址纪念馆的建成，充分体现了中共上海市委以及上海各级党政领导对共青团工作的高度重视。

前不久，中共中央、国务院颁发《关于进一步加强和改进未成年人思想道德建设的若干意见》，中央召开了全国加强和改进未年人思想道德建设工作会议。“渔阳里”团中央机关旧址纪念馆的建成，为进一步加强和改进未成年人思想道德建设工作，促进广大青少年健康成长，提供了一个生活活泼、寓教于乐的生活阵地。团中央将专门发出通知，号召全国共青团组织和广大团员青年充分珍惜和利用这一宝贵的阵地资源。

在此，团中央向长期以来关心和支持共青团工作的中共上海市委表示衷心的感谢！祝愿上海在率先实现现代化、全建建设小康社会的伟大进程中，实现新跨越，再攀新高峰！

共青团中央

2004年5月20日

重要会议、活动

共青团上海市第十二届委员会第三次全体(扩大)会议

1月5日,共青团上海市第十二届委员会第三次全体(扩大)会议在上海展览中心友谊会堂召开。中共上海市委副书记、组织部长王安顺出席大会并作重要讲话,市委组织部副部长王乐齐出席了会议。

王安顺代表市委对2003年全市共青团工作给予充分肯定。他指出,2004年是上海实现“十五”计划的关键一年,上海各级共青团组织要认真学习领会市委八届四次全会精神,为全面实施科教兴市战略、推进上海经济社会的新发展作出更大的贡献。

王安顺要求各级团组织,一要进一步在全市广大团员青年中兴起学习贯彻“三个代表”重要思想的新高潮;二要服务大局、服务青年,努力在推进上海经济社会发展中建功育人;三要坚持党建带团建,加强各级团组织的自身建设。同时,他还要求全市各级党组织要站在全局和战略的高度,进一步加强党对共青团的领导,支持共青团协助各级政府管理好青年事务,加大对团干部的培养和使用力度。

全会回顾总结了2003年工作,明确当前和今后一段时期,上海共青团组织要认真贯彻党的十六大、市八次党代会和团的十五大精神,以“三个代表”重要思想为指导,按照胡锦涛同志提出的“在工作思路上要创新、在工作方式上要创新、在自身建设上要创新”的要求,坚持“青年为本、以德为先、服务为重、发展为主题”的“四为”工作理念,把实施上海青少年发展规划和上海共青团工作十项计划作为落实市十二次团代会精神的主要任务。

全会下发了《上海共青团工作十项计划实施方案》、《上海共青团2004年工作要点》等文件,审议并通过了《共青团上海市第十二届委员会第三次全体会议关于团市委委员卸职确认案》。同时还表彰了第二届“上海市共青团工作首创奖”、2003年度“上海市共青团调研奖”、第一届“上海基层共青团组织优秀网站(页)”及基层百个团组织学习实践“三个代表”重要思想优秀项目等。

团市委书记陈靖代表团市委常委会作了题为《以“三个代表”重要思想为指导,整体推进团建创新,不断提高共青团服务大局、服务青年的水平》的工作报告。团市委副书记顾洪辉、徐枫、李跃旗、陈凯,市少先队总辅导员沈功玲及团市委委员、候补委员,在沪团中央委员、候补委员,各区、县、局(公司)、大专院校团委负责人等共300多人出席了会议。

上海青少年新春真情送温暖活动

1月6日下午,团市委、市青联、市学联、市少工委领导和市红领巾理事会理事等一行30余人来到位于长宁区新泾镇的皖双苑育才民工子弟学校,与在那里学习的民工子弟孩子们共同开展了“流动的花朵,心中的伙伴”——上海青少年新春真情送温暖活动,为孩子们送去了新春的祝福,让他们在它乡异地也感受到幸福的生活、可贵的友情和真挚的关爱。

会上，团市委领导和安徽省驻沪办的领导也一起为自强好学的民工子弟实现他们梦寐以求的新年心愿。陈玉倩、邓笛等8位学生得到了书包、文曲星、复读机、《十万个为什么》丛书等新年礼物。孩子们向大家表演了富有童趣、精彩纷呈的节目。光大银行上海分行领导还向学校赠送了爱心图书馆和150份新年礼物。仪式结束后，领导与部分师生开展座谈，并与场外的孩子们进行欢乐的游戏活动。

“万名困难青少年看上海”活动

1月17日，由团市委、市少工委组织开展的“万名困难青少年看上海”活动拉开序幕。首批一千名来自上海各郊县的特殊、特困青少年、孤残儿童和外来务工子女，分别来到上海博物馆、上海城市规划馆、上海大剧院、金茂大厦和上海历史陈列馆，开始了他们为期一天的参观活动。

团市委以中国青年志愿者行动实施十周年为契机，在全市青少年中广泛开展“真情送万家”志愿服务活动。此次“万名困难青少年看上海”活动是“真情送万家”志愿服务活动的一部分。活动得到了上海城市交通管理局、上海市旅委、文广集团及上述几家参观单位的大力支持。他们为困难青少年提供免费参观和相关服务。上海旅游专科学校的同学义务为孩子们做导游。各区县团委也积极组织，提供资助，还把温暖送到困难青少年中间，共同体现社会各界对这些小伙伴的关爱。

进城务工青年“新春送温暖”活动

1月18日，由团市委主办，徐汇区团委、黄浦区团委、建工集团团委、上海正义园艺有限公司协办的上海市进城务工青年“新春送温暖”活动在上海铁路南站工程建设工地举行。在工地现场，优秀“共青团号”集体设摊提供医疗卫生、理发、法律咨询、修小家电、修伞、配钥匙等十几个服务项目，为上百名外来建设者提供了服务。随后举行了2004年上海市进城务工青年新春联欢会，大世界等演出团体的精彩节目赢得阵阵掌声。主办单位领导亲切慰问了在节日期间坚守在市重大工程建设工地和工作岗位上的外来建设者们，向他们发放了IP电话卡和新年礼物，并和外来建设者们同吃年夜饭，共贺新春，渡过了一个祥和、文明、欢乐的夜晚。

老少同乐庆元宵活动

2月5日上午，由市青联、市学联、市红领巾理事会共同举办的“老少同乐，共庆元宵”上海青少年新春敬老活动在普陀区长征敬老院举行。团市委、市民政局、普陀区的领导和长征中心小学的红领巾一行近百人来到福利院与老人们一起共度元宵佳节。

红理会、学联及青联的代表和老人一起猜字谜、跳舞蹈、表演节目、制作水果拼盆，欢声笑语连成一片。孩子们与老人们促膝交谈，为老人读书报、讲故事，与老人共做康复游戏，医务青年志愿者为老人进行义诊、提供医疗咨询服务，还和福利院老人一起品尝了元宵，大家共同祝愿老人们健康快乐！

团市委书记、市青联名誉主席陈靖代表主办单位向福利院赠送了三台空调，同时均瑶集团也为老人们送上了元宵礼物。

上海青年志愿者行动周

2月28日，“弘扬城市精神、做可爱的上海青年”——上海青年志愿者行动周在淮海公园、四川北路中心绿地和浦东新区洋泾街道社区广场正式拉开帷幕。

志愿者们在现场提供物业管理、劳动就业保障、消费者权益等政策咨询和日常生活用品的修补服务，并且表演了精彩的文艺节目。同时，团市委和上海青年志愿者协会在全市范围内公开招募志愿者担任“希望工程”、“青年志愿者”、“保护母亲河”、“骨髓捐献”、“青春红丝带行动”和“上海青年卡”等上海青年工作项目的“形象大使”。通过各种途径得知招募消息的年轻人抑制不住心中的兴奋和激动，早早地带着准备好的报名材料来到现场。他们纷纷表示：在积极参与公益活动的同时能有机会通过自身的努力让更多的年轻人加入志愿者的行列，是非常有意义的事情。

中国少年儿童平安行动

2月29日，由共青团中央、教育部、公安部和全国少工委主办的“中国少年儿童平安行动”大型公益活动在上海启动。

在浦东新区金陆小学，由家长、保险从业人员、交警、医生、法官、消防官兵等组成的几十名“平安使者”们带领着孩子做起了平安操，他们还向孩子赠送了《让每个家庭拥有平安》的安全教育书籍和挂图。这些“平安使者”将使用统一的胸牌标志走进各所中小学，为孩子、家长、老师普及少儿安全知识。他们将告知哪些地方、哪些行为容易使孩子们受伤害，怎样预防和补救。

除了上海外，北京、深圳、广州等58个中心城市也同时启动了少年儿童平安行动，整个平安行动一直持续到年底，通过征集“平安校园”警句，举办“平安校园”知识竞赛和自护训练营等，提升少年儿童安全自护意识和能力。

上海青少年预防艾滋病“青春红丝带”行动

为积极贯彻落实团中央、卫生部联合下发的《关于开展“青春红丝带”行动——青少年防治艾滋病志愿者“面对面”宣传教育活动的通知》的精神，团市委在全市范围内开展了“相互关爱，共享生命”——2004年上海青少年预防艾滋病“青春红丝带”行动。2月29日，上海17所重点高校同时启动了上海青少年预防艾滋病“青春红丝带”行动高校巡展活动;7—8月,与市计委联合开展了上海青少年预防艾滋病"青春红丝带"暑期社区行动,组织动员高校青年志愿者服务队深入本市10个区的40个街道开展面对面的宣传教育活动;12月1日前后,结合"世界艾滋病日",举办了一系列广场宣传活动和主题活动,团市委副书记李跃旗陪同副市长杨晓渡,代表主办单位慰问了本市艾滋病感染者。全年共向青少年发放相关宣传资料和物品20余万份,参与宣传活动的高校志愿者1000多人次,受众近20万人。

民族精神代代传活动

3月1日上午,全市各所初中、小学组织了一次意义深刻的统一行动,举行了隆重而又神圣的升旗仪式,拉开了"民族精神代代传"活动的序幕。仪式上,嘹亮的鼓号、铿锵的誓词伴随着队员们胸前飘动的领巾在校园中回荡。

黄浦区报童小学的队员请来了当年的老报童,在《卖报歌》的歌声中听老人讲述革命先辈为中华之崛起英勇机智斗争的故事。红领巾火箭协会的小会员自豪地和大家一起重温了"神舟五号"载人航天飞船飞天成功这件他们心目中中国最了不起的事。音乐家协会的专家们为孩子带来了特地创作的歌曲《了不起,中国》,队员们身着五十六个民族的服装,和着优美的主旋律载歌载舞,表达对伟大祖国团结统一的真诚祝愿。

上海市少工委结合上海实际,按照"寻找事件、寻找人物、做一件事"的要求,引导少先队员发现中国了不起的重大历史事件、寻找心目中了不起的中国人,民族精神代代传活动成为加强少年儿童思想道德建设的重要举措。

"青春世博杯"上海市青年突击队、青年工程立功竞赛活动

为进一步团结带领广大青年建设者以饱满的工作激情投身于上海城市建设和管理事业,3月2日,团市委、市建设党委、市建委、上海文广新闻传媒集团和解放日报等单位联合开展"青春世博杯"上海市青年突击队、青年工程立功竞赛活动。

本次活动以邓小平理论和"三个代表"重要思想为指导,按照团市委十二届三次全会和上海市青年突击队活动20周年纪念大会的工作要求,坚持"青年为本、以德为先、服务为重、发展为主题"的工作理念,围绕上海建设"四个中心"总目标和实施"科教兴市"主战略,紧紧抓住2010年上海世博会机遇,以科技建功、科技育人为重点,动员各级团组织踊跃开展"青春世博杯"上海市青年突击队、青年工程立功竞赛活动,进一步提高青年立功竞赛活动在上海城市现代化建设和管理工作大局中的贡献率。

本次活动的工作内容是以上海市重大工程建设为主攻方向,围绕"三港两网一江"建设,强化科技建功、科技育人,深入开展青年立功竞赛活动;建立洋山深水港工程青年立功竞赛工作联席会议制度,形成合力,充分发挥青年突击队在推进上海国际航运中心建设中的积极作用;开展上海市优秀青年建设者评选活动,发掘优秀青年建设者典型,展示青年立功竞赛活动显著的人才效应;构建网上公共服务平台,改善青年立功竞赛活

动的运行模式，将青年立功竞赛活动推向更新、更实；加强上海市青年项目经理协会的建设，为青年建设者成长成才的多样化需求提供有效服务。

上海青年法律援助行动

3 月 6 日，由团市委等单位主办的上海青年法律援助行动集中活动日正式拉开帷幕，服务队伍由法律专家、青年律师、优秀青少年维权岗集体和大学生法律志愿者等组成。先后在嘉定 F1 赛车工程基地、长宁区新华街道青年中心、上海市少年管教所等全市 8 个点集中开展法律援助行动，服务对象涉及外来务工、社区居民、罪错青少年群体、青少年工作者等群体。为把此项活动推向深入，在全市各区县也开展了“上海青年法律援助行动”，主要以全国级、市级优秀“青少年维权岗”集体为依托，开展法律咨询，提供法律服务。在五四青年节、国庆节和 12 月宪法宣传周前后，团市委在本市各区县继续开展这项行动。一年来，市、区两级法律援助队伍共深入社区、企业、学校等地提供法律服务超过 100 场。

“保护母亲河·绿色希望工程”行动日暨生态文化展示活动

3 月 7 日，由上海团市委、浙江团省委、市绿化管理局、市水务局等部门共同主办，浙江省安吉县政府协办的“2004 年上海‘保护母亲河·绿色希望工程’行动日暨生态文化展示活动”在人民公园、龙华街道、华阳街道和中远两湾城同时举行。团市委书记班子、市绿化管理局和市水务局的领导以及千余名青少年绿色志愿者参加了此次活动。2004 年上海“保护母亲河日”的主题是：同饮一江水、共护母亲河。用 10－15 节废旧电池换竹篮、2 斤废报纸换盆花、评选“我最喜爱的河道铭牌铭言”、上海绿化地图（区域）知多少、大学生绿色志愿者社团提供的宣传咨询和生态文化展演等活动，受到了市民的一致好评。在普陀区梦清园，社会人士、绿色青年志愿者与社区贫困青少年、白血病患儿手拉手，开展了“我与绿色共成长”植树活动。上海市苏州河综合整治建设有限公司的青年志愿者主动与这些少年儿童结对，并向他们提供了学习用品。与此同时，长宁、徐汇和普陀区团委也开展了环保 flash、水样测试等形式多样的环保活动。

2004 年上海市共青团组织工作会议

3 月 10 日，团市委召开了 2004 年上海市共青团组织工作会议，团市委书记陈靖出席会议并讲话，副书记顾洪辉、李跃旗出席会议，副书记王宏伟主持会议。团各区、县委，各局（公司）、大专院校团委，各市属单位团组织的主要负责人、组织部长，以及团市委“团建联席会议”成员共 450 人参加会议。

陈靖同志在讲话中强调指出，整体推进团建创新是巩固党执政的青年群众基础的迫切需要，是共青团竭诚为青年服务的迫切需要，也是新世纪团组织自身发展的迫切需要。在今年的上海共青团工作中，要大力弘扬求真务实精神，树立和落实科学发展观，通过整体推进团建创新深化“服务年”思路，把团的组织建设提高到一个新水平。陈靖同志同时指出，年内还要积极稳妥推进青年卡发放，团组织将最大限度提高青年卡的含金量，为团员青年提供更多服务。

团市委常委、组织部部长赵国强在简要回顾了2003年组织工作情况后，对2004年的组织工作作了部署。他指出，2004年上海共青团组织工作的指导思想是：以“三个代表”重要思想为指导，坚持“四为”工作理念，整体推进团建创新，具体要做好五个方面的工作。一是形成整体推进团建创新的工作格局；二是夯实基层团建的基础工作；三是探索团建创新的工作重点；四是鼓励和支持基层团组织进行创新实践；五是发挥载体阵地的作用。

闸北团区委、市公安局交巡警总队团工委、宝钢集团企业开发总公司团委、交通大学团委、上海海关团委五家基层单位进行了经验交流。会议还表彰了2003年度“全国五四红旗团委标兵”、“全国五四红旗团委”、“全国五四红旗团支部”、“全国团建先进县市”和上海市“五四红旗团组织标兵”、“五四红旗团组织”、“五四特色团组织”等一批先进团组织。

第三届上海市大学生创业计划大赛

“张江高科杯”第三届上海市大学生创业计划大赛由共青团上海市委员会、上海市科学技术协会、上海市学生联合会主办，共青团上海大学委员会承办，上海张江(集团)有限公司和上海张江高科技园区开发股份有限公司协办。本届大赛于2004年3月正式启动，颁奖礼于9月23日在上海张江高科技园区隆重举行。团市委副书记徐枫同志在仪式上作了讲话。

本届大赛历时半年，共有22所高校的175件作品参赛，有22000多人直接参加了校级的各类创业计划比赛。经过初赛、复赛和决赛，共评出最佳表现奖1个，金奖2个，银奖4个，铜奖12个。同济大学共获得1枚金奖、1枚最佳表现奖，1枚银奖和一枚铜奖，成为本届大赛的最大赢家。上海交通大学、同济大学、东华大学、上海财经大学、上海大学及上海托普信息职业技术学院等6所学校获得优秀组织奖。共遴选出35件优秀作品参加第四届“挑战杯”中国大学生创业计划竞赛，经过全国组委会的评审，上海有8件作品入围全国最后决赛，12件作品获得铜奖，在全国各省市中名列前茅。

“永达杯”上海十大青年经济人物评选活动

3月18日下午，由上海市青年企业家协会、文汇报、青年报社、上海第一财经传媒有限公司、21世纪经济报道、上海热线共同主办，上海永达(集团)有限公司协办的“永达杯”2003年度上海十大青年经济人物表彰会在上海大剧院举行。市政协副主席宋仪侨同志出席表彰会，为年度青年经济人物颁奖并讲话。团市委书记陈靖等评委会成员、青年代表、有关新闻单位记者等近200人出席了表彰会。

2003年度上海十大青年经济人物是在当天下午举行的评审会上，以无记名投票方式产生，他们分别是：上海文广新闻传媒集团第一财经副主编王立俊，世茂集团执行董事许世坛，上海电气集团上海汽轮机有限公司总裁张素心，上海新梅置业股份有限公司董事长张静静，基强联行投资管理顾问（上海）有限公司董事、总经理陈基强，上海交大昂立股份有限公司副总裁范小兵，上海建桥集团、上海新建桥企业集团、上海建桥学院董事长周星增，上海航天汽车机电股份有限公司总经理赵斌，上海社会科学院院长助理、世界经济研究所副研究员屠启宇，上海市第二建筑有限公司总经理蒋曙杰。

宋仪侨同志勉励获得表彰的同志要珍惜荣誉，不骄不躁，站在新起点，抓住新机遇，积极投身上海经济建设，开拓创新，争取再立新功；希望广大青年朋友们适应新形势，树立科学的发展观，围绕科教兴市主战略，勤于学习，善于创造，甘于奉献，按照“改革勇攀第一峰，竞争勇夺第一名，工作勇创第一流”的要求，成为能创新、有实绩、想干事、敢干事、能干事的优秀人才；要求共青团组织、青年企业家协会努力为青年经济人才的脱颖而出创造条件、搭建舞台，从而更好地团结和带领广大青年立足本职、建功成才。

此次评选活动旨在围绕社会主义市场经济的改革方向，努力营造实施人才强国战略的体制环境，更好地挖掘、培养和塑造一批代表先进生产力发展方向和上海经济发展水平的优秀青年企业家、经理人、经济专家和财经评论员、记者等经济类人才，为不断提升上海的国际化、信息化、市场化、法治化水平，增进城市的综合竞争力作贡献。

上海希望工程实施十周年纪念表彰会

3月20日，上海希望工程实施十周年纪念表彰会在上海展览中心友谊会堂隆重举行。市委副书记王安顺出席会议并讲话，副市长杨晓渡、市人大副主任包信宝、市政协副主席谢丽娟、团市委书记陈靖、中国青基会秘书长顾晓今等领导出席了大会。

会议向巴金等十位同志颁发了“上海希望工程实施十周年突出贡献奖”，并播放了反映上海希望工程十年历程的专题片——《真情十年》。市委副书记王安顺对上海希望工程工作给予了高度评价，他指出，上海希望工程已成为上海服务全国、服务西部、对口帮扶的一个重要载体，成为上海精神文明创建活动的重要组成部分，成为开展市民思想道德实践的有效途径，充分培育和展示了上海的城市精神。同时，他对上海希望工程十年来所取得的成绩给予了充分的肯定，他认为，上海希望工程在过去的十年中，工作敢于创新、与时俱进，创造了许多有效载体和抓手，为提高生活在贫困地区和贫困家庭的青少年学生的文化素质、为促进我国基础教育事业的发展，为带动中西部贫困地区经济和社会的发展作出了积极的贡献。

启动上海希望工程助学进城计划

3月20日，在上海希望工程实施十周年纪念表彰会上，中国青少年发展基金会和上海市希望工程办公室联合启动了“上海希望工程助学进城计划”，首批1000名来沪务工的困难农民工子女得到了每人每学年600—900元不等的助学金，以帮助他们完成小学阶段的学业。这是嘉里粮油(中国)有限公司为了逐步解决全国近2000万流动儿童的义务教育问题，出资捐赠5000万元，设立了“希望工程—金龙鱼农民工子女助学基金”，计划在2004年开始的5年内，向全国各地进城务工的困难农民工家庭提供资助，帮助其子女完成小学学业，预计资助规模将达5万人次以上。

市青联九届一次主席会议

3月24日，市青联九届一次主席会议召开，会议讨论确定了市青联2004年工作要点，强调青联组织作为优秀青年大量集聚的青年团体，受到社会各界的广泛关注，要进一步发挥青联组织的人才、智力优势，团结、凝聚更多的青年人才，在上海人才高地建设中有所作为，为上海建设国际大都市作贡献。

中国青年创业国际计划(YBC)在上海正式启动

3月29日，中国青年创业国际计划(YBC)上海办公室成立仪式在上海青年文化活动中心举行。共青团中央书记处书记、中华全国青联常务副主席胡伟专程来沪为中国青年创业国际计划上海办公室揭牌，团市委副书记、市青联副主席顾洪辉，中国青年创业国际计划总干事、全国青少年宫协会副会长谷丽萍，英国青年创业国际计划执行总干事安德鲁·费德曼(Andrew Fiddaman)等国内外嘉宾和企业家人士等出席了成立仪式。同时，YBC临时理事会也在上海召开，会议讨论并通过了YBC理事会章程、中国青年创业基金(试行)管理办法及YBC未来三年的发展规划。

YBC是由团中央、全国青联倡议发起的一个旨在帮助中国青年创业的国际合作项目。它通过借鉴和利用英国青年创业国际计划的项目模式、先进经验和国际资源，探索一条符合中国国情和文化特点的创业扶助新途径。中国青年创业国际计划(Youth Business China－YBC)是去年11月25日启动的。YBC上海办公室的成立是这一计划启动后实施的第一个试点城市，标志着YBC在上海的正式启动。

YBC上海办公室将在全国办公室的领导下，积极探索，当好政府劳动保障部门的配角，以YBC促进上海青年的创业。办公室向18至35岁具有创业意愿的失业、待业青年及大学生，提供创业知识的培训。对更多符合YBC条件的青年提供“一对一”创业导师三年跟踪指导，并在启动资金、信息以及创业实践等方面给予扶持和帮助，营造更有利于青年创业的氛围和环境，使更多的青年走上创业的成功道路。

“青年文明号”10周年纪念活动

今年4月1日是江泽民同志为“青年文明号”亲笔题名10周年。当天，团市委在全市组织开展“文明先锋——青年文明号统一行动日”活动，并在南京西路人民公园门口组织优秀青年文明号(共青团号)集体开展诚信服务集中展示活动。

在诚信服务集中展示活动中，全国劳模徐虎、王震、李斌为各级青年文明号(共青团号)号长签名赠送《上海市青年文明号(共青团号)信用建设示范行动典型经验汇编》，设摊服务的青年文明号(共青团号)集体向市民发放了诚信服务卡和诚信服务手册，为市民提供了安全、节约用电宣传，小家电维修、医疗服务、金融理财、房产交易登记、电信业务咨询等便民服务。团市委副书记陈凯和三位全国劳模还一起到市百一店、新世界城对两家全国青年文明号集体开展诚信服务情况进行了信用监察。

在统一行动日中，基层团组织广泛动员各级青年文明号(共青团号)集体立足岗位，开展了形式多样、丰富多彩的纪念活动。上海市电力公司团委组织青年文明号(共青团号)集体上门为困难居民免费更换节能灯，松江、嘉定团区委组织卫生系统青年文明号(共青团号)集体进社区服务，建工集团团委组织青年文明号(共青团号)集体开展文明施工社会承诺活动，复旦大学附属医院团委组织青年文明号(共青团号)集体开展“让病人满意，向社会尽责”用药咨询活动……全市各级青年文明号(共青团号)集体以实际行动体现立足本职、服务社会的承诺。

10 年来，在各级党政组织的大力支持下，在各级团组织和相关部门的精心组织、密切配合下，在广大青年的踊跃参与下，上海市青年文明号(共青团号)创建活动蓬勃发展。目前，全市共有 186 家全国青年文明号集体，1043 家市级青年文明号(共青团号)集体，青年文明号(共青团号)活动已成为群众性精神文明建设的重要载体，成为共青团组织在社会主义市场经济中服务党政中心工作、引导青年岗位建功的一面旗帜。

上海青少年清明祭扫活动

4 月 4 日下午，团市委、市民政局、市少工委、市青联、市学联、市红领巾理事会在上海龙华烈士陵园隆重举行“传承民族精神，立志振兴中华”上海青少年清明祭扫活动。团市委书记陈靖、市民政局党委副书记王富茂等领导与来自徐汇区的 800 余名青少年代表一起参加了祭扫活动。

在“丹心碧血”纪念碑前，戴着鲜艳红领巾的少先队员高声朗诵《英雄赞歌》，缅怀为实现民族独立、人民解放和国家富强而献出宝贵生命的革命先烈，表达了向他们学习、做了不起的中国人的决心；新四军老战士徐道明爷爷、优秀航天科技工作者周红玲、徐汇区学生区政助理俞舜芬分别阐述了在各自生活、工作实践中体验到的民族精神的丰富内容、伟大力量和时代内涵。在庄严的革命烈士纪念碑前，一批优秀少先队员光荣地加入了共青团，全场少先队员还一起重温了入队誓言，表达了青少年一代传承民族精神、立志振兴中华的决心。仪式结束后，主承办单位领导和青少年代表们一起祭扫了烈士墓地，用鲜花表达对英烈的深切怀念和无限追思。

上海市大学生志愿服务西部计划

4月12日，2004年上海大学生志愿服务西部计划正式启动。经过招募、选拔、审核，全市共有35所高校的222名大学应届毕业生入选大学生志愿服务西部计划，赴西部开展支教、支医、支农、青年中心建设和管理、“百县千乡宣传文化工程”志愿服务行动和西部检查院志愿服务行动等6个专项行动。其中赴云南138名、赴重庆43名、赴西藏31名、赴内蒙古4名、赴河北6名。在222名志愿者中，硕士研究生6名、本科生150名、专科生66名，本科以上比例达到70.27%，西部生源18名，占8.11%，上海生源122名，占54.95%，党员65名，占29.28%，团员154名，占69.37%，男生138名，占62.16%，女生84名，占37.84%，少数民族2名，占0.9%。在31名赴西藏的志愿者中，首次出现了女生，有6名女大学生到西藏开展教育、检察院等专项志愿服务。7月14日—7月16日，团市委组织志愿者在东华大学进行了集中培训。7月16日下午，“2004年上海市大学生志愿服务西部计划出征仪式”在上海火车站隆重举行，上海市副市长严隽琪和市教委、团市委、市人事局、市财政局等主办单位的领导出席了出征仪式，并为志愿者送行。随后，团市委安排专人护送志愿者赴各服务地报到，并协助做好在服务省的培训和派遣工作。

亚太经社会第60届会议青年志愿者工作

4月22日，联合国亚太经社会(ESCAP)第60届会议开幕，共有来自上海对外贸易学院、上海外国语大学、华东师范大学和上海师大学的230名志愿者参加了此次志愿服务。青年志愿者活动为青年学生们提供了一个迎接挑战、克服困难、展示能力、体现青春风采的大舞台，也让同学们结识了更多的朋友，开阔了眼界。志愿服务工作，得到了市领导的肯定和好评，市委副书记殷一璀等领导还亲切慰问了青年志愿者。

上海青年成才实践月

2004年上海青年成才实践月积极深化“服务年”的工作思路，重点开展了上海大中学生理论学习活动、“科教兴市”高层讲座、职业青年专业技能培训、进城务工青年专项技能培训、上海团干部专题培训等“万名青少年学习培训活动”；实施了上海大学生人生发展导航行动、上海青年职业发展服务计划、社区青年就业援助职业指导活动、长三角青年发展论坛、团干部发展导航计划等“万名青年就业发展服务活动”；举办了第三届上海大学生创业计划大赛、上海企业青年创新成果大赛成果发布会、上海职业青年技能大赛、各类优秀青少年评选活动、优秀青少年宣传展示活动等“万名青少年成才实践成果展示活动”。

此次活动自4月24日起，在历时两月的时间内，按照“品牌战略、实事工程、政策支持、阵地依托、基金辅助、开放体系和社会化运作”方式，在梳理、总结和展示几年来此项活动成果的同时，努力构建青年人力资源开发的公共服务平台，进一步建立形成体现功能开发、机制建设等特征的开放式、系统化、社会化工作格局。

2004“物流与长三角经济一体化”青年论坛

4 月 24 日，2004“物流与长三角经济一体化”青年论坛于上海虹桥迎宾馆举行。周禹鹏副市长出席论坛并致辞，来自江浙沪赣四省市的物流专家、园区管理者、物流业企业家和团干部共 120 多人参加了论坛。本次论坛由共青团上海市委员会、普陀区人民政府主办，普陀区桃浦镇人民政府、共青团普陀区委员会承办，上海西北综合物流园区协办。2004“物流与长三角经济一体化”青年论坛以谈话节目的形式，在上海电视台第一财经频道主持人的引导下，有关专家就物流发展与长三角经济一体化的论题阐明了观点，政府官员、园区管理者、企业家等针对物流园区的定位，构建物流园区的公共服务平台和信息平台，物流在世界制造业基地中的机遇与作为，物流业发展中三地政府作用、长三角物流一体化规划与协同发展等问题进行了热烈讨论。与会代表还考察上海西北物流园区，参观了桃浦物流基地、施耐德物流中心等企业。

上海青年职业发展服务中心成立

为推动上海青年职业生涯导航活动更加广泛、深入地开展，推进青年人力资源开发工作，提高上海职业青年综合素质，深化青年创业行动，进一步做好促进青年就业和再就业工作，4 月 24 日，上海青年职业发展服务中心正式挂牌成立。上海青年职业发展服务中心充分整合政府部门、中介机构、专家队伍、社会团体等各方资源，遵循社会化、专业化、市场化、信息化的运行机制，系统构筑信息服务、活动交流、咨询规划、培训鉴定、见习实习、职业介绍、事务管理、机制保障等 8 个专业性公共服务平台，推动上海青年职业生涯导航活动不断深入开展，逐步形成社会化、市场化、专业化、信息化的工作格局。

“渔阳里”团中央机关旧址纪念馆落成并开放

经过一年多的整修扩建，座落于淮海中路 567 弄“渔阳里”6 号的团中央机关旧址纪念馆于 4 月 26 日向社会开放。团中央书记处第一书记周强、中共上海市委副书记王安顺出席仪式并揭牌。在仪式上，周强同志对上海市委高度重视“渔阳里”改造工程和社会各界的广泛支持，表示衷心感谢，同时要求全国各地团组织和广大团员青年要很好地利用好“渔阳里”纪念馆。王安顺在讲话中指出，团中央机关旧址在上海是上海的光荣，也是宝贵的资源。上海将尽全力保护和管理好这个革命传统与爱国主义教育基地，为包括上海在内的全国青少年提供优质服务，为新时期加强青少年爱国主义教育和思想道德建设作出应有的贡献。

截止 12 月底，共有 28000 人次参观了“渔阳里”团中央机关旧址。

全国预防青少年违法犯罪暨学校及周边治安综合治理工作会议

4 月 27 日—28 日，全国预防青少年违法犯罪暨校园及周边治安综合治理工作会议在银河宾馆、虹桥宾馆举行。全国人大常委会副委员长、中央综治委副主任、中央综治委预防青少年违法犯罪工作领导小组组长顾秀莲，中央综治委秘书长、中央综治委学校及周边治安综合治理工作领导小组组长王胜俊，团中央书记处第一书记周强，中央政法委副秘书长、中央综治办主任陈冀平，上海市委副书记刘云耕，团中央书记处书记杨岳等领导出席会议。

中共中央政治局常委、中央综治委主任罗干作出重要批示，强调预防青少年违法犯罪工作对于维护社会稳定，培养和造就社会主义事业合格建设者和接班人具有重要作用。中共中央政治局委员、中央综治委副主任周永康也作出批示，指出做好预防青少年违法犯罪工作，为青少年健康成长创造一个良好的社会环境，是各级党委政府的重要职责。

全国人大常委会副委员长、中央综治委副主任顾秀莲在会议上强调，各级党委、政府和综治委一定要从讲政治的高度，深刻认识加强预防青少年违法犯罪和学校及周边治安综合治理工作的重大意义，进一步加强对这两项工作的领导。各级政法、综治、宣传和各级团组织，要认真履行职责，狠抓工作落实，研究制定针对性措施，坚持不懈地抓好基础性工作。

会议深入学习贯彻党的十六大和十六届三中全会精神，贯彻落实中共中央国务院《关于进一步加强和改进未成年人思想道德建设的若干意见》，总结工作，交流经验，研究部署了当前和今后一个时期预防青少年违法犯罪和学校及周边治安综合治理工作。

上海市进城务工青年法律宣传教育活动

4—12 月，团市委联合市委宣传部、市总工会等六家单位开展进城务工人员法制宣传教育活动，通过发放《上海进城务工人员法律知识读本》、法律知识竞赛、上海市优秀外来青年法制演讲团巡讲等工作，引导广大进城务工青年学习、掌握相关法律、法规知识，维护自身的合法权益。4 月 27 日，上海市进城务工人员法律宣传教育活动动员大会举行，市人大常委会副主任、市总工会主席陈豪出席并讲话。继去年 12 月在普陀区举办优秀进城务工青年法制演讲团首场报告会以来，演讲团在黄浦区、闵行区，上海图书馆、青少年劳教所等地巡回举办了 7 场报告会，数千名青少年受到了切身的法制教育。

长三角青年大联欢

为纪念“五·四”运动85周年，迎接2010年世博会，增进长三角青年的学习和交流，4月30日，由共青团上海市委、共青团江苏省委、共青团浙江省委联合举办的长三角青年大联欢活动在上海举行。团市委书记陈靖、副书记李跃旗、上海世博局副局长黄耀诚、江苏团省委副书记李国华、浙江团省委副书记陈浩和来自江苏、浙江、上海三省市的优秀青年和大学生代表共计400人参加了活动。三地青年的代表面对黄浦江深情朗诵诗歌《年轻的长江三角洲》，千只气球带着青年美好的世博祝福飞向蓝天。下午，三地青年开始了“凯泉之旅”长三角青年看上海活动。晚上，三地青年举办联欢晚宴，青年自编自演自娱自乐，集中展示了当代青年多才多艺能歌善舞的风采，增进了三地青年的友谊。

上海优秀大学毕业生事迹报告会

“创业者风采”上海优秀大学毕业生事迹报告会是由团市委、市科教党委共同组织开展的。主办单位遴选了一批毕业后投身祖国建设一线，艰苦奋斗、勤奋创业的优秀大学毕业生，组成“创业者风采”上海优秀大学毕业生事迹报告团，于2004年4月—6月赴上海交通大学、同济大学等上海各高校巡回演讲。目的是引导广大高校学生特别是应届毕业生积极转变就业观念，树立“行行建功、处处立业”的就业成才观，到祖国和人民最需要的地方去创业。

报告会上，浙江省台州市发展计划委员会副主任张湧(复旦大学2003年金融学博士毕业生，放弃上海优厚的就业机会，主动要求去基层边远地区工作)、上海索创信息技术服务有限公司执行董事余润(上海交通大学2003年管理学硕士毕业生，创办第一家由创业基金扶持的大学生创业企业)、云南思茅孟连县勐马镇镇长助理陈洪涛(同济大学2003年MBA毕业生，放弃年薪十几万的工作，参加大学生志愿服务西部计划)、上海英信企业管理咨询有限公司曹敏(上海杉达学院1994年毕业生，战胜了生活、人生和事业的巨大挑战，获得丰硕成果，被团中央评为中国民办高校首届“就业之星”)等4位报告团成员深情地讲述了他们毕业后主动选择到企业、基层、西部、到祖国建设第一线艰苦创业的感人事迹。同学们都纷纷表示，报告团成员身上集中体现了当代优秀大学毕业生投身祖国建设一线，艰苦奋斗，勤奋创业的时代风采，用实际行动，谱写了一曲青春之歌、创业之歌和奉献之歌，是当代上海大学生学习的榜样，也是当代青年创业者学习的榜样！

第五届“上海五四新闻奖”评选活动

4月下旬，团市委下发第五届“上海五四新闻奖”评选通知后，共收到11家新闻单位(新闻综合频道、新闻娱乐频道、教育电视台、中青报、解放日报、文汇报、上海日报、新民晚报、新闻晚报等)的 36 份专业类新闻作品,包括电视、文字、图片等类别。与往年相比,2004 年首次有英文类报刊和中央在沪媒体作品参赛。第五届"上海五四新闻奖"专业作品类评选出一等奖 4 名,二等奖 6 名,三等奖 8 名,前 6 名的作品将作为上海参加第十届"全国五四新闻奖"的参评作品。第五届"上海五四新闻奖"基层报刊奖共收到 16 家单位报送的 24 份报刊,评选出一等奖 2 名,二等奖 4 名,三等奖 8 名。另有浦东新区团工委、徐汇团区委、华东政法学院团委、华东理工大学团委和上海外国语大学团委获得组织奖。

全国青年英模与上海各界青年纪念五四运动 85 周年

5 月 4 日上午,"草原英雄小姐妹"龙梅和玉荣、立志振兴国企的智能型优秀青年工人李斌、"好八连"精神的优秀传人公举东、科技致富的杰出青年农民刘笑、战斗在抗击"非典"一线的白衣战士张锦、原中国女排上海籍队员周鹿敏、中国十大杰出青年志愿者冯艾等青年英模来到"渔阳里"团中央机关旧址纪念馆,参加百名新团员的入团仪式,并参观中国青年英模馆。

在南京路上好八连指导员公举东的带领下,新团员面向团旗庄严宣誓、表露心扉。青年英模代表玉荣亲切勉励新团员和上海青少年,要不畏艰难、刻苦学习、发愤成才,做一个对国家和民族有用的人。全国十佳少先队员刘凌英枝代表新团员发言,她表示,要继承优良传统,在火热的社会实践中放飞自己的理想和追求。

参观中国青年英模馆的青年英模与上海各界优秀青年代表举行座谈,缅怀五四先驱的伟绩,回顾自己的成长历程。围绕弘扬"爱国、民主、科学、进步"的五四精神,龙梅和玉荣、公举东、刘笑、张锦、周鹿敏、李斌、冯艾分别从自强不息、舍身保护国家财产、从军报国、科技兴农、勇于奉献、为国争光、大学生支援西部等方面进行了生动的发言。上海市新长征突击手标兵、上海交通大学电子信息与电气工程学院计算机系教授陈进,中国青年五四奖章获得者、红蜻蜓集团有限公司董事长钱金波,上海青年管理干部学院党委书记陈永弟代表上海各界青年分别结合科技创新、热心社会公益事业、热爱青少年工作的经历,表明了如何以青年英模为榜样,在新时期进一步创造新业绩,为全面建设小康社会作贡献的决心。座谈会上还播放了专程采访张海迪同志的录像,海迪同志深情寄语上海青年要努力成为知识丰富、品德高尚、具有创造能力的一代青年。

团市委书记陈靖在座谈会上讲话。他指出,我们纪念"五四"运动,就是要高举爱国主义的伟大旗帜,弘扬"爱国、民主、科学、进步"的精神,坚定走中国特色社会主义道路的信念,为全面建设小康社会奉献青春。他希望广大团员青年,努力学习实践邓小平理论和"三个代表"重要思想,坚持科学的发展观,积极投身物质文明、精神文明和政治文明建设,不断推动团内民主,在上海实施"科教兴市"主战略、弘扬城市精神中建功立业。

罗马尼亚青年代表团来沪参观访问

5 月 8 日至 12 日，应全国青联的邀请，以罗马尼亚总理办公厅入欧盟协议监督执行特派部长(内阁成员)、社会民主党副主席兼该党青年组织主席维克多・蓬塔为团长的罗马尼亚青年代表团一行 58 人来沪访问。

5 月 8 日下午，团中央在上海青年文化活动中心举行了隆重热烈的欢迎仪式。团中央书记处书记、全国青联常务副主席胡伟在欢迎仪式上致词，对罗马尼亚青年代表团的来访表示热烈的欢迎，维克多・蓬塔团长致答谢词，上海青年文化活动中心党委书记、总经理李学军向来宾们介绍了活动中心的青年社会化服务和青少年校外素质教育开展情况。罗马尼亚青年代表团与上海青年文化活动中心互赠了纪念品。

5 月 10 日，中共中央政治局委员、上海市委书记陈良宇同志在锦江小礼堂会见了罗马尼亚青年代表团一行，对他们在中罗建交 55 周年之际来中国和上海访问表示欢迎，对中罗两国青年开展友好联欢活动表示祝贺。本次罗马尼亚青年代表团来访是中罗两国近年来首次大规模的青年交流活动，在社会各界产生了广泛影响。访问期间，举办了中罗青年大联欢活动，并组织代表团成员考察了宝钢、上海大剧院、上海博物馆、上海证券交易所、上海青年文化活动中心，游览了黄浦江、豫园、南京路步行街等市容市貌。

代表团在沪期间，团中央书记处书记、全国青联常务副主席胡伟，团市委书记陈靖，团中央国际联络部副部长倪健，团市委副书记、市青联主席马春雷等陪同。

上海市中等学校三好学生、先进班级集体表彰大会

5 月 15 日下午，市教委、团市委在上海师范大学附属中学联合召开了 2003—2004 学年度上海市中等学校三好学生、先进班级集体表彰大会。团市委副书记徐枫出席了表彰会并讲话。会上，市教委、团市委授予上海市建平中学叶子良等 197 名同学“上海市中等学校三好学生”光荣称号；授予复旦大学附属中学徐虎雄等 59 名同学“上海市中等学校优秀学生干部”光荣称号；授予上海市崇明中学李倩等 32 名同学“上海市中等学校优秀团员”光荣称号；授予上海市行知中学厉行等 19 名同学“上海市中等学校优秀团干部”光荣称号；授予上海市董恒甫职业技术学校图书信息管理 01(6)班等 203 个单位“上海市中等学校先进班级集体”光荣称号。各相关部门领导为先进个人和集体代表颁发了荣誉证书。会上，受表彰的先进个人和先进集体代表作了交流发言。

徐枫在讲话中希望广大中学生坚持以马克思列宁主义、毛泽东思想、邓小平理论和“三个代表”重要思想为指导，树立正确的世界观、人生观和价值观，养成高尚的思想品质和良好的道德情操，勇于面对时代的挑战，努力提高科学文化素质、思想道德素质和健康素质，与时俱进，奋发有为，努力成长为面向现代化、面向世界、面向未来，有理想、有道德、有文化、有纪律，德智体美全面发展的中国特色社会主义事业建设者和接班人。

世界工程师大会青年志愿者工作

世界工程大会于2004年5月20日开幕，共有来自上海对外贸易学院、上海外国语大学、华东师范大学和海事大学等高校的261名志愿者参加此次志愿服务。在短短几天里，青年志愿者数次得到了市领导的关心和问候。

志愿者认为为世界工程师大会提供志愿者服务的时间是短暂的，但对志愿者而言，似乎经历了一次人生的转变。志愿者活动为青年学生们提供一个迎接挑战、克服困难、展示能力、体现青春风采的大舞台。参与志愿者活动让同学们结识了更多的朋友，开阔了眼界。虽然在这个学习的过程中掺杂了各种甜酸苦辣，但当一切都成为大家人生中重要的回忆时，没有人会否认这是一次多么有意义的历程！

上海市青年项目经理十六届三中全会精神学习班

5月24日，由团市委、市委党校、市青年项目经理协会联合举办的上海市青年项目经理十六届三中全会精神学习班正式开学。学习班旨在通过学习、交流，联络、团结、凝聚一批思想政治好、善于经营管理、勇于开拓创新，适应申博成功以后上海经济和社会发展需要的优秀青年项目经理，更加积极地投身于上海的城市建设和管理事业。

本次学习班内容包括《树立和落实科学发展观，建设社会主义物质文明》、《上海改革、发展中的开创性思维》、《当前国企改革的重点与热点问题》，以及优势管理、企业文化创新、战略管理、人力资源管理、财务控制分析等多项课程和报告。来自17个区、局、集团(公司)50名的青年项目经理参加了本次学习班，这些学员分别在上海地铁一号线、二号线、苏州河综合整治、外高桥电厂、东方明珠、金茂大厦等重大工程中留下了他们奋斗的足迹，正在建设的洋山深水港、东海大桥、明珠线二期、浦东国际机场二期等规模更大、难度更高的重大工程也正活跃着他们的身影。

市委党校副校长王国平、团市委副书记陈凯出席开学典礼并讲话。

老干部与优秀青年结对活动

5月27日，市委老干部局、团市委共同开展了“践行‘三个代表’重要思想，传承与时俱进革命信念——老干部与优秀青年(团组织)结对”活动。市委老干部局局长于明黎、团市委书记陈靖出席并讲话，团市委副书记王宏伟主持会议。老干部顾念祖、周克、叶尚志、韩德彩、王传友、张浩波，全国劳模杨富珍、杨怀远等参加了活动。

在活动仪式上，55名上海解放以来各个时期担任领导职务或获得各类先进称号的老干部、老劳模和优秀青年结成了忘年交。老干部代表原市人大副主任顾念祖、原市委组织部部长周克，原宝钢集团指挥部党委书记张浩波，上海“百老德育讲师团”团长戚泉木，优秀青年代表上海住房置业担保有限公司孔瑜，上海文化广播影视集团团委书记毛方分别作了发言。结对的老干部将与优秀青年开展学习十六大精神、忘年交读书活动和社会公益活动，在实践中学习贯彻“三个代表”重要思想。据悉，目前全市面上已有300对老干部与青年结对，同时，有约10万名离退休老干部参与到各级关心下一代组织及其工作之中，成为全社会关心下一代健康成长的重要力量。

市委老干部局局长于明黎充分肯定了结对活动，希望老干部发挥余热，积极关心下一代进步成长，为加强青少年特别是未成年人思想道德建设和弘扬城市精神作贡献。

团市委书记陈靖在讲话中指出，青年应虚心地向老干部学习，从老干部丰富的人生阅历中汲取成长的养分，秉承艰苦创业的作风。他希望参加结对的优秀青年，充分发挥自身所长，采用实实在在的形式，切实为老干部开展各类服务活动。仪式后，老干部和优秀青年还兴致勃勃地参观了“渔阳里”团中央机关旧址纪念馆。

青春的节日——2004年度上海青年文艺巡演活动

5月29日，由市文明办、团市委和上海文广集团主办，上海文广新闻传媒集团承办的“青春的节日——让青少年走近经典2004年度上海青年文艺巡演活动”首场演出在南洋模范中学举行，标志着这一群众文化活动的品牌项目正式启动。三家主办单位共同出资，由文广集团所属院团负责组织文化精品，深入基层社区、学校、企业等青少年学习工作一线，开展演出活动。演出剧目多是近年来上海文化舞台上涌现出来的精品、新品和力作。其中《贞观盛事》、《班昭》、《闪闪红星》等节目都是国家舞台艺术精品工程的参评剧目。此外，欧华交响乐团、上海歌剧院歌剧团以及昆剧团还专门编排了“普及交响音乐会”、“歌剧走近青年”、“昆剧走近青年”专场，这些节目结合青少年特点，通过边演出边讲解的形式向青少年普及经典艺术。巡演活动以服务青少年为原则，2004年共演出178场，已经成为通过先进文化加强未成年人思想道德教育的有力抓手。

中国少年先锋队上海市第五次代表大会

5月30日，来自全市19个区县和后方基地所有中小学校的1703名队员、成人代表，在上海市委党校隆重举行中国少年先锋队上海市第五次代表大会。市人大常委会主任龚学平、市委副书记王安顺、副市长杨晓渡、市政协副主席宋仪侨等领导出席大会，并在会前亲切接见了上海市十佳少先队员、上海市十佳少先队辅导员、上海市百佳中队集体代表和上海市首届“星星火炬”奖章获得者，并与大家合影留念。

本次少代会是进入新世纪以来上海少先队召开的第一次代表大会，大会的主要任务是：以邓小平理论和“三个代表”重要思想为指导，贯彻落实《中共中央国务院关于进一步加强和改进未成年人思想道德建设的若干意见》，团结动员广大少年儿童，大力弘扬和培育民族精神，为迎接中国2010年上海世博会、为实现全面建设小康社会的宏伟蓝图做好全面准备。

王安顺同志在讲话中充分肯定了五年来少先队组织在党的领导和共青团的带领

下，开展的一系列生动有趣的活动获得的丰硕成果，并赞扬本次少代会是一次“聚童意、集童智、凝童心”的盛会。他要求全市各级党组织、政府有关部门和社会各界要进一步重视、关心和支持少先队事业，竭诚为少年儿童的健康成长服务，热忱为少先队事业的可持续发展营造良好的环境。

会上市领导为首届“星星火炬”奖章获得者、上海市十佳少先队员、十佳少先队辅导员和首届百佳快乐中队颁发了证书和奖杯。

市少工委主任、团市委副书记徐枫、市教委副主任瞿钧与市红领巾理事会的两位小理事一起共同作了题为《迎世博盛会，扬民族精神，做可爱的上海少年》的工作报告。

会上宣读了经民主选举产生的上海市第五届少先队工作委员会和上海市第五届红领巾理事会名单。大会号召全市 127 万少先队员、儿童团员，坚定爱国信念，树立远大理想，培养高尚情操，学习科技知识，锻炼强健体魄，练就过硬本领，迎世博盛会，扬民族精神，做可爱的上海少年。

庆祝“六一”国际儿童节主题活动

6 月 1 日上午，由团市委、市教委、中福会、市总工会、市妇联、市少工委等单位共同举办的“同在蓝天下，我们从小是朋友—— 2004 年上海少年儿童庆祝‘六一’国际儿童节主题活动”在中福会少年宫举行。市人大常委会主任、市红领巾理事会名誉主席龚学平、市政协副主席谢丽娟以及主办单位领导与 340 位进城务工就业农民子女代表及部分城市孩子、聋哑等特殊学校的孩子代表共 600 多人一起欢乐游园，共庆六一。

城市孩子和进城务工就业农民子女代表同台表演诗朗诵《蓝天下的同一首歌》，拉开了主题活动的序幕。活动中，家饰佳集团董事长兼总裁王张兴先生用生动的语言向孩子们介绍了自己从一个农村孩子成长为一名优秀企业家的历程，勉励队员们从小努力学习，合作进取。同时，王张兴先生捐出了 200 万，成立了“上海家饰佳少年基金”，用于支持少先队活动和少先队研究。

会上，市领导和主办单位领导还为支持关心少年儿童的“爱心企业”和 2004 年“六一好去处”等单位颁发了纪念碑。东方小伙伴艺术团合唱队队员、进城务工就业农民子女代表、聋哑学校的学生代表和盲童学校学生代表同台深情演唱了《幸福的花朵》，台上台下共同用手语的统一动作、用真情表达伙伴们的友情、社会大家庭的亲情与人世间的真情，把演出活动推向高潮。在孩子们的簇拥下，龚学平同志切开节日蛋糕，祝全市少年儿童六一快乐，健康成长。

参加首届全国希望小学运动会

6 月 1 日，由台州民营企业——玛亚克集团赞助，上海唯实希望小学学生组成的上海希望小学玛亚克代表队参加了在北京举行的“首届全国希望小学运动会”，上海籍著名游泳运动员蒋丞稷应邀担任了上海代表队的名誉领队。在运动会上，上海代表队获得了集体表演一等奖等奖项。

首届全国希望小学运动会的举行，进一步推动了希望小学校园文化体育建设，促进希望工程的可持续发展，并为拓展中国公益事业新的工作领域提供了借鉴。

第三届“上海IT青年十大新锐”评选活动

第三届“上海IT青年十大新锐”评选活动于6月拉开帷幕。本次活动评选领域包括信息基础设施领域、信息产业领域、经济与社会信息化领域和信息化环境营造领域等四个方面，共有51名符合申报要求的初步候选人参评。经社会投票和组委会投票，王晔、王斌、王亦鸣、占松林、江南春、杜守国、吴承荣、汪源源、张新伟、胡卫生等10位同志（按姓氏笔画为序排列）当选为第三届“上海IT青年十大新锐”；王强、朱战备、刘炜、刘小光、李洪岩、张建军、陈菊英、顾燕芳、黄俊、楚庆等10位同志（按姓氏笔画为序排列）获得第三届“上海IT青年十大新锐”提名奖称号。《文汇报》、《青年报》、《IT时报》等媒体对当选的IT青年新锐及其所从事的相关信息化领域进行了深度报道，先后有20万多人次上网浏览评选活动专题网页，向手机用户群发活动短信近1000万条。

援建“长霞希望小学”

“人民的好卫士”任长霞的先进事迹见诸报端后，在申城掀起了一股学习热情。她生前领养孤儿、发动民警捐建希望小学、救助困难学生的事迹也深深打动了市希望办的工作人员。为此，6月7日，市希望办组成了学习慰问小组赶赴河南登封，并当场决定援建一所“长霞希望小学”、并资助当地数百名困难学生。上海电信实业集团有限公司捐款援建了该希望小学，曾在河南工作过的市老领导胡立教为该希望小学题写了校名。

市委副书记王安顺参观禁毒教育馆并视察活动中心

6月18日上午，市委副书记王安顺在团市委书记陈靖的陪同下来到上海青年文化活动中心，和恒丰中学部分学生一起参观了上海市禁毒教育馆，仔细观看了涉毒案例和采用实物、图片、互动音像、光电模型、多媒体等高新技术手段制作的展品，深感禁毒形势严峻。

王安顺指出，禁毒工作是事关国家安危的大事，各级团组织一定要从讲政治的高度，充分认识毒品问题的严重性和禁毒工作的极端重要性，认真贯彻落实中央和市委关于禁毒工作的决策和部署，把禁毒工作摆到重要位置，常抓不懈，最大限度地遏制毒品蔓延，决不能让毒品影响青少年身体健康。王安顺强调，各级团组织要发挥政治优势和组织优势，本着对国家、对民族、对人民高度负责的态度，加强对禁毒知识的宣传，扎实开展禁毒教育，推动禁毒工作的开展，确保青少年健康成长。

王安顺还视察了上海青年文化活动中心下属的上海市青少年发展服务中心、上海市青年人才交流服务中心、上海人才培训广场等单位，在听取了团市委关于上海青年工作专题汇报中有关上海青年文化活动中心的运行和发展问题后，他充分肯定了青年文化活动中心在培养和教育青少年方面所取得的成绩。市委副秘书长刘卫国、市委组织部副部长王乐齐等领导陪同参观。

上海企业青年创新成果大赛

"平安保险杯"上海企业青年创新成果大赛自2003年9月启动以来，各级团组织积极发动，广大青年踊跃参与，取得了显著的经济、人才和社会效益。大赛共收到"四个一"（开发一项新产品、创造一项新工艺、推广一项新技术、转化一项新成果）技术创新成果118项，管理、营销、服务创新类论文62篇，经过大赛评审委员会评审和大赛组委会审核，有60项"四个一"技术创新成果和18篇论文获得不同奖项。6月21日，创新成果大赛表彰会在城市酒店举行。

本次大赛主要呈现以下特点：一是活动覆盖面、企业参与面较广。60多家企业的青年热忱参与，申报的各类成果涉及16个行业种类，数量大、领域宽。二是成果的创新程度、市场化程度较高。成果来自企业生产、经营、管理中的实际问题，广大青年通过运用高新技术手段，积极吸收国内外先进技术，有效地进行二次创新，形成了一系列重要成果，有15项获奖成果可享受市政府高新技术成果转化十八条优惠政策。三是知识产权保护意识较强。本次获奖成果中，有47项成果已申请或正在申请专利，10多项成果列为企业技术秘密，100余项成果已在生产中得到应用或转让。四是成果的市场前景看好，经济效益显著。据统计，大赛获奖成果累计可创造效益达到人民币4.3亿元，多项成果填补了国内空白。

上海市旅游行业青年技能大赛

为进一步展示上海旅游行业的技术水准，培养和发现一批优秀青年人才，为2010年上海世博会接待工作奠定良好的基础，团市委和市旅委于6月23日—25日联合举办了"2004年上海市旅游行业技能大赛"。大赛设立了中餐厅服务、西餐厅服务等比赛项目，宝隆宾馆程薇、延安饭店韩雯雯、华亭宾馆浦弘喆等3位同志获得个人比赛第一名，被授予"上海市青年岗位能手"称号并荣获"高级服务师"资格，同时，市旅委授予李莉等15位同志"上海市旅游行业青年岗位能手"称号。

上海青年原创歌曲大型演唱会

6月26日，由共青团上海市委员会、上海文广新闻传媒集团主办，中央电视台戏曲音乐部、上海均瑶国际广场置业有限公司、东视文艺频道协办的"青春拥抱阳光——上海青年原创歌曲大型演唱会"，在上海大舞台举行。市委副书记王安顺、副市长杨晓渡、市委副秘书长刘卫国、市委组织部副部长陆凤妹、冯小敏等领导观看了演出。

此次演唱会上演唱的曲目以原创歌曲为主，其中有七首歌曲是“城市与青年——上海青年原创歌曲大赛”中的获奖作品，这些歌曲都是从“城市与青年——上海青年原创歌曲大赛”的600余份参赛作品中脱颖而出的，充分反映了当代青年的精神风貌。晚会还启动了“我向小平说句话”短信征集活动，开展了“千名青年新党员入党宣誓”，全国劳动模范、中国青年五四奖章获得者、上海液压泵厂智能型、专家型一线工人李斌，带领来自本市各行各业的1000名新党员庄严许下入党誓词，坚定、整齐、洪亮的声音把整台演唱会推向了高唱。整个晚会现场气氛热烈，受到广大青年的欢迎。

上海市社区青少年远离毒品行动

以“6.26”国际禁毒日为契机，各区县团组织开展“社区青少年远离毒品”宣传教育活动，上海青年电子社区还开设青少年禁毒宣传专题网页。各级团组织还积极配合教育行政部门适时组织青少年尤其是社区青少年参观上海市禁毒教育馆。截止年底，已有20多万人次参观了展馆，其中社区青少年占参观者总数的21.17%，平均日接待人数达600余人。9月份，还会同市禁毒办对上海4所全国重点联系毒品预防教育社区青少年法律学校进行了调研，进一步推动各区县社区青少年法律学校逐步开展毒品预防教育，把毒品预防教育纳入日常教育工作之中。

团市委直属机关第二次党代会胜利召开

6月28日，中共共青团上海市委直属机关第二次代表大会在上海青年文化活动中心隆重召开。大会听取了王宏伟同志代表第一届团市委直属机关党委所作的《在“三个代表”重要思想指引下，努力开创团市委直属机关党建工作新局面》的工作报告，团市委书记、党组书记陈靖同志作重要讲话。大会根据党章的有关规定，经与会代表的充分酝酿讨论，采用无记名投票差额选举办法选举产生了第二届团市委直属机关党委和纪委委员。大会号召，团市委直属机关各级党组织和广大党员干部要进一步统一思想，紧密团结在以胡锦涛同志为总书记的党中央周围，高举邓小平理论伟大旗帜，以“三个代表”重要思想为指导，按照科学发展观的要求，在市级机关工委、团市委党组的领导下，勤奋学习，善于创造，团结协作，甘于奉献，艰苦奋斗，追求卓越，为把上海建成为社会主义现代化国际大都市，为新世纪共青团事业的新发展做出新的贡献。

团市委党组成员和市级机关党工委组织部部长江大华出席了会议。

第二届上海市青少年社区文化月

7月至9月，第二届上海市青少年社区文化月举行。文化月以“活力社区，时尚青春”为主题，紧跟青年热点、青春时尚，多方寻求合作，和专业性的动漫文化公司、教育咨询机构等有关企业，汽车类杂志、网络公司等有关媒体，奉贤旅游区管委会等有关政府机构，利用他们的专业优势和行业特点，合作开展符合青年特点、丰富多彩的文体活动，进一步激发了社区、楼宇、园区青年参与社区活动的积极性。文化月期间，共开展“阳光、健康、快乐”上海市未成年人思想道德建设网上知识大赛、“永远的怀念”上海青少年纪念邓小平百年诞辰露天电影展映、上海市青少年“三人制”篮球邀请赛、上海青年海湾篝火联谊活动等 21 项丰富多彩的活动，吸引了数万名青少年的参与，发掘了众多社区人才，以及众多自发的青少年社团型组织，努力营造多样化的社区文化。

上海市优秀大学生“选苗育苗”工程

根据市委组织部《关于做好培养高素质青年党政领导干部工作的意见》精神和市教育党委、团市委联合下发的《关于做好优秀在校大学生选拔培养工作实施意见》要求，团市委和市科教党委，积极开展了优秀大学生挂职锻炼和 2004 年上海大学生“选苗育苗”工程强化培训班。2004 年 7 月—9 月，全市有近 500 名优秀大学生深入到政府、企事业单位开展挂职锻炼活动。2004 年 11 月举办了选苗育苗工程培训班，培训班贯彻学习《中共中央国务院关于进一步加强和改进大学生思想政治教育的意见》精神，以培养高素质党政人才为培训目标，以政治理论和党性修养为基本教学布局，并结合时政与管理能力进行全方位培训，使 200 多名大学生在政治理论素质、党性修养、战略思维、世界眼光和管理能力等综合素质方面有明显提高，努力培养和选拔一批有志于从事党政事业、有发展潜力的优秀青年人才。

上海市大学生暑期社会实践活动

2004 年是上海市大学生社会实践开展 20 周年。暑期中，市委宣传部、市文明办、市科教党委、市教委、团市委和市学联组织本市大学生开展了以“奉献青春智慧，落实科学发展观”为主题的上海市大学生暑期社会实践活动。

本次暑期社会实践活动参与面大，内容丰富，主题突出，全市 10 多万大学生、近 2000 支社会实践团队，奔赴祖国各地、深入上海的城市乡镇，紧紧围绕“三个代表”重要思想的学习、宣传和实践，开展了形式多样、丰富多彩的社会实践活动。其中，面向全国，重点组织了大学生落实科学发展观实践服务团、大学生农村政策宣讲团、大学生未成年人思想道德建设实践服务团、博士生振兴东北实践服务团，服务地区涉及 29 个省市、自治区；立足上海，重点组织开展了投身“科教兴市”行动、“青春在奉献中闪光”城市精神展示行动、“大手拉小手”未成年人思想道德建设行动、健康文明生活方式宣传示范行动、优秀大学生挂职锻炼活动，引导大学生服务社区、服务群众，积极投身上海城市建设。

在活动中，涌现出一批以第二军医大学赴云南鲁甸博士生医疗实践服务团为代表的先进典型。

上海市金融青年联合会成立

把上海建设成为国际金融中心城市，是党中央、国务院确立的一项国家战略。近年来，上海的金融事业有了长足的发展，吸引了一大批优秀青年金融才俊。为进一步团结优秀青年金融人才，凝聚青年力量，积极推进上海国际金融中心建设，7月10日，中共上海市金融工作委员会、共青团上海市委员会共同发起成立的上海市金融青年联合会一届一次全会暨市金融青联成立仪式隆重举行。市委副书记王安顺，市委常委、副市长冯国勤到会讲话，并为上海市金融青年联合会揭牌。市金融青年设银行、证券基金、保险、综合界别。上海市金融青年联合会实行委员制，委员每届任期为三年。本届市金融青联共有委员165名，平均年龄37.5岁，大学以上学历占93.2%，研究生以上学历占62.9%，女性占16.9%，无党派和民主党派占35.7%。其中既有中、外资机构优秀青年代表，也有与金融业相关的行业或部门的优秀青年代表；既有高级经营管理人才，也有专业技术人才；既有本土人才，也有“海归”人才。

上海市未成年人思想道德建设网上知识大赛

7月19日，由共青团上海市委员会、上海市教育委员会、东方新闻网站联合举办“阳光·健康·快乐”上海市未成年人思想道德建设网上知识大赛举行开通仪式，市精神文明办副主任陈振民、市科教党委副书记翁铁慧、团市委副书记李跃旗及东方新闻网站总编辑徐世平等领导出席，仪式后各位领导登陆东方网嘉宾聊天室，和广大网友就未成年人思想道德建设进行了深入交流。网上知识大赛将公民道德与民族精神、行为规范和法律常识、历史、科学和生态环保等知识制成题库，集生活性、知识性、趣味性、时代性、教育性为一体，寓教于乐。大赛同时推出“学雷锋游戏软件”试玩及创意比赛。在严格限制参赛次数、对2000多个运用不良用户名进行屏蔽的前提下，一个月比赛时间内，共有3.5万人次参加比赛，页读数约200万。

“上海青年发展导航”高层系列讲座

7月23日，2001年诺贝尔经济学奖得主、哥伦比亚大学教授约瑟夫·斯蒂格利茨在上海图书馆发表“全球化与中国经济及我的诺贝尔成长之路”的演讲。600名上海青年听众分享了他的成长之路和获得诺贝尔奖的经历，并聆听了他对当下中国和世界经济发表的看法。

今年61岁的斯蒂格利茨是美国经济学家，他著名的《经济学》成为很多青年学生的入门教材。最近，斯蒂格利茨的畅销著作《全球化及其不满》中文版也已经问世，他在书中对国际货币基金组织(IMF)的激烈批判使他获得了IMF“叛徒”的称号。斯蒂格利茨对上海青年表现出的国际化视野和良好的沟通素质颇为欣赏，称赞主办者团市委和市青联组织工作上的高效率，他说，“中国青年官员的能力让我感到了这个国家的希望”。

这次演讲是“上海青年发展导航”高层系列讲座的组成部分之一。该讲座由团市委和市青联主办，邀请国际知名政要、诺贝尔奖得主和海外著名大学校长等人士与本市青年面对面沟通交流，为青年的成长成才导航。

上海市警地团组织“四联”活动推进会

7月26日，为进一步深化上海市警地团组织“四联”即“思想工作联抓、公益事业联做、文体活动联谊、人才培养联手”活动，动员广大警地团员青年为上海经济建设和社会发展作出新的贡献，团市委、武警上海总队联合召开“四联”活动推进会，团市委书记陈靖、副书记李跃旗，武警上海总队副政委杨登华，松江区委常委、宣传部长王军等领导出席了会议，各区县团委书记、武警上海十个支队级政委和团干部及武警官兵代表共120人参加了会议。为深化“四联”活动，团市委和武警上海总队提出了“四个一百”计划，即开展“百名优秀武警官兵和百名社区青少年结对”，让武警官兵做社区青少年的志愿者，配合社工一起开展社区青少年教育管理和服务工作；“百名优秀武警官兵担任百个社区团队组织辅导员”，为社区团队活动提供教育资源，推动团队工作的活跃；团市委为百名武警团干部、百名即将退役优秀武警战士提供思想政治素质、群众工作方法等方面的免费培训，帮助武警战士提升综合能力。会后，与会人员参观了武警五支队十二中队的荣誉室和警营建设，并一起参加了“青春的节日”——庆“八一”警地团员青年联欢晚会。

共青团上海市第十二届委员会第四次全体(扩大)会议

7月27日下午，共青团上海市第十二届委员会第四次全体(扩大)会议在上海展览中心友谊会堂召开，会议传达学习上海市党风廉政建设干部大会和市委副书记王安顺在开展青年工作专题调研时的重要讲话精神，回顾今年以来的上海青年工作，研究部署下一阶段工作。团市委书记陈靖代表团市委常委会向全会作工作报告。

会议强调，市委副书记王安顺在开展青年工作专题调研时的重要讲话，站在巩固党执政的青年群众基础、加强党的执政能力建设的高度，为进一步推进上海共青团和青年工作发展指明了努力方向。全市各级团组织要认真学习、深刻领会，并在工作中积极贯彻落实。

会议要求，下半年上海共青团组织要坚持“青年为本、以德为先、服务为重、发展为主题”的“四为”工作理念，按照“凝聚力工程”和“高兴、放心”活动的要求，按照“服务大局、服务青年”的思路，抓建设、抓机制、抓突破、抓深化，通过深入推进以未成年人和青年学生为重点的上海青少年思想道德建设、着力推进青年卡全面发行和青年服务体系及动员机制建设、大力推进《上海青少年发展规划(2004—2010)》的发布和实施、切实加强团干部和青少年社会工作者队伍建设、不断加强对青少年群体状况和青年工作的研究等，努力做到突出重点、整体发展，推进《上海共青团工作十项计划》的实施，把今年初团市委全会部署的各项任务落到实处、取得实效。

会上还表彰了上海青年理论学习组织优秀奖、创新奖，2003年度上海青少年精神文明新风奖和"'让青年走近经典'2003年度上海青年文艺巡演活动"优秀组织奖、演出奖等。

团市委副书记马春雷主持大会。团市委副书记顾洪辉、徐枫、李跃旗、王宏伟、陈凯，以及团市委委员、候补委员，在沪团中央委员、候补委员，各区、县、局(公司)、大专院校团委负责人，各市属单位团组织负责人等共300多人出席了会议。

上海市青年企业家协会第五次会员大会

7月29日，上海市青年企业家协会第五次会员大会在上海国际会议中心隆重召开，300多名奋战在上海经济建设第一线的青年企业家参加了会议。市人大常委会副主任胡炜，市政协副主席黄关从，市委组织部党政干部处处长、副局级巡视员张锡平，及团市委书记陈靖、副书记顾洪辉等有关领导应邀出席大会。

大会首先宣读了由中国青年企业家协会向大会发来的贺电，表达了中国青年企业家协会对大会胜利召开的热烈祝贺。随后，团市委书记陈靖同志代表团市委致祝词。

市人大常委会副主任胡炜同志在会上作了讲话。他向青年企业家提出三点要求：要培育一流的精神，求真务实、开拓创新、谦虚好学，展示上海青年企业家队伍良好的整体形象；要创造一流的业绩，大力推动企业改革发展，增强企业竞争力；要弘扬一流的风尚，诚实守信、艰苦奋斗、甘于奉献，形成良好示范。最后，胡炜同志要求全市广大青年企业家按照"三个代表"重要思想和牢固树立、全面落实科学发展观的要求，勤于学习、善于创造、敢于奉献，努力实践"海纳百川、追求卓越"的城市精神，开拓进取，奋发有为，为进一步开创上海改革开放和现代化建设新局面而努力奋斗。

会上，上海市青年企业家协会第四届会长杨国平同志代表第四届青企协理事会作了工作报告，并用生动的语言总结了第四届青企协在成长过程中的宝贵经验。

大会审议并通过了《上海市青年企业家协会章程》和上海市青年企业家协会第四次会员大会以来财务收支情况，并表决产生了上海市青年企业家协会第五届理事会。

会后，市青企协随即召开了上海市青年企业家协会五届一次理事会会议。会上表决产生了市青企协新一届领导班子，通过了周波为第五届上海市青年企业家协会会长，倪建达、王均瑶、郑杰为第五届上海市青年企业家协会年度执行会长，倪瑾同志担任常务副会长，叶伟龙、刘宁、刘训峰、严健军、张志熔、李彧、杨桂生、邵亦波、陈天桥、陈剑波、周传有、周成建、周桐宇、金惠志、徐乐江、顾逖泉、曹建雄、梁信军、董叶顺、黎瑞刚、瞿秋平为第五届上海市青年企业家协会副会长。市青企协五届一次会议任命陆浩等同志为五届市青企协秘书长、副秘书长。会议还决定聘请杨国平同志为第五届市青企协名誉会长。

纪念小平诞辰 100 周年系列活动

为进一步高举邓小平理论伟大旗帜，全面贯彻“三个代表”重要思想和十六大精神，大力开展青少年思想道德建设，塑造城市精神，积极组织青少年投身科教兴市主战略，不断推进建设中国特色社会主义伟大事业，团市委根据市委和团中央的部署，在 7 月中旬至 8 月底邓小平同志诞辰 100 周年的时候，隆重举行上海青少年纪念邓小平同志诞辰 100 周年系列活动。

通过“我向小平说句话”短信寄语活动、大中学生“寻访小平足迹”暑期社会实践活动、《邓爷爷照片里的故事》赠书仪式暨少年儿童“我心中的邓爷爷”演讲比赛、重走小平在沪足迹——上海青少年暑期爱国主义教育基地寻访活动、向四川广安援建希望小学、向小平家乡捐书活动、召开“马克思主义青年观、邓小平青年理论与上海青年工作”专题研讨会、青少年纪念邓小平同志诞辰 100 周年特色活动征集活动等，在全市营造隆重纪念的良好氛围，充分表达广大青少年对小平同志的深切感情，反映了广大青少年以实际行动投身科教兴市主战略，积极塑造城市精神的良好精神状态。

上海大学生志愿服务西部计划志愿者座谈会

8 月 18 日下午，由团市委、市科教党委、市教委、市人事局、市财政局等单位联合举办的 2003—2004 年度上海大学生志愿服务西部计划志愿者座谈会在上海青年文化活动中心举行。市委副书记王安顺出席会议并作讲话，他高度肯定了志愿者在西部脚踏实地，艰苦创业，辛勤工作，为当地改革开放和经济社会发展作出的积极贡献，并要求大力弘扬大学生志愿者的时代精神，激励上海广大青年报效祖国、服务人民；要求建立长效工作机制，为大学生志愿服务西部计划深入发展提供保障；要求相关部门和用人单位落实各项优惠政策，积极为大学生志愿者提供切实有效的服务和帮助。会议由团市委书记陈靖同志主持，相关主办单位的领导与优秀志愿者代表出席了会议，5 名志愿者作了交流发言。

会后，主办单位联合举办了志愿者就业推介会，推出了近 60 家企事业单位的近百个工作岗位供志愿者们选择和应聘，近 50 名志愿者参加了推介会。其中部分志愿者当场与用人单位签订协议，部分志愿者与企业初步达成就业意向。

援建甘肃 20 所希望小学

8 月 21 日，在甘肃省定西市安定区青岚乡瑞安第二希望小学举行了“上海援建甘肃 20 所希望小学总竣工仪式”，上海市委副书记刘云耕、甘肃省委副书记陈学亨及两地各级其他领导及上海捐方代表等出席了竣工仪式。刘云耕副书记一行还来到新落成的临洮县八里铺镇瑞安第一希望小学视察，并为该校揭牌。

2003年，在甘肃省委书记苏荣、上海市委副书记刘云耕的亲自关心、指导下，上海希望工程实施了希望工程历史上向一个受援省单笔捐赠资金最多的援助项目——为甘肃援建20所希望小学、10所希望网校、培训100名希望小学教师和100名团干部，总援助资金达740万元，使上海实施希望工程十年来援助甘肃希望工程的资金总量达到了1182万元，占甘肃希望工程筹集资金总量的近六分之一，上海也因此成为援助甘肃希望工程资金最多的省市。

第七届全国大学生运动会志愿服务活动

2004年8月28日至9月6日，第七届全国大学生运动会在上海举行。在组委会的广泛宣传发动和精心组织下，本届大运会的志愿者工作得到了全社会的关心和支持。7月1日，第七届全国大学生运动会火炬传递暨志愿者总队成立仪式在中共一大会址隆重举行，上海市副市长杨晓渡、严隽琪分别点燃火炬并宣布大运会志愿者总队成立。团市委副书记徐枫担任志愿者总队队长。

本届大运会志愿者人数达8000余名，分别来自全市20余所高校，广泛参与火炬传递仪式、开、闭幕式、比赛期间各类会议、组委会各部门工作以及各个比赛场馆服务工作等，几乎履盖了本届大运会所有工作领域，服务内容涉及办公文秘、人员接待、会议服务、赛事工作、后勤保障、大型活动、医疗救护、安全保卫、新闻宣传、电脑管理、信息技术支持等等。

志愿者们实用而专业的服务，完美地诠释了细致周到的海派文化、服务全国的城市精神，获得各界人士的高度评价。广大青年学生在志愿者岗位上很好地体现了他们才是大运会的主体，为大运会的成功、精彩奉献出一份力量。

第七批上海青年志愿者赴滇扶贫接力队

为进一步引导广大团员青年以实际行动实践“三个代表”重要思想，参与中、西部大开发战略实施。展示上海青年的良好形象，共青团上海市委、上海青年志愿者协会继续推进实施“上海青年志愿者赴滇扶贫接力计划”，招募有一定专长的23名青年志愿者组成第七批上海青年志愿者赴滇扶贫接力队赴当地开展医疗卫生、教育、计算机、水利、建设、农业、企业管理等相关方面志愿服务工作。服务队于8月31日出发，至云南开展为期半年的志愿服务。

接力队的医务青年建立了队内会诊制度，利用各自所长，协同解决疑难杂症。大家以自己的实际行动和高尚的医德医风在当地广大人民群众中树立了上海医生良好的形象。14位医务青年志愿者，在半年中共参加查房万余人次，开展手术及操作近200余台，各类会诊80余次，抢救病人80余例，举办各类讲座40次，培训医务人员2000余人次。志愿者开展义诊服务活动8次，风雨兼程，行程遍及弥勒县最偏远的地区和迪庆州的香格丽拉和德钦两县，共为群众义诊约2500人次，并在义诊期间发放健康宣传资料数万份。

接力队的志愿者在服务期间还积极参加当地的社会活动，如："爱心助学"、"志愿义诊"、"结对共建"等活动，把上海青年的真心实意带给当地的人民群众。

沪港青年经济发展论坛

9月2日，由香港青年联会、上海市青年联合会、沪港经济发展协会、上海海外联谊会主办的"沪港经济互动与区域经济发展——2004沪港青年经济发展论坛"在上海举行。市委常委、副市长冯国勤，香港特别行政区政府律政司司长、行政会议成员梁爱诗等出席论坛。本次沪港青年经济发展论坛旨在进一步适应上海城市国际化发展和在CEPA框架协议下沪港两地更紧密经贸合作的新要求，加强两地青年组织和以青年企业家、专家学者、专业人士、学生领袖等为代表的沪港青年的相互了解与合作交流。

1999年以来，沪港青年经济发展论坛已经连续举办六年，对扩大沪港两地民间交流，增进沪港两地青年联络交往、相互了解发挥了重要作用。论坛主办单位表示，要继续做好沪港青年经济发展论坛等项目，发挥各自优势，进一步加强沪港青年组织和青年的联系和交流，为促进沪港两地紧密合作、携手并进作贡献。

百名优秀武警战士培训班

9月13—17日，团市委和武警上海总队联合举办首期百名优秀武警战士培训班。学员由武警上海总队有关支队、武警总队医院、武警指挥学院和武警总队机关推荐，主要来自西部农村地区即将退役的党员。培训班围绕"三农"问题、农村基层政权建设、发展农村经济、素质拓展培训等主题，邀请"三农"问题的知名教授，农村第一线党委书记、居民区党总支书记，以及国际知名的卡耐基资深培训师为战士授课。此外，邀请优秀退伍老战士谈创业经验，安排战士参观现代化农业企业、全国百强村和上海市"六好"村级党支部，以及与"全国十大杰出青年农民"获得者夏国海进行座谈交流等，激发了战士们回到家乡参与西部大开发的热情。这也是武警部队第一次与地方联办战士培训班。

第十一届"上海十大杰出青年"评选表彰活动

9月17日，第十一届"上海十大杰出青年"颁奖典礼在新锦江大酒店举行。市委副书记王安顺代表市委向本届杰出青年及提名奖获得者表示热烈祝贺。本届"上海十大杰出青年"评选活动于2004年2月20日正式拉开帷幕。5月20日，经过评委的无记名投票，评选产生了第十一届"上海十大杰出青年"和提名奖获得者，并产生了首位当选"上海十大杰出青年"的外籍青年。王安顺同志指出：十大杰出青年是诠释城市精神的典范，在杰出青年身上集中展现了当代上海青年求真务实、积极进取、追求卓越的精神面貌，是上海城市精神最鲜活、最生动地展现，是上海市民的荣耀，是上海青年的楷模。

安顺同志还指出，当代青年只有把自己的成长成才、创业发展，同推进中国特色社会主义事业的伟大实践，同推进城市经济社会发展的进程结合起来，矢志报效祖国，献身事业，自身才能得到更快更好的发展。

参加“市级机关庆祝建国55周年歌咏比赛”

为迎接建国55周年，团市委机关党委、工会于9月18日组织系统50名党员干部参加了由市级机关工委组织的“庆祝建国55周年歌咏比赛和文艺会演”大合唱专场比赛。经过紧张激烈的角逐，团市委代表队在全部参赛的34支市级机关代表队中夺得第11名(“铜奖”)的优异成绩，为全系统赢得了荣誉。

城市酒店员工喜获残奥会冠军

第十二届残疾人奥运会于2004年9月17日至28日在希腊雅典举行，这是本世纪内的第一次残奥会，也是残奥运动发展至今举办的规模最大、项目最多、水平最高的国际残疾人体育盛会。团市委直属单位、城市酒店员工钟海虹所在的国家女子坐式排球队力克群雄，获得女子坐式排球冠军。这是中国集体项目第一次冲进残奥会并取得冠军。钟海虹载誉归来，获得：全国“五一”劳动奖章、全国“三八”红旗手、全国五四杰出青年贡献奖、全国优秀运动员、上海市“三八”红旗手标兵、上海市新长征突击手、上海市“五一”劳动奖章等多项荣誉，荣立一等功一次；并受到党和国家领导人以及上海市领导的亲切接见。

长期以来，城市酒店热心支持社会公益事业，和女子坐式排球队结成了共建对子，给予了她们很多精神上和物质上的帮助。酒店党政领导明确表示，残疾人事业是社会主义事业的重要组成部分，是高尚的事业、文明的事业、常青的事业；残疾人事业的发展程度，是社会文明进步的重要标志，也是“城市”精神不可缺少的组成部分。

上海团干部发展导航计划

9月20—22日，第一次专为新上岗不满一年的团委主要负责人举办的培训班在上海青年干部管理学院举行。首批担任导师的32家单位的党政领导，与新上岗团委书记举行导师带徒签约仪式，这标志着上海团干部发展导航计划正式启动。

团市委书记陈靖出席结业仪式并讲话，他要求将团干部导航工作作为新时期服务团干部成长发展的重要举措，不断加以推进和完善。作为首批导师，徐汇区委副书记、区人大常委会主任张贤训等32家单位党政领导在现场与新上岗团委书记郑重举行导师带徒签约仪式。同时，团市委机关和市社区办的8位部门负责人也分别与10位新进机关干部签订该协议。据悉，导师将重点在提高团干部的政治素质和理论水平，帮助团干部树立良好的工作作风和进行发展性谈话等方面予以全程导航。团中央组织部组织处领导也专程来沪参加了结业仪式。

上海市职业技能竞赛活动

9月22日，市劳动保障局、市总工会、团市委、市教委、市信息委等五家单位联合开展技能竞赛月及2004上海市职业技能竞赛活动。这次大赛以新技能、新技术、灰领职业、新兴职业为主题，职业项目均与国际急需人才相符合，并与先进制造业和现代服务业相匹配，同时还设立了一些具有文化含量的新兴职业，有力推进了上海城市人才的综合竞争力。共有来自各行各业的3万多名职工参加了50个工种的职业竞赛，1300多人参加了最后的决赛。大赛涌现出的优秀选手参加了2004年中国职业技能大赛并取得优异成绩。上海汽轮机有限公司的青年高级技师俞军、上海航天局第八〇四研究所的青年双高级技师苗俭、上海东华大学研究生王臣等优秀青年脱颖而出。

F1世界锦标赛2004年中国大奖赛志愿服务活动

2004年9月24日—26日，F1世界锦标赛中国大奖赛在上海国际赛车场成功举行。

3月初F1组委会成立志愿者工作部，部长由团市委副书记徐枫同志担任。根据组委会的要求，志愿者工作部积极承担了赛事的志愿者招募、培训、管理、表彰等一系列工作，广泛动员全市有关高校、区县以及企业的青年，以志愿服务的形式，积极为F1大赛作贡献。据统计，整个F1大赛期间直接为此项赛事服务的志愿者达到1937人，他们来自复旦、上海交大、同济、华师大、华理、上外等16所高校、嘉定区和有关企业，岗位主要分布在竞赛、大型活动、综合办、交通指挥、安全保卫、医务、新闻宣传、市场推广、对外联络、配套保障等，并从事赛事裁判、演出、文秘、翻译、交通线路引导、记者接待、F1相关产品售卖、机场迎送、VIP贵宾接待等工作。

在F1赛事的志愿服务中，广大志愿者充分发扬了吃苦耐劳的精神，勇于接受挑战，敢于突破自我，以最佳的精神风貌投入到各个岗位的工作上去，使“奉献、友爱、互助、进步”的志愿精神在赛场内外，更在志愿者的身上得到了最充分的体现。志愿者的周到服务得到了上海市领导、F1组委会和广大观众的一致肯定。

上海市信息化青年人才协会成立

9月27日，上海市信息化青年人才协会第一次会员大会在张江举行，上海市副市长杨雄出席大会并讲话。协会的主要任务包括：推荐信息化领域优秀青年人才，为信息化领域青年成才、创业、发展提供服务，开展与信息化相关的调查研究、交流座谈、学术研究、教育培训等工作，开展与海内外有关信息化组织、青年团体的合作与交流，反映信息化领域青年的意愿，代表和维护会员的共同合法权益等。目前协会共有会员125人，平均年龄 34.1 岁，本科及以上学历占 96.8 %，其中博士学历占 16.8%，硕士学历占 34.4%，党员 70 人，占总人数的 56.0%。经第一次会员大会表决通过，上海微创软件有限公司总裁王晔等 39 人当选为协会第一届理事会理事，上海张江(集团)有限公司总经理陈剑波当选为首任会长。

庆祝建国 55 周年升国旗仪式和群众游园活动

为庆祝中华人民共和国成立 55 周年，由上海市精神文明建设委员会办公室、共青团上海市委员会、中共上海市黄浦区委、上海市黄浦区人民政府、上海文化广播影视集团联合主办的庆祝中华人民共和国成立 55 周年升国旗仪式和群众游园活动于 10 月 1 日上午分别在人民广场和人民公园举行。

本次升国旗仪式特地请来了上海籍雅典奥运会奖牌获得者，优秀运动员和上海各界先进模范人物代表、优秀大学生代表、优秀少先队员代表、上海精神文明十佳好事代表以及市民寻访团代表、社区居民代表共同庄严地参加了祖国诞辰第 55 年的第一个升国旗仪式。

在人民公园里举行的“青春的节日”——上海青年文艺巡演活动国庆专场演出及游园系列庆祝活动围绕着“青春与祖国同行”的主题，为现场游园的市民提供了一台丰富多彩的文艺活动。此外还有团市委希望办的现场宣传；志愿者现场招募；保护母亲河的宣传趣味游戏；青年文联会员现场书画展示；民间绝技绝艺；上海旅游景点竞猜；花色餐巾折叠展示等活动，青年报社也到现场宣传、派送《青年报》。

上海青年献血志愿者行动

为应对重大灾害、重大抢救及突发事件造成的血库严重缺血等紧急情况，10 月 1 日，由共青团上海市委与市血液办共同主办的“青春，点燃生命的希望——上海青年献血志愿者行动”在全市范围内正式启动，计划组建一支 5—10 万人规模作为储备力量存在的青年献血志愿者队伍。活动当天共有来自学校、社区、企事业单位的 390 名青年现场登记报名加入了献血志愿者行列，有 134 人通过短信方式报名，还有 200 多人来电咨询，同时，共有包括团市委机关干部和直属单位干部职工在内的近百名青年现场无偿献血。上海邦德职业技术学校、上海建桥职业技术学院、上海工商外国语学院等高校都开展了青年献血志愿者集中召募和无偿献血活动，截止年底已有近 3000 名青年加入了献血志愿者队伍，并有近 2000 名青年参加无偿献血。同时，在 WHY 网、城市青年网都开设了网上报名的主页，开通了 118318 免费咨询热线，开通短信报名以及利用市民信箱发布动态网页向广大市民宣传活动内容。

上海市社区青少年 3 人篮球推广赛

10 月 8 日，上海市社区青少年 3 人篮球推广赛开幕式在华东师范大学体育馆隆重举行。本次活动由共青团上海市委员会、上海市社区青少年事务办公室和上海肯德基有限公司共同主办。来自本市 18 个区县的 576 支参赛队的 3000 多名运动员参加,比赛历时 2 个月。这是上海市社区青少年事务办公室首次在全市范围内开展以社区青少年为对象的大规模活动,旨在为广大热爱篮球运动的青少年们提供一个展示球技的舞台,使其增强对社区的归属感、认同感和荣誉感,培养团队合作精神,树立公平竞争的意识,努力营造健康文明、奋发向上、全民健身的社区氛围。

2004 沪台青年经济发展论坛

10 月 10 日,以"经济一体化在亚洲"为主题的 2004 杜兰上海论坛暨沪台青年经济发展论坛举行,本次论坛由上海市青年联合会和杜兰大学上海校友会、台北校友会共同主办,旨在进一步促进两岸青年加强了解、增进友谊、扩大交流,推动沪台之间更频繁的经济互动与合作。上海市政协副主席、上海外贸学院院长王新奎作了"入世后过渡期中国与亚洲的经济合作"的主题报告。200 多位来自两岸的以青年企业家为主体的青年代表人士进行了广泛、深入、热烈的交流。

"博士服务团"选派工作

为实践"三个代表"重要思想,贯彻实施西部大开发战略和人才强国战略的重要举措,按照中组部、团中央《关于 2004 年"博士服务团"选派工作的通知》精神,市委组织部、团市委、市青联于 10 月 11 日共同召开了上海赴云贵"博士服务团"成员交流暨欢送座谈会。市委组织副部长、市人事局局长丁薛祥,团市委书记陈靖,团市委副书记、市青联主席马春雷出席座谈会。第一批上海"博士服务团"全体成员交流发言,认真地对锻炼服务期间的思想、工作和学习情况进行小结。他们的锻炼服务指导思想明确,服务意识强,勤于学习,善于学习,甘于吃苦,勇于奉献,在锻炼服务岗位上充分地发挥出了自己的专业特长和组织管理能力,圆满地完成了锻炼服务任务。第二批上海"博士服务团"代表也畅谈了对这项工作意义的认识,提出了锻炼服务的目标,并表示要向第一批上海"博士服务团"成员学习,尽其所能,充分展示上海优秀青年知识分子的良好形象。

纪念中国少年先锋队建队 55 周年座谈会

10 月 12 日下午,以"火炬·基石·激流"为主题的上海少先队纪念中国少年先锋队建队 55 周年座谈会在城市酒店隆重举行。新中国第一批少先队员、历任少先队工作者、少先队员代表和社会各界人士约 150 人欢聚一堂,共话中国少先队 55 年发展的光辉历程,畅谈在少先队组织中成长的收获体会。中共上海市委常委、组织部长姜斯宪及团市委书记陈靖等领导出席会议。

座谈会上,中共上海市委常委、组织部部长姜斯宪欣然接过上海市红领巾理事会小理事手中的聘书，正式担任上海市少先队队长学校第四任名誉校长。姜斯宪同志发表了热情洋溢的讲话。他对全市各级少先队队长提出讲服务、讲团结、讲民主、讲创新的殷切期望，并希望上海少先队根据少年儿童身心发展特点与成长规律以及社会发展的要求，努力提高广大队员的思想道德素质，使少先队员经受锻炼，不断进步，全面发展。

团市委书记陈靖、当年上海地下少先队工作者段镇、全国著名劳模杨怀远、新中国第一批少先队员戚泉木、驰名中外的造桥专家秦宝华等各界人士深情回顾了他们在少先队组织中的成长历程，对少先队的美好未来表达了良好的祝愿。

纪念中国少年先锋队建队55周年主题集会

10月13日上午，由市少工委主办的“我们是红旗的一角”上海市少年儿童庆祝中国少年先锋队建队55周年主题集会在上海人民英雄纪念塔前拉开帷幕。上海市人大常委会主任龚学平、中共上海黄浦区委书记钱景林、团市委书记陈靖等领导出席集会。

龚学平同志在讲话中指出，红领巾是红旗的一角，凝聚着前辈的期望，书写着组织的信念，代表着队员的责任，少先队员要为她增添荣誉，成为社会主义现代化事业的合格建设者和可靠接班人。主题集会上，少先队员和少先队辅导员们表演了情景舞蹈、配乐诗朗诵等精彩的节目，用他们心中的歌声和真情的诉说表达对少先队的浓郁情感和美好祝愿。

上海市社区青少年垂钓大赛

10月16日，上海市社区青少年垂钓大赛在青浦举行。本次活动由上海市社区青少年事务办公室主办，青浦团区委协办，上海市阳光社区青少年事务中心承办。活动旨在进一步推进社区青少年群体文化建设，增进青少年事务社工和服务对象的友谊，探索服务社区青少年的工作模式，展示社区青少年积极向上的精神风采。来自上海17个区县的近百名社区青少年在青少年事务社工的带领下参加，在碧水蓝天下美丽的青浦湖畔，两个小时的比赛让社区青少年们不仅体验了垂钓运动那种魅力无穷的感觉，也真正享受到了垂钓运动带来的乐趣和收获的喜悦。

上海市十八岁成人仪式

10月18日下午，由团市委、市文明办、市教委、市司法局、市劳动和社会保障局和市法宣办等单位共同举办的“青春孕育希望，责任成就理想”——2004年上海市十八岁成人仪式在上海国际赛车场水景广场隆重举行。市人大常委会副主任王培生，上海市政协副主席左焕琛，市委宣传部副部长、市文明办主任朱匡宇，团市委书记陈靖等有关领导出席了仪式，并亲手为18岁青年代表发放《宪法》，佩戴成人帽。

2004年是十八岁成人仪式教育活动开展10周年。在仪式上，陆惠明作为上海最早的成人仪式的组织者，与5位曾经参加过十八岁成人仪式的青年，见证了18岁成人仪式教育活动的发展历程。全国政协委员、上海作家协会副主席赵丽宏代表前辈和家长向步入成年的18岁青年表达了真挚的祝福。2000余名青年学生，作为全市18岁青年的代表，头戴“成人纪念帽”，在著名男子花剑运动员叶冲的带领下，面向鲜艳的五星红旗庄严宣誓。来自上海市向明中学的四名18岁青年代表怀着激动的心情以配乐诗朗诵的形式，表达了全体18岁青年的心声。在“十八岁年华”的音乐声中，全场18岁青年与领导一起亲手开启成人宣言墙。仪式结束后，全场18岁青年向着广阔的蓝天，放飞了系着自己心愿结的五彩风筝，整个赛车场成为青春欢乐的海洋。

沪滇青少年帮扶项目推介会

10月22日下午，“沪滇青少年帮扶项目推介会”在上海图书馆举行。上海团市委、云南团省委的有关负责同志、上海捐助或意愿捐助企业代表、上海优秀青年志愿者代表近200人参加了会议。

会议对十余年来的沪滇青少年帮扶工作进行回顾总结。自上海希望工程实施十年来，已为云南援建希望小学454所，资助贫困学生4515名，通过“白玉兰远程网”和小昆山基地共免费培训希望小学教师8513名，援建希望网校32所，捐助书库76个，捐助影库3个，有指向捐款197万多元，设立专项基金151万元，以上各项累计捐款达4千7百万余元。上海、云南的对口帮扶工作不仅在经济和物质资源上给予支持，还注重以人才、科技为主的智力帮扶。从1998年9月至今6年来，以社会招募、组织选定、对口支援、定期轮换的方式，先后组织了七批183名青年志愿者赴云南红河、文山、思茅、迪庆四个地州开展扶贫接力活动。志愿者在云南省的文山、金平、德钦等21个市县提供了医疗卫生、农业科技、市场营销、企业管理、计算机网络、城市规划管理、基础教育等方面志愿服务工作。

会上，云南团省委书记罗国权回顾了希望工程滇沪合作的丰硕成果，他希望云南贫困山区的教育事业能继续得到上海有识之士的关注和支持。上海团市委书记陈靖也作了讲话，并表示将加强沪滇两地共青团的全面合作，进一步推进新一轮沪滇青少年帮扶工作，力争取得新的成效。

云南团省委向与会企业代表和个人介绍了2000名急需求助的中小学和15所急需援建的希望小学的相关情况。上海捐助企业代表、上海城建集团党委副书记张连根，上海优秀青年志愿者代表金明新，云南受助学生代表杨昆娥在会上作了发言。

“中国杰出青年卫士”高校巡回报告会

为贯彻落实《中共中央国务院关于进一步加强和改进大学生思想政治教育的意见》，进一步做好政法院校大学生的思想政治工作，中央政法委、中央综治委、共青团中央、教育部决定联合开展“树立报国志向 争做忠诚卫士—‘中国杰出青年卫士’高校巡回报告活动”。10月27日下午，高校巡回报告会在上海立信会计学院报告厅举行，来自法院、公安、司法及武警系统的4名中国杰出青年卫士作了生动感人的事迹报告。他们中有著名打拐英雄、江西省贵溪市公安局流口派出所教导员施华山，有黑龙江省龙江县法院执行局局长张晓红，有天津市河西监狱七监区警卫二队教导员邓昌贵，有武警河北总队邯郸市支队副支队长张志刚。卫士们催人泪下、感人挚深的故事，深深感动着每个在场的大学生。

报告会由团市委副书记李跃旗主持，市综治办副主任乐伟中出席会议并讲话。上海市公安、法院、检察、司法和武警系统有关代表也参加了报告会。

上海市共青团“推优入党”工作推进会议

10月28日下午，市委组织部、团市委在上海图书馆联合召开了上海市共青团“推优入党”工作推进会议。会议以贯彻落实党的十六届四中全会和全国发展党员工作会议精神为目标，总结了十年来上海共青团组织在党组织的指导下开展“推优入党”工作的实践经验与成果，并针对新形势下党对发展青年党员工作的新要求，进一步明确了今后一段时期上海共青团“推优入党”工作的目标和任务。市委组织部副部长冯小敏、团市委书记陈靖出席了会议并讲话，团市委副书记王宏伟主持会议。会上，宝钢集团五钢公司党委组织部、普陀团区委、东华大学团委、上海市第二中学团委作了大会交流。本市各区、县、局(公司)、大专院校和市属单位党委组织部和团委主要负责人共200余人参加了会议。

市委组织部副部长冯小敏在讲话中强调，要从巩固党的执政基础的高度，认识进一步加强“推优”，做好新形势下在团员青年中发展党员工作的重要意义，要强化“推优”意识，进一步做好“推优入党”工作。团市委书记陈靖回顾了过去十年来上海共青团开展“推优”工作的经验与成果，要求本市各级团组织要在党组织的领导下，深刻认识加强党的执政能力建设对共青团工作提出的新要求，认真分析新形势下“推优”工作所面临的新情况，进一步提高“推优”的针对性和有效性，加强团内民主，规范和完善“推优”程序，提高“推优”质量，要积极稳妥地做好“两新”组织和进城务工青年的“推优”工作，并以“推优”为抓手，促进团的基层组织建设，增强基层团支部的活力。

上海市大学生社团文化节

10—12月，第六届中国上海国际艺术节组委会、市文明办、团市委、市教委、市学联联合举办了“GP超霸杯”2004年上海市大学生社团文化节。本次大学生社团文化节以“社团—素质拓展的舞台”为主题，主要开展“上海市高等学校明星社团”和“优秀社团”评比表彰活动、“上海大学生话剧节”、校园文化系列展示活动和上海高校社团发展论坛等四大类活动。

在社团评比活动中，华东政法学院大学生法律援助中心等10家社团脱颖而出，被评为“上海高校明星社团”。复旦大学前程学会等 23 家社团被评为“上海高校优秀社团”。

本次大学生话剧节主要由上海大学生话剧比赛暨优秀话剧剧目展演、上海大学生优秀话剧剧目外围展、上海大学生原创剧本朗读会、上海高校剧社发展论坛、话剧艺术工作坊、优秀话剧高校巡演和祝贺演出等七大板块组成。其中，大学生话剧比赛受到了爱好话剧的青年学生的热烈欢迎，共有来自 21 所高校的 22 个剧目参加了比赛。最终来自上海外国语大学飞那儿剧社的《等到戈多》荣获一等奖。同时，来自全市 20 所高校的 24 个剧目也在永乐宫咖啡剧场、思考乐书局、东大名艺术创库等文化场所进行大学生优秀话剧剧目的外围展。

本次上海大学生社团文化节校园文化展示活动主要由大学生 DV 大赛、公益广告设计大赛、有氧健身操大赛、辩论大赛等符合大学生特点、体现鲜明时代特色的四项大赛组成。同时，大学生社团文化节上还举办了以“规范与多元，建设可持续发展的高校社团”为主题的上海高校社团发展论坛。

社区团建创新综合试点工作

10 月至 12 月，地区工作部(郊区部)以居民区团组织直选、青年中心建设和社区团工委建立三项重点工作为抓手，努力加大社区团建工作推进力度。通过赴黄浦、普陀、长宁、徐汇等区县相关街镇开展居民区团组织直选工作专题调研，认真总结黄浦、普陀等区试点工作经验，同时借鉴重庆、浙江居民区党组织直选和乡镇团委直选的经验，完成了《关于进一步加强居民区团组织直选试点工作的若干意见(讨论稿)》，明确要求各区县团委在 2005 年以不低于居民区总数 10%的比例，积极开展居民区团组织直选试点工作。

为加大青年中心建设的推进力度，在对长宁、徐汇、青浦等团中央青年中心试点单位及其它区县青年中心建设工作充分总结的基础上，初步总结并提出了独立建设、原有活动阵地转换、社团先行以及依托党员服务中心、社区文化活动中心推进青年中心建设等多种建设模式，11 月召开区县团委书记例会，对进一步加大青年中心建设力度进行了专题部署。目前，全市已建成青年中心 32 家。

在社区团工委建立方面，积极依托社区党建和社区建设的试点单位，确定全市 5 个区的 6 个街道为社区团建的试点街道。同时，进行了多次走访调研，听取社区党工委对社区团工委建立以及社区团建工作的意见和建议，并就相关事宜进行了探讨，明确了各试点街道社区团建工作试点的重点和推进进度等方面的要求。12 月 14 日，浦东潍坊街道作为社区团工委第一家试点单位正式成立。

上海市预防犯罪工作体系政府购买服务项目

11 月 1 日，上海市社区青少年事务办公室与上海市阳光社区青少年事务中心，在上海市青年文化活动中心签定了为期15个月的政府服务购买合同，购买合同以法律文本的形式明确了服务方提供的服务区域、服务方式、服务要求，购买方支付服务费用方式及金额，以及各自的相关权利义务等一系列重要内容，为采用政府购买服务的方式，进一步提高城市现代化管理水平、转变政府职能和维护社会稳定的需要，加强社区青少年的教育、管理和服务，从源头上预防社区青少年违法犯罪和促进社区青少年健康成长做了积极的探索。

招募第四批上海赴老挝青年志愿者

为了拓展上海青年志愿者服务领域，深化青年志愿服务国际交流所取得的成果，继续弘扬志愿服务时代风尚，增进世界人民的友好往来，展示上海国际大都市青年的良好形象，共青团上海市委员会在2004年招募了11名青年志愿者组成第四批中国上海青年志愿者赴老挝服务队，为当地的医疗，教育等事业做出自己的一份贡献。他们是：肖星(共青团上海市委权益部部长)、陈乐(上海市日新实验小学语文教师、班主任，小学一级教师)，方敏(解放日报党政部记者)孙励(上海师范大学教师)张宇(国家开发银行上海分行)李森(上海建工(集团)总公司海外事业部)李晨曦(上海市市政工程管理局信息管理处副主任科员)王健清(上海体育学院社会体育研究中心)胡冬根(杨浦区安图医院骨科主治医师)盛锋(上海中医药大学附属龙华医院推拿科医师)陈建(上海市南汇区农业技术推广中心)

此批志愿者于2004年11月17日出发，在老挝服务半年。

上海市民办高校团建工作推进会

为适应民办高等教育蓬勃发展的需要，进一步加强上海民办高等学校团的建设，团市委和市民办高校党委联合出台了《关于加强和改进上海市民办高校团的建设的意见》，并于2004年11月24日联合召开了上海市民办高校团建工作推进会。会上，团市委副书记徐枫作了讲话，指出要全面认识当前民办高校共青团工作的重要意义，共青团组织作为党的助手和后备军，要始终保持在青年群体中的影响力，尤其在新的历史环境下，民办高校团组织要站在为党和国家培养和输送优秀人才，巩固党执政的青年群众基础，确保中国特色社会主义事业兴旺发达、后继有人的战略高度认识到自身建设的重要意义。市民办高校党委副书记杨月民也就各民办高校党组织如何加强党对团的领导提出了三点要求。

第十二届上海市十佳“苗苗小能手”表彰大会

12月4日上午，由团市委、市教委、市少工委联合主办，《少年日报》、国福龙凤食品有限公司协办的第十二届上海市十佳“苗苗小能手”表彰大会在中福会少年宫少年厅隆重召开。团市委副书记、市少工委主任徐枫及市少先队总辅导员沈功玲等领导和400余名来自各区县的“小苗苗”们参加了表彰大会。

徐枫在会上宣读了《关于表彰第十二届上海市“苗苗小能手”、“当代小先生”的决定》，沈功玲向“小苗苗”们提出从小养成良好道德习惯，和小伙伴们一起在集体当中健康成长的殷切希望。

今年的评选以“承中华美德、扬民族精神、做可爱的上海儿童”为主题，旨在展现当代儿童健康积极的精神风貌和良好的道德行为习惯。经过各级少先队组织推荐、专家严格评审并参考全市少先队员的投票，最终评选出十佳“苗苗小能手”。同时，关心帮助“小苗苗”们茁壮成长的“小先生”们也获得市少工委的表彰。

纪念上海市大学生社会实践活动开展二十周年社会各界座谈会

2004年12月9日下午，由市委宣传部、市文明办、市科教党委、市教委、团市委、市学联等单位主办的纪念上海市大学生社会实践活动开展二十周年社会各界座谈会在城市酒店隆重举行。座谈会由团市委书记陈靖主持，主办单位领导和来自社会各界的专家学者、各高校领导、团委书记等出席座谈会。

座谈会上，团市委副书记徐枫代表主办单位对上海市大学生社会实践活动开展二十周年的概况进行了回顾总结。市科教党委副书记翁铁慧对如何进一步深化实施大学生社会实践活动提出了要求。上海师范大学原校长杨德广，宝山区委常委、区委组织部部长朱勤皓，复旦大学党委副书记陈立民，上海社会科学院青少年研究所所长杨雄，上海师范大学团委书记金国忠，上海实业科技教育发展有限公司总经理李湛，第二军医大学博士生汤敬东等作为大学生社会实践活动的组织实施者、积极参与者和相关领域的专家、学者，分别从多个方面交流了本市大学生社会实践活动开展二十年来取得的宝贵经验和丰硕成果。

近年来，本市大学生社会实践活动蓬勃发展、不断深入，在大学生思想政治教育中发挥了不可替代的重要作用，显示出了强大的生机与活力。

2004·媒体与未成年人发展论坛

12月12日—13日，由团中央、全国妇联、教育部、国家广电总局、新闻出版总署、中国社科院、全国少工委等联合主办，上海团市委、团中央宣传部、中国青少年宫协会、中国青少年社会服务中心等承办，市文明办、市教委、市新闻出版局、上海文化广播影视集团、解放日报报业集团、文汇新民联合报业集团、上海教育报刊总社、上海世纪出版集团、中国少年雏鹰网等9家单位协办的“中国青少年社会教育论坛——2004·媒体与未成年人发展”（简称“2004·媒体与未成年人发展论坛”）在上海国际会议中心举行。全国人大副委员长、民进中央主席许嘉璐同志为论坛发来贺信，主办单位领导、国内外知名媒体和青少年教育研究机构的专家学者以及来自全国各地的青少年教育系统和广电、影视、报刊、网络、出版及音像制作等行业的代表300余人汇聚上海，共议肩负的社会责任，共商发展的重大举措。

论坛邀请了来自团中央、中国青少年宫协会、中央电视台、中国少年儿童新闻出版总社、复旦大学、上海市作家协会、上海盛大网络发展有限公司、香港青年协会以及联合国儿童基金会、美国哥伦比亚广播公司、美国迪斯尼传媒集团、英国伦敦大学、日本万代株式会社等国内外知名媒体和青少年教育研究机构的专家及代表为主论坛演讲嘉宾，体现了国际视野、学术支撑的特点。

本次论坛的分论坛由上海方面在广播电视、报纸刊物、图书出版、电影音像、网络新媒体和青少年教育等六类媒体和青少年教育工作中较为知名的机构具体策划并承办，多角度、全方位地深入探讨媒体与未成年人发展的关系，体现了协同办会、拓展空间的特点。

9月—12月期间，还组织开展了围绕"媒体与未成年人发展"为主题的前期系列活动，以吸纳更多的社会人士和未成年人参与论坛讨论、关注论坛话题，更多地表达未成年人的心声和需求。其中，"媒体与未成年人发展"论文征集共收到来自全国各地的论文45篇，"我的媒体主张"主题征文共收到文章1112篇，"感动未来"真情评选活动有10346人次通过网络或书面参与投票。此外，"做一天媒体主人"小记者行动、"我眼中的媒体"未成年人论坛、"小网虫吃饱了吗"网络辩论赛、"关爱成长"上海市未成年人公益广告征集大赛等都得到了未成年人的积极关注和参与，体现了社会支持、延伸时间的特点。

本次论坛形成了8项成果，如《媒体与未成年人发展——上海宣言》、《论坛十项实施项目倡议》、《中国青少年社会教育课题库基础目录》、《未成年人媒体需求调查》、《未成年人媒体素养教育行动策略研究》、《全面德育时代的来临——发达国家和地区未成年人道德教育述评》、《媒体与未成年人发展论文集》、《中国青少年网络安全联盟》等，体现了研究成果丰硕、工作可持续发展的特点。

本次论坛发动全国各主要媒体单位积极参与新闻报道，着力营造舆论氛围。央视、上视、东视等分别制作专题节目；新华社、人民日报、光明日报、中国青年报、解放日报、文汇报等全国各大报刊进行整版专题报道和新闻报道近百篇次；搜狐、城市青年网等知名网站进行全程视频直播和文字直播，体现了宣传范围广、舆论影响大的特点。本次论坛还充分运用现代信息技术，为论坛参会人员提供现场无线上网服务，在主论坛上进行网络实时互动及现场网络视频直播等，体现了及时便捷、交互覆盖的特点。

2004海外学人回国创业周

"科技创业、报效祖国——2004海外学人回国创业周"上海活动于12月20日至23日举行，本次活动由团市委、市青联、徐汇区政府共同主办，团中央书记处书记张晓兰，市委组织部副部长、市人事局局长丁薛祥，团市委书记、市青联名誉主席陈靖，徐汇区委副书记、区长孙潮，徐汇区人大常委会主任张贤训，市青联主席马春雷等出席活动。本次“聚焦上海、慧聚徐汇”——海外学人回国创业周上海活动共吸引200多名海外学人报名参加，最终邀请了50余名海外学子参加本次活动，分别来自美、英、法、日等14个国家和地区，其中博士学历占52.2%，硕士学历占39.1%，专业涉及IT、生物医药、新材料、能源、金融企业管理、现代服务业等六大领域。海外学人回国创业周活动从2001年开展以来，以连续成功举办了4次，在广大海外学人中影响日益扩大，并取得了良好的效果。此次活动为进一步开发海外青年人才资源、推动海外学人以多种方式为祖国服务、帮助他们在祖国经济社会发展中做出更大贡献发挥了积极作用，也成为青联组织吸引和留住更多海外人才的一个颇具特色的工作项目。

上海市共青团“两新”组织团建工作推进会

12月22日下午，团市委在普陀区长征镇召开了上海市共青团“两新”组织团建工作推进会。会议以贯彻落实市委八届六次全会和团中央十五届三中全会精神为目标，总结交流了全市加强“两新”组织团建工作的经验和做法，对当前和今后一段时期的工作进行了研究部署。团市委书记陈靖出席会议并讲话，普陀区委副书记叶维华到会致辞，团市委副书记王宏伟主持会议。会上，普陀团区委、普陀区长征镇党委、嘉定团区委、静安区南京西路街道团工委、长宁团区委、浦东新区外商投资协会团支部作了大会交流。本市各区、县、局(公司)、大专院校和市属单位团委主要负责人共150人参加了会议。

团市委书记陈靖表示，加强“两新”组织团的建设，既是巩固党执政的青年群众基础的需要，又是加强共青团能力建设的需要。他强调指出，要坚持党建带团建，整合社会各方资源，力争实现全覆盖，做到哪里有青年，哪里就有团组织或团工作的渗透。要根据“两新”组织的实际和青年状况，采取单独建团与联合建团、体内建团与体外建团、区域建团与行业建团等多种灵活的建团方式。当前，要重点在社区、园区、楼宇、行业建团。区(县)和街道(镇)特别是街道(镇)的团干部作为“两新”组织团建工作的主力军，要加强对他们的指导和服务。要进一步关心好已经建团“两新”组织团干部的工作、培训和生活，让他们切实感受到组织的温暖。要针对团员青年的具体需求，依托青联、网络、青年卡等多种载体，采用活动联系、社团联系、组织联系等方式，开展丰富多彩的活动，为团员青年的成长成才服务。要加强团的自身建设，增强团组织的凝聚力、战斗力，提高团工作的有效性，从而使共青团更富吸引力。还要通过加强“两新”组织团建工作，使团工作渗透到进城务工青年之中。

会议还下发了《关于进一步加强和改进本市新经济、新社会组织团的建设工作的意见(征求意见稿)》。

第四届上海青年发展战略论坛
暨上海市青年运动史研究会2004年学术年会

12月23日下午，由共青团上海市委、上海社会科学院、上海青年管理干部学院、上海市青年运动史研究会主办，上海市青少年教育协会、上海社会科学院青少年研究所、《解放日报》理论部、青年报社协办的第四届上海青年发展战略论坛暨上海市青年运动史研究会2004年学术年会在上海青年管理干部学院举行。团市委书记陈靖出席论坛。团市委副书记马春雷在论坛开幕式上致辞。本市青年和青年工作的专家学者、团干部和青年代表共150余人参加此次论坛。

本届论坛以“党的执政能力建设与上海青年工作新发展”为主题，旨在进一步深入学习贯彻党的十六届四中全会精神，全面服务于党的执政能力建设，不断巩固和扩大党执政的青年群众基础；进一步整合全市青年和青年工作研究资源，提升全市青年和青年工作研究的综合实力，通过汇集有关部门、青年组织、高校及科研院所的各种力量，形成多方参与、合力推进青年工作的良好态势，为实现新形势下上海青年工作的新发展提供思想和理论基础。

本届论坛邀请市社科院卢汉龙研究员、同济大学诸大建教授、华东师范大学齐卫平教授、市社科院杨雄研究员、上海青年管理干部学院田保传教授、上海大学顾骏教授、复旦大学刘建军副教授等一批知名的专家学者，围绕“和谐社会构建过程中的青年发展”、“可持续发展战略与青年工作走向”、“上海青年的生存发展趋势与上海青年工作”、“青年干部确立以人为本的工作理念”、“全球化背景下的青年事务与青年工作”等重大课题，展开了广泛而深入的研讨，达成了很多具有建设性的共识。出席论坛的广大团干部和青年工作者表示将以本届论坛的召开为契机，以全面服务于党的执政能力建设、巩固和扩大党执政的青年群众基础为着眼点，充分认识做好新形势下青年工作的重要性，进一步增强责任感和使命感，加大对青年群体和青年工作的研究力度，不断把上海青年工作推向前进。

西部和民族地区团干部来沪挂职锻炼

12月23日，团市委、市青联举行2004年度西部和民族地区团干部来沪挂职锻炼工作总结欢送会。在历时半年的挂职锻炼工作中，团市委和市青联坚持按照市委关于“上海要服务全国”的要求，充分认识民族团结进步和东西部交流互动对于建设和谐社会、对于中华民族的伟大复兴的重要意义，始终把做好西部和民族地区团干部来沪挂职锻炼工作摆在重要位置，按照团中央“挂实职、做实事、出实效”的工作方针，把挂职锻炼工作落到实处。

2004沪港青少年工作者研讨会

12月25日上午，由少先队上海市工作委员会和香港女童军总会共同主办的“2004沪港青少年工作者研讨会”在上海青年文化活动中心召开。团市委副书记、市少工委主任徐枫，市少先队总辅导员沈功玲，香港女童军总会总监李张慧美太平绅士，副总监边陈之娟太平绅士等沪港两地的青少年工作者70余人出席了本次研讨。

本次研讨会以“增进服务理念、落实志愿计划、推动两地合作”为主题，旨在通过相互学习先进工作理念，加强合作与交流，推动上海、香港两地青少年工作水平的提高。在会上，市少工委和香港女童军总会还共同签署了《沪港青少年工作友好合作备忘录》，根据协议，沪港两地组织还将互派人员进行挂职锻炼，同时还将进行不定期的互访。

在研讨会期间，香港女童军总会代表考察了“东方绿舟”等青少年校外活动营地并观摩静安区南西街道社区少先队活动，以多角度探讨交流两地青少年工作的经验和做法。本次研讨会的成功召开，对进一步深化沪港青少年工作者友谊、促进两地合作和发展起到十分积极的作用。

上海青年就业创业行动计划启动

12月28日，上海青年就业创业行动计划暨上海青年职业发展基金(电气基金)启动仪式在上海青年文化活动中心报告厅举行。副市长周太彤向首届“中国青年创业奖”获得者、上海市青少年发展服务中心创业培训班学员、上海世好餐饮管理有限公司董事长翁联辉颁发了奖牌，并作重要讲话。团市委书记陈靖出席并主持会议。

团市委副书记顾洪辉在启动仪式上介绍了上海青年就业创业行动计划和上海青年职业发展基金会的有关情况，并与上海电气(集团)总公司签订了上海青年职业发展基金(电气基金)合作协议。上海市青少年发展服务中心常务副主任朱红与中国工商银行上海市分行、上海中油投资担保有限公司签定了“青年创业融资服务”合作意向书，为青年创业融资提供便利条件。上海青年职业发展基金专家团成员与青年创业者代表签订了“一对一”免费陪伴式创业指导协议。

上海青年职业发展基金和上海电气(集团)总公司共同出资1000万元的上海青年职业发展基金(电气基金)向青年创业者发放了首笔创业启动资金，并根据计划协同政府有关部门、企事业单位为青年在创业启动、职业培训和就业中介等方面提供资金、政策、法律和技能等帮助。

进城务工就业农民子女新年音乐会

12月29日下午，由上海团市委、市少工委共同主办的“进城务工就业农民子女新年音乐会暨‘阳光音乐大行动’启动仪式”在浦东新区少年宫剧场举行，来自各区县的400余名进城务工就业农民子女共同享受现代音乐艺术。团市委书记陈靖、副书记徐枫、市少先队总辅导员沈功玲等领导及市人大、市教委有关同志出席了会议，著名钢琴家孔祥东先生到会并登台献艺。

新年音乐会在一曲《让世界充满爱》中拉开序幕，小伙伴艺术团、小荧星艺术团、春天少年合唱团等沪上知名少儿艺术团体和浦江小学、皖蓼小学等部分民工子弟学校学生同台表演了《小马车》、《梦想莫停步》、《中国功夫》等声乐和器乐节目，赢得了全场孩子的热烈掌声。

音乐会上还启动了“阳光音乐大行动——千名进城务工就业农民子女免费钢琴培训计划”。计划从2005年开始，用五年时间对1000名进城务工就业农民子女进行免费钢琴培训，旨在为这部分孩子创造更多的学习机会和条件。现场还为首批试点的杨浦、浦东、普陀四所民工子弟学校举行授牌仪式。

上海青年中心建设

2004年，团市委按照团中央的部署，结合上海社区发展的实际形势和社区团建的总体要求，按照“品牌战略、实事工程、政策支持、开放体系、社会化运作”的工作思路，积极开展青年中心试点工作。截至年底，全市确定65家青年中心试点单位，其中32家已正式挂牌成立。社区青年中心通过规范理事会制、会员制等体现社区青年组织特性的各项制度，加强组织建设，推进组织创新。积极争取党政领导和有关部门的大力支持，努力整合资源、获取政策保障。坚持承接政府青年事务，开发青年服务项目等。坚持以创新的精神开发特色项目、实施社会化运作，拓展服务功能、有效提升服务能力。坚持依托青年中心，广泛开展青年社团的建设工作，实现青年的自主自动。

青工技能振兴计划

2004年，为积极贯彻全国人才工作会议精神，落实团中央“青工技能振兴计划”，加快培养一批适应现代企业生产经营需要的青年高技能人才队伍，团市委结合上海产业高地建设的需要，针对青工特点和企业实际，依托上海青年职业生涯导航活动，点面结合，上下联动，积极搭建公共服务平台，扎实推进“青工技能振兴计划”。确立了16家企业团组织作为全国青工技能振兴计划试点单位，召开试点单位及重点企业团组织座谈会、研讨会。依托社会化培训平台，以主体工作项目为载体，组织以岗位技能更新和等级提高为主的青年技能培训；依托组织化活动平台，整合社会各方资源，开展行业性青年职业技能竞赛；依托专业化鉴定平台，以专业性工种为重点，推进面向青年的职业技能鉴定工作；依托机制化保障平台，推进“青工技能振兴计划”有效实施。

争创“青年文明号”(共青团号)集体

为坚定不移地贯彻落实科教兴市主战略，进一步提高青年的职业技能水平和职业道德素质，深化青年职业生涯导航活动，更好地服务上海经济社会发展，团市委在2004年开展了争创学习型、科技型、服务型、管理型“青年文明号”(共青团号)集体活动。活动要求以动员“青年文明号”(共青团号)集体加强学习型组织建设，建立共同远景目标，以不断提升“青年文明号”(共青团号)集体的学习力和竞争力为重点，创建学习型“青年文明号”(共青团号)集体；以调动和发挥青年的智力优势，推动“青年文明号”(共青团号)集体的科技创新为重点创建科技型“青年文明号”(共青团号)集体;以围绕服务社会诚信体系的建立,深化“青年文明号”(共青团号)信用建设示范行动,进一步提高“青年文明号”(共青团号)集体诚信服务的水平为重点创建服务型“青年文明号”(共青团号)集体;以围绕质量管理和安全管理,提高“青年文明号”(共青团号)集体服务经济建设的贡献率为重点,创建管理型“青年文明号”(共青团号)集体。

2004 年,团市委命名了 136 个青年集体为上海市“共青团号”,其中,学习型“共青团号”23 家、服务型“共青团号”64 家、科技“共青团号”27 家、管理型“共青团号”22 家。

上海青年造血干细胞捐献志愿者行动

2004 年,上海青年造血干细胞捐献志愿者行动得到了进一步深化和发展,越来越多的上海青年加入了中国造血干细胞捐献者资料库上海分库,黄浦、静安、闵行、南汇、奉贤、金山等区,以及上汽集团、上海机场集团、大众交通集团、金山化工集团、邮政局、上海建桥职业技术学院、宝钢集团等许多单位团委先后开展了集中报名、血检活动,在 3 月 5 日学雷锋活动日、五四青年节、九月集中活动周期间都掀起了活动高潮。11 月份,还与上海电视台《有话大家说》栏目合作制作了一期访谈节目,参与节目的造血干细胞捐献青年志愿者和白血病患者真情实感的流露打动了许多观众;12 月 18 日,与有关单位共同在上视大厦举办了上海青年造血干细胞捐献志愿者行动社会报名、集中血检活动,许多上海青年自发前来报名,来自上海师范大学的大学生和第九城市网站爱心网友也参加了活动,掀起了年底的造血干细胞捐献活动的新高潮。截止目前为止,2004 年新增报名加入中华造血干细胞数据库上海分库的青年志愿者 10000 余人,是历年报名入库最多的一年,上海分库总报名人数已达到 45000 余人,完成临床移植手术 46 例。

出版《追求卓越的上海青年——2004 上海青年发展报告》

《追求卓越的上海青年——2004 上海青年发展报告》通过问卷调查、文献研究和个案访谈,按照五年一轮次的要求,是一项总体性关于上海青年生存和发展状况的全面研究报告。报告认为,上海塑造海纳百川、追求卓越的城市精神离不开卓越的上海青年,“追求卓越”成为新时期上海城市精神的一个重要内涵,也是新世纪上海青年发展与进步的内在追求。基于上海青年与城市发展的内在关系,报告以“追求卓越的上海青年”作为立题的重点和核心,同时把握上海青少年发展规划的工作特点,围绕教育、就业、参与、健康、闲暇活动、维权及预防青少年违法犯罪等六大优先领域,确定以上海青年的价值追求、社会参与、工作状况、学习发展、生活闲暇等为主要内容,以上海青年对社会、城市、自身生活发展的认知、态度和行为作为贯穿整个研究的主线,突出上海青年的主体性特征,分析青年群体的独特性特点,全面研究了当代青年的行为、精神、观念和心理等特征,进一步探讨当代上海青年所必须具有的精神风貌和综合素质。报告于 12 月由上海人民出版社出版发行。

当前上海高校大学生思想道德状况的调查分析

团市委在有重点高校和知名社科研究机构等共同参加的竞标中脱颖而出，承担了该上海市哲社规划课题，形成了课题研究报告，并于12月底提交市哲社规划办。该报告以实证研究的方法，系统总结了上海大学生的良好道德风尚和精神面貌，深入细致地分析了大学生思想道德方面存在的消极现象和突出问题。报告通过对迁移性成因和本源性成因的分析，认为上海高校大学生思想道德状况存在的问题既有思想道德层面的，又有心理行为层面的，但大多数问题属于大学生成长进程中的问题，是可以随着大学生的成长成熟和对大学生思想道德建设工作的加强逐步解决的。报告强调要用全面、辩证、发展的眼光来看待青年、发现青年、发挥青年、发展青年，用马克思主义青年观的立场、观点和方法来认识和看待当前上海高校大学生的思想道德状况，并就加强大学生思想道德建设提出改进“两课”教育、加强社会实践、推进自我教育、整合教育资源等对策建议。报告指出，在党和政府的高度重视和全社会的共同努力下，充分发挥大学生的主体作用，在教育过程中让理论真正结合实践，让道德回归生活，不断提高思想道德教育的针对性和有效性，加强和改进大学生思想道德建设必有所成。

该课题研究成果获2004年度全团调研奖二等奖。

建设上海共青团信息化基础平台

上海共青团以城市青年网为依托，启动上海共青团信息化基础平台（电子邮局系统、手机短信系统、视频会议系统、网上论坛系统、网络电话系统等）建设，用网络信息技术联系团的各级组织，加快信息交流与沟通，提供信息服务，实现资源共享，形成联接、覆盖全团的信息交流平台，创新共青团组织的动员方式、活动方式和工作方式，为构建上海“数字共青团”打下坚实的基础。目前，上海共青团信息化基础平台各个系统的开发、设计，软件和硬件建设等各项工作已初步完成，部分系统已经投入使用并发挥了积极作用。至2004年底，已经有8000多个单位团组织及团干部个人开通并使用了电子邮箱，团市委通过群发方式向基层团组织和团干部发送各种信息的电子邮件共50多万封，并获得积极反馈。

出版《上海共青团信息化工作实用手册》

《上海共青团信息化工作实用手册》年底由中共党史出版社正式出版。《手册》较为全面地收集、整理信息化建设的相关政策，精选了基层团组织开展共青团信息化建设的经验，对上海共青团信息化未来的发展进行了理论上的探索，并梳理了团市委共青团信息化方面的资源。全书包括指导篇、交流篇、研究篇、政策篇和资源篇五个部分，包含文章（文件、讲话）119篇，近40万字，对于总结近年来上海共青团信息化工作的经验、促进基层团组织之间的交流、加强对基层共青团信息化工作的指导有着积极意义。

上海社区青年就业援助行动

由团市委地区工作部(郊区部)和上海市慈善教育培训中心联合举办的“阳光展翅”上海社区青年就业援助行动,是针对学历较低、家境贫困,但积极要求上进的社区青年共同开展的学历技能培训,支持和帮助社区青年就业。行动对符合条件的学员进行高中或相当于高中培训的2500元的全额资助,职业技能培训可享受政府补贴,计划5年内免费资助培训5000名学生。

行动主要分三个方面即学历培训、技能培训和推荐上岗。一是进行高中或相当于高中(中专、技校、职高)的文凭教育,开设经济管理类、电子通讯类、汽车维修类、营销类等专业培训科目;二是在学历培训期间结合就业的需要,进行相关的职业技能培训,并取得由国家颁发的初、中等职业技术资格证书;三是推荐就业,推荐率100%,就业上岗率70%以上。目前,全年共开设了5个班,覆盖全市12个区,有200余名青年就学。

光 荣 册

第八届“中国青年五四奖章”

冯　艾(女)　　复旦大学社会学系研究生、大学生志愿服务西部计划志愿者

第十五届“中国十大杰出青年”

刘　翔　　上海体育运动技术学院运动员

全国共青团系统先进工作者

陆培明　上海城市实业公司党委书记、总经理,城市酒店董事长

2004 年度全国五四红旗团委标兵

上海市静安区南京西路街道团工委

2004 年度全国五四红旗团委

上海市奉贤区南桥镇团委
上海第二医科大学团委
上海银行团委
上海浦东威立雅自来水有限公司团委

2004 年度全国五四红旗团支部

上海市杨浦区五角场镇教师公寓小区团支部
上海远洋运输公司松子轮团支部
上海移动通信有限责任公司市场营销中心团总支
上海市儿童福利院团总支
华东政法学院大学生社会法律援助中心团支部
上海证券交易所第三团支部

2004 年度全国团建先进县(市)

共青团上海市嘉定区委

2004 年度全国优秀共青团员

唐慧琴(女)　上海中亚城市建设综合开发公司职工
刁伟枫　上海工程技术大学航空学院学生
万　青　中国科学院上海微系统与信息技术研究所研究生
李　直　上海建工(集团)总公司构件三厂主任工程师助理
赵学锋　上海市公安局普陀分局长寿路派出所干警

2004 年度全国优秀共青团干部

康　年　共青团上海市委宣传部部长
胡　军　共青团上海市浦东新区工作委员会书记
何　雅(女)　东华大学团委书记
张　恂(女)　共青团上海市金山区委书记
许伟斌　上海重型机器厂团委书记
林建国　上海铁路局福州铁路分局团委书记
徐　萍(女)　上海机场(集团)有限公司团委书记
凤　薇(女)　中国农业银行上海分行团委书记

全国团干部教育培训工作先进个人

郑学信　中共上海市委组织部干部教育处副处长
许建忠　团上海市青浦区委书记、青浦区团校校长
陆　莺(女)　上海建工(集团)总公司团委书记

全国团校优秀教师

黄洪基　上海青年管理干部学院
郭晓洁(女)　上海青年管理干部学院

追授中国青年志愿服务金奖奖章

马　骅　复旦大学毕业生、赴云南义务支教志愿者

2004 年度中国青年志愿服务金奖奖章

张　立(女)　中国工商银行上海分行职员、海外服务计划老挝项目志愿者

第五届中国百个优秀青年志愿服务集体和个人

集体

上海市长宁区华阳街道“七不”啄木鸟志愿者小队
青年志愿者扶贫接力计划研究生支教团上海华东师范大学服务队
华东政法学院大学生社会法律援助中心

个人

余洪猛　　复旦大学附属眼耳鼻喉科医院
严锦云（女）　上海市水务局自来水市南公司
陆绍波　　同济大学第二届研究生支教团队长

首届“全国优秀青年学习组织”

上海市杨浦区中学生“三个代表”学习实践团

首届“中国青年学习成才奖”

高　波　　上海交通大学生命学院生命科学研究中心硕博连读研究生

第二届“中国杰出青年外事工作者”

叶成伟　　上海市公安局徐汇分局出入境办公室副主任

第四届全国各族青年团结进步先进奖集体和个人

集体

上海市共康中学

个人

邵　琦（女）　共青团上海市宝山区委书记
高　飞　　松江区民族宗教办公室主任

2002—2003年度全国优秀“青少年维权岗”

集体

上海市黄浦区人民法院立案庭
上海市金山区人民法院立案庭立案组
上海市宝山区人民检察院未成年人案件刑事检察科
上海市闸北区人民检察院未成年人案件刑事检察科
上海市南汇区人民检察院未成年人案件刑事检察科
上海市长宁区法律援助中心
上海市大众律师事务所
上海市劳动和社会保障局劳动保障监察总队
上海市宝山区劳动和社会保障局劳动保障监察大队
上海电视台新闻综合频道《案件聚焦》栏目
上海市工商行政管理局闸北分局芷江西工商所
上海市工商行政管理局青浦分局青浦工商所
上海市南汇区质量技术监督局行政执法科

先进个人

吴 燕(女) 上海市闵行区人民检察院未检科科长
章邵升 上海市劳动和社会保障局劳动保障监察总队监察员

突出贡献奖

杜正辉 上海市工商行政管理局虹口分局曲阳工商所所长兼党支部书记
凌 刚 上海市青浦区质量技术监督局副局长
邓小冬 共青团上海市委权益部部长

2003 年度全国“乡村青年文化名人”

傅 强 奉贤区青年广播电视主持人
蒋玉铭 嘉定区马陆镇青年竹刻艺人

2004 年度服务农村青年增收成才奖

先进集体

上海市松江区现代农业园区五库示范区管委会

农村青年创业致富带头人

袁联国

农村青年农业产业化带头人

庄建平

农村青年工商创业带头人

陈洪凌

农村青年增收成才奖先进个人

张　峻　殷伯贤　褚　敏

全国保护母亲河行动5年成就奖集体和个人

集体

上海市绿化管理局团委
共青团上海市金山区委
上海市环境监察总队监察科

个人

黄翔峰	同济大学环境科学与工程学院党委副书记
魏菊敏(女)	上海市市容环境卫生水上管理处管理科科长
陶康华	上海师范大学城市信息研究中心主任

2003年度全国保护母亲河行动先进集体和个人

集体

共青团上海市青浦区委
上海市环境监察总队监察科
上海师范大学城市小组
上海市长宁区天山新村第五小学

个人

魏梓兴	上海市河道(水闸)管理处副处长
张　浩	上海市市容环境卫生水上管理处苏州河管理站副站长
陆慧萍(女)	共青团嘉定区江桥镇委书记
彭春晓	上海市绿化委员会办公室秘书处

2004年全国保护母亲河行动先进集体和个人

集体

上海市裘锦秋实验学校

民革上海市委

个人

黄建康　　共青团上海市南汇区委书记
汪　洋　　长宁区河道管理所副所长
顾嘉亮　　虹口区广灵路第二小学学生

全国“青年文明社区”示范城(区)

上海市卢湾区
上海市黄浦区

2004 年度全国优秀青年中心

长宁区天山街道天山社区青年中心
青浦区徐泾蟠龙青年中心
嘉定区马陆镇永盛公寓青年中心

2004 年度全国青年中心建设试点工作先进个人

千志英(女)　　金山区朱泾镇团委书记、青年中心理事长
徐　斌　　长宁区华阳社区青年中心青年事务部部长
魏　斌　　静安区南京西路街道理事长(开开集团团委书记)

2004 年度全国青年文明号

上海市青浦区就业促进中心
上海浦江桥隧运营管理有限公司延东分公司路政牵引班
上海氯碱化工股份有限公司聚氯乙烯厂糊状树脂装置分析岗位
宋庆龄幼儿园保教组

第二届全国青年安全生产示范岗

中国石化上海石油化工股份有限公司涤纶事业部 2 号氧化联合装置 DCS 控制岗
宝钢集团上海五钢有限公司轧钢厂新轧二车间甲班 300 轧机组
上海港务工程公司洋山深水港一期 C 标码头工程项目部

2004年度中国青年创业行动优秀组织单位

上海市虹口区就业促进中心
共青团上海市闵行区委

首届“中国青年创业奖”

翁联辉　　上海世好餐饮管理有限公司董事长

中国最具创业潜能青年奖

丁尚春　　上海麦捷克数字科技有限公司执行经理

2003年度全国青年岗位能手

李山青　　宝山钢铁股份有限公司
陈飞杰　　上海市电力公司沪东供电公司
付　军　　上海市安装工程有限公司
何玲玲(女)　　上海今亚珠宝有限公司
毛宇星　　中国工商银行数据中心(上海)
陶佩军　　上海电力设计院有限公司

2004年度中国青年创业行动先进个人

徐未晚(女)　　共青团上海市徐汇区委书记
朱　红(女)　　上海青年文化活动中心副总经理
王　雷　　上海市大雷鑫清洁有限公司总经理

首届“全国十佳中学生”

周家耀　　上海市晋元高级中学学生

首届“中国青少年科技创新奖”

高　波　　上海交通大学生命学院Bio－X生命科学研究中心2002级博士生
李　辉　　复旦大学生命科学学院现代人类学研究中心人类生物学专业2002级博士生

汪　宏　　东华大学信息学院自动化专业2000级本科生
周家耀　　上海市晋元高级中学高二年级学生
朱元晨　　上海外国语大学附属外国语学校高三年级学生
屈铭志　　复旦大学附属中学高三年级学生
覃含章　　上海市徐汇区康宁科技实验小学五年级学生

全国高校优秀学生社团

标兵

复旦大学生命学社
华东政法学院大学生社会法律援助中心

优秀学生社团

上海交通大学“三个代表”实践团
上海财经大学工商管理学会
华东理工大学心理健康与发展协会
上海第二医科大学艾滋病同伴教育协会

2004年全国大中专学生志愿者暑期“三下乡”社会实践活动

优秀团队

第二军医大学赴云南鲁甸博士生医疗实践服务团
复旦大学赴山东沂蒙落实科学发展观实践服务团
上海第二医科大学赴内蒙古博士生医疗服务团
上海交通大学赴云南文山落实科学发展观实践服务团
东华大学赴辽宁、黑龙江博士生振兴东北实践服务团

首届“中国中学生正泰品学奖”

特别奖

薛婷婷(女)　　上海市第一中学学生

优秀奖

孔庆熹保(女)　洋泾中学高三年级
叶大卫　　向明中学高三年级
周海娟(女)　　嘉定职业技术学校2003级计算机班

顾天敏(女)　　崇明中学高三年级
龚轶蕾(女)　　飞虹中学初三年级
温　清(女)　　向明初级中学初三年级
徐琛骏　　闸北工商职业技术学校高二年级

全国“星星火炬”奖章

龚学平　　上海市人大常委会主任

第九届全国十佳少先队员

程千里　　上海市青浦区东门小学少先队员

2004 年度上海市“五四红旗团组织标兵”、“五四红旗团组织”

五四红旗团组织标兵

共青团上海市长宁区新华路街道工作委员会
共青团上海市浦东新区南码头路街道工作委员会
共青团上海新世界股份有限公司委员会
共青团上海师范大学委员会
共青团上海市位育中学委员会
共青团上海宝冶建设有限公司委员会
共青团上海烟草(集团)公司上海卷烟厂委员会
共青团上海大众汽车有限公司委员会
共青团上海出入境检验检疫局委员会
共青团上海美术设计公司总支部委员会

五四红旗团组织

共青团上海市浦东新区金桥镇委员会
共青团上海市浦东新区环境保护和市容卫生管理局委员会
共青团上海市普陀区桃浦镇委员会
共青团上海市复兴高级中学委员会
共青团上海市卢湾区卫生工作委员会
共青团上海市静安区教育工作委员会
共青团上海市宝山区顾村镇委员会
共青团上海市闵行区古美路街道工作委员会

共青团上海市金山区松隐镇委员会
共青团上海市奉贤区卫生局委员会
共青团上海市青浦区赵巷镇委员会
共青团万达信息股份有限公司委员会
共青团上海市精神卫生中心委员会
共青团复旦大学管理学院委员会
共青团上海交通大学材料科学与工程学院委员会
共青团同济大学交通运输工程学院委员会
共青团华东师范大学学前与特殊教育学院委员会
共青团华东理工大学工商经济学院委员会
共青团上海外国语大学委员会
共青团上海第二医科大学附属瑞金医院外科（Ⅰ、Ⅱ）联合支部委员会
共青团上海中医药大学附属龙华医院委员会
共青团上海市水务局委员会
共青团大众交通（集团）股份有限公司委员会
共青团上海市邮政局委员会
共青团上海银行淮海支行支部委员会
共青团海通证券股份有限公司直属机关委员会
共青团上海市发展和改革委员会直属机关支部委员会
共青团上海市社会保险事业基金结算管理中心委员会
共青团沪东中华造船（集团）有限公司委员会
共青团中国石化上海高桥石油化工公司委员会
共青团中石化上海石油（集团）有限公司委员会
共青团上海市司法局工作委员会
共青团上海公安高等专科学校委员会
共青团上海机场（集团）虹桥国际机场公司委员会
共青团上海宝钢国际经济贸易有限公司委员会
共青团上海市对外服务有限公司委员会
共青团上海汽轮机有限公司委员会
共青团上海市第一建筑有限公司委员会
共青团上海隧道工程股份有限公司委员会
共青团华联集团吉买盛购物中心有限公司委员会

第十一届“上海十大杰出青年”

王均瑶　　均瑶集团有限公司董事长
冯　艾（女）　　复旦大学社会学系研究生，现支教担任云南宁蒗县战河乡中学副

校长
卢根娣(女) 第二军医大学附属长征医院呼吸内科护士长
司徒亦安(英国籍)
百安居(上海)管理系统有限公司董事总经理
刘 翔 上海体育运动技术学院运动员
张 军 上海昆剧团小生演员
杨 荣(女) 上海市实验小学校长
陈 进 上海交通大学微电子学院院长
周桐宇(女) 上海威达高科技(集团)有限公司董事长、总裁
秦宝华 上海市基础工程公司总经理

第五届“上海文化新人”

王佩瑜(女) 上海京剧院一团副团长、党支部书记
李 俊(女) 武警上海总队政治部文工团演员
李远涛 上海书店出版社副总编辑
张 洁(女) 少年儿童出版社编辑
沈立炯 上海文广新闻传媒集团新闻综合频道记者
何 婕(女) 上海文广新闻传媒集团新闻娱乐频道主持人
胡晓丽(女) 上海人民广播电台新闻频率主持人
高博文 上海评弹团演员
唐俊乔(女) 上海民族乐团演员
端木晔波(女) 解放日报经济部副主任、主任记者

第五届“上海五四新闻奖”

新闻专业作品

一等奖

1、《四次救过六人——周扣雷的故事》——作者:新民晚报 朱全弟
2、《新闻观察:西海固的最后一课》——作者:上视新闻综合频道 陈思劼 吴 钧 王 毅 陈晓军
3、《伴随申城二十年大发展 青年突击队建功立业》——作者:解放日报 方 敏
4、《危难中谱写青春之歌》——作者:文汇报 顾一琼

二等奖

1、《上海学生在西部系列报道》——作者:新闻晚报 李 征
2、《我们在老挝创造了奇迹》——作者:青年报 胥柳曼

3、《上海首批青少年专业社工上岗》——作者:中国青年报 周 凯
4、《特别的“六一” 珍贵的贺礼》——作者:东视新闻娱乐频道 何小兰
5、《生活优裕的“小皇帝”并不开心,孩子的快乐从何而来》——作者: 新闻晚报 郭文才 张昱瑾 柴冬临
6、《“上海兵”入驻小汤山前夜》——作者:青年报 张 琪

三等奖

1、《青春在多采的文化中飞扬》——作者:文汇报 顾一琼
2、《卢湾区有个“小三会”》——作者:解放日报 方 敏
3、《花季少女该如何保护自己》——作者:上视新闻综合频道 籍 明 邬治峰
4、《上海团组织为青年职业生涯导航》——作者:中国青年报 林 蔚
5、《“非典”难挡真情暖流 热血青年掳袖献血》——作者:上海教育电视台 柳小娟 潘韬志
6、《喜迎“六一”少先队员做客市政府》——作者:东视新闻娱乐频道 何小兰
7、《当代军人:浦江忠魂》——作者:上视新闻综合频道 王 和 李 胜
8、《Volunteers head to the west》——作者:上海日报 严 真

2003 年度上海青少年精神文明新风奖

1、长宁区团委实施的“你我同行—社区青少年奖学助学成才计划”
2、数十年坚持为孤老服务的闸北区彭浦三中“学生敬老服务队”
3、在硫酸船沉没泄漏事故中冒着生命危险奋力抢险的奉贤区航管所周立钧、王晖等四位青年
4、坚持帮助困难学生达十年的青浦白鹤镇塘湾村村主任吴向军
5、十年如一日照顾身患尿毒症同事的上海电缆厂青年王茂
6、拾巨款归还失主的五钢公司青年张青
7、上海青年志愿者积极参与上海市“防治非典咨询热线”工作
8、关心帮助低视力学生的上师大助盲志愿者
9、主动帮助民工子弟义务开展支教工作的南汇区、华师大等单位团员青年
10、为社区老人开展“心贴心”精神陪护的广播电台青年志愿者服务队

上海青年志愿者注册工作先进单位

一等奖

浦东新区团工委
长宁区团委
上海宝钢集团公司团委

二等奖

奉贤区团委

崇明县团委

复旦大学团委

上海师范大学团委

华东理工大学团委

上海市邮政局团委

上海市卫生局团委

三等奖

上海铁路局团委

上海市民政局团委

上海银行团委

上海市绿化管理局团委

上海水产大学团委

上海体育学院团委

上海对外贸易学院团委

上海中医药大学团委

上海青年理论学习组织优秀奖和创新奖

优秀奖

浦东新区高科技领域学习实践“三个代表”重要思想活动小组

普陀区青年论坛

杨浦区中学生“三个代表”学习实践考察团

嘉定区“三个代表”重要思想青年学习研究会

金山区青少年新世纪读书学习小组

上海市房屋土地资源局青年公务员研究社

中建八局安装公司青年工作研究会

复旦大学团委“青年沙龙”

上海交通大学学生“三个代表”实践团

华东理工大学大学生邓小平理论研究会

上海外国语大学“双学”研究会

东华大学“三个代表”示范班

上海理工大学大学生邓小平理论及“三个代表”重要思想研究会

华东政法学院大学生邓小平理论与“三个代表”重要思想工作研究会

上海中医药大学大学生邓小平理论研究会

上海师范大学学习邓小平理论和“三个代表”重要思想理论研究会

创新奖

浦东新区外商投资企业青年学习实践“三个代表”活动组
徐汇区“都市新人”务工青年自学小组
长宁区建设系统团员青年“双学”小组
杨浦区控江中学爱心之旅“三个代表”学习实践考察团
上海诚信学院社区共建大学生党章理论学习小组
黄浦区新世界股份有限公司八楼商场青年理论小组
静安区人民检察院青年公诉人理论学习小组
闵行区公安分局“青年学习沙龙”
金山区亭林中学青年读书会
南汇区人民法院“与两港建设共进”学习组
上海重型机器厂销售公司青年理论学习小组
上海金陵雷格勃劳伊特电机有限公司青年党章学习小组
上海石油化工股份有限公司涤纶事业部青年党章学习小组
延锋伟世通汽车饰件系统有限公司“三个代表”重要思想学习会
上海市联运总公司部室青年党章学习小组
中远集运远河轮青年理论学习小组
上海市第七建筑有限公司兴宁青年党章学习小组
上海建筑设计研究院第二综合所“双学”活动小组
上海银行浦东分行青年金融研究学会
上海浦东海关团委“双学”小组
复旦大学新闻学院00级“时事开讲”论坛
上海交通大学电子信息与电气工程学院学生“三个代表”实践团
同济大学材料学院“三个代表”重要思想志愿者宣讲团
华东师范大学大学生理论社团联合会
华东理工大学“小康社会”研究会
上海外国语大学国际教育学院邓研会
东华大学“三个代表”学习实践园
上海大学国际工商与管理学院学生邓小平理论研究会分会
上海理工大学学习、实践、创新协会
华东政法学院拓新社青年理论研习会
上海师范大学教育科学学院“三个代表”重要思想学习小组

第三届“上海IT青年十大新锐”

王　晔(女)　　上海微创软件有限公司总裁

王　斌　　上海移动通信规划设计研究中心暨数据中心副总经理
王亦鸣　　上海交大慧谷信息产业股份有限公司总裁
占松林　　上海付费通信息服务有限公司副总经理
江南春　　分众传媒(中国)控股有限公司董事长
杜守国　　上海市劳动和社会保障局信息中心总工程师
吴承荣　　上海复旦光华信息科技股份有限公司副总工程师兼技术总监
汪源源　　复旦大学特聘教授,博士生导师,电子工程系主任
张新伟　　上海航天测控通信研究所党支部书记、研究室副主任,飞船项目技术负责人
胡卫生　　上海交通大学教授、"区域光纤通信网与新型光通信系统"国家重点实验室主任

2004 年度上海市标杆青年突击队、标杆青年突击队员、优质青年工程

标杆青年突击队

1. 上海港务工程公司洋山深水港港口一期道堆 BC 标工程青年突击队
2. 上海市公路管理处"绿色通道"青年突击队
3. 上海水利投资建设有限公司海港新城水利"蛟龙"青年突击队
4. 上海宝冶建设有限公司特种分公司浦东机场青年突击队
5. 上海隧道工程股份有限公司盾构分公司 M8 线双圆盾构青年突击队
6. 上海市基础工程公司陈万高青年突击队
7. 上海建筑设计研究院有限公司上海港国际客运中心项目组青年突击队
8. 上海卫星工程研究所实践六号卫星青年突击队
9. 上海市电力公司浦东供电分公司自动化班青年突击队
10. 上海市公安局杨浦分局交巡警支队青年突击队

标杆青年突击队员

1. 王益群　　上海轨道交通浦东线发展有限公司总经理助理
2. 汪结春　　上海市河道(水闸)管理处河道管理科科长
3. 王　磊　　中港第三航务工程局洋山深水港一期工程进港道路高架桥工程 AB 标项目副经理
4. 孟　俊　　延锋伟世通汽车饰件系统有限公司钳工
5. 陶利峰　　上海市第一建筑有限公司东海大桥Ⅴ标项目工程师
6. 湛　龙　　上海港务工程公司洋山深水港同盛物流园区芦潮港辅助作业区重箱、轻箱堆场工程常务副经理

7. 陆晓冬　　上海建设机场道路工程有限公司机械施工分公司操作员
8. 计　杰　　上海市电力公司沪南供电分公司继电保护工
9. 陈占胜　　上海卫星工程研究所所长助理
10. 吴晓峰　　上海邮电设计院有限公司小灵通工程总负责人

优质青年工程

1. 上海市第七建筑有限公司中国浦东干部学院青年工程
2. 上海自来水给水设备工程有限公司工程二分公司中环线五角场立交上水排管青年工程
3. 中港第三航务工程局深水港(一期工程)东海大桥青年工程
4. 上海高架道路桥梁维修有限公司四川路桥大修青年工程
5. 上海宝冶建设有限公司建筑分公司上海广电 NEC 第五代薄膜晶体管液晶显示器青年工程
6. 上海港务工程公司洋山深水港港口一期水工码头 C 标青年工程
7. 上海市第二市政工程有限公司东海大桥Ⅱ标青年工程
8. 上海超高压输变电公司于田青年工程
9. 上海邮电设计院有限公司上海电信小灵通工程设计青年工程
10. 上海移动通信责任有限公司运行维护中心 F1 赛事保障青年工程

2004 年度上海市青年突击队、青年工程立功竞赛活动

优秀组织者

1. 高晓岚(女)　上海市城市排水有限公司团委书记
2. 耿学胜　　中港第三航务工程局东海大桥项目部团支部书记
3. 陈　莉(女)　国家机动车产品监督检验中心(上海)团委书记
4. 郑　敏(女)　上海市第二建筑有限公司 F1 总包办公室主任
5. 杨智勇　　上海港务工程公司副总经理
6. 沈海涛　　上海市电力公司市东供电公司团委书记
7. 江一娜(女)　上海外高桥造船有限公司总装部副部长、总装党支部副书记、团委书记
8. 柯　敏　　宝钢集团上海梅山有限公司团委书记
9. 涂靖睿　　上海市电信有限公司团委副书记
10. 胡蓉国　　上海市公安局杨浦分局团委书记

2003－2004 学年上海市高等学校先进集体标兵、优秀学生标兵、优秀学生干部标兵

先进集体标兵

复旦大学法律 2002 级武警班
上海交通大学机械与动力工程学院 B0302099
同济大学机械工程学院机制 01 级 5 班
华东师范大学历史系 01 级
华东理工大学行管 010
上海外国语大学国际经济贸易管理学院 01 级工商管理专业
东华大学纺织 023
上海大学生命科学学院上海大学信鸽服务社
华东政法学院经济法学院 0206 班
上海师范大学机电学院 01 级机电技术教育班(李斌班)

优秀学生标兵

莫颖怡(女)　复旦大学
许　敏(女)　上海交通大学
阮　欣　同济大学
何敏萱(女)　华东师范大学
孙洋华　东理工大学
虞丽丽(女)　上海外国语大学
陈修明(女)　上海大学
刘　芳(女)　上海财经大学
孙冬梅(女)　上海师范大学
李先仁　上海水产大学

优秀学生干部标兵

王佳妮(女)　复旦大学
陈　洸　上海交通大学
刘　娇(女)　同济大学
吴　洋　华东师范大学
徐　丹　上海外国语大学
汪毛晖　东华大学
孙慧翔　上海大学
刘红梅(女)　华东政法学院
郭　霏(女)　上海对外贸易学院

许佳彦(女)　　上海杉达学院

2004年上海市大学生暑期社会实践活动

最佳组织奖

复旦大学	上海交通大学	同济大学	华东师范大学
华东理工大学	上海外国语大学	东华大学	上海财经大学
上海体育学院	华东政法学院	上海水产大学	上海第二医科大学
上海师范大学	上海金融学院	第二军医大学	

最佳项目奖

1、第二军医大学赴云南鲁甸博士生医疗实践服务团
2、复旦大学赴山东沂蒙落实科学发展观实践服务团
3、上海第二医科大学赴内蒙古博士生医疗服务团
4、上海交通大学赴云南文山落实科学发展观实践服务团
5、东华大学赴黑龙江、辽宁博士生振兴东北实践服务团
6、上海大学赴云南文山未成年人思想道德建设实践服务团
7、华东政法学院赴陕西“就业维权西部行”活动
8、上海中医药大学赴河北张北医疗服务实践活动
9、华东师范大学赴云南武定未成年人思想道德建设实践服务团
10、华东理工大学赴内蒙古乌兰察布市博士生科技服务团

首届上海市“星星火炬”奖章

孙　潮　　徐汇区区长
张布尔　　中共金山区委副书记
陈　飞　　上海市消防局局长
许政涛　　静安区人大教科文卫委员会主任
倪新明　　《少先队研究》杂志副主编、上海社科院副研究员
胡冠璋　　原中国福利会少年宫主任
曹子方　　上海师范大学教授
洪雨露　　向阳小学校长
陈蓓蕾　　队前教育专家
王叔华　　中国少年雏鹰网董事长
左丽华　　青浦区少先队教研员

崔可嘉　　资深少先队工作者
张振杰　　浦东新区少先队总辅导员
张承明　　儿童艺术工作者

2004年上海市十佳少先队员

龚轶蕾(女)　　上海市飞虹中学
程千里　　青浦区东门小学
余乐平　　华东师范大学附属小学
黄欣悦(女)　　杨浦区控江二村小学
薛婷婷(女)　　上海市第一中学
赵晨飞　　上海市长宁实验小学
温　清(女)　　上海市向明初级中学
江志云(女)　　上海市位育初级中学
徐　迪　　宝山区第三中心小学
陈添华　　闵行区华坪小学

2004年上海市十佳少先队辅导员

计　红　　青浦区东门小学大队辅导员
孔琳琳　　静安区一师附小大队辅导员
乔万红　　卢湾区向明初级中学大队辅导员
张　新　　长宁区少先队总辅导员
金　艳　　闸北区青云中学大队辅导员
林勤德　　南汇区民办复旦康桥学校大队辅导员
娄易红　　徐汇区少先队总辅导员
陆春蓓　　嘉定区少先队教研员
夏丽敏　　奉贤区少先队总辅导员
黄静华　　黄浦区尚文中学中队辅导员

第十二届“上海市十佳苗苗小能手”

唐喆坤　　黄浦区第一中心小学
刘羽杰　　上海市师范专科学校附属小学
梅伟伦　　长宁区华阳路第一小学
金　苗(女)　　上海市江宁学校

尉可欣(女)	闸北区中山北路小学
傅梓华(女)	虹口区凉城第三小学
江衍睿	杨浦区控江二村小学
范轲一(女)	嘉定区城中路小学
许有为(女)	金山区枫泾小学
刘　敏(女)	崇明县黄东华希望小学

2004 年上海市“网络少年先锋”

王潇骁	闸北区青云中学
庄　磊	宝山区行知初级中学
花赟清	静安区教育学院附属学校
欧文杰	徐汇区紫竹园中学
金亦函(女)	浦东新区莲溪小学
陈　玥(女)	虹口区白玉兰学校
周若凡(女)	杨浦区复旦大学第二附属中学
施戚瑶(女)	杨浦区河间路小学
蒋旻昊	松江区民乐学校
程珏明	普陀区朝春中心小学

上海市优秀青少年事务社会工作者

王　卉	浦东
邱　瑜	徐汇
张佳萍	浦东
范玉云	闸北
郑文勇	浦东
郜　鹏	闸北
秦天栋	卢湾
钱　华	闸北
徐春芳	浦东
黄旦闻	徐汇

组织概况

一、团市委党组成员、书记、副书记名单

陈　靖　团市委党组书记、书记
马春雷　团市委党组成员、副书记、党组纪检组长
顾洪辉　团市委党组成员、副书记
徐　枫　团市委党组成员、副书记
李跃旗　团市委党组成员、副书记
王宏伟　团市委党组成员、副书记
陈　凯　团市委党组成员、副书记
沈功玲　团市委党组成员、市少先队总辅导员

二、第十二届团市委常委、委员名单

1、常委(按市委组织部审批顺序排列)

陈　靖	马春雷	顾洪辉	徐　枫	李跃旗	王宏伟
陈　凯	康　年	胡　军	赵　英**	赵国强	李　华
吴烨宇	梁信军	张　峰			

2、委员

丁　凌	丁欢欢	马春雷	王　勇	王　桢**	王宏伟
王建华**	方　蕾	石宝珍**	朱　祥	朱　翼	朱岿然
许建忠	杜松杨	李　华	李　昕	李江英	李胜光
李跃旗	杨　洁	杨咏梅	杨春花	吴烨宇	吴凌昱
何　雅	宋一萍	张　恂	张　峰	张枝俏	陆　莺
陈　征	陈　凯	陈　靖	武　舸	金　梅	金国忠
胡　军	胡世斌	胡爱军	赵　英**	赵芝娟	赵国强
钟晓敏	姜　坚	顾洪辉	夏科家	徐　伟	徐　进
徐　枫	徐林彬	翁志华	黄瑞玲**	戚孟术	康　年
梁信军	彭悦菁	蒋　辉	樊　娟	滕建勇**	潘乐群
王谨飞*	邓小冬*	李　昕*	李光亚*	金　健*	高　翔*

(注:带*号者表示从2004年1月5日起,带**号者表示至2004年1月5日)

三、团市委机关各部门和直属单位负责人名单

办公室

主　任　程　巍

副主任	许剑敏
副主任	张　明
副主任	李江英
副主任	应长明
调研员(2004 年 9 月起)	胡嘉韶
调研员(2004 年 9 月起)	陶　云
助理调研员(2004 年 9 月起)	徐　军

研究室

主　任(至 2004 年 4 月)	吴烨宇
主　任(2004 年 8 月起)	褚　敏
副主任(2004 年 3 月至 5 月)	顾淑华
副主任(2004 年 8 月起)	陈新华

组织部

部　长	赵国强
副部长(至 2004 年 7 月)	陆　民
副部长	胡志勇
副部长(2004 年 8 月起)	张　雳
助理调研员(2004 年 9 月起)	李　锦

宣传部(上海市青少年精神文明建设委员会办公室)

部　长(至 2004 年 4 月)	康　年
部　长(2004 年 4 月至 8 月)	吴烨宇
市青少年精神文明办主任	吴仁杰
副部长	俞　彪
副部长	徐俊亮
助理调研员(至 2004 年 9 月)	李　锦
部长助理(2004 年 8 月起)	张晓颖

统战部

部　长	武　舸
副部长	穆　青
副部长(至 2004 年 8 月)	肖　星
助理调研员	邵　晔
助理调研员	王晓农

管理信息部

部　长　胡爱军
部长助理　杨旭东

权益部

部　长(至 2004 年 8 月)　邓小冬
部　长(2004 年 8 月起)　肖　星
副部长　周建军

地区工作部(郊区部)

部　长(至 2004 年 8 月)　褚　敏
部　长(2004 年 8 月起)　邓小冬
副部长　胡志宏
副部长　潘晓岗
副部长(2004 年 5 月起)　黄海峰
部长助理　华洁蓉

青工部

部　长　倪　瑾
副部长　陆　浩
部长助理　郑　凯
部长助理　栗　芳

学校部

部　长(至 2004 年 4 月)　韩建新
部　长(2004 年 4 月起)　金　梅
副部长　王　臻
部长助理(2004 年 8 月起)　张　漪

少年部

部　长　毛　莉
部长助理　赵静茹

直属机关党委

书　记　王宏伟
副书记(兼)　赵国强

副书记(兼,2004 年 6 月起)	陈　征
副书记	高铁民

国有资产监督管理办公室

主　任	陈　靖
常务副主任	顾洪辉
副主任	陈　凯
秘书长	陈　征

上海市社区青少年事务办公室

主　任(2004 年 3 月起)	蔡　忠
副主任(兼,至 2004 年 8 月)	邓小冬
副主任(兼,2004 年 8 月起)	肖　星
综合处处长(2004 年 4 月起)	姚　强
社工处处长(2004 年 4 月起)	周建军
服务处副处长(2004 年 4 月起)	龙　芳
助理调研员(2004 年 9 月起)	朱奋萌

上海市青少年发展基金会、上海市希望工程办公室、上海市爱心助学办公室

秘书长、主　任	吴仁杰

上海市青年志愿者行动指导中心

主　任	俞　彪
副主任(2004 年 9 月起)	邱力萍

上海市少年儿童研究中心

主　任	杨江丁

上海青年实业(集团)有限公司

董事长、党支部书记(至 2004 年 4 月)	杨继才
总经理	陈　征
监事长(至 2004 年 7 月)	赵　英
监事长(2004 年 7 月起)	程　巍

上海青年管理干部学院

党委书记、常务副院长	陈永弟
院长、党委副书记(2004 年 3 月起)	康　年

青年报社

党委书记、社长、总编(至2004年8月)　马建勋
党委书记、社长、总编(2004年8月起)　吴烨宇

上海大世界(集团)公司

董事长(至2004年4月)　杨继才
党委书记,董事长(2004年4月起)、总经理　蔡　丰

上海青旅(集团)有限公司

党委书记、董事长、总经理　刘明华

上海青年文化活动中心(上海市青年人才交流服务中心)

党委书记、总经理　李学军

上海城市实业公司、城市酒店

城市实业公司党委书记、总经理,城市酒店董事长、党总支书记　陆培明
城市实业公司党委副书记、副总经理,城市酒店董事、总经理　薛国成

上海青年科技发展有限公司

党总支书记、董事长　陈　征
党总支副书记、总经理　朱炯明

上海市因私出入境服务中心有限公司

党总支书记、董事长、总经理　王介民

四、市九届青联名誉主席、主席、副主席、常委名单

(共112名)

名誉主席:(1名)

陈　靖

主席:(1名)

马春雷

副主席:(20名)

顾洪辉　吴建融　田赛男　朱咏雷　胡劲军　党　醒
郭广昌　黄豆豆　张仁良　瞿秋平　麦　挺　沈晓明

周　波	肖贵玉	谢　峰	赵　英	曹振全	倪建达
姚祖辉	邵亦波				

常委名单:(按姓名笔画排序,共90人)

公举东	孔美琪	方　林	方秉华	王　兵	王　皓
王　燕	王小明	王均瑶	史　敏	史一兵	白润生
乔志刚	刘　艺	刘　宁	刘　杰	华一沨	吕红兵
孙　杰	孙　雯	孙立军	朱国宏	吴冲锋	吴建荣
张　军	张　雷	张子静	张志熔	张琳琳	张新民
张锡平	李　斌	李　蓉	李竹影	李贤良	杨介生
杨桂生	邱　平	邱金发	陈　征	陈天桥	陈剑波
陈辐宽	周　伟	周文波	周桐宇	林丽平	林尚立
林建康	林益彬	武　舸	范小兵	郑　杰	郑民华
俞光耀	姚　明	姚　莉	姜　标	柳　遐	祝　勇
祝剑秋	胡　兵	赵国强	钟晓敏	徐永初	徐宜阳
徐建光	徐跃生	袁　欣	袁　鸣	袁　洁	袁国良
钱　珽	顾　炬	高小玫	高韵斐	屠海鸣	崔　健
曹　伟	黄驭卿	黄迪南	童继生	葛均波	蒋卓庆
裘　新	廖昌永	蔡友铭	蔡建华	潘　政	黎瑞刚

五、上海市学联主席、主席团团体单位

主　席:麦　挺

主席团团体单位:

复旦大学学生会
上海交通大学研究生会
同济大学研究生会
华东师范大学学生会
华东理工大学学生会
东华大学学生会
上海大学研究生会
上海音乐学院学生会
上海财经大学学生会
上海第二医科大学学生会
上海旅游高等专科学校学生会
上海市育才中学学生会
上海市杨浦职业技术学校学生会

六、第四届少先队上海市工作委员会(至 2004 年 5 月 30 日)

主　任：徐　枫　张民生

副主任：沈功玲　刘元璋　段　镇　赵国强　余利惠
　　　　叶天放　梁建敏　韩建新　毛　莉　杨江丁

七、第五届少先队上海市工作委员会(2004 年 5 月 30 日起)

主　任：徐　枫　瞿　钧

副主任：沈功玲　段　镇　赵国强　余利惠　毛　莉
　　　　褚　敏　杨江丁　梁建敏　邹　竑

各部门、各直属单位工作简介

办公室工作简介

2004年办公室工作在团市委党组的领导和各部门、各基层团组织的大力支持下，按照团市委第十二届三次、四次全会提出的任务和要求，坚持“抓部门建设、抓工作落实、抓服务拓展”，加大工作课题研究的深度、功能拓展的广度、资源整合的力度，围绕大局，开拓创新，不断提高综合服务和后勤保障的总体水平。下面，从以下几个方面进行总结：

一、加强政治理论学习，提高自身综合素质，增强服务大局、服务中心意识

办公室工作是政治性、政策性、全局性很强的工作。一年来，办公室在注重工作实践的同时，加强了政治理论学习的要求，以学习来提升自身政治理论素养。先后在部门组织学习了市委八届四次、五次全会、团中央十五届三中全会以及团市委全委会等会议精神，认真学习加强党的执政能力建设等理论文章，同时，结合部门工作，加强了专业知识的学习，尤其是在部分岗位变动的人员中，加强了档案法、档案管理条例、信访工作条例、文秘制度、国有资产管理办法等与业务相关的法律法规和有关政策规定，完成了《共青团参与公共管理的途径与方法》以及《团市委信访工作浅析》等调研报告。

在保证做好工作的前提下，还严格要求部门同志积极参加团市委机关组织的各类学习培训和讲座报告等，在部门内倡导学习为重、自觉学习与主动学习的风气，不断加强自身知识结构的完善，提高业务工作能力。去年一年，办公室先后有2名同志完成了研究生学业，1名考上研究生，还有2人次通过了会计师中级职称考核和经济师职称考核。

二、注重工作实践，强化服务拓展，保障全团重点全团工作和机关日常工作的顺利开展

办公室是一个综合性的部门，工作具体、繁琐，但我们感到，事情无论大小，一定程度上都事关全局工作的顺利开展。2004年，办公室岗位调动相对较多，人员变化较大，但我们充分调动好一切资源，努力做到人尽其才、物尽其用，较好地完成了年初制定的各项计划。

1、服务保障重点工作项目

2004年，上海全团大事、喜事不断。办公室先后承担了团市委十二届四次、五次全会、团市委直属机关第二次党代会、全国预防青少年违法犯罪工作会议、上海市青年工作联席会议、青年原创歌曲大型演唱会、中秋海湾联谊会、市委领导赴团市委机关工作调研座谈会、沪滇青少年帮扶推介会、媒体与未成年人发展论坛等10余次重大会议和活动的会务组织管理工作。办公室按照团市委书记班子的统一部署，发扬不怕困难、连续作战的精神，通过周密安排，精心准备，不断加强办公室工作的计划性、规范性和前瞻性。同时充分发挥团队作用,树立全局意识和合作精神,确保了每次重点工作项目的顺利完成。

2、日常基础工作规范有序、高效运转

①机要工作在完成机要来文来电登记、传阅的同时,认真做好对信息的筛选、归类、处理和报送工作,做到不漏报、不迟报、不误报,保证政令畅通。2004年,机要室联系接待工作项目达60多次,市委、市人大、市政府、市政协、团中央领导近60次参加团市委系统举办的各项活动,全年报送各类督查情况、请示专报100多份,一年来,机要室工作没有发生责任事故,确保了领导交办的工作件件有落实,事事有回音。

②文秘科在加强文件管理,注重行文规范,提高文印质量的同时,认真做好2003年度各部门的档案归档工作,并按照市档案局的要求,集中力量完成了1978年一1992年总计1421卷团市委机关档案案卷的进馆工作,得到了市档案局领导的好评。《2003上海共青团年鉴》按照团市委领导的要求,比往年提前半年完成了编撰工作。2004年的接待任务相当繁重,全国共有10多个省市、25个团队的200余人次到上海参观交流。我们加强了细节和环节的深化和细致,重新制定了接待标准和工作规范,接待工作得到了兄弟省市团组织领导的肯定。信访工作全年接待来信来访共计182件,通过及时做好回信回访工作,并积极协同有关部门,妥善解决了信访问题。

③行政后勤工作除完成团市委和部门会务工作的同时,重抓主动服务和及时落实,进一步明确工作要求,分开办事制度和操作流程,在解决机关用车难、出行难等方面,加大经费投入力度,确保了各项会议用车、上下班用车、工作用车等的需求。为解决机关午餐问题,我们充分发挥工作的主动性,努力寻求社会资源的帮助,积极争取领导支持,在调查研究制定了多套方案后,较为妥善地解决了用餐问题。后勤服务还进一步做好机关大楼的美化绿化和功能开发,在机关办公用房紧缺的情况下,努力为社区办、政府青年事务课题组、媒体论坛项目组等解决了办公用房。同时,积极争取阳光物业的支持和配合,完成了办公用房的部分整修工作,尽最大努力改善工作环境,尽最大可能节约行政经费开支。

④财务工作除了做好2004年度财务决算和05年度的财务预算上报工作外,还落实了2004年度社区办和05年度少先队专项工作经费的核拨,加强对重大活动、重要工作的预结算制度和报销审核制度,及时发放各类工资、奖金,做好各类票据和现金的管理。2004年,我们通过向市财政部门积极争取经费,加强工作项目的预算审核等,实现了经费管理工作新的突破。

2004年,办公室还协同其他部门加强了机关制度建设,基本完成了制度框架的设定和具体内容的整理、修改,促进团市委机关管理工作的科学规范、高效有序。

三、积极开展主题活动,大力加强支部建设,提高办公室工作的凝聚力和战斗力

着眼于新时期办公室职能拓展和资源整合的需要,办公室党支部以“一切服务大局、一切服从大局”为出发点,按照“外塑形象、强化服务,内强素质、讲求协作”的目标和要求,在办公室干部职工和党员中开展了“争岗位一流、创优质服务”的主题活动。

活动中，我们主要是针对机要、文秘、行政后勤、财务等岗位，寻找工作中的不足，挖掘工作潜能，拓展服务功能。我们通过活动项目的设计和实施，实现了政务、事务的信息公开，并推行首问负责制，杜绝敷衍拖沓，加强“与人为善、工作为先、服务为重、奉献为上”的部风建设，努力做到微笑服务、严谨服务和高效服务的统一。

在重大活动、重要工作中，我们还以“一名党员就是一面旗帜”的争先创优学习教育活动，充分发挥党员的先锋模范作用，要求党员带头、干部带头，确保了在过去一年中，在办公室主要领导外出学习期间以及多个岗位人员变动的情况下，办公室工作方向不偏、工作不慢、步点不乱，保证了重点工作抓准、抓紧、抓实。在支部书记和组织委员学习、挂职期间，全体同志团结协作，按照机关党委的工作要求和部署，认真组织支部学习和参加支部活动，正常开展各项组织生活，坚持做好支部结对贫困学生的帮扶工作，按期转正三名预备党员。

研究室工作简介

一、围绕大局，突出重点，承担好团市委重大文稿和研究任务

在重大文稿方面：

一是在党组领导下，承担了团市委党组向市委常委会和中办调研组的专题汇报等重大文稿的起草任务。

二是在书记班子和常委会领导下，完成了团市委十二届四次、五次全会的常委会工作报告、《上海共青团2005年工作要点》、市委领导讲话等重要文稿的起草工作。

三是参与了上海市青年工作联席会议第一次全体会议上市委领导讲话代拟稿、青年工作联席会议制度建立以来的主要工作回顾等文稿起草工作。会后，配合市委办公厅、市政府办公厅、市发改委对《上海青少年发展规划》进行了近十次修改。

四是起草了团市委贯彻落实市委常委会对青年工作指示精神，团市委学习贯彻十六届三中全会精神、四中全会精神，团市委贯彻市青年工作会议精神的情况，团市委贯彻落实陈良宇同志批示精神进一步做好事关青少年切身利益工作等一批重要专报。

五是参与或配合兄弟部门起草了市委、团市委领导在青年成才实践月、第五次少代会、希望工程十周年纪念表彰会、十大杰出青年颁奖、纪念邓小平百年诞辰、西部计划座谈会、沪滇对口帮扶项目推介会、建队55周年座谈会、2004媒体与未成年人发展论坛等活动上的讲话稿。

全年共参与起草重要文稿62篇。

在面上研究工作方面：

市委领导到团市委开展青年工作专题调研时，我们对政治文明建设进程中的上海青年、当前青年群体中出现的若干热点现象进行研究汇总形成报告，作为汇报附件。

配合组织部参与了上报团中央的关于上海团组织协助做好政府青年事务的工作情况和工作建议的研究和文稿起草工作。

二、健全机制，深化职能，努力完善共青团调研体系

一是开展2004年上海青年生存和发展状况调研。发放、回收、分析了2000多份书面问卷，对26名青年进行了个案访谈，出版了32万字的《追求卓越的上海青年——2004上海青年发展报告》。

二是开展2004青年工作课题调研。制定机关调研工作办法，推进工作的科学化、规范化。实施2004年上海青年工作课题的申报、评审工作，共汇总课题146项、立项98项、资助46项，数量为历年之最，还加强了过程管理，年中分4批对62个课题进行了中期检查，认真评选2004年度“上海市共青团调研奖”，汇编出版了48万字的《挑战·创新·活力——2004－2005上海青年工作课题调研集》。

三是首次参加市哲学社会科学规划课题竞标，中标并承接“当代大学生思想道德状况调查分析”。

四是继续与基层团青组织合作开展课题研究。本年度与金融青工委合作完成“上海证券行业青年职业发展状况”调研。

五是提高敏锐性，短平快开展青年动态研究。完成青少年中出现“死亡游戏”、“网络同居”现象、大学生整容情况等10多项热点研究，有关情况报市委、团中央。全年编辑《青年动态》13期，《研究参考》50期。

六是进一步发挥青少年教育协会和专家作用，举办了第四届上海青年发展战略论坛，借用专家外脑，为谋划共青团工作提供参考。

在团中央“全团调研奖”评选中，团市委连续第三年获得组织奖，组织申报的6篇调研报告分获“全团调研奖”优秀成果一、二、三等奖各2篇。

三、强化服务，提高质量，努力做好共青团信息简报工作

一是加强制度建设，制定机关重要信息报送办法，并创新简报发放，通过电子邮件、WHY网发布，全年编辑《上海团的工作》31期、《参阅稿》32期。

二是加强重大时间节点、重大事件的信息上报工作。超前安排、提前准备，及时报送了上海青年看待台湾大选与“320”公投、上海各界青年对台湾地区领导人就职演说反响、上海团员青年对十六届四中全会的反响等信息，全年上报市委信息70条，团中央信息65条。其中，被市委办公厅录用56条，总分112分，录用情况为历年之最。

三是进一步完善全市共青团信息员网络建设，目前基层信息报送点已达50多个。

组织部工作简介

2004 年，上海共青团各级组织部门深入学习实践“三个代表”重要思想，认真贯彻团十五大和市十二次团代会精神，紧紧围绕“服务年”这条主线，服务大局，服务基层，服务青年，整体推进团建创新，各项工作都取得了新的进步。

一是围绕加强基础工作，对基层的服务力度继续加大

开展了支持基层第五批百个优秀工作项目实事活动。推广使用了《基层团委工作手册》、《团(总)支部工作手册》4 万册，促进基层团的基础工作规范化、制度化。开展电子团员证发放，对二级单位和部分三级及以下单位 218 家团组织、766 名团干部进行了信息采集工作培训。根据党建带团建的原则和大口党委变化的实际情况，重新划分团的组织系统，进一步理顺了对基层团组织的管理、联系和指导关系。

二是围绕“争红旗、创特色”活动，基层团组织建设不断加强

83 家单位参与了“上海市红旗团组织”的创建，132 家单位参与了“上海市特色团组织”的创建。通过三级联创，涌现了一批优秀基层团组织。有 1 家单位获“全国五四红旗团委标兵”称号，4 家单位获“全国五四红旗团委”称号，5 家单位获“全国五四红旗团支部”称号，1 家单位获“全国团建先进县市”称号。开展基层团建第 7 轮布点试验工作，确定了 210 个布点试验课题，有 12 个基层团建项目评为第三届上海市共青团工作“首创奖”。

三是围绕整体推进团建创新，组织建设的力度进一步加大

召开了 2004 年上海市共青团组织工作会议、上海市共青团“两新”组织团建工作推进会，与市委组织部联合召开“推优入党”工作推进会并以市委组织部文号下发文件。完善团市委团建联席会议制度，形成整体推进团建创新的合力。汇编《上海市共青团工作“首创奖”成果集》、《上海团市委资助基层优秀工作项目集》、《上海共青团主题团日活动优秀创意集》，以此宣传、推广基层团组织的有益经验，发挥典型示范和引导作用。

四是围绕团干部发展导航计划，对团干部的培训服务力度进一步加大

以新上岗团委书记培训班为契机，邀请 32 家单位的党政领导代表与新上岗团委书记郑重地举行导师带徒签约仪式，标志着面向全市的团干部发展导航工作全面启动。先后选派 14 人次的团干部参加市委党校中青班、青年班的培训；组织了 41 人次的团干部参加华尔街英语培训；组织了 13 位以团干部为主体的青年干部参加了市委组织部中长期外向型培训班，到著名的英国诺丁汉大学进行为期半年的培训。继续举办对基层团干部的免费培训班，完成了千名团干部培训计划。探索团干部 360 度评价体系，已在年底团市委机关考核中先行试点。

五是围绕服务大局和服务全团，工作手臂进一步拓展

召开青年工作联席会议第一次会议，编辑出版了《共青团协助政府管理青年事务》一书，就进一步发挥共青团作用，协助政府管理青年事务，探索上海青年事务管理工作新途径进行了研究探索，完成了青年局向市委、市政府的《请示》，青少年项目纳入政府实事。组织外省市团干部培训班，为对口支援的地、州以及有关省市提供团干部培训服务，共举办了8期培训班，累计培训外省市团干部近754人，为历年来人数最多、规模最大。

六是围绕团市委重大活动，精心筹划、周密组织

与市委老干部局联合开展了“老干部与优秀青年结对”活动，55名上海解放以来各个时期担任领导职务或获得各类先进称号的老干部、老劳模和优秀青年结成了忘年交；配合“渔阳里”团中央机关旧址纪念馆落成，邀请草原英雄小姐妹等一批全国青年英模参加纪念五四运动85周年活动，并与上海各界优秀青年代表举行座谈；结合“青春拥抱阳光——上海青年原创歌曲大型演唱会”，进行了“千名青年新党员入党宣誓”。

宣传部工作简介

2004年上海共青团宣传工作继续高举邓小平理论伟大旗帜，全面贯彻“三个代表”重要思想，围绕学习、宣传、贯彻党的十六大精神的主线，进一步加强和改进未成年人思想道德建设，坚持“四为”理念积极开展青少年群众性精神文明创建活动，大力推进青年文化建设，不断加强共青团新闻宣传工作，服务大局，服务青年，服务基层，开创了团的宣传思想工作新局面。

一、深入学习“三个代表”重要思想和十六大精神，不断加强未成年人思想道德建设

按照兴起学习实践“三个代表”重要思想新高潮的工作要求，组织规划了上海青年学习十六大精神和“三个代表”重要思想的有关工作。今年初，组建了“三个代表”重要思想专家辅导团，为基层青年开展辅导报告30多场。开展了“在光辉的旗帜指引下”上海青年学习实践“三个代表”重要思想千字文征集，上海青年理论学习组织优秀奖和创新奖的评选活动。团市委共收到基层初评的千字文近1000篇，申报的学习组织奖项150个。贯彻落实中央8号文件精神，继续贯彻《公民道德建设实施纲要》，不断推进上海青少年思想道德教育体系。组织开展了首次上海青少年精神文明新风奖的评选活动，继续深化了“青少年道德建设实践”活动，编辑出版《上海青少年思想道德建设案例集》。大力加强青少年爱国主义教育，在今年五四期间开展万名青少年爱国主义教育基地巡访活动；10月1日，在人民广场组织开展了“国庆55周年升旗仪式”及系列游园活动。结合邓小平同志诞辰100周年，发动全市团员青年，开展上海青少年纪念小平同志诞辰100周年系列活动。

二、服务全国，深入推进希望工程工作

今年，市希望办共募集资金3000余万元，援建希望小学112所、结对救助失学儿童2621名，资助全市困难学生7000余人次，培训希望小学教师2500人，援建白玉兰希望网校10所、捐赠希望书库200套等，并创建了全国首家全免费培养民工困难子弟的学校——“上海民工子弟希望学校”。同时，市希望办通过拍摄专题片、编辑书籍、召开表彰大会等形式，隆重纪念上海希望工程实施十周年，市委领导在表彰大会上，对希望工程十年来的工作给予了高度评价。市希望办在做好教育扶贫工作的同时，还先后组织和参与组织了“中国十大杰出青年、优秀志愿者冯艾事迹报告会”、“刘翔、孙海平先进事迹报告会”。在任长霞同志先进事迹被广泛宣传后，市希望办在第一时间落实长霞希望小学援建、困难学生资助等事宜，编辑出版了《心碑——英雄任长霞》一书。通过典型宣传促进了上海青少年精神文明建设。

三、以青年志愿者为抓手，大力推进青少年群众性精神文明创建活动

在第三批赴老挝服务队志愿者志愿服务顺利完成，第四批赴老挝服务队志愿者赴老挝服务，并组织青年志愿者为在老挝召开的东盟会议开展支援服务。期间收到温家宝总理的亲切接见和勉励，市委书记陈良宇同志还就青年志愿者工作作了重要批示。在继续做好第六批赴滇扶贫接力队志愿者志愿服务管理工作的基础上，大力推进志愿者工作。向今年新增加的云南迪庆、红河等地州招募培训派遣了 24 名第七批赴滇扶贫接力队志愿者，开展志愿服务。青年志愿者马骅在云南遇难后，即使开展相关宣传报道，并选派上海青年志愿者赴滇接力。今年还开展了“弘扬城市精神，做可爱的上海青少年”2004 年上海青年志愿者行动周活动，并通过社会招募的方式，进行了上海青年公益活动“形象大使”青年志愿者招募活动。开展“青春与世博同行”活动，启动了《世博外语 100 句》编辑、《上海青少年世博英语大赛》、《世博文明之星评选》等活动。参加第五届中国青年志愿者行动评选表彰活动，其中首批中国上海青年志愿者赴老挝服务队队长李汶凯获“中国十大杰出青年志愿者”称号；青浦区青年志愿者治安巡逻队获“中国十大杰出青年志愿服务集体”称号。组织青年志愿者参加 2004 年亚太经社会（ESCAP）第 60 届会议、世界工程师大会、2004 年世界银行“全球扶贫大会”、2004 年女子沙滩排球世界巡回赛“上海石化杯”中国上海金山公开赛及 2004 年世界卫生组织（WHO）第 55 届会议的志愿服务工作，共有 11200 余名青年志愿者参与了全市大型活动志愿服务。今年三五期间，开展了全市学雷锋集中行动日活动；高温期间，组织开展了“护环境，建生态文明之城，迎世博盛会”——上海市青少年暑期节水节电宣传活动。今年还组织开展了沪滇青少年帮扶项目推介活动。

四、积极组织实施上海青年文化发展工程，不断满足青少年日益增长文化需求

大力推广青年原创歌曲，结合纪念七一建党，与中央电视台联合举办“青春拥抱阳光——上海青年原创歌曲大型演唱会”。同时积极开展青少年群众文化活动，组织实施了“青春的节日————让青年走近经典 2004 上海青年文艺巡演”活动，今年共演出了 180 余场，期间组织“青春的节日”赴安徽白茅岭和军天湖监狱慰问驻监司法干警，赴洋山深水港等市政重点工程慰问建设者，组织原创歌曲校园行活动。组织开展第五届上海文化新人评选和表彰，又一批文化新人脱颖而出，并支持文艺青年开展专场演出。举办青年数码 DV 大赛，大力开展青年读书活动，杨浦区“三个代表”学习会获评中国青年学习组织奖，上海交通大学高波获评中国青年学习成才奖。同时上海建工集团机械施工公司国家大剧院钢结构安装工程青年科技突击队被评为上海市“三学”先进集体；嘉定团区委书记甘永康被评为“三学”优秀组织者。

五、突出重点，有计划推进共青团新闻宣传工作

制定发布《团市委新闻工作条例》，通过与上海各主要新闻媒体的充分沟通和协作，在上海各主要媒体刊发各类消息、综述、专题、专访、侧记、图片等 822 篇(次)，扩大了上

海共青团工作在社会上的影响面;制作了"纪念邓小平同志诞辰100周年"、"西部大学生志愿者"、"十大杰出青年"、"优秀青年志愿者冯艾"、"渔阳里"等专版报道,加强了与青年报的协调与联系,把好舆论导向。围绕上海共青团的重点工作,进行有策划的宣传报道。先后开设了"关注青少年思想道德建设系列报道"、"上海青年迎七一系列报道"、"上海优秀青年系列报道"、"上海青少年精神文明建设新风奖系列报道"、走近"老挝上海青年志愿者"系列报道等栏目,形成良好的宣传舆论氛围。组织上海各主要媒体记者赴老挝采访报道,组织开展了上海青年"五四"新闻奖的评选表彰,并由6篇(部)新闻作品保送团中央"五四"新闻奖评选。还举办了宣传系统团干部培训班,加强队伍建设。积极参与团市委重点工作,配合"媒体与未成年人发展论坛"组织协调工作,开展新闻宣传,据不完全统计刊发报导50余篇,中央及地方电视媒体专题报道近10次,并被各网站转载消息近万篇次。协调《解放日报》等单位向千名上海优秀青年赠阅11各月的解放日报。在各部门的支持、配合下,落实团报、团刊的订阅工作。

统战部工作简介

2004年,团市委统战部坚持以小平理论和"三个代表"重要思想为指导,贯彻"青年为本,以德为先,服务为重,发展为主题"的工作理念,高举爱国主义、社会主义旗帜,坚持大团结、大联合的主题,以服务社会、服务青年、服务委员为宗旨,按照拓展各界青年联络、不断加强青年人才培养、打造青联品牌活动、扩大海内外青年交流,加强青联组织建设、加强社团管理、活跃各类青年组织的工作思路,最广泛地团结和凝聚海内外各族各界青年,不断增强青联在青年中的凝聚力、在社会中的影响力。全年青年统战外事工作呈现出以下三个方面的特点:1、青年统战外事工作在整体规范中不断发展;2、青年统战外事工作在运作方式、活动方式、联系、凝聚方式、资源整合方式等方面规律性的把握有了新的提升;3、青年统战外事工作面大量广,承担了大量的团中央、团市委和市委市政府有关方面的重要工作。2004年全年共开展较大规模活动和项目30余个,青联委员和各界青年代表参加活动累计达到2000多人次,外事接待和出访63批次863人次。

一、强化青年人才资源开发,激励和支持各族各界青年建功立业

1、加强青年人才思想教育,抓住邓小平同志诞辰100周年、建国55周年等契机,进一步加强各族各界青年的思想教育,组织委员观看电影《邓小平·1928》,参加上海各界青年纪念邓小平同志诞辰100周年座谈会,参加国庆升旗仪式。在重大事件中体现青联参与社会、服务社会的宗旨,体现青联组织形象,青联委员为重庆井喷事故灾区捐款20万元;为印度洋海啸灾区灾民捐款20万元。

2、开展第十一届上海十大杰出青年评选表彰活动,首次将参评对象拓展到了在沪的外籍青年。其中,刘翔在第二十八届奥运会荣获110米栏冠军,并被推荐当选第十五届中国十大杰出青年。

3、继续会同市委组织部开展"博士服务团西部行"活动,共有5名青年博士赴云南、贵州展开为期一年的锻炼服务。

4、推荐8位青联非公经济界委员参加市委组织部举办的第二期非公经济高级人才培训班,同时向市委组织部、社会工作党委、建委、金融工委等推荐了200多名优秀青年人才。

5、举办第四届"海外学人回国创业周活动"和"激扬青春风采,创业报效祖国"——创业上海新近归国留学人员同城聚会,共有100多位海外学人参加活动。并向全国青联留学回国人员联谊会推荐了30名上海会员。

二、加大探索实践力度,巩固和提高青联组织建设

1、不断加强青联工作规范。制定并实施《上海市青年联合会主席会议工作规则》、《上海市青年联合会界别组工作规则》,明确主席分工,确定界别组长,聘用兼职副秘书

长,编制委员通讯录,完善委员数据库。

2、举办系列高层次国际化论坛活动。举办"沪港经济互动与区域经济发展——2004沪港青年经济发展论坛";举办"经济一体化在亚洲——2004沪台青年经济发展论坛";举办"青年与建设上海国际金融中心责任"主题论坛;举办"2004第一财经指数化投资高级研讨会";举办"民营企业与资本市场国际论坛;举办"上海企业家圆桌研讨会";举办首届"上海十佳理财之星评选活动";协办"全球化与中国经济——上海青年发展导航"高层系列讲座活动。

3、加强青年社团调研和管理工作,与市金融党委共同发起成立全市首个行业性青联组织——上海市金融青年联合会,也是全国地方青联的第一个行业性青联组织。

三、广泛交流合作,进一步拓展上海青年海内外交往

1、全年共组织33批211人次分别出访了13个国家和地区;接待了来自18国家和地区的30批青年代表团共652人次。并圆满完成了中罗青年大联欢活动和俄罗斯青年百人团,美国、韩国、日本等国的国会议员团以及老挝人民革命青年团等重要团组的接待工作。团中央国际联络部专函表扬上海2004年的外事接待工作。协助哈佛大学校友会在沪举办"哈佛全球峰会",全球共900多位政经人士与会。

2、按照市委的统一部署,开展香港专项工作。协助市委统战部做好香港青年代表人士的工作,参与香港中青年代表人士状况调研,并形成多份专报报市委市政府。支持香港大学生来沪工作实践活动,协助安排了250名香港大学生来沪实践。

3、加强与各地的联系与交流,组织青联委员、杰出青年赴江西、浙江、江苏、福建、吉林、宁夏等地进行交流访问80多人次,接待了多批外省市来沪的各类青年和党政代表团100多人次。并安排6名来自西藏和云南的青年民族干部来沪挂职。开展第四届"全国各族青年团结进步奖"申报推荐工作,上海团市委获组织奖。

管理信息部工作简介

2004年,管理信息部牢固树立和认真落实科学发展观,按照“四为”工作理念,贯彻落实上海青少年工作信息化推进计划,取得了明显成效。上海共青团信息化基础平台初步建成开通,上海市信息化青年人才协会正式成立,《上海共青团信息化工作实用手册》正式出版,信息化对上海共青团发展的推动作用得到进一步发挥。

一、积极探索、勇于创新,推动上海共青团信息化工作的发展

2004年,上海共青团信息化工作的重点是加强基础性、长效性、机制性建设,突出增强服务中心工作的能力。主要有以下4项工作:

1、构建上海共青团信息化基础平台

以城市青年网为依托,启动五个基础平台建设。其中:电子邮局系统已经在全市各级团组织和团干部中得到广泛应用,今后将逐渐成为上海共青团的一个“品牌”和组织文化建设的重要组成部分。至2004年底,已开通电子邮箱8000多个,发送各类信息60余次,累计群发电子邮件50多万次。视频会议系统已建成分别适用于大型会议直播和8人小组交流的软硬件系统两种模式,大大节省了会议成本。BBS论坛系统打破了时空限制,充分体现团组织与青少年之间的“互动”,并将在2005年政府实事工程项目中,为青少年网上心理咨询、法律援助等服务。手机短信系统和网络电话系统能根据团组织的需求进行个性化设计和修改,方便了团组织之间的信息交流和反馈,将大大提高工作效率。

信息化基础平台的初步建成,有效地增强了本市团组织服务团员青年的能力,将为推动共青团组织方式、动员形式、服务模式的变革和上海共青团信息化公共服务平台的建设奠定扎实的基础。

2、成立上海市信息化青年人才协会

这是推进科教兴市主战略、团结凝聚高新技术领域优秀青年的重要举措,也是团建创新的又一实践。2004年,协会还成功举办了世博会与信息化青年论坛等系列活动。作为本市信息化领域唯一以青年为主体的协会,协会今后还将充分发挥会员的智力资源优势,为上海服务全国贡献力量。

3、编辑出版《上海共青团信息化工作实用手册》

2004年,管理信息部编辑出版了《上海共青团信息化工作实用手册》一书。该书回顾总结了近年来上海共青团信息化建设的经验做法,并对未来上海共青团信息化的发展进行了探索和研究,进一步加强了对基层信息化工作的指导。

4、加强和完善信息化相关制度建设

2004年,对信息化建设相关工作流程和业务流程进行梳理和规范,形成了有关面上工作和部门内管理的若干制度。其中,在办公室等部门大力支持下,共同起草制定了

团市委机关计算机系统及保密管理的有关制度，同时，部门内还分别制定了网站信息更新、电子邮箱群发、局域网维护管理等6项制度，使机关计算机网络管理更加规范化、制度化、科学化。

二、服务机关、服务基层、服务青年，推动主体工作新发展

1、服务机关，运用信息化手段服务团市委中心工作和部门主体工作

配合做好相关活动的网上宣传、策划和组织，并参加有关的项目组工作。全年共计完成27项，主要参与和配合的活动有：

"上海青年成才实践月"开幕式和闭幕式、上海青少年网上人生发展导航行动、2004媒体与未成年人发展论坛、纪念邓小平同志诞辰100周年宣传、"纪念五四运动85周年"、上海青年原创歌曲大赛、"形象大使"青年志愿者招募评选活动、"上海十大杰出青年"评选活动、上海市大学生社区文化节、"青春红丝带"主题活动、"上海青年造血干细胞捐献志愿者行动"等活动的网页设计、制作；"上海青工"、"上海市社区青少年工作"及阳光青少年事务中心的工作网页制作；上海青年卡信息采集系统的设计开发等等。

做好机关网络、计算机设备和OA系统技术维护工作，完成公务网接入工程建设并通过验收，积极配合全国预防青少年违法犯罪工作会议、上海共青团组工会议、团市委系统党代会等十多项重大活动和会议，做好技术服务，完成有关多媒体演示文件制作。

2、服务基层，加强团属网络阵地建设

加强共青团信息化调研，指导推进基层"上网工程"。下半年通过电子邮局的发动、组织团干部参加了5期"上海城市信息化系列讲座"。全年依托电子邮局系统发放免费讲座、演出入场券信息共17次，累计1400余张。

加强团属网络阵地建设。城市青年网进行了改版，开始逐步由活动网向服务网转变。做好青少年网上技能展示的探索和研究，并在普陀区部分中小学中开展了试点工作。上海青年电子社区和"上海共青团"页面全新改版。改版后的"上海共青团"有三十多个栏目和专题，信息量更大，检索更明晰。做好信息的收集、编辑、整理、发布、维护工作，以要讯为例，2004年网站共发布上海青少年要讯678条；基层团组织信息525条；同时上报"中国共青团"网站信息393条，并多次被中国共青团主页采用。

3、服务青年，关注信息化领域青年人才，营造良好的社会信息化环境

组织开展第三届"上海IT青年十大新锐"评选活动，并首设了提名奖。评选活动更加注重广泛动员，以便让更多的优秀青年脱颖而出。组织市领导和信息化企业青年管理者的交流座谈会。开展青少年市容环境FLASH大赛，参与做好举报、打击非法不良网站，净化青少年网络环境专项活动等。

三、以服务为宗旨，注重学习调研，加强部门建设

一是以服务为宗旨，树立优质服务意识，服务好机关、基层和青年。工作中，努力从"应急处理型"、"完成任务型"、"单一项目型"向"预见跟踪型"、"参谋建议型"、"长效机制型"转变。

二是加强学习和调研。在认真加强业务和专业知识学习、深入基层开展调研的基础上，先后形成了“上海数字共青团建设的研究与探索”、“构建上海共青团电子邮局、服务上海共青团工作新发展”、“综合办公服务系统运行现状分析及对策”等多篇调研文章。

三是加强党支部建设。注重从小处着手，加强部门同志的作风锤炼，培养良好的品格。加强党员先进模范意识教育。全年，部门同志团结一致、不断创新、扎扎实实地完成了各项工作。

权益部工作简介

团市委权益部作为团市委维护青少年合法权益的具体部门，在2004年的工作中，坚持“四为”工作理念，不断提升自身服务广大青少年的能力，努力构建和完善青少年维权工作网络，为青少年健康成长提供切实服务。

一、抓好社区青少年工作，参与全国预防青少年违法犯罪会议筹备工作

积极配合市委政法委，围绕“控制规模，加强教育，有效管理，减少犯罪”的工作目标，参与本市预防和减少犯罪工作体系的建设，在2003年工作的基础上，形成了较为完善的社区青少年工作的制度框架，建立了一支专业化、职业化的社工队伍。4月底承办全国预防青少年违法犯罪工作会议，顾秀莲同志、周强同志等领导出席会议并作重要讲话。

二、做好青年卡全面发行的前期准备工作

根据团中央和共青团中央青年卡办的统一要求和部署，做好上海青年卡与中国青年卡的衔接工作。加快青年卡的各项基础建设，初步完成青年卡数据库系统建设，进一步完善青年卡服务网点建设和客户服务热线、综合服务网站的建设。落实和完善青年卡各项服务功能，借助青年卡这一信息化载体，开发青年卡的金融服务功能，开展青少年理财教育，推动青年诚信体系的建立。

三、开展优秀青少年维权岗创建工作

2004年，对第四届上海市优秀“青少年维权岗”创建活动的情况进行了梳理和检查，同时对上海市优秀“青少年维权岗”管理条例进行了修订。去年，上海有13家单位被评为全国优秀青少年维权岗、涌现出3名全国优秀维权突出贡献奖(全国这个奖共评选了10名)和2名全国优秀维权岗创建先进个人。目前，上海有有45家全国和150家市级维权岗，涵盖了公、检、法、司、工商等广泛领域，成为提供维权服务的极其重要的载体。

四、深入开展上海青年造血干细胞捐献志愿者行动

组织黄浦、静安、闵行、南汇、奉贤、金山等区，以及上汽集团、机场集团、大众交通集团、金山化工集团、邮政局等众多单位的青年加入中华造血干细胞捐献志愿者数据库上海分库。2004年新增报名青年志愿者超过10000人，上海分库入库人数已达到45000余人，造血干细胞配型成功138例，完成临床移植手术46例。

五、开展上海青少年预防艾滋病“青春红丝带”行动

2004年，权益部广泛在青少年中开展了一系列宣传教育活动。2月底开始在17所

高校开展了巡回活动。共发放相关宣传资料、物品 6 万余份、安全套 3 万多个，参与宣传活动的高校志愿者 1000 多人次，受众近 10 万人。下半年在本市 40 个社区开展了宣传活动，发放相关宣传资料 10 万余份、安全套 5 万多个。12 月 1 日“世界艾滋病日”前后，主办了 2004 年上海主题宣传活动和青少年广场宣传活动，掀起高潮。团中央对上海工作给予肯定，徐汇区团委和两位基层团干部分别荣获团中央颁发的 2004 年全国青春红丝带活动“优秀集体”和“先进个人”称号。

六、开展上海青年法律援助行动

2004 年 3 月 6 日，上海青年法律援助行动正式拉开帷幕，权益部与上海市司法局律管处、基层处、法律援助中心、团委合作，在上海市律师协会的参与和支持下，组织队伍在嘉定 F1 赛车工程基地、上海市少年管教所等全市 8 个点集中开展法律援助行动，取得了较好的成效。5 月 4 日、10 月 1 日和 12 月宪法宣传周前后，我们在本市各区县继续开展这项行动，据不完全统计，一年来，市区两级法律援助队伍共深入社区、企业、学校等地提供法律服务超过 100 场。

七、开展上海青年献血志愿者行动

上海市政府公共卫生体系于今年 5 月正式建立，其中市血液管理办公室制订了上海市应急采供血机制的方案，设想组建献血志愿者队伍。在此基础上，团市委提出了组建一支统一管理的上海市青年献血志愿者队伍的设想，并最终明确由团市委牵头，在全市团组织内进行召募，并由血液办和团市委共同管理志愿者队伍。计划组建一支 5—10 万人规模作为储备力量存在的青年献血志愿者队伍，以应对重大灾害、重大抢救及突发事件造成的血库严重缺血等紧急情况。10 月 1 日，团市委等单位在全市范围内正式启动开展“青春，点燃生命的希望——上海青年献血志愿者行动”，活动当天共有包括团市委机关干部和直属单位干部职工在内的近百名青年现场无偿献血。

八、做好人大政协的提案议案和群众反映青少年事件的处理工作

2004 年，权益部共处理政协提案两件，分别对市政协唐海根、唐主德委员提出的第 00385 号关于青少年吸毒问题的提案，和市政协麦挺委员提出的大学生群体文化建设问题的提案进行了答复，有关代表对办理情况表示满意。同时，全年受理了多起群众反映青少年事件来电来信，均妥善处置。

九、关注特殊青少年群体，提供切实服务

与市残联和市盲童学校联合开展上海市盲童泥塑大赛，并联系有关企业对盲童泥塑教学予以了资助，同时呼吁全社会共同关心、支持盲教育事业，帮助视力残疾儿童健康成长。

2004 年新春期间，开展了新春帮困送温暖活动，上门走访慰问社区青少年家庭，为他们提供一次性生活补助和生活用品，还组织看望了住院的青少年白血病患者，为他们

送去温暖和祝福，鼓励他们和病魔做斗争。

此外，权益部十分注重对困难青少年个体的帮扶，今年对两位家境困难的青少年白血病患者予以了经济上的资助，还资助了一名接受心脏移植手术的青少年参加相关的技能培训。

地区工作部(郊区部)工作简介

一、青少年社区文明行动

围绕各区县文明城区的创建，规范三级联创的创建管理流程，调整和充实创建活动内容，努力提高团组织在区县整体精神文明创建活动中的贡献率。考察评审2003年度市“青少年社区文明行动”示范点创建工作，命名浦东新区梅园街道光辉小区等87个居民小区为第六批市“青少年社区文明行动”示范点。贯彻“一街一品、一居一特”思路，加强对基层培育特色工作的指导，整理基层特色工作材料100篇，根据特色确立指导、扶持重点。青少年社区文明行动由精神文明领域向政治文明领域延伸，指导基层开展“小三会”、代表常任制、团干部参与居民区专业委员会委员竞聘以及居民区直选试点工作，积极探索团组织和团员青年参与居民区民主自治管理的有效途径。

作为创建活动的重要品牌，与武警上海总队联合开展的“四联”活动进一步深化，工作范围从最早的十个区县扩展到各区县；提升“四联”活动内涵，推出并落实“四个一百”活动：培训一百名武警团干部，免费培训一百名即将退役的优秀武警战士，一百名武警官兵与社区青少年结对，协助社工开展教育服务工作，一百名武警官兵与一百个社区团队组织结对，担任团队组织辅导员，加强双方工作资源的交流和合作。

二、社区文化

7月至9月，举办第二届上海市青少年社区文化月，以“活力社区，时尚青春”为主题，紧跟青年热点、青春时尚，多方寻求合作，和专业性的动漫文化公司、教育咨询机构等有关企业，汽车类杂志、网络公司等有关媒体，奉贤旅游区管委会等有关政府机构，利用他们的专业优势和行业特点，合作开展符合青年特点、丰富多彩的文体活动，进一步激发了社区、楼宇、园区青年参与社区活动的积极性。文化月期间，共开展“阳光、健康、快乐”上海市未成年人思想道德建设网上知识大赛、“永远的怀念”上海青少年纪念邓小平百年诞辰露天电影展映、上海市青少年“三人制”篮球邀请赛、上海青年海湾篝火联谊活动等21项丰富多彩的活动，吸引了数万名青少年的参与，发掘了众多社区人才，以及众多自发的青少年社团型组织，努力营造多样化的青少年社区文化。

三、社区团建

以居民区团组织直选、青年中心建设和社区团工委建立三项重点工作为抓手，努力加大社区团建工作推进力度。通过赴黄浦、普陀、长宁、徐汇等区县相关街镇开展居民区团组织直选工作专题调研，认真总结黄浦、普陀等区试点工作经验，同时借鉴重庆、浙江居民区党组织直选和乡镇团委直选的经验，完成了《关于进一步加强居民区团组织直选试点工作的若干意见(讨论稿)》，明确要求各区县团委在2005年以不低于居民区总数10%的比例，积极开展居民区团组织直选试点工作。

加大青年中心建设推进力度，在对长宁、徐汇、青浦等团中央青年中心试点单位及其它区县青年中心建设工作充分总结的基础上，初步总结并提出了独立建设、原有活动阵地转换、社团先行以及依托党员服务中心、社区文化活动中心推进青年中心建设等多种建设模式，11月召开区县团委书记例会，对进一步加大青年中心建设力度进行了专题部署。目前，全市已建成青年中心32家。

在社区团工委建立方面，积极依托社区党建和社区建设的试点单位，确定全市5个区的6个街道为社区团建的试点街道。同时，进行了多次走访调研，听取社区党工委对社区团工委建立以及社区团建工作的意见和建议，并就相关事宜进行了探讨，明确了各试点街道社区团建工作试点的重点和推进进度等方面的要求。浦东潍坊街道作为社区团工委第一家试点单位，于12月14日正式成立。

在此基础上，草拟《关于加强社区团的建设工作的意见》，并于十二届五次全会上充分征求代表意见，最终出台《共青团上海市委关于进一步加强社区团的建设工作的意见》。

四、进城务工青年教育管理工作

在进城务工青年中开展法制宣传教育活动，4—12月，联合市委宣传部、市总工会等六家单位开展进城务工人员法制宣传教育活动，通过发放《上海进城务工人员法律知识读本》、网上法律知识竞赛、上海市优秀外来青年法制演讲团到基层巡讲等工作，引导广大进城务工青年掌握相关法律知识。加强进城务工青年学习型活动型组织的建立，积极扶持虹桥外来建设者读书会、嘉定永盛公寓、异地他乡创业者沙龙等组织的建设，虹桥外来建设者读书会经过7年的活动开展，已成为在全市范围内最大的、最有影响的进城务工人员的学习型组织，并正式注册为全市第一家以外来建设者为主体的民非组织。积极开展送温暖活动，年初，在上海铁路南站建设工地与500多名坚守岗位的外来建设者同吃年夜饭，为他们送演出、送服务。

五、上海“保护母亲河·绿色希望工程”

积极动员和组织青少年参与环保宣传和生态实践，开展“整治水环境”、创建“青少年绿色文明园”、环保知识竞赛、“小手牵大手，共建美好家园”和“一队一林(绿地)”等生态体验活动。以广场演出、环保知识讲座的形式，分阶段、有重点地开展保护母亲河行动宣传。3月7日，2004年上海“保护母亲河·绿色希望工程”行动日暨生态文化展示活动在人民公园、龙华街道、华阳街道和中远两湾城等地同时举行，通过环保社团宣传展示、竹篮换废电池等新颖方式，向市民宣传环保。

注重区域联动，联合江浙两省共同发起以太湖流域生态环境保护作为江浙沪保母活动重点项目的倡议，得到了团中央的充分肯定，团中央青农部将太湖流域列入全国9大保母行动重点流域行列，并确定为2004年的重点活动领域之一。江浙沪三地团组织建立联席会议制度，轮值主持，每年开展专项环保活动。4月，江浙沪三家团组织共同举办“环太湖生态环保行动湖州行”活动。全国保护母亲河集中行动日大型活动，和浙江团省委和安吉县政府共同举办，项目联动，资源共享。加大社会化操作的力度，与根与芽环保组织、帕奥车迷俱乐部、大学生绿色论坛，以及一些网上社团密切联系，引导他们自主开展一系列小型多样的环保活动。

六、阳光展翅——上海社区青年就业援助行动

“阳光展翅”——上海社区青年就业援助行动是地区工作部(郊区部)下半年推出的重要工作项目，由团市委地区工作部(郊区部)和上海市慈善教育培训中心联合针对学历较低、家境贫困但积极要求上进的社区青年共同开展的学历技能培训，支持和帮助社区青年就业。行动对符合条件的学员进行高中或相当高中培训的2500元的全额资助，职业技能培训可享受政府补贴，计划5年内免费资助培训5000名学生。行动主要分三个方面即学历培训、技能培训和推荐上岗。一是进行高中或相当高中(中专、技校、职高)文凭教育，开设经济管理类、电子通讯类、汽车维修类、营销类等专业培训科目；二是在学历培训期间结合就业的需要进行相关的职业技能培训，并取得由国家颁发的初、中等职业技术资格证书；三是推荐就业，推荐率100%，就业上岗率70%以上。目前，全年共开设了5个班，覆盖全市12个区，有200余名青年就学。

七、长三角地区工作联动

搭建舞台，服务长三角发展。4月24日，举办2004“物流与长三角经济一体化”青年论坛，周禹鹏副市长出席并致辞，来自江浙沪赣四省市的物流专家、园区管理者、物流业企业家和团干部共120多人参加了论坛。4月30日，由上海团市委、江苏、浙江团省委联合举办的长三角青年大联欢活动于在上海举行，来自三地的优秀青年和大学生代表共计400人参加了活动。参与长三角区域活动。4月初，组织23名青年企业家、团干部参加了在南京举办的长三角青年创业论坛。4月中旬，组织帕奥车友俱乐部和宝来车迷俱乐部会员、环保专家、环保志愿者、团干部60余人参加了在湖州举办的长三角地区青少年环太湖生态环保行动湖州行活动。11月初，组织19名青年企业家、团干部参加了在南昌举办的“交流、合作、共赢”长三角“3+2”青年论坛。10月底，组织易初莲花、华联吉买盛、欧尚等超市市场人员、团干部共10人参加了在浙江丽水举办的2004年浙江丽水农产品商贸洽谈会。

青工部工作简介

2004年青工工作以邓小平理论和“三个代表”重要思想为指导，紧紧围绕科教兴市主战略，贯彻落实共青团上海市第十二届三、四次全会精神，按照“服务年”的工作要求，坚持“青年为本、以德为先、服务为重、发展为主题”的工作理念，坚持“贴近实际、贴近青年、贴近基层”的工作原则，通过“一个”注重协调统一，“五个”注重协调发展的工作要求，即要注重服务经济与培养人才目标的协调统一；要注重传统领域与新兴领域的协调发展；要注重现实平台与虚拟平台建设的协调发展；要注重组织动员方式与群众工作方式的协调发展；要注重活动与机制建设的协调发展；要注重思想道德教育与人文素质培养的协调发展，以发展的观念、创新的思路、务实的举措来推进各项工作，努力提高企业团组织在服务经济建设中的贡献率。纵观全年，我们主要开展了以下几方面的工作。

一、面临新形势，初步实现青工工作的转型，努力构建新时期青工工作新构局

根据当前国资国企改革，积极推行股份制，发展混合所有制经济的形势；青年需求多元化、体制外青年不断增多的趋势；推进社会化、市场化、专业化工作进程的加快和青年人才培养工作的紧迫性。同时，在新时期，如何赋予“号、手、队、家”等传统青工主体工作项目以新的内涵，已成为青工工作面临的现实问题。在坚持青工系统围绕党政中心工作，建功育人的工作宗旨下，通过青年职业生涯导航活动三年在基层的实践，活动从15家到100家到现全面推广的工作态势，总结企业团组织参与企业青年人力资源的现实经验，同时在各行业、不同所有制类型的企业中召开多层面的工作研讨会和部门务虚会，明确了把服务青年的职业发展作为企业团组织服务青年成长成才的主要职能，进一步确立了以上海青年职业生涯导航活动为统揽，以上海青年就业创业行动、上海青年技能振兴行动和上海青年建功行动作为新时期青工工作的重点内容，初步实现了青工工作的转型。

二、努力服务大局，不断提高企业共青团组织服务上海经济建设中的贡献率

（一）上海青年就业创业行动

此项工作是青工新拓展的工作领域，我们按照“动真情、全身心、办实事”的指导思想，以现代制造业、现代服务业为重点，积极依托上海青年文化活动中心，组建上海青年职业发展服务中心，编写、发放《上海青年职业发展服务指导手册》1000余册，探索建立了信息服务、活动交流、见习平台、咨询规划、职业介绍、事务管理、机制保障8个青年就业创业的专业的、互动的公共服务平台，现有40家培训机构入驻，建立了109项公共实训基地实训项目，确立了14项由劳动局确定的首批灰领培训项目。建立上海青年职业发展基金，先期试点设立1000万元的上海青年职业发展基金（电气基金），计划培养青年高级专业管理人才200名、青年灰领人才1000名，扶持青年自主创业者100名，开

发、推荐适合青年特点的岗位载体 300 个，提供职业培训 5000 人次、创业培训 2000 人次，学历培训 500 人、见习服务 5000 人次，现已推介 600 个现代装备业的工作岗位，举办 2 期灰领职业的培训班。与中国工商银行上海分行、中石油上海公司资金担保公司签订了“上海青年创业融资通道”合作协议书。组建了一支由企业家、大学教授、律师等专家、学者构成的导师团，为青年创业者提供“一对一”的三年免费咨询服务。

（二）上海青年技能振兴行动

重点围绕上海培养高素质、高技能青年职业人才，全面实施高等级青年技术人才培养工程，年内完成培养 5000 名高级工和技师的工作目标并确立在宝钢、上汽、石化、电力、化谊、上航、建工、百联等 17 家单位作为全国“青工技能振兴计划”的试点，组织召开了“青工技能振兴计划”试点单位工作研讨会。联合市劳动和社会保障局、市总工会和有关委办，启动了 2004 年度上海市职业技能竞赛活动，活动共有近 3 万名选手参加预赛，1300 名选手代表 18 个区（县）、25 个局（公司）围绕电子商务、计算机网页设计、计算机网络技术等 47 个职业工种进行决赛，并又依托各行业协会等中介组织，完成了医药、中药、冶金、汽车、电力、电气、船舶和旅游行业青年技能大赛，一大批高等级青年技能人才脱颖而出，部分获奖选手得到高等级破格晋升资格。开展年度上海优秀青工高等级职业资格鉴定工作，有 83 个工种纳入鉴定序列，首次将灰领工种纳入鉴定序列中，为青年技能的提升提供了政策通道。

（三）上海青年建功行动

1、继续深化企业青年创新创效活动，在高新技术产业、先进制造业、现代服务业、重化工业等领域中，联合市经委、市科委、市科协、市发明家协会、市知识产权局等单位联合开展“开发一项新产品、创造一项新工艺、推广一项新技术、转化一项新成果”在内的“四个一”上海企业青年创新成果大赛。技术创新成果 118 项，管理、营销、服务创新类论文 62 篇。整个大赛成果涉及全市 16 个行业种类，60 多家企业的青年热忱参与，47 项成果已申请或拟申请专利，10 多项成果已被列为企业技术秘密，100 余项成果已在生产中得到应用或成功转让，同时，我们又与市科协积极沟通，将上海企业青年创新成果大赛的成果纳入市政府高新技术转化论证 18 条优惠政策序列中，今年首批有 15 项成果通过上海高新技术转化中心认证，有效促进了企业和青年的创新创效工作的积极性。通过大赛也强化了青年的创新意识，提升了青年的创新成果，促进了企业的经济建设。

2、着力推进“青春世博杯”青年突击队、青年立功竞赛活动，青年突击队、青年立功竞赛活动始终是青工战线各级团组织服务上海经济建设，培育、锻炼一流人才的最直接、最重要的工作项目之一。年初，我们确立以科技建功、科技育人为重点的工作目标，围绕世博，继续以“三港两网”为骨架的现代化基础设施建设，以及上海现代化城市管理中深化青年立功竞赛活动。今年有近 40 个区、局、集团（公司）围绕 2004 年市重点工程和城市管理重点项目，组建了近千支青年突击队，创建青年工程近 200 个。我们又重点开展了青年突击队、青年工程创建计划比赛，目的就是想通过创建计划大赛，将原有抓年底评比，向过程管理转化，只有年初又创建计划、年中有检查的青年突击队、青年工程才能参加年底的评比，最终将其成为制度化，把创建工作真正落到了实处。我们还着重实施阳山深水港青年立功竞赛活动，并探索研究青年突击队联系会议制度。同时，我们又编辑出版了《纪念上海市青年突击队活动20周年文件汇编》一书，并将1000余册赠送到50多家有关区、局、集团(公司)团组织，为基层开展青年突击队活动提供了理论指导和制度保障。

3、有效深化青年文明号信用建设示范行动。围绕上海诚信体系建设，开展争创学习型、服务型、科技型、管理型青年文明号(共青团号)集体活动，现共有200多家青年文明号(共青团号)集体及争创集体参与申报。同时，我们将近两年来开展信用实践、取得明显成果的青年文明号(共青团号)集体的典型案例、示范经验进行总结，编辑出版《上海市青年文明号(共青团号)信用建设示范行动典型经验汇编》。在总结的过程中，我们又在全市青年文明号集体中提出诚信打造核心竞争力、诚信锻造一流服务、诚信塑造一流品牌、诚信培育一流人才的工作理念。4月1日为纪念江泽民同志为“青年文明号”亲笔题名10周年，我们在全市组织开展“文明先锋——青年文明号统一行动日”活动，并在南京西路人民公园门口组织优秀青年文明号(共青团号)集体开展诚信服务集中展示活动。全国劳模徐虎、王震、李斌为各级青年文明号(共青团号)号长签名赠送《上海市青年文明号(共青团号)信用建设示范行动典型经验汇编》;设摊服务的青年文明号(共青团号)集体向市民发放了诚信服务卡和诚信服务手册，为市民提供了安全、节约用电宣传，小家电维修，医疗服务，金融理财、房产交易登记、电信业务咨询等便民服务，并对市百一店、新世界城两家全国青年文明号集体开展诚信服务情况进行了信用监察。在今年“五一”长假期间，开展窗口服务行业青年文明号(共青团号)信用监察活动和诚信服务促假日经济活动。通过发放诚信服务卡、开设便民服务项目、兑现不卖假冒伪劣商品的承诺等措施，为广大群众假日购物、旅游、休闲、出行等提供高效便捷的服务;通过开设咨询台、导购台等服务形式，为外宾和外省市游客提供个性化、专业化、特色化的服务;通过组建青年文明号(共青团号)假日服务小分队走入社区，为孤老、残障家庭提供贴心周到的服务。

4、加强“两大”协会的管理工作。青年企业家和青年项目经理是青年人才队伍的重要组成部分，“两大”协会始终把推动会员素质的锤炼和驾驭经济工作能力的提高，以促进会员事业的不断发展为工作目标。一是完善青年项目经理协会的建设。组织召开了市青年项目经理协会第二次理事会，回顾了协会2003工作，研究了协会的发展问题。联合市委党校、市青年项目经理协会共同举办第二期上海市青年项目经理“十六届三中全会精神”学习班，来自浦东新区、绿化局、建工集团、现代建筑设计集团等16个区、局、集团(公司)的49名青年项目经理参加了学习班。二是重点推进青年企业协会的各项工作。完成了2003年度十大青年经济人物的评选活动，并有效探索市场化的运作模式，建立“赛元”十大青年经济人物评选基金，启动2004度十大青年经济人物评选工作。青企协又与5月启动第五届协会的各项换届工作，并于7月29日召开上海市青年企业家协会第五次会员大会，总结了前三年青企协的各项工作，调整了理事会成员，制定了青企协会会长会议工作规则、会员组工作规则，制定了青企协2004—2005年度工作计划，进一步明确了青企协的发展方向。联合上海交大管理学院举办了“中国企业青年才俊管理论坛”、“全球化与中国经济——上海青年发展导航高层系列讲座”。先后组织会员赴黑龙江、安徽、辽宁、银川等地考察投资环境，洽谈经贸项目，并组织开展会员组专题活动。

三、积极推进团建创新工作，不断提高企业共青团组织的战斗力

坚持组织化与社会化并重的工作原则，重点围绕公共服务平台、信息化建设、职能化建设、行业推进、外来务工青年管理、校企、区企联合等内容，全面推进青工系统的团建创新。一是构建上海青年职业发展服务中心，建立8个专业化的公共服务平台，实现互动、开放、共享的社会化运作格局。二是在管理信息部的大力支持下，召开青工工作信息化工作专题研讨会，依托城市青年网，研究建立上海“上海青工”网页，建设公告栏、主体工作、学习交流、青工团建、青工论坛的板块，建立和使用短信和邮箱系统，并将于今天召开的青工工作会议上正式启用。三是在全市推广青年职业生涯导航活动的基础上，又在宝钢等试点单位工作目标确立在将企业团组织开展的青年职业生涯导航活动有效纳入企业人力资源开发的体系中，努力实现企业团组织参与企业青年人力资源开发的职能化建设。四是在借鉴委办指导行业青年工作的基础上，在上海港务国际集团、中远集装箱运输公司、上海海事局、上海海关团委建立了航运系统青年工作联席会议制度，探索建立行业青年工作联系会制度。五是在建设系统，首创建立项目团委，探索外来务工青年管理的新型组织设置。六是在“两新”组织、城区青工中，坚持以共青团号、青年立功竞赛、青年就业创业等主体工作项目为牵动，坚持谁强谁牵头，打破围墙，加强校企和区企的联合。七是在继公安、交通行业开展上海市共青团号评审的基础上，今年又再法院系统、房产系统中以行业为依托，开展上海市共青团号的评审工作，不断拓展行业评审的范围，加强行业性管理。同时，为进一步理顺在政府机构改革和国企改制、转制过程所引发的青工系统下属团组织归属和隶属问题，走访了市经济工作党委、市国资委党委、市社会工作党委，了解挂靠单位情况和加强青年工作的有关设想，并向团市委组织部提出了归属和隶属单位团组织挂靠的初步设想，积极配合组织部做好归属和隶属单位团组织的挂靠工作。分行业、分类别召开了8个关于企业团建工作的调研会，组织召开上海市青工系统企业团建工作研讨会，研究和探索新时期青工团建的发展。举办上海青年职业生涯管理知识团干部培训班，有120名基层团干部参加了培训。

学校部工作简介

2004年团市委学校部根据年初制定的工作目标和总体要求，结合系统青年，尤其是大学生群体的特点，围绕大中学生和系统青年的成长成才需要，努力在思想道德建设、道德实践、服务大中学生成长成才和基础团建四个方面着力推进，着力体现科教卫体系统团组织在服务大局、服务青年、服务社会的贡献率。

一、以加强思想政治教育为重点，巩固党执政的青年群众基础

围绕中央8号文件、16号文件的贯彻落实，大力推进大中学生的思想道德建设，通过主题活动、理论学习、推优入党、社会实践等多种形式，进一步提高青年学生对党的方针政策的理解和认同，增强对党和政府的信任和信心。结合2004年节日多、喜事多等特点，在“五·四”、“七·一”、“十·一”、奥运会、十六届四中全会、“一二·九”等重大纪念日和节日庆典之际，先后举行了学习贯彻十六届四中全会精神主题活动，学习奥运动健儿系列活动，纪念邓小平诞辰一百周年系列活动，大学生红色之旅、百万青少年爱国教育主义基地寻访活动，《托起明天的太阳》话剧高校巡演，学习刘翔、冯艾等先进典型人物主题教育活动等。重点开展了十八岁成人仪式十周年纪念活动，纪念上海市大学生社会实践开展二十周年系列活动，“奉献青春智慧，落实科学发展观”大学生暑期社会实践等系列主题教育活动。

此外，2004年还开展大中学生理论学习综合案例征集、“大中学生思想道德建设红色网页”的制作和展示活动，通过网络引导青年学生学习和内化理论；进行中学生团校、业余党校的调研，加强中学生理论学习的阵地建设；进一步做好在优秀大中学生的推优入党工作和选苗育苗工程，为党培养推荐优秀的后备青年干部人才。同时2004年是校园稳定工作重，突发事件多的一年，在“3·15”、“3·20”以及保钓事件等多个敏感时期，做好校园第一手信息的收集报送工作，参与维护校园稳定，体现共青团组织在服务大局的贡献率。

二、以推进人文精神和科技素养为主要内容，服务青年成才就业

围绕青年的切实需求，开展以人文精神和科技素养为主要内容的大中学生综合素质培养，服务青年成才就业，体现共青团组织对青年成长成才的贡献率。2004年开展了以“繁荣校园文化，培养人文素养”为主题的大学生社团文化节，通过精品社团展示、文化论坛、社团评比、活动展示等多种形式促进了校园文化活动的交流互动，通过开展大学生话剧节、大学生辩论赛、DV大赛、健美操大赛、大学生社团发展论坛、中学生课本剧大赛等形式多样、覆盖面广泛的活动推进青年学生的人文素质培养。在服务大中学生创新能力科技素养上，组织开展了“张江高科杯”上海大学生创业计划大赛，组队参

加了“挑战杯”第四届全国大学生创业计划大赛，获得了优异成绩。组织开展第一届青少年工程设计大赛，进一步扩大创新活动的覆盖面，服务更多的青年学生科技素养的形成。继续开展大学生人生发展导航行动为重要内容的大中学生素质拓展计划，开展“中学生看名校”等系列学习生涯导航活动，帮助大中学生确立人生发展目标和当前学习生活方向。在服务大学生就业方面，组织开展了“创业者风采”优秀毕业生事迹报告会，通过大学生身边的典型事例引导帮助大学生树立正确的就业观和择业观。试点开展大学生就业见习计划，切实服务大学生就业，仅 2004 年 9 月至 12 月，通过大学生就业见习计划参加职业生涯规划测评的大学生就有 17000 人，注册简历 24556 份，落实见习人数超过 8500 人，由合作网站提供就业和实习的岗位超过 20000 个。

三、以塑造上海城市精神为主要内容，引导青年学生服务社会发展

学校部根据大中学生和系统青年的特点，引导广大青年服务社会，奉献青春，体现共青团组织服务社会的贡献率。深入开展大学生志愿服务行动，在 F1 国际汽车锦标赛中国大奖赛、第七届全国大学生运动会、世界扶贫大会、世界工程师大会等在上海举行的国际赛事和重大会议中，大学生志愿者发挥了主力军的作用。继续组织开展“为奉献者奉献”大学生义务家教志愿服务，联合市公安局交巡警总队组织“大学生交通文明宣讲团”，联合市海洋局开展大学生海洋绿色志愿者行动，引导大学生开风气之先，成为塑造上海城市精神的先锋。继续组织开展了“共青团健康快车”上海医务青年志愿服务行动，2000 余名医务青年在全市社区、街道开展义务医疗咨询 122 场，服务市民近 2 万人，发放药品、医疗器械、宣传资料等价值 6 万多元。卫生系统团组织还发起了八万医务青年迎新春志愿服务日，开展医苑新星大型义诊等志愿服务活动等，带领系统青年服务上海城市精神的塑造。

在带领大中学生和系统青年服务上海的同时，积极引导青年立足上海服务全国。继续开展“大学生志愿服务西部计划”，引导和组织大学生到祖国和人民最需要的地方奉献青春，服务西部大开发，目前上海有近 500 名大学生活跃在西部的教育、医疗、宣传等岗位上，涌现出了以冯艾为代表的一大批优秀的大学生志愿者。组织大学生利用寒暑假开展振兴东北博士生实践服务团、西部大开发考察团、农民增收实践服务团、国企科技攻关博士团等文化科技卫生“三下乡”活动，动员组织大学生参与全国社会经济发展，在服务全国中展示上海青年的精神风貌。

四、以基础团建为主要抓手，服务共青团组织的发展和建设

教科卫体共青团工作是上海共青团整体工作的一部分。根据上海共青团 2004 年总体工作思路和工作部署，学校部以基础团建为重点，提高系统共青团工作对全团整体工作的贡献率。按照团市委整体团建创新的思路，针对科教党委的合并，通过交流探讨，就科技系统共青团的组织建设进行研究。针对民办高校团建工作的实际，对民办高校共青团工作的规范发展和特色体现进行探索，联合民办高校党委召开上海民办高校

团建推进会，制定下发《关于加强上海市民办高校团的建设的意见》，通过机制建设推进团的组织建设。组织开展学校系统共青团干部培训班，组织上海学校系统团干部赴浙江学习交流，进一步加强团干部队伍的建设。加强调查研究，切实把握系统青年的思想动态。召开"上海高校共青团调研工作会议"，在调研的网络建设、机制建设、培训机制、调研刊物等方面做出全面部署。参与上海市大学生思想道德建设的课题调研，围绕未成年人思想道德建设，开展中学生团校、业余党校的调研。建立系统青年之间的联系机制和高校共青团"互学互检"工作机制，让系统团组织之间充分交流，全面合作，资源共享，增强凝聚力和号召力。

少年部工作简介

2004年团市委少年部认真学习贯彻党的十六大、十六届四中全会及中共中央国务院《关于进一步加强和改进未成年人思想道德建设的若干意见》精神，以“三个代表”重要思想为指导，按照“儿童为本，道德为先，队建为基，发展为重”的工作理念，以实践体验为基本途径，以雏鹰争章和快乐队建为主要载体，切实服务于广大少年儿童健康成长的实际需要，服务于上海少先队事业的发展，取得了良好的工作成效。

一、抓住工作主线，扎实推进未成年人思想道德建设

1、深入开展“民族精神代代传”活动。

一年来，少年部按照中共中央国务院《关于进一步加强和改进未成年人思想道德建设的若干意见》精神，突出实践育人理念，在全市继续深入开展“民族精神代代传”行动。我们将18首优秀作品汇编成为《红领巾DoReMi—民族精神代代传活动歌曲选编》，编著了《大写的中国人》一书，在中国少年雏鹰网上开辟“民族精神代代传”专题论坛。各基层学校以“三个了不起”活动为主题，组织了内容丰富、形式多样的活动。黄浦区少工委还组织了“民族精神大家说”红领巾论坛、“民族精神大家颂”红领巾歌会、“民族精神大家夸”红领巾小报等。

2、继续推进“养成道德好习惯、我做合格小公民”行动

“养成道德好习惯、我做合格小公民”行动是上海少先队2001年提出的主题活动项目，倡导队员在日常生活中着重培养“十个道德好习惯”。如闸北区少工委在学校里开展关于是“微笑待人”还是“不和陌生人说话”的辩论；杨浦区少工委开展“向领巾承诺”讲诚信活动。11月，配合中央电视台少儿频道“公德行动”栏目摄制组在上海进行的“小记者自拍DV”活动，青浦、虹口、闸北、黄浦、长宁和徐汇等区的小记者和少先队员代表积极参与了拍摄活动，摄制的短片在中央电视台少儿频道分三期进行展播。

3、继续做好“手拉手”等常规活动，培养少年儿童助人为乐的良好品格

重点关注进城务工就业农民子女。今年，少年部对进城务工就业农民子女进行专题调研，召开座谈会9次，了解了46所简易学校的基本情况。1月，组织进城务工就业农民子女参加“万名困难青少年看上海”活动；六一期间组织开展“一本书送友情”活动，发动城市孩子捐书60万册，帮助民工子弟学校援建校园图书室。8月，举办了进城务工就业农民子女消防夏令营；12月，组织沪上知名少儿艺术团体为进城务工就业农民子女举办新年音乐会，和孔祥东音乐机构联合举办“阳光音乐大行动——千名进城务工就业农民子女免费钢琴培训”。青浦区的少先队员们通过“马兰行动”，帮助身边的进城务工就业农民子女。

切实关注困难青少年。在关心进城务工农民子女的同时也对残疾、困难青少年给予积极关注。少年部和市妇联一起针对残疾青少年开展“十佳自强好少年”评选活动。

10月，在上海市第一聋哑学校举办了“讲诚信、树自信、传美德”现场展示会。元宵节，市红理会的小理事们来到普陀区新长征福利院为老人们送上新春的温暖；4月，在上海龙华烈士陵园举行了“传承民族精神，立志振兴中华——2004年上海青少年清明祭扫活动”。

二、强化品牌意识，不断夯实少先队基础建设和组织建设

1、*推动雏鹰争章活动的新一轮发展*。雏鹰争章活动是上海少先队多年坚持的品牌项目。今年市少工委组织编写了《上海少先队雏鹰争章指导用书》，重新修订改版了争章手册，使用率达到78万册，保障了活动的全面开展。2004年，全市共有3万3千多人次参加了少儿英语口语和电脑网络章的市级考章活动，少年部和市语委联合推出了第3个社会化奖章“语言表达章”，400个队员参加了全市第一次试点争章活动。

2、*加强快乐中队创建活动*。快乐中队建设继续稳步推进，2004年市少工委在全市共评选了100个快乐中队集体，取得了阶段性成果。上海的27个快乐中队集体创建案例被列为全国辅导员培训教材内容。

3、*加大辅导员培训*。组织区县少工干部和骨干辅导员参加了4期由全国少工委举办的加强未成年人思想道德建设专题培训班。7月份，受团中央和全国少工委委托，在上海举办全国骨干辅导员免费培训班。下半年，以市少工委名义组织有关少先队工作专家赴云南对当地少先队辅导员进行免费培训。

4、*在组织覆盖上进行积极探索*。2004年，少年部继续加强组织建设，推动基层少工委建设，理顺“三员”工作机制，在年底进行了两年一度区县少工委工作考核。继续推进社区少工委建设，目前已有3个区做到全覆盖，全市共有79个社区成立了少工委和社区少先队组织。初中团队一体化建设也取得了新的发展。

三、完成重大工作，为少先队工作营造良好外部环境

1、胜利召开少先队上海市第五次代表大会

5月30日，召开了以“迎世博盛会，扬民族精神，做可爱的上海少年”为主题的少先队上海市第五次代表大会。本次大会聚童意、集童智、凝童心，充分发扬少年民主，让少年人议少年事，献计献策，共商少先队大事，同时也邀请社会各界人士参加，营造了社会各界关心支持少年儿童健康成长的良好氛围。本次少代会共征集提案1568件，涉及问题1819项；本次少代会代表1703名，其中队员代表1479名，分布在全市1401所中、小学中，进城务工就业农民子女首次作为一个特定的界别进入了正式代表序列。

2、隆重举行中国少年先锋队建队55周年系列庆祝活动

今年是建国55周年，也是中国少年先锋队建队55周年。为了让广大少先队员和少先队工作者充分认识少先队组织在思想道德建设中的重要地位和独特作用，少年部分别从三个角度开展了系列活动：对各级少先队组织，开展了“打着队旗去考察”寻访活动；对少先队员，开展了“我们是红旗的一角——上海市少年儿童庆祝建队55周年主题集会”，共有2000多名少先队员参加；对少先队工作者，举办了“火炬 基石 激流——上

海少先队纪念中国少年先锋队建队55周年座谈会”，并聘请中共上海市委常委、组织部部长姜斯宪担任第四任上海市少先队队长学校名誉校长。

3、围绕“中国青少年社会教育论坛——2004媒体与未成年人发展”组织开展活动

为进一步贯彻落实中央8号文件，团中央、全国妇联、教育部等7部委联合举办“中国青少年社会教育论坛——2004媒体与未成年人发展”，主要由上海团市委承办。少年部及时抽调骨干人员投入到论坛筹备工作当中，并分别承担会务、宣传等重要工作，为论坛的成功举办献计出力。

4、成功举办首届沪港青少年工作者论坛

为拓宽工作视野，少年部继续加强和其他少年儿童组织的交往和交流。12月，和香港女童军总会联合举办了首届沪港青少年工作者论坛，双方就如何提高服务儿童的能力，以及如何引导儿童学服务等问题进行了热烈的讨论，并签订了包含每年互派人员挂职学习等内容的合作备忘录，进一步形成了良好的合作机制。

四、加强理论研究，实现科研兴队

继续加强理论研究，加大调研力度。2004年，少年部在进城务工就业农民子女、儿童心声、队建创新、青少年媒体需求、队组织的地位作用、少先队发展脉络等方面都进行了积极的思考和探索，形成了4篇调研报告。为规划好未来5年上海少先队的主要工作，增强工作的针对性和实效性，切实开展了的“倾听大行动”，走访基层学校，听取全市乃至部分外省市队员以网络和书面表达的心声近3000人次。下半年，进行媒体与未成年人发展专题调查，问卷量和访问量达3568人次。

2004年，我们也推出一些市级少先队科研课题，举办了五次少先队现场展示活动。其中，《上海少先队队建创新探索与实践的研究》、《上海市第五次少代会代表提案的研究》等被收编进《挑战·创新·活力——上海青年工作课题调研集(2004—2005)》。

五、举办系列主题活动，为少年儿童健康成长提供切实服务

少年部还开展了一系列活动，服务少年儿童的全面发展。开展了“红领巾欢乐大篷车”暨“奇奇运动会”活动，吸引了上海市70万少先队员的热情参与，促进了红领巾欢乐健身活动的开展。8月，组织了“金苹果之夏”——2004年上海市红领巾理事会素质拓展训练营活动，来自市、区红理会的理事约300余人参加了本次活动，取得了很好的效果。少年部还坚持倡导科学精神，请中科院院士评选少年科学院小院士，并推荐40位队员参加全国少年儿童海尔科技奖的评选。推出“2004雏鹰网暑期乐园——绿色上网行动”，为少年儿童提供丰富的网上活动菜单。11月，会同上海市邮政局共同组织开展了“第一届全国少年儿童书信写作比赛”，收到稿件达2万余封；组织“邓爷爷我爱你——纪念小平同志诞辰100周年”活动，收到征文1000余篇。同时，继续推动少先队文化建设，围绕“塑造城市精神，我们也来参与”的主题，全市“红读”活动开展得更加丰富多彩。少年部和上海音乐家协会儿童音乐委员会联合为孩子写歌，共创编了200首少儿歌曲。

机关党委工作简介

2004 年,在团市委党组和市级机关工委的领导下,团市委直属机关党委认真学习贯彻党的十六届三中、四中全会精神和“三个代表”重要思想,贯彻市级机关有关工作要求,紧密围绕团市委系统的中心工作,积极推进机关和各直属单位党的思想建设、组织建设和作风建设,充分发挥党组织的监督领导和协助保障作用,促进了机关建设和各单位两个文明建设的协调发展。

一、进一步以理论武装工作为主线,抓好机关干部的政治思想理论学习和现代知识的学习,努力提高机关党员干部的综合素质,促进“学习型机关”的建设。抓好机关学习制度的优化和完善

(1)全年共组织机关干部收听、收看形势报告 8 次。进一步推进和完善了中心组学习制度和部门党支部周五学习制度,配合召开了本年度党组成员民主生活会。

(2)下半年,结合学习贯彻党的十六届四中全会、市委八届六次全会和团市委十二届四次全会精神,组织机关和系统广大党员干部进行了广泛深入的学习讨论,为团市委下一步工作打下了一定的工作基础。

(3)进一步推动了机关干部学习社会主义市场经济、现代科技和其他各方面知识。全年共协助邀请市委党校朱明毅、复旦大学石磊、市委党校袁秉达等为机关干部作一系列专题辅导报告 5 次;同时,组织机关干部一起参加著名美国经济学家约瑟夫、斯蒂格里茨、国防大学金一南等一系列高水准的专业报告会,还邀请刚刚从美国参加完市委组织部外向型干部培训回来的马春雷、赵国强同志作《访美观感》专题报告等,进一步推动了机关干部学习当前形势、社会主义市场经济和其他各方面知识,有效地拓宽了机关干部的知识面。结合纪念“五四”和“七一”,专门组织机关干部参观考察了刚刚完成改扩建的“渔阳里”团中央机关旧址纪念馆,青浦革命纪念馆暨陈云故居和上海国家安全教育馆等,开阔了机关干部的眼界,收到较好的教育效果。

二、按照团市委党组和市级机关工委的要求,圆满完成了机关党委的换届改选工作

今年以来,机关党委进一步加强了落实党建工作责任制的力度,并着力加强了机关党委自身的组织建设。6 月 28 日,经过紧张的筹备,召开了团市委直属机关第二次党代会,对近年来团市委系统的党建工作进行了全面总结,并提出了新一届机关党委的工作任务,同时选举产生了新一届的机关党委和纪委,获得了圆满成功。

三、进一步配合各部门推进了机关党员干部的党性党风教育,继续深入推进机关思想作风和工作作风建设

四、抓好党员发展和党委的日常管理工作

全年完成了系统党组织关系整理和 9 个支部的班子调整工作，做好了每年一度的基层党组织和党员年统等工作。重新核定了党费收缴标准，开展了党费清理工作。进一步明确了新党员发展的工作程序，全年发展新党员 1 名，为组织输送了新鲜血液。

五、积极抓好纪检部门日常工作和党风廉政教育工作

2004 年，按照上级纪检部门和机关纪委的工作要求，认真开展经常性的党风廉政教育，并重点落实了党风廉政建设责任制和一系列各项工作制度。及时搜集情况，汇总上报领导干部收入、配偶、子女从业等有关情况。还组织全体机关干部、直属单位党政领导一起认真学习了全国落实党风廉政建设责任制工作电视电话会议和 2 次全市加强党风廉政建设干部大会精神。全年共收到团市委领导干部上交的礼金人民币 2800 元、欧元 100 元，各类礼品共计 31 件，价值人民币 19934 元。

六、切实落实“金点子”工作，努力建设良好的机关文化，认真搞好系统工会、团组织工作

在年初机关建设“金点子”征集表彰的基础上，全年认真进行了落实。如：组织机关干部青年志愿者服务队，在“造血干细胞骨髓捐献”活动和“无偿献血志愿者”活动中担当排头兵。定期在机关局域网上开展机关干部网上论坛；在每月一次的升国旗仪式后举行机关小型趣味运动会等，得到机关干部好评。

同时，充分发挥机关工会、团组织的作用，关心机关干部的思想、学习和生活，抓好工会组织的日常建设，倡导机关文明新风。为进一步活跃机关氛围，机关党委定期组织开展丰富多彩的文体活动，积极倡导朝气蓬勃、务实高效、健康活跃的机关风貌。在大年夜，组织机关干部举行“团市委机关迎新春联欢活动”；在“十一”、中秋前夕组织机关干部及家属到奉贤海湾度假村举行“激情海湾、浪漫相约——团市委机关干部与上海各界青年大联欢活动”，丰富了广大机关干部和家属的业余文化生活，受到欢迎。同时，继续搞好机关干部节日慰问和福利，坚持生日慰问和生病、生育同志的家访；进一步关心离退休老同志。为进一步关心机关干部的身体健康，全年积极落实机关干部健康服务工作计划，为大家的身体健康搞好服务。

机关党委还进一步组织好系统团工委的工作，充分发挥机关团支部在团结教育年轻干部特别是新进机关同志方面的积极作用。12 月份，组织系统工会主席和团委书记赴厦门学习考察。

七、做好部门文件整理和归档工作，落实工作规范

对部门文件资料进行了整理、归档，落实有关部门工作规范，认真执行既定的各项部门工作制度，进一步规范和完善工作记录和台帐，积极参与、带头应用机关 OA 系统

实行无纸化办公，努力实现工作的规范化、制度化和现代化。

八、积极配合机关重大工作

2004 年上半年，机关党委配合参与了"渔阳里"团中央机关旧址纪念馆的开馆典礼筹备工作，同时，配合、帮助有关部门一起开展帮困结对、基层单位重大事件处理，并负责完成了系统爱心助学和救灾募捐等组织工作。帮助部门开展机关工作和学习情况的动态交流，全年共刊发 9 期《机关动态》。

共青团上海市委国有资产监督管理办公室、上海青年实业(集团)有限公司工作简介

2004年,在团市委的直接领导下,在系统各直属单位的大力支持下,监管办、上青集团按照科学发展观的要求和年初确定的工作目标,取得了显著的成效。

一、通过有效监管,加强经营管理,塑造企业文化,2004年度系统经济效益显著,团办事业取得了长足的发展

一是超额完成市国资委下达的国资保值增值指标,实际完成数是指标数的10倍。二是对团市委及共青团工作的支持力度是去年的6倍,这还不包括转让部分产权所获得的产权转让款。三是上青集团自成立以来,首次实现集团层面赢利,整个系统也实现赢利。与此同时,改制企业业绩突出,成效明显,各改制单位的利润同比大幅提高。

二、按照建立现代产权制度的新要求,继续推进团属企业的改制、改造工作

1、完成因私中心改制的收尾工作。在去年完成产权交割的基础上,年初组织召开因私股东会、董事会、监事会,以现代企业制度的构建推进改制企业的长效发展。

2、实施青旅的改制工作。按照国资监管的新要求,成功、规范地对青旅实施改制。青旅改制项目成为联交所的典型案例,得到了市国资委的高度肯定。青旅分别成立了发展战略、薪酬考核、财务分析委员会,董事会运行有效。

3、推进科技公司的改制工作。抓住科技公司2004年经营业绩突出、管理成效明显的有利时机,严格按照国务院国资委五条禁令的要求,积极推进科技公司的改制工作。

4、做好大世界的改造前期工作。大世界改造工作经过前期的多次方案论证,在各级领导的关心支持下,目前已处立项阶段。

三、按照国资管理的新要求,不断加强国资监管工作

一是做好与市国资委对口的各项工作,积极与市国资委沟通,掌握政策,了解情况,进一步细化和完善团市委系统国资监管体系,2004年再次被市国资委评为“上海市资产统计工作先进集体”。二是努力做好年初与各直属单位的经济责任制的签订工作,做好年底的经济责任制的考核工作。三是按市国资委的统一要求,规范审计的各项工作。四是在年中及时召开团办企事业单位经济运行分析会,褒扬业绩,分析问题,促进发展。五是不断加强国资的动态监管,对影响全局的经济因素及时进行分析预警。六是按照一司一策的要求,推进分类管理工作,在三家团属企业完成和即将完成改制工作之后,进一步推进了绩效考核工作。七是努力做好服务工作,在工商登记、产权变更、法规咨询等方面,努力为各企事业单位提供有效服务。同时,积极探索和理顺团市委系统国有

资产的监管体系，完善上青集团的法人治理结构。

四、积极推进人事改革，努力做好系统内各项维稳工作

在去年因私人事改革试点的基础上，通过走访政府部门、研读各项规章、汇总青旅的各项实际情况、在监管办领导的带领下，直接与青旅各类群体代表谈话等工作步骤，充分贯彻“三个代表”重要思想，较顺利、稳妥地完成了青旅由事业转公司，再转有限公司的人事改革，为青旅的整体改制创造了条件。同时，积极稳妥地推进科技公司部分员工劳动合同变更的补偿工作和大世界改造前期的员工稳定工作。监管办在日常工作中，注意做好各项维稳工作，会同有关单位，在出现劳动合同纠纷、经济合同矛盾时，及时反应、有效化解。

五、继续发挥团办事业在上海共青团工作中的阵地作用

青年文化活动中心在完成功能定位，扩大活动面积，努力做好各项经营工作的同时，积极承担团市委有关工作项目，特别是在青年卡的运作中发挥了积极的作用。青干院在完成正常教学工作的基础上，承担了大量团干部的培训工作，特别是为西部团干部的培训作出了积极的贡献。青年报在完善各项内部管理的基础上，进一步扩大了报业的社会影响力，有效地宣传了上海共青团工作。

上海市社区青少年事务办公室工作简介

上海市社区青少年工作是上海市构建预防犯罪工作体系的重要组成部分，主要是通过加强对16－25周岁“失学、失业、失管”的上海社区青少年的教育、管理和服务，从源头上预防社区青少年违法犯罪，保护社区青少年的合法权益，促进社区青少年健康成长。

一、上海市预防犯罪工作体系建设的总体思路

上海市预防犯罪工作体系建设的总体思路可以归纳为“3113”。第一个“3”是指“三个需要”，即预防犯罪工作体系的建设体现了三个方面的需要：一是上海围绕特大型的现代化国际大都市的建设目标，不断提高城市现代化管理水平的需要；二是转变政府职能的需要；三是维护社会稳定、预防犯罪的需要。第一个“1”是指一个核心，即“政府主导推动，社团自主运作，社会多方参与”这十八个字是整个体系建设的核心。第二个“1”是指政府购买。主要包含四个方面的含义，一是明确了政府与社团之间的关系；二是有购买行为就必须有市场存在，有市场就必然会有多家社团竞争的存在；三是所购买的服务必须物有所值，要建立一整套的评估体系；四是提高政府购买的效益，提高公共财政支出的效益。最后一个“3”是指三个化，即社会化、职业化、专业化。

二、上海市社区青少年工作的组织体系和运作方式

为加强对上海市社区青少年工作的领导和推动，2003年8月，经上海市委、市政府批准，成立了上海市社区青少年事务办公室(以下简称社区办)，下设在上海团市委，机构级别定为副局级，公务员编制为20名，与原上海市社区青少年工作联席会议办公室合署办公，内设综合处、社工处和服务处3个职能处。2004年2月，注册成立了民办非企业性质的上海市阳光社区青少年事务中心(以下简称阳光中心)。

社区办办运用社会化的管理思路和运作手段，通过对各区(县)预防办、团区(县)委的工作指导，采用政府购买服务的方式，购买阳光中心等社团和青少年事务社工的相关专业服务，负责本市社区青少年工作的开展。社区办有六项基本职能：

(一)按照“控制规模，有效管理，加强教育，切实服务，减少犯罪”的总体目标，积极为社区青少年创造一个良好的成长环境，将影响社会稳定的不利因素转化成为推动社会发展的积极因素；

(二)及时把握本市社区青少年生存发展和社区青少年工作状况；推进起草、制定并实施有关社区青少年工作的法规、规划和政策；推进和配合政府相关部门处理、协调和督办与本市社区青少年相关的事务；

(三)代表政府向专业社团和组织购买针对社区青少年提供的服务和管理；依法管理本市从事社区青少年工作的各类社团和组织；指导本市相关社团和组织开展工作；指

导本市各区县预防办、团委有关社区青少年的工作；

（四）组织和指导开展形式多样、适合社区青少年特点、健康有益的活动，满足社区青少年成长发展的需要。指导组建社区青少年工作志愿者队伍，配合青少年事务社工开展工作；

（五）运用信息技术，建立社区青少年管理信息系统，加强社区青少年“一人一卡”的信息化管理，推动本市社区青少年工作手段的现代化；

（六）完成市委、市政府、市委政法委、市综治委、团中央、团市委交办的其他事项。

三、2004 年的主要工作

1、完善组织机构，充实工作力量

2004 年，在做好硬件配置外，积极配合组织部做好人员招聘工作。工作中逐步明晰了内设各处的主要职责。年初，积极与市民政局、社团管理局沟通协调，推动成立阳光中心。同时，指导阳光中心做好董事会组建和工作人员招聘等工作。2 月，中心正式挂牌成立，市委副书记刘云耕，市委常委、政法委书记吴志明等同志出席了仪式。8 月，全市 19 个区（县）社工站和社工点基本建成。

2、明确工作任务，理顺工作关系

6 月，在总结前期工作的基础上，制定并下发了《关于全面推进预防犯罪工作体系建设社区青少年事务的实施意见》及 6—12 月主要工作项目，先后召开“专题会”和“试点区推进会”，推广试点区工作经验，部署工作任务。工作中，进一步明确了社区青少年工作各行为主体的工作职责，理顺了工作关系。

3、组建专业队伍，加强专业督导

6 月，积极组织本市青少年事务社工招聘工作，组建了一支 510 多人的职业化、专业化社工队伍。7 月，组织了为期 3 周的“青少年事务社工培训班”，从社会工作基本理念、专业知识和实务操作等方面对社工进行了系统培训。11 月，成立了由 17 位社会工作、社会学、心理学和法学等方面的知名中青年专家组成“社会工作专家督导委员会”，为推动社会工作发展和培养社工督导提供专业支撑。

4、建立评估体系，规范社团运作

为确保体系健康发展，制定了《青少年社会工作者管理办法》，指导中心制定了内部管理、社工考核办法及实施细则等 24 项规章制度，制定了包含 43 项专业化指标的社工考核标准，并对试点区社工进行了考核试点。为推动社团自主运作，指导中心从 10 项机制着手，推进“社团长成计划”。此外，与中心签订了《政府服务采购合同》，以加强对购买社团服务工作的监管。还组织相关专家学者，制定了一整套社会工作流程及配套表单，规范社工个案、小组和社区工作。

5、加大宣传力度，增进工作交流

2004 年，积极与新闻媒体加强沟通联系，截至 12 月底，中央电视台等中央及上海主流新闻媒体对社区青少年工作累计宣传报道 100 多次。编发了 31 期“工作简报”，及时报送市委、市委政法委、各区县及相关委办局领导。10 月，为有效拓宽工作及信息沟通渠道，开通了“社区青少年工作专题网页”。11 月，指导中心评选出 10 位优秀青少年事务社工，并组织他们赴各区县及部分高校开展交流宣传。此外，还积极参与上海市社会科学界年会，并作了主题交流发言；与北京等省市团组织也加强了交流。

6、加强心理辅导，深化志愿服务

针对部分社区青少年心理状况存在偏差等问题，社区办推动阳光中心与心理咨询专业培训机构，通过开展“关爱心灵，共享阳光”——社区青少年心理咨询志愿服务等行动，做好社区青少年心理辅导工作。同时，指导中心及各区（县）团委通过网上招募、高校巡展及社区宣传等方式，建立起志愿者队伍，发挥他们在专业咨询、社区宣传及技能培训等方面的积极作用。截至 12 月底，共招募 2148 名志愿者。

7、拓展工作领域，丰富文化生活

为更好地把握社区青少年的生活规律和活动情况，增强工作针对性，社区办指导阳光中心于 12 月推出了“冬日阳光”系列外展行动，通过社工及志愿者在本市 18 个区进行的深宵、网吧、娱乐场所外展及未成年人购买烟酒的街头外展调查等行动，探索新的青少年专业工作方法，掌握了一手资料，锻炼了社工队伍。为丰富社区青少年文化生活，社区办主办了社区青少年“三人篮球推广赛”，共 576 支队伍，3000 余名社区青少年参加；还主办了社区青少年垂钓大赛等活动。

8、狠抓基础工作，切实提供服务

社区办指导阳光中心，带领广大社工在具体实践中取得了初步成效。截止 12 月底，通过全市 504 名青少年事务社工的共同努力，全市 63000 多名社区青少年中，已建档 46925 人，个案服务 14205 人次，小组工作 1104 人次，社区工作 9508 人次。成功推荐社区青少年就业 1586 人次；参加技能培训 1034 人次。通过一段时间的工作，相当一部分社区青少年在社工帮助下，解决了实际困难，树立了积极的生活态度。

在社区办、权益部、地区（郊区）部、少年部及市有关部门的共同努力下，经中央综治委预防青少年违法犯罪工作领导小组考核，本市 2004 年度预防青少年违法犯罪工作考评成绩为 97 分，居全国第一。

9、加强理论学习，注重调查研究

社区办党支部除认真落实政治学习外，还非常注重部门同志理论水平的提升。按照职业化、专业化的发展要求，研究确立了 25 个理论性和建设性问题，社区办每位同志都分头研究，并通过每月召开一次理论研讨工作例会的形式，提高工作人员研究分析问题的能力。目前，共形成“社会主义和谐社会与社区青少年工作”、“社区青少年工作法律法规保障”、“社工工作评估体系建设构想”等多篇理论文章，并将陆续在《团的生活》社区青少年工作专栏中刊载。

社区办深入全市 19 个团（区）县委、社工站及部分街（镇）团委、社工点开展调查研究。同时，还前往市少管所，少教所、戒毒所和工读学校等相关单位调研，了解青少年犯罪情况，为共同做好预防青少年犯罪工作奠定基础。目前共形成“社区青少年现状及其对策”、“青少年事务社工思想状况”、“未成年人购买烟酒街头外展与调查”等多篇调研报告。对于我办的调研报告，市委副书记刘云耕同志、市委政法委副书记林化宾同志曾多次做出批示予以肯定，并批转相关单位参阅学习。在团市委各部门的关心支持下，社区办荣获了2004年的“首创奖”和“调研奖”。

10、加强内部管理，参与整体工作

作为新成立的机构，社区办从公文、经费、固定财产等方面形成了8项内部管理制度，以规范内部运作。

4月，在基本工作人员到位后，社区办积极投入团市委的整体工作，参与了“全国预防青少年违法犯罪工作会议”的筹备和组织工作。此外，社区办还积极参与团市委政府青年事务课题组及“媒体与未成年人”论坛的有关工作等。

希望工程办公室工作简介

2004年，是在党的发展历史上具有划时代意义的重要一年。十六届四中全会的召开，有力地激励着全国各条战线的各项工作进一步向前发展。

在上海市委、市政府关心下，在上海团市委的领导下，在社会各界的大力支持下，2004年也是上海希望工程在其历史上取得工作业绩最好的年头之一。全年，市希望办共募集资金3000余万元，上海希望工程共援建希望小学112所、结对救助失学儿童2621名，资助本市困难学生7000余人次，培训希望小学教师2500人，援建白玉兰希望网校10所、捐赠希望书库200套等。截止目前，实施十余年的上海希望工程已累计接收海内外捐款捐物达3.62亿元人民币，占希望工程全国总量的七分之一。在服务全国、服务西部的过程中，在服务上海弱势群体、维护社会稳定、促进经济协调发展的过程中，走在了全市的前列，社会影响越来越显著。

回顾市希望办2004年全年工作，主要做了以下几项工作：

一、组织开展纪念上海希望工程实施十周年系列活动，表扬先进，扩大影响，深受市委领导的好评

2004年3月21日是上海市希望工程办公室成立十周年的日子，为做好十周年的纪念活动，早在去年市希望办就已着手准备。为全面回顾上海希望工程十年的历史，市希望办与东方电视台合作拍摄了一部取名《真情十年》分上、下集的电视专题片，并编辑、出版、发行了《真情十年》一书，站在历史和理论的高度全面回顾总结了上海希望工程十年来所取得的成绩和影响，在社会上引起广泛关注，市老领导胡立教同志为专题片题写了片名。

2004年3月21日，“纪念上海希望工程实施十周年表彰大会”在上海友谊会堂隆重举行，市委副书记王安顺等市四套班子领导出席了会议。王安顺同志在讲话中对上海希望工程工作给予了高度的评价。表彰会还授予巴金等十位同志“上海希望工程特出贡献奖”称号。为配合十周年纪念活动，市希望办还组织了一日捐、西部教师培训等各类活动。

二、以援建希望小学为重点，继续推进上海服务全国、服务西部的工作，突现上海希望办服务全国的良好形象

援建希望小学是深受贫困地区欢迎、涉及资金量也最多，受贫困地区欢迎程度最高的工作项目。据统计，上海希望工程开展10年来，已为全国30个省、自治区和直辖市援建了1200余所希望小学，占全国总数的九分之一。

2004年市希望办继续以援建希望小学为重点，加大对全国，特别是西部地区的援助力度。据统计，全年经过市希望办援建的希望小学达70所，通过社会各类渠道捐建

的希望小学也有42所之多。特别是我们超额完成了市委副书记刘云耕同志要求我们为甘肃援建10所希望小学的工作目标，共在甘肃援建了20所希望小学。刘云耕同志亲赴甘肃出席了这20所希望小学的落成仪式，并对市希望办为甘肃援建希望小学的工作给予了较高的评价。继续加大援建希望小学的工作力度，进一步突现了上海希望办服务全国的良好形象。

三、继续开展"爱心助学"活动，同步实施"希望工程助学进城计划"，加大在沪困难学生的资助力度，促进了上海社会的稳定

1999年2月，市希望办和新民晚报群工部发起实施的"爱心助学"活动已开展整整6年。今年又资助上海困难学生4000人次，使"爱心助学"活动资助困难学生的总数达24000人次，发放的助学金总额达1200余万元。

去年9月，温家宝总理在视察北京市石景山区的一所民工学校时，在黑板上写下了"同在蓝天下，共同成长进步"的寄语。为贯彻温总理的指示，今年3月，中国青基会启动了"希望工程助学进城计划"，并以上海等省市为实施试点省市。市希望办积极投身到了该项计划之中，派专人进行管理。全年共资助在沪务工农民工子女就学达2000余名，发放助学金50余万元，在该项希望工程创新项目的实施中走出了实质性的一步，得到了中国青基会的好评。

"爱心助学"活动和"希望工程助学进城计划"的实施，维护了上海的稳定、促进了社会的协调发展。

四、前瞻性地创办"上海民工子弟希望学校"，切实解决政府关心、社会关注的热点问题和难点问题，为深化希望工程工作做出了有益的尝试

为将"希望工程助学进城计划"开展的有声有色，创出上海特色，扩大上海影响，市希望办进行了创新，以"希望工程教师上海培训基地"为基础，投入资金200余万元创建了全国首家全免费培养民工困难子弟的学校——"上海民工子弟希望学校"，市老领导胡立教同志对该学校的创办给予了肯定，并为该校题写了校名。上海东方电视台以该学校为背景拍摄播放了专题片《九月的希望》，片子播出后反响强烈。

创办"上海民工子弟希望学校"，是市希望办深化上海希望工程工作的一项重大举措、一次有益的尝试，使农民工子女的受教育问题得到了党和政府的进一步关注。

五、继续利用高新技术，实施上海希望工程远程教育计划，"万名教师培训计划"提前一年超额完成

为了落实党中央、国务院西部大开发的战略决策，切实支持西部建设，市希望办于2000年7月启动了"上海希望工程西部万名教师培训计划"。决定用5年时间，培训10000名西部希望小学教师。2004年，市希望办除继续组织几次来上海培训基地实地培训活动外，8月，借助"上海市白玉兰远程教育网"，又为云南一次培训了2300名希望小学教师，至此，该计划培训的教师总数达到了10635名，提前一年超额完成培训

10000名希望小学教师的工作目标。

为进一步推进"上海希望工程远程教育计划"，今年，市希望办探索实施了援建"白玉兰希望网校"的工作，与上海广电集团旗下的广电通讯有限公司合作，投资100万元在甘肃的十个地、市、县援建了十所希望网校，刘云耕书记在观摩希望网校时，对该项新生事物给予了积极鼓励和肯定。

六、积极组织各类先进事迹报告会，宣传先进、弘扬正气、促进城市精神的培育，有力地推动了上海的精神文明建设活动

市希望办在做好教育扶贫工作的同时，还积极向精神文明建设的工作领域拓展。今年以来，我们先后组织和参与组织了"中国十大杰出青年、优秀志愿者冯艾事迹报告会"、"残疾人自强不息先进事迹报告会"、"刘翔、孙海平先进事迹报告会"，听众达数千余人。报告会的举行得到了市委领导和有关委、办、局及听众的好评。

河南省登封市公安局长任长霞同志的先进事迹见诸报端后，市希望办在第一时间组成学习慰问组深入当地，实地落实长霞希望小学的援建、困难学生的资助等相关援助事宜，还组织精兵强将在第一时间编辑、出版了《心碑——英雄任长霞》一书，并将该书分送全国各希望小学，胡立教同志还为该书题写了书名。

先进事迹的宣传、英雄人物的讴歌，促进了上海城市精神的培育，也有力地推动了上海的精神文明建设活动，使上海希望办成为了挖掘先进、讴歌先进、弘扬先进的一个新的宣传窗口，为市希望办的工作开辟了新的领域，注入了新的内涵。

上海市少年儿童研究中心工作简介

上海市少年儿童研究中心是上海市委、市政府委进一步加强少先队工作、推进少先队组织教育科学化,专门批准在上海团市委下设的从事少先队学科建设的专门研究机构。其主要职责是:通过课题的规划与实施、基层工作的调研与指导、少先队专业书籍的出版和专职人员的培训,为少年儿童与少先队事业的发展服务。中心还承担中国少先队工作学会基础理论专业委员会和上海市少先队工作学会的常务工作,并承担中国少先队工作学会会刊——《少先队研究》的编辑、出版工作。近年来,伴随着少先队组织的改革与创新,少先队科研事业取得了显著进展,初步形成以应用研究为主,市区校三级联动和社会力量广泛参与的少先队科研工作新格局。

一、上海市少年儿童研究中心工作的总体思路

上海市少年儿童研究中心工作的总体思路是:坚持"科研兴队"主战略,坚持"儿童为本、道德为先、队建为基、发展为重"的基本理念,坚持面向基层、面向实际、面向少年儿童和少先队工作者的基本原则,注重基础研究和应用研究相结合,以应用研究为主,兼顾少先队研究的其他领域,动员一切社会资源,共同参与少先队科研事业,更好地为广大少年儿童的成长服务。

二、2004 年的主要工作

1. 推动理论研讨,加强课题指导

2004 年 4 月,根据当前少先队事业发展的新要求,在广泛调研的基础上,上海市少年儿童研究中心制定了未来几年少先队科研发展规划,修订了《上海市少先队科研课题管理条例》。在《条例》的指导下,上海市少年儿童研究中心已在全市资助立项市级课题 19 个,并联合多家基层学校总共召开过 9 次现场研讨会,充分从理论与实践两个方面探讨了课队结合的理论价值与实践意义,对深入开展少先队科研工作起到了积极的作用。

2. 开展队伍培训,重视队伍建设

为进一步发挥少先队科研成果的辐射作用,体现理论带队的功能,2004 年上海市少年儿童研究中心联合中国少先队工作学会基础理论专业委员会举办上海市骨干大、中队辅导员研修班共 4 期,参加研修的辅导员达 233 人次,为基层少先队工作打下了坚实的基础。受训老师反映:市级骨干辅导员研修活动立意高,内容实,体现了少先队事业改革发展的方向,我们很欢迎。

此外,上海市少年儿童研究中心还会同上海市少工委每年举办少先队工作干部与优秀辅导员暑期研修营,搭设研究平台,加强科研成果的交流与展示,为推动少先队工作发挥了积极作用。

3. 参与学会建设,增进工作交流

为进一步调动基层学校与社会各界力量,壮大少先队科研队伍,上海市少年儿童研究中心还积极参与上海市少先队工作学会和中国少先队工作学会基础理论专业委员会工作,进一步活跃基层的科研活动,并通过在各地召开课题研讨活动,进一步扩大了中心的影响,也加强了长三角地区少先队科研力量的联合。

4. 办好学会会刊,发挥辐射作用

上海市少年儿童研究中心自成立以来,主动承担了中国少先队工作学会会刊——《少先队研究》的编务工作。本着面向基层、服务基层的宗旨,在深入基层调研、开展课题研究的基础上,及时将科研成果在杂志上发表。目前,《少先队研究》已成为少先队组织理论研究的阵地、信息交流的平台,在少先队科研事业中发挥着越来越重要的作用。

三、上海市少年儿童研究中心工作初见成效

1. 少先队科研网络更趋完善

上海市少年儿童研究中心的成立,使上海市少先队科研力量得到进一步加强,一批中青年教师加入中心,为少先队科研工作补充了新鲜力量。由于中心重视发挥协调、促进与联合功能,使市、区、校少先队科研工作网络更趋完善,促进了基层少先队科研活动的全面活跃。全市各区县少先队科研活动不断活跃,科研氛围不断浓厚。

2. 少先队学科建设取得新进展

在上海市少年儿童研究中心的主持下,少先队学科建设的步伐明显加快。《上海少先队运动史》的编辑工作已取得初步进展;《少先队发展新思考》《雏鹰争章教师指导用书》《创建孩子的快乐家园》等书已正式出版;此外,少先队学、少先队教育思想研究等一批选题已列入研究计划。随着新一轮少先队科研规划的实施,上海市少先队学科建设将取得更大的进展。

3. 少先队科研力量不断整合

当前,上海市少先队科研工作已逐步纳入教育科研的体系,在教育类的杂志中,已专门开辟少先队理论探讨与实践经验的栏目,科研工作逐步融入教育研究的领域中,成为推进素质教育与实践的共同力量。上海市少先队工作学会、中国少先队工作学会基础理论专业委员会、上海市中小学德育研究协会小学德育专业委员会等学术团体,已成为少先队科研的重要力量。

上海青年管理干部学院工作简介

2004 年,上海青年管理干部学院全体干部职工扎实、踏实工作,在前几年超常规发展的基础上,苦练内功,集聚力量,走内涵式发展道路,完成了年度工作任务,并为新一轮发展做了大量基础性工作。

1、办学规模保持稳定

2004 年,学院 7 个高职专业共录取 501 名新生,在第一志愿内顺利完成招生任务。成高招生工作在生源减少的情况下,超计划多招 105 名,各专业共录取 465 名新生;今年,应届本科毕业生就业率达 100%,应届高职毕业生就业率达 91.86%,为学院赢得良好声誉。全年培训团干部 49 个班次,2696 人次;继续教育工作扎实推进,经济效益又创新高。同时,学院还创办了面向全市 37 所专科院校的大学英语 4 级、6 级考点,独立承担了全国计算机中心考点工作,为学院教育事业的发展开辟了新的增长点。

2、教学科研全力推进

2004 年上半年,结合申请转性工作,按照高等教育的要求,学院发动各部门,大面积地梳理、整理了教学、科研、学生等方面的规章制度,使之进一步规范和完善,有力地促进了教学科研工作。下半年,学院又分别推出了《教师教学工作量核定与考核的暂行规定》、《上海青年管理干部学院外聘教师聘任与管理办法》等教学工作管理制度;《上海青年管理干部学院关于评选院级精品课程的通知》、《关于主干课程认定程序的通知》、《关于课程教学大纲建设的若干意见》等专业建设指导性文件,进一步完善了教学管理制度。

2004 年暑期“两会”上,学院邀请校外有关专家就精品课程建设等工作进行了具体指导,使广大教师的视野更加开阔,收获很大。

各系以各自特色专业为基础,以市场需求为导向,以新专业申报、课程调整为抓手,推进专业和课程建设。青少系、经管系、计算机系 3 个系积极申报新专业;社工系、公管系以及其他各系按照高等教育规律,结合各自情况,对课程设置和教学内容进行了调整,进一步规范了教学大纲,使专业、课程设置更加合理,并初步形成了专业建设、师资队伍健康成长的良性机制。

下半年,学院在“青少年教育”、“社会工作”专业先行进行主干课程的申报、认定工作,积累经验,逐步向全院各专业推开。

2004 年,学院学术活动频繁。17 人次走上“东方讲坛”,展示青干院的科研和教学实力;“未成年人思想道德建设”、“邓小平青年思想研究”、“第四届上海青年发展战略论坛”等高水平学术研讨会先后在学院举办,带动了学院科研工作;“青苑论坛”丰富了学院学术研究推进机制。许多教师参与“未成年人思想道德建设”、“邓小平青年思想研究”等重大课题研究,积极开展科研工作,全年公开出版 9 本著作和教材。

3、学生工作局面一新

2004年,学生工作呈现出了新的局面。从年初新学期第一天起,学院就采取多种行之有效的措施,狠抓"五不",狠抓学风、考风建设,取得了明显实效。2004年全市社工师助理统一考试中,学院学生合格率为75%,比全市平均合格率25%高出了50个百分点,生动地展示了学风建设取得的积极成果。

学院团委以进一步提升团学工作内涵为目标,以推进学风建设为主线,团学工作有声有色。首届学生辩论赛精彩纷呈、"爱心超市"开张、第八届校园文化节成功举办、学生社团活动走上机制化轨道等等,都成为团学工作中的新亮点。精彩剧社在上海大学生话剧节上获得优胜奖;公管系学生徐嘉菲荣获全国大学生校园歌手大赛"铜奖"、学院获得"组织奖"。团学工作机制逐步完善,学生参与热情与日俱增。

9月13日,学院接收重残青年林恒入学报到,帮他圆了大学梦,引起了媒体和社会的广泛关注。市教委专文编发了3000多字的2004年第97期《简报》,对学院积极安置林恒入学、以林恒事迹带动学风建设等做法予以高度评价。市教委专文编发《简报》,全面介绍有关情况,这在学院高职办学以来还是第一次。

这些年,学院始终注重大学生思政教育。自中央16号文件下发后,学院党委及时下发了《关于落实『中共中央国务院关于进一步加强和改进大学生思想政治教育的意见』的意见》,并专门召开全院工作会议组织学习、具体部署。各系和继续教育部积极响应,都推出了切实可行的具体措施,推进和加强大学生思政教育工作,落实中央16号文件精神。

下半年,学院采取多种宣传手段,不断加强安保、消防工作。各部门高度重视,切实为学生的健康成长负责,认真排查,消除隐患,以扎实的工作确保了学院的稳定。

4、办学硬件继续完善

2004年暑期,学院对青年会堂进行了全面检测、维修。对3号、4号宿舍楼及2号楼教工食堂也作了全面整修。学生住宿环境进一步改善,教师用餐环境更加舒适。4号楼宾馆硬件条件明显改善,客容量从60个床位增加到90个床位,在下半年大批量团干部培训中发挥了重要的作用。

3月22日,学院与松江科技园区管理委员会正式签定后者转让158亩土地的"征地协议书",使学院占地总面积达到了181亩。协议的签定,是我院办学历史上的又一重大突破。

5、党建取得新的进展

2004年,以加强党的执政能力建设为核心,围绕教学科研中心,学院大力推进党的建设。一年来,党委组织广大干部职工认真学习十六届三中、四中全会精神,用科学发展观武装广大干部职工。结合学院实际,党委开展多种形式的师德教育,大力加强干部、教师2支队伍建设。全年发展新党员48名。青干院新老职工继续向困难学生献爱心,在连续4年捐款的基础上,2004年又捐出42000元。不到半个月,全院师生又捐出16800多元善款,帮助印度洋海啸灾区其他国家的人民,充分体现了青干院师生良好的精神风貌。工会配合党政中心工作,更好地发挥了增强职工凝聚力、联系群众的独特作用。团委班子调整后,勤奋团结,充满活力,团学工作有声有色。广大党员、干部、教师心系学院发展，关怀学生成长，营造和谐氛围，在全年工作的顺利推进中发挥了重要的作用。

2004 年，学院着眼未来可持续发展目标，以内涵式发展为核心，着力提升教学、管理工作的水平和质量，圆满完成了团市委下达的各项任务。2005 年，学院将在继续苦练内功的同时，“挺进松江，实现转制”。

青年报社工作简介

2004年，青年报社党委高举邓小平理论和三个代表重要思想伟大旗帜，坚持树立和落实科学发展观，围绕报社的运作机制、工作机制以及相配套的组织架构进行了一次较大的改革，走出了至关重要的第一步，也是报社在进入新世纪后一直在探索、在实践的一步。

一、报社的核心品牌《青年报》，继续深化市场化改革，不断提升社会影响力

《青年报》发表的一大批优秀新闻作品取得了很好的社会效益，也赢得了新闻界同行的尊重。其中，由顾盈华采写、姚阿廉编辑的《"喜鹊"是我亲爱的朋友》，通过叙述一位大学生主动与艾滋病人交朋友的故事，荣获了2004年度上海新闻奖的二等奖。一年中，《青年报》主办了帮助陪伴空巢老人过年的爱心公益活动—"老少千人过大年"活动，引起了上海各界的广泛关注和市有关领导的高度评价。紧密配合中央和上海有关部门开展的禁毒集中宣传教育活动，重点推出的系列报道《看不见的战线》，引起了全社会的广泛关注。市委副书记刘云耕在看了报道后说："《青年报》记者的跟踪报道充满了感情，写得很细腻，报道的社会效果很好。"《聋哑女大学生伤心求职路》一文，社会反响强烈，周太彤副市长在报道上专门批示："感谢青年报及龚小莉记者的报道，希望能把'期待福待'的文章继续做下去"。记者行动《暗访黑作坊村》的详实报道引起了政府部门的高度重视。长篇通讯报道复旦大学研究生冯艾赴西部地区支教的先进事迹也在社会中树立了榜样。一年来，《青年报》在青年传媒公司的苦心经营下，总收入突破亿元大关，进一步扩大了在上海报业市场的份额。

二、报社的其他品牌也有了很好的发展积累

《生活周刊》继续向好的方向发展，全年收入同比增长60%。同时，推出了64个版全彩印的形态，采编结构和团队建设都已具备进一步发展的较好条件。《学生导报》的发行继续稳中有升，每期达到25万份以上，报纸保持了在教育领域中的传统影响力，并取得了较好的经营业绩。《青年社交》平稳地实现了战线的收缩，广告收入有所增长，为进一步发展提供了机会。《团的生活》实现期发行量2.5万，并在栏目、内容等方面围绕共青团事业新发展做了不少新的探索，得到各级团组织的认可。上海青年电子社区网站，作为报社统一的网上平台，坚持服务这个主线，做了不少新的尝试，日点击量由原来不足1万次迅速提升到目前的10万次。

三、报社党的思想、组织和作风建设都得到了进一步的加强

全年共发展党员5名，培养入党积极分子14名，广大干部和党员也都在各自岗位或领域中发挥了较好的示范作用。在党委的领导下，报社工会和团委还分别召开了代表大会，顺利地完成了换届改选的任务。

上海大世界(集团)公司工作简介

2004年对大世界(集团)公司来说是充满挑战和机遇的一年,是积极推进大世界维修改造并取得初步成果的一年,也是确保大世界安全、维护职工稳定较有起色的一年,公司各项工作稳步发展的一年。

一、推进大世界维修改造迈出关键一步

市委、市政府对大世界维修改造十分重视。2004年市领导多次听取大世界维修改造情况的专题汇报,并作出重要指示,指明了方向。根据市领导的指示精神,大世界主要做了以下工作:

1、认真做好大世界维修改造方案。先后提出制定了近二十套改造方案,并根据多方意见多次对方案进行综合修改细化。目前已初步确定了其中一个方案,该方案得到市领导和市有关部门的充分肯定。同时就大世界改造的规划地块、投资规模、职工安置以及公司内部与改造工作配套衔接等工作提出了相应的方案设想。

2、主动与市区有关部门联系沟通。大世界改造涉及文物建筑保护,市政规划,建筑产权等,经过无数次的沟通,市文管委已同意对大世界实施保护性改造,市规划局提出了大世界改造的规划任务书(草案),市有关部门及黄浦区表示全力支持并给予了具体指导和帮助。

3、依靠社会力量推进大世界改造。先后三次召开专家座谈会,多次上门咨询、论证,广泛听取社会各界意见并整理集中,及时将社会反映及建议上报市领导及市有关部门,为有关部门决策提供依据。

4、积极寻找合作伙伴招商引资。先后与20余家海内外文化品牌企业进行洽谈并重点确定其中几家企业进行了深入谈判,已有企业意向合作参与大世界改造,目前商谈仍在深入进行中。

2004年3月市发改委发文将大世界维修改造列入本市“科教兴市”社会发展主战略重大项目之一。9月在市委、市政府召开的上海文化工作会议上将大世界维修改造作为本市文化设施十大重点项目之一。

二、确保大世界安全和职工稳定取得新进展

大世界安全和职工稳定是2004年公司重点工作。大世界建筑年久失修,老化损坏,存有严重安全隐患。因大世界暂停开放职工回家待岗,职工稳定工作压力相当大。

(一) 安全工作

1、加强安全检查,定点定时监控。检查制度得以完善,防范措施到位,安全责任到人。

2、及时抢修,严防隐患。对大世界顶楼进行了简易维修,对损坏严重的建筑部位进

行临时加固支撑，确保建筑安全。

3、提出抢修方案，积极实施。多次委托市专业机构及建筑结构专家对大世界进行实地检测勘察，针对目前大世界建筑状况提出了抢修方案，并协调各有关单位对抢修方案进行论证，目前该临时抢修方案已获批准，并已在实施中。

4、配合做好抢修施工，保证施工安全。2004 年底市建四公司进驻大世界实施临时性抢修。大世界在安全管理、施工协调等方面给予大力配合。

（二）稳定工作

1、多渠道、多形式为待岗职工提供就业服务。联系外单位并推荐鼓励职工自主临时就业，同时挖潜腾出部分留守岗位安排特困职工，解决特困职工实际困难。组织生产自救，将部分娱乐项目推向社会，安排职工自主经营并在各方面给予帮助或指导，缓解职工经济生活压力。

2、主动关心、建章立制，做到“四必访”。建立了职工联系和家访的工作机制，确定了“困难职工家庭必访；有思想情绪的职工必访；职工家庭有特殊事情的必访；有要求与组织沟通的职工必访”的工作要求，及时了解掌握职工思想生活状况，有针对性地做好职工稳定工作。一年内家访职工人次百余人。

3、热情接待，耐心细致做好信访工作。一年来共接待职工来访 30 余人次，处理职工来信 6 件，对来访来信提出的问题均给予了回复和较好地处理解决，防止了矛盾的激化。

三、大世界其它工作有所突破

1、完成了大世界房产公司的改制。

2、大世界基尼斯活动得到了进一步的发展。与中央电视台三套联合举办了《你想挑战吗》节目专栏，每周日黄金时间播放一次。与中央电视台国际频道、上海东方电视台等单位联合举办了《2004 年大世界基尼斯颁证晚会》，该晚会内容已于 2005 年春节期间在央视四套向海内外播出，上海东方电视台也于春节期间播放。

四、青年宫培训工作有了新起色

大世界停业后，青年宫的活动培训场地受到影响。青年宫及时调整工作业务，利用社会资源，以自己的品牌优势、师资优势等联合其它社会办学力量，重点开展青少年的培训教育活动。2004 年共计办班近 200 个，涉及文化教育、职业技能、人才中介等，参与人数约 10000 人次，做到了工作不断，培训不断。2004 年 12 月受中国青少年宫协会的委托，青年宫在团市委的支持下，具体承办了中国青少年宫协会三届四次理事会，全国 20 多个省市自治区 80 多个青少年宫负责同志参加了会议。由于精心组织，精心安排，热情接待，这次会议取得圆满成功，受到团中央和团市委的好评。

上海青旅(集团)公司工作简介

2004年是上海青旅(集团)公司发展史上极不平凡的一年。在这一年里,集团公司成功进行了改制,实行了新旧体制的平稳过度,经营收入和利润水平大幅度增长,创历史新高,精神文明建设跃上新的台阶。所有这些成绩的取得,归功于团市委的正确领导和果断决策,归功于集团党委、总经理室全体班子成员团结协作和不断创新,归功于广大员工顾全大局和勤奋努力。

一、企业经营形势喜人

2004年,集团公司实现营业收入50634万元,同比2003年增长47%,同比2002年增长28%;实现利润1898万元,同比2003年增长147%,同比2002年增长98%。现具体分析如下:

1、集团利润结构发生显著变化。长期以来,集团利润来源中,旅游板块约占20—30%左右,对集团利润贡献率不是很大。而2004年情况发生显著变化,旅游板块的利润占集团合并利润60%,是支撑2004年集团利润大幅增长的主要因素。2004年各业务板块利润占集团合并利润的具体比例为:旅游板块60%,汽车服务板块15%,货运物流板块44%,房产板块-19%。

2、中国人旅游市场大幅增长,入境游市场缓慢恢复。2004年出境旅游业务接待人数29146人,同比2002年增长98%,完成经营利润758万元,同比2002年增长39%。2004年出境业务实现的经营利润中,占比较大的是:港澳273万元,东南亚200万元,日韩162万元,西欧124万元。国内旅游2004年实现营业收入7527万元,利润总额370万元,同比2002年分析增长39%和262%。中国人旅游市场大幅增长的原因:一是2004年我们对营销中心进行了调整,效果非常显著。年底,营销中心销售额实现成倍增长,达到9600多万元;二是2003年"非典"抑制的一些需求在2004年得到喷发;三是我们的产品在价格上趋于市场化,理性化。

2004年上半年,入境游市场仍未完全摆脱"非典"的影响,到下半年,入境市场基本恢复到"非典"前的水平,预计2005年入境游市场将会全面转旺。2004年入境市场共完成经营利润544万元,比2002年增长8%。入境游的增长点主要是商务旅游部,去年实现营业收入1105万元,经营利润91万元。入境游市场最大特点是经营质量较好,毛利率较高,具体毛利率为:日本部12.8%,欧美部12.4%,商旅部13.6%。

3、国际货运业务实现历史性突破。货运公司去年实现营业收入14766万元,利润总额365万元,同比2003年分别增长148%和122%,创造历史新高。货运公司经营业绩大幅增长的原因主要有:一是开拓市场成效显著,去年该公司市场部实现毛利290万元,同比增长128%,成为各部门的利润大户;二是在传统优势项目保持增长的同时,其它项目也有一定的发展,比如,2004年10月份成立的非 部实现毛利10万元,汽运部由于增加两部卡车，去年实现毛利170万元；三是内部考核机制进一步优化，调动了员工积极性。

4、汽车服务业务平稳增长。旅游业务的全面恢复与快速增长，带动了汽车服务业务的发展。2004年，汽车板块营业收入完成4710万元，利润总额完成284万元。汽车公司营业收入构成为：青旅集团内部单位用车12%，外单位用车59%，出租业务17%，修理业务12%。

5、房产公司板块亏损比2003年略有增加。其主要原因为2004年对原商业公司闲置的商场道具和电脑POS进行了帐面报废处置。

二、集团改制圆满完成

按照团市委的总体部署，上海青旅(集团)有限公司于2004年成功进行了改制。青旅是一个经营二十多年的传统国有企业，人员结构错综复杂，用工性质有企业与事业之分。对这样一个企业进行改制，必然会使我们面临许许多多因利益冲突而引发的种种矛盾。尽管困难重重，但集团党委、总经理室在团市委领导的具体指导下，广泛倾听群众意见，领导成员以身作则，不与民争利，将最大的利益让给群众，最终形成了符合政策规定、大多数员工拥护的企业改制方案。我们于2004年8月份召开了职工代表大会，统一了思想，明确了改制的意义，改制中的难点和困难得到了全体职工代表的理解和支持，方案获得职代会全票通过，并及时得到团市委的批准。

三、企业管理得到加强

财务控制进一步科学化、规范化。人事管理有效加强。后勤服务工作经过调整得到进一步优化。2004年，我们有效应对了一些旅游投诉事件，从中吸取教训，完善内部管理，维护了青旅的良好市场形象。

四、精神文明建设成效显著

2004年，我们组织了10名同志到人民广场参加团市委组织的献血活动，完成了徐汇区下达给青旅19名献血指标；青旅团委组织青年到天平街道参加学雷峰活动，参加团市委组织的歌咏比赛；青旅支助天平街道一名贫困学生，帮助他继续学业；创建市级文明单位工作常抓不懈，继续保持市级文明单位的光荣称号，员工工作环境较好，保持了徐汇区园林绿化先进单位的称号；治安保卫工作措施得力，全年没有发生重大的治安案件。

上海青年文化活动中心工作简介

2004 年上海青年文化活动中心以贯彻中央《关于进一步加强和改进未成年人思想道德建设的若干意见》为契机，进一步实施"一体两翼"和"三业发展"的战略目标，加快"培训与服务"自主品牌建设，实现了改革发展与经营效益同步增长的目标，各项工作主线鲜明、重点突出、推进有力，进一步凸现了良好的社会公益性形象。

活动中心以发展公益性事业为目标，积极主动争取政府和团市委的支持，不断扩大服务领域和项目。通过政府购买青少年争章考章、少年科学院、禁毒馆宣传教育、青年见习基地、青年创业培训等服务项目。同时，出色承办了团市委 17 次重要会议和活动，先后有 90 多位省部级领导到活动中心视察和指导工作，扩大了对外的社会影响。103 位青少年在全国科技竞赛中获得了一、二、三等奖，9 个项目获得国家和上海市各类创业奖项，活动中心因而再次获得了全国先进青少年宫称号。

活动中心把"培训与服务"作为创建自主品牌的主要项目，尤其培训广场入驻活动中心之后，扩大了社会上的知名度。在活动中心培训的青少年达到 13158 人次，创历史新高。参加少先队雏鹰英语口语奖章争章考章活动的青少年达 47282 人次，同比增长 70%。上海市禁毒教育馆接待参观者达 240018 人次。青年创业技术培训达到了 4227 人次，较上年增长了 11.7%。青年人才公司开设的职业生涯指导培训达到 180 人次，共有 77 个教育培训机构先后入驻上海人才培训广场，培训 12601 人次。各类培训总量达到 31442 人次。

活动中心积极开拓创新，在市场中主动寻找发展空间。"学习方略训练营"、《新闻晨报》学生记者团在社会上产生轰动效应，共计 1300 人次参加。少科院、科普中心等吸引了 26 万青少年参加。策划、出版全国首套禁毒宣传邮册，青少年国际文化交流拓展了新的领域。还积极参与上海青年职业发展中心平台设计和创办工作，并获得英国王子基金会资助的 51 万元创业启动资金。历时 3 月的"欧洲迷你风情展"吸引了 3 万多学生前来参观，物业公司还承接了交通银行闸北支行 7 个网点物业报修项目。

活动中心在坚持"公益性"的前提下，努力提高企业的经济效益，取得了令人满意的成绩。培训广场开业一年来，积极招商，引进机构，先后有 42 家，出租率已达 90%以上。会展经营收入也超过历史最好纪录。同时，一期竣工验收顺利通过，对长年空置闲置的东三、东四及中五楼实施改造开发，增加了 3600 平方米，盘活了 7200 平方米，还完成了二期项目开发前期工作。

活动中心从强化管理意识、增强服务能力入手，狠抓基础管理，狠抓制度建设，狠抓操作规范，取得了明显的绩效。物业公司通过了 ISO9001 国际贯标体系评估认证，培训学校顺利通过了市教委分等定级评估抽查。加大了预算执行、跟踪、分析和计划协调力度，围绕创建"培训与服务"自主品牌的目标，开展多层次多方位宣传工作，各项管理上了一个新台阶。

活动中心把深化人事改革作为全年的一项重点工作来抓，在广大职工的支持、理解和配合下，取得了一定的进展。15 名职工原在中心享受社会保障关系现转移到公司，活动中心所有职工都续签了合同。35 名职工参加了主管以上岗位的竞聘，22 名职工通过竞聘提任主管以上的岗位；72 名职工通过竞聘上岗。同时，完善了岗位考核制度，实行分级按季度考核制度，对中层管理人员实行由主管以上人员的考评打分，2 名中层管理人员由董事会考核的办法。在整个人事改革中，始终贯彻“以人为本”，体现人文关怀。通过人事改革，职工中出现“三多好现象”：了解关心企业的人多了；思想观念转变的人多了；敬业爱岗自觉学习的人多了。

上海城市实业公司工作简介

2004年上海城市实业公司实现营业收入8068万元，超额完成团市委经济责任目标6903万元的16.88%，顺利完成党建责任目标。

其中城市酒店实现营业收入7718万元，完成预算6748万元的114.37%；实现营业毛利2181万元，完成预算毛利1889万元的115.46 %；全年平均出租率74.07%，平均房价674元，超过预算11%。

2004年，是城市酒店荣膺四星后的第一年，也是对企业发展至关重要的一年。一年来，城市人用辛勤的汗水、无畏的勇气、踏实的工作、超越自我的不懈追求，收获了值得记取的喜悦与硕果。

一、注重市场与价格

城市酒店站在新的起点，通过提高客源层次来提升档次，将“逐步提高平均房价”作为市场计划的重点。客源结构得到了调整，营业收入得到了大幅提高。

注重将“关注市场、了解市场、占领市场、把握市场、驾驭市

场、领先市场”的理念，融入于酒店的市场定位中，通过对市场进行经常性、系统性、针对性的市场调研，多渠道、全方位、大容量收集市场信息，为制定市场策略提供依据，从而使企业市场占有率稳步提高；营业公关部开拓销售渠道、编织促销网络，建立重要客户档案，进一步吸引客人，留住了一批忠实客户；根据淡旺季节不同、客人需要不同，制定适时、合理、灵活的房价、促销、推广策略，极具多样化与人性化；04年营业绩效考核方案的成功施行，激发了销售人员以及全体员工的销售积极性，保证了营业收入的顺利超额完成。

二、注重标准与规范

2004年，城市酒店管理当局下大决心、花大力气对酒店的设备、设施进行全方位更新、调整，斥巨资对所有员工的制服进行了更换。大家在各项调整工作的过程中所表现出的一丝不苟、严格把关，精益求精的精神，无不体现出城市人与世界接轨所做的努力。

硬件高要求，软件更苛求。为使服务标准化、规范化，加强全员服务意识、服务标准、服务技能的提高，04年在酒店开展了如火如荼的培训工作。通过国内学习与国外考察相结合，集中授课与分散教学相辅助，公开设课与内部培训相依托，以及配合诸如演讲比赛、小组讨论、技能比武等考核形式，使培训活泼生动，寓教于乐，在较短的时间内，有效地实现了酒店综合管理水平的提升。

三、注重投入与产出

2004年，是酒店在客房装修投入最大的一年。1、2月份对18—20F的三层客房进行了装修改造，并于3月份正式对外营业。至此，酒店已拥有18—23F六个楼面的行政客房。为了更好地完成F1接待任务，酒店在形势大好，且行业旺季的情况下，毅然将原本计划在2005年装修的14—17F的豪华房，提前于6—8月份进行了重新装修。酒店还投入资金1000余万元，用于污水处理系统、冷水机组等大型、重要的机组设备的更新及保养，选用了新的VDSL上网系统，对消防应急系统进行了维修保养等，提升了四星级酒店硬件档次，为客人提供了超值的享受。

投入是巨大的，但通过一系列的改造，不但赢得了客人的好评与认可，也给酒店带来了可观的经济收益。酒店管理当局较好地把握了投入与产出之间的关系，是符合企业发展后劲需要的。

四、注重学习与提高

企业要适应市场的变化，而员工要适应企业的发展要求。在不断的变化中，要能勇立潮头，就要加强学习和提高。2004年，上海城市实业公司和城市酒店提出要努力创建学习型企业，并由主要领导挂帅，成立了"学习指导委员会"，全面指导企业全年各项学习、培训工作。

从针对高级管理人员的《2004年干部学习计划报告书》，到近二个月的中高级管理人员培训，再到各基层岗位的规范业务培训，在企业中形成了全员学习的良好氛围；从选派青年干部赴英学习，到分两次组团赴澳考察，使管理人员拓展了视野，接受了新的讯息，从而在理论与实际相结合的基础上，更新观念，产生新的灵感与活力，为企业发展出谋划策。

团报《城星报》升格为企业报《城市报》，《城市报》通过迅速、客观、全面的报道，努力体现、展示我们企业的新变化、新形象、新风貌，成为反映员工心声的园地，企业信息沟通的桥梁，对外宣传的窗口。

部门板报、工会园地、城市动态宣传栏、员工意见箱等载体，起到了很好的沟通效果。不但让全体员工充分了解企业发展的核心思想，以及实施各项举措的意义与必要性，达到企业与个人思想的高度统一，使员工乐于接受，积极拥护，而且营造了和谐的企业氛围。正是在这样的环境与氛围中，大家携手同心，在不断的进步过程中，逐步形成企业的行为文化、服务文化、产品文化。

五、注重当前与未来

在实际工作中，有些工作虽然可能当前看不到明显的效益，但从长远的角度来看，带给企业的收益是受用终身的。

04年酒店打破传统，精简机构，实行房务总监负责制，并在各部门内实行交叉培训和轮岗制度，提高管理人员的积极性和危机感，挖掘他们的工作潜力，逐步形成简洁高效的工作作风。

为更好地吸引人、用好人、鼓励人、留住人，年初首先出台了“2004年工资福利方案”。新方案打破了“职级工资制”，改用“职级分离工资制”，激发了专业人才的工作积极性。使员工干劲更高，极大增强了企业凝聚力和员工对企业的忠诚度，使企业与个人利益得到有机统一，实现“双赢”。

同时对制度建设狠抓不放松，不断加强制定、完善、考核各项制度的力度，无论是“营销考核制度”的完善，还是“部门绩效考核表”的推出，有效激发了全体员工作热情；无论是“质量诊疗小组”的成立，还是“离职约见制度”的实行，更有利于发现问题，解决问题；无论是“员工个人培训档案”的建立，还是“培训考核积分制度”的出台，都在企业中形成了良好的学习氛围。虽然尚有许多地方需要总结与改进，但相信努力之后，终会带来可喜的改变与收获，这将是企业的宝贵财富。

六、注重党工团组织的先进性发挥

2004年，酒店党工团开展了丰富多彩有意义的活动，比如为庆“七一”，城市实业公司党委副书记薛国成同志向全体党员和积极分子作了关于学习和践行“三个代表”重要思想的报告、各党支部相继开展了形式多样、富有意义和实效的组织生活、店庆十五周年系列活动、升星周年庆典系列活动等，提高了党员思想觉悟，增强了企业凝聚力，为企业发展锦上添花。

活动中还注重“打开门，走出去”，在更广泛的范围里，寻求合作与创新，谋求新的发展，扩大社会影响，树立企业形象。例如“庆七一，城市酒店・延中社区联欢会”的成功举办，进一步搭建了企业与社区共创双文明的平台，使双方的友谊加深；“青春，点燃生命的希望”献血志愿队活动，以及外资品牌酒店足球联赛季军的取得，展现了“城市人”的无私与无畏，对外进一步树立了酒店品牌。

2004年，城市酒店第三次荣获“上海市文明单位”称号，第九次被评为“全国外商投资先进饭店”。城市实业公司党委书记、总经理，城市酒店董事长陆培明同志被评为“全国共青团系统先进工作者”。酒店员工钟海虹获得雅典残疾人奥运会坐式女子排球冠军，并获得全国“五一”劳动奖章、全国“三八”红旗手、全国五四杰出青年贡献奖、优秀运动员、上海“三八”红旗手标兵、上海市“新长征突击手”，上海市“五一”劳动奖章等多项荣誉，荣立一等功一次。

上海青年科技发展有限公司工作简介

2004年对上海市青年科技发展有限公司来说是不平凡的一年。这一年公司在经营上抓住了百年一遇的机遇，实现销售收入6.44亿元，利润4557万元，在国内水路集装箱运输项目上，继续保持市场份额17%以上；这一年，公司在管理上全面运用平衡记分卡原理设计公司和部门的各项指标，使公司的绩效考核体系进一步得以完善。

一、抓住机遇，创水路集装箱运输项目开展以来的最佳效益

2004年，公司抓住了航运市场“百年一遇”的机遇，实现了公司开展国内水路集装箱运输项目以来的最佳效益。

1、继续保持上海港内贸集装箱吞吐量第一地位，国内水路集装箱运输的市场份额也进一步得到提升。

2、整体的网络布局更趋合理，形成了以沿海三大经济圈为依托的网络运输格局。即以上海港为枢纽，向南北展开，辐射长江三角洲、以烟台港为中转港，辐射渤海湾经济圈、以广州黄埔港为中站港，辐射珠江三角洲。

二、系统思考，使绩效考核体系更趋完善

首先，在年初重点运用平衡记分的原理设计各职能部门的各项指标，使各职能部门按照既定的目标，自主、有计划地开展全年的工作，不仅使各部门掌握了主动，更注重了各部门间的配合。

其次，对各办事处的绩效目标在原有的基础上，提高了要求，充实了内容。通过绩效考核，使得办事处员工不仅关注最终结果的优劣，更关注过程的质量和控制。在高层的考核上，我们也做了些尝试，进行了民主评议，即中层干部不记名地对高层进行评议，评议的结果，直接跟收入挂钩。

三、注重联盟经营，对供应商管理进行了有益的探索

2004年，我们在上海进行了供应商管理的试点工作。首先我们以车队作为突破口，即把原有的这些车队，按照其规模，把相应客户的货物分配给他们，定货主，定门点。这样一改变，作为供应商的车队就掌握了主动权，他们不仅对客户的服务非常用心，而且主动关心客户，责任心大大增强了。其次，我们还建立了一套评价体系，定期给他们打分，且是公开的，透明的，并及时反馈车队，告诉他们做的怎么样，怎么再改进。

通过半年的试点，取得了显著的成功，也为打造南青品牌，发挥南青运作模式的优势取得了经验。通过一系列的有益的探索，使得我们整体的服务水平大大提高了，同时这也是防腐败的一个重要手段。

四、关注员工初见成效，员工的积极性得到了很大的提高

2004年，我们提出了现代企业管理很重要的一个理念，即“没有好的员工，不可能有好的客户，也不可能有好的经济效益”。从去年开始，我们这方面的工作得到了加强。

首先建立了建言纳言座谈会制度，会议开了5次，公司上下都非常重视，员工的提议首先由人事部门汇总，之后职能部门解释和提出整改措施，总经理每一件都认真阅过。很多得到采纳，有些正在整改过程中。这项工作对于发挥职工主动性起到了非常好的作用。

第二是员工的福利和收入得到了提高和改善。

第三是优秀员工的评选也开始了，这也是以前没有过的，公司把这件事情当大事来做，也作为今后关注员工的一项重要工作，以及公司企业文化的一个重要组成部分来做。

上海市因私出入境服务中心有限公司工作简介

2004 年度是因私中心改制后，按有限责任公司规范运作的第一年，因而，是应对企业转制的调整年，是原有企业项目的建设发展年，是面向市场竞争的开拓年。公司经营班子按照股东会、董事会的授权及其要求，积极推进公司经营机构调整，加强创新机制建设，在激烈的市场竞争中，突出重点，抓住机遇，克服 2003 年非典造成的不良后遗，全面完成了 2004 年经营目标及任务。业务收入达到 1642 万元，完成销售计划 125%，比 2003 年上升 49%；利润总额 177.69 万元，超额完成董事会年初确定的 160 万元的利润总额指标。

回顾 2004 年，重点抓了以下几项工作：

一、以主线带全面，调整规划新格局

进入 2004 年，我们对中心业务发展方向进行了全面深入思考，走一步要想三步，干一年要规划三年。中心未来发展的方向是什么？主营业务定在什么地方必须考虑确定。总结历史经验，研究面临新形势、新状况，不变不进，老办法，老套路不行，要淘汰，但改得太多，全部投入新行业，也不行，全面开花，贸然进入新领域，做不熟悉的业务，没有优势，也要淘汰。因此，中心业务定位还是在出入境领域，以主业带辅业。围绕出入境中心，全面开拓相关领域的业务。中心确立的主业为留学、移民、劳务、签证。辅业为商务旅游、人才交流、产权、翻译、送递等配套服务。主业在胸，保证了总体经营框架上的稳定，辅业在手，烘托了主业，增加了经济效益。

二、积极参与市场竞争，努力打拼市场龙头地位

中心经营的特殊服务行业，靠的是特许经营。然而时代的发展，中心的特许经营越来越弱，越来越开放，竞争对手越来越多。留学、移民、劳务、签证四大主营业务中，留学、签证是中心的历史强项，但遇到的挑战是最大的。留学是中心第一品牌，但 2004 年整个留学市场全面下滑。主要原因是：1、学生、家长自办能力加强，学校直接招生；2、社会舆论对中介批评较多，影响整个形象；3、招生国家签证政策上的变化；4、同行竞争激烈；5、合作办学后直接招生。在这些综合因素的冲击，留学中介市场整体下降 30%以上，中心“留学港”是上海留学中介机构的“龙头”，在评比中获得六个项目中的五个第一名、一个第二名，面对冲击，尤其是日本市场的冲击（日本市场是中心的传统优势，原来占总量的三分之一），留学港全体员工加强品牌宣传意识，以客户为本服务意识，善于学习的进取意识，借助各方的合作意识，化被动为主动，在协助配合解决中介规范服务的同时，保持了业务上的领先。据行业协会反馈信息，2004 年，留学港在市 14 家中介机构中，依然保持了总量第一的市场优势。日本签证室又是中心的传统强项，代理日本领事馆签证。近年来，日领馆不断增加代办点，市内已有三家代理，华东地区已有数十家，

强烈冲击了市场，日本签证室在严格规范代理签证的同时，努力做好服务宣传工作，签证代办量不减反增，2004年创收增加14%。

中心移民项目2004年有长足的发展，移民主要国家是加拿大、澳大利亚。目前，加拿大项目在上海已名列前茅，鉴于移民项目时间周期长，风险大等特点，经济收益要在以后年度逐渐反映出来。境外就业“劳务”是2004年刚起步的项目，日前还是投入阶段。2004年年亏损17万元。公司正在努力开拓境外市场。接受订单，相信会逐步形成产业。

三、体制转换后，努力创新机制，把经营业绩与员工分配挂钩，充分调动员工的积极性

中心的特点是总人数不多，经营项目分散，三至五个人就是一个独立团队，因此团的自我运转能力要高。团队运转的动力来自何方？既要靠觉悟、员工的素质、企业的感召力，还要靠机制，尤其是分配机制的促进作用。机制合适，能人大量涌现，机制不行，能人变懒人。2004年开局，我们首先明确了责职，经科学测算后，建立各部门经营目标，然后进行岗位竞聘，竞争上岗，让能者上。其次，加强对各部门的考核和管理。财务部设专人负责部门核算，所有成本、费用、收益，全部分解到各部门，让部门负责人及时了解部门的经营情况，树立成本、绩效意识。同时每月进行业务核算，上个月的经营情况，立即在下个月员工的收益中反映出来，奖惩分明，及时调动员工的积极性。目前，员工分配机制随岗位不同，主要有三种形式：(1)计件，每月按完成的数量计件提取，如日本签证室、留学港总台；(2)基本工资加提成，如留学顾问、出入境港业务员等；(3)年薪制，管理人员、综合部门。在分配权限上，逐步形成二级分配，并将分配方案反馈总经理室。

四、统筹兼顾，规范操作中求双赢

近年来，中心走的是一条合作发展之路。中心的壮大、中心品牌的建立有我们自身的努力，也有合作方的贡献。如何处理好自身利益与合作方的利益关系到能否双赢，合作能否长久。应该说，合作的基础是各有各的优势，合作可以取长补短，合作也可以强强联手，做到整体效应的扩大作用。因此，中心的合作伙伴，合作项目很多。当然在合作中，也有一些不成熟的项目，不合格的伙伴会进入，必须在实践中淘汰。经过几年的筛选，应该说我们的合作项目更加成熟。2003年开始，有关部门就提出了规范留学中介，加强管理，取消挂靠的问题，应该，在如何与校方代理机构合作上，我们是把握得较紧，中心从机构的选择，合作合的签订，客户利益的保护等方面已有了成熟的经验，因此我们的得益，远远大于损失。按照有关部门的要求，2004年我们对合作方进一步进行了规范，合作机构大大减少，合作质量进一步提高，我们设想经过下一轮的体制改革，最终解决合作形式和有关规定不符的矛盾。

大　事　记

1月3日　由市委组织部、市总工会、团市委、市妇联、市老干部局等共同举办的“新春帮困送温暖”活动在崇明县举行，市委副书记王安顺，市人大常委会副主任、市总工会主席陈豪，团市委书记陈靖，团市委副书记徐枫等出席。

1月5日　共青团上海市第十二届委员会第三次全体(扩大)会议在上海展览中心友谊会堂隆重召开，市委副书记王安顺出席大会并作重要讲话，市委组织部副部长王乐齐，团市委书记陈靖，副书记顾洪辉、徐枫、李跃旗、王宏伟、陈凯，市少先队总辅导员沈功玲出席。

1月6日　由市青联、市学联、市红领巾理事会共同举办的“流动的花朵，心中的伙伴”——上海青少年新春送温暖活动在长宁区新泾镇展开，团市委副书记徐枫，市少先队总辅导员沈功玲参加了活动。

1月7日　公安系统团员青年造血干细胞捐献志愿者血检活动在市公安博物馆举行，团市委书记陈靖、副书记李跃旗参加了活动。

1月7日　上海民办高校团建工作座谈会在上海民办中侨学校召开，团市委副书记徐枫出席会议。

1月8日　因私中心首次股东大会在因私中心召开，团市委副书记顾洪辉出席会议。

1月8日　市少工委四届八次全委会在城市酒店召开，团市委副书记徐枫，市少先队总辅导员沈功玲出席会议

1月8日　上海青年卡数据库建设招投标会议在深圳发展银行上海分行举行，团市委副书记陈凯出席。

1月12日　由市总工会、团市委、市妇联共同举办的2004年市工青妇领导与驻沪部队首长春节团拜会在城市酒店举行，市人大常委副主任、市总工会主席陈豪，团市委书记班子，市妇联主席班子以及来自上海警备区等驻沪部队首长参加了团拜会。

1月15日　团市委系统离休干部春节座谈会在上海青年管理干部学院召开，团市委副书记王宏伟参加了座谈会。

1月17日　由团市委、市少工委组织开展的“万名困难青少年看上海”活动拉开序幕。

1月18日　上海市第十一次“爱心助学”2000名困难学生助学金发放活动在永明中学举行，团市委书记陈靖、副书记徐枫参加了活动。

1月18日　团市委书记陈靖、副书记李跃旗赴火车南站建设工地等慰问了节日期间留沪工作的市重点工程外来建设者。

1月19日　由市信息委、团市委共同举办的第二届“上海IT青年十大新

3 月 9 日 由团市委、市教育党委、市教委、市青年志愿者协会、市希望办共同举办的“冯艾先进事迹报告会”在上海展览中心友谊会堂隆重举行，市委副书记王安顺，市委常委、宣传部部长王仲伟，复旦大学党委书记秦绍德，市委副秘书长、市委办公厅主任孙路一等领导报告会前亲切接见了“冯艾先进事迹报告会”成员，市委副书记王安顺作了重要讲话。团市委书记陈靖、副书记李跃旗出席了报告会。

3 月 10 日 团市委召开上海共青团组织工作会议，团市委书记陈靖、副书记顾洪辉、李跃旗、王宏伟出席了会议。

3 月 18 日 “永达杯”2003 年度上海市十大青年经济人物评审表彰会在上海大剧院举行，市政协副主席宋仪侨出席并讲话。团市委书记陈靖、副书记顾洪辉出席。

3 月 18 日 江西、甘肃希望工程教师培训班开学典礼在小昆山举行，团市委副书记徐枫出席。

3 月 18 日—19 日 团市委机关科及科以下干部培训班在上海青年管理干部学院举行，团市委书记陈靖、副书记顾洪辉、徐枫、李跃旗、王宏伟、陈凯，市少先队总辅导员沈功玲与机关干部举行在线交流。“共青团上海市委机关干部发展导航计划”全面启动。

3 月 20 日 由团市委、市精神文明办公室、解放日报报业集团、文新联合报业集团、市青基会、市希望办共同举办的上海市希望工程实施十周年纪念表彰会在上海展览中心友谊会堂宴会厅隆重举行。市委副书记王安顺、市人大常委会副主任包信宝、副市长杨晓渡、市政协副主席谢丽娟、中国青少年发展基金会秘书长顾晓今等领导出席表彰会。市委副书记王安顺作重要讲话，副市长杨晓渡为“上海希望之星艺术学校”揭牌。团市委书记陈靖、副书记徐枫、李跃旗、市希望工程办公室主任吴仁杰出席了会议。

3 月 20 日 上海市希望工程办公室启动希望工程助学进城计划，首批 1000 名在沪进城务工子女将得到一笔助学金，以帮助他们完成小学学业。

3 月 21 日 团市委副书记顾洪辉接待日本内阁府青年代表团。

3 月 23 日 亚太经社会第 60 届年会青年志愿者培训班在上海对外贸易学院举行，团市委副书记李跃旗出席。

3 月 24 日 市青联九届一次主席会议在复星大厦召开，团市委副书记、市青联主席马春雷，团市委副书记、市青联副主席顾洪辉出席。

3 月 25 日 团市委书记陈靖、副书记徐枫、市少先队总辅导员沈功玲赴

	民工子弟学校就青少年学生思想道德教育建设进行调研。
3月27日	团市委副书记王宏伟接待韩国釜山青年会所代表团。
3月29日	上海市青年工作联席会议在市委办公厅一号会议室举行，市委副书记、市青年工作联席会议主任王安顺出席会议并作重要讲话，副市长、市青年工作联席会议主任杨晓渡主持会议，市委副秘书长、市委办公厅主任孙路一，市政府秘书长薛沛建等出席会议。会议审议并原则通过了《上海青少年发展规划(2004—2010)(草案)》。团市委书记陈靖、副书记马春雷、李跃旗出席了会议。
3月29日	团中央书记处书记胡伟、团市委副书记顾洪辉在沪接待英国青年创业国际计划代表团。
3月29日	帕台农基金中国青年创业国际计划全国办公室捐款暨上海办公室成立仪式在上海青年文化活动中心举行，团中央书记处书记胡伟、团市委副书记顾洪辉出席仪式。
3月29日	上海市少工委在浦东新区全陆小学举行“中国少年儿童平安行动”启动仪式。
3月30日	2004年上海市红领巾安全步行教育启动仪式在黄浦区举行，团市委副书记徐枫出席。
4月1日	上海市青年文明号(共青团号)诚信服务展示暨“文明先锋——青年文明号统一行动日”活动在人民公园举行，团市委副书记陈凯和全国劳模徐虎、王震、李斌等一起参加了活动。
4月3日	由团江苏省委、团浙江省委、团上海市委和团江西省委联合举办的长三角青年创业论坛在南京举行，团市委书记陈靖、副书记李跃旗参加了论坛。
4月4日	由团市委、市民政局等单位共同举办的“传承民族精神、立志振兴中华”——2004年上海青少年清明祭扫活动在龙华烈士陵园隆重举行，团市委书记陈靖、市民政局党委副书记王富茂等领导与来自徐汇区的八百余名上海市青少年代表一起参加了祭扫活动。
4月5日	团市委书记陈靖、副书记马春雷接待新加坡人民行动党代表团。
4月5日	团市委副书记王宏伟接待英国联系青年机构代表团。
4月5日	团中央少年部副部长刘进喜就外来务工人员子女状况来闵行区蔷薇小学附属弘梅小学开展调研，团市委副书记徐枫，上海市总辅导员沈功玲等参加了调研。
4月6日	由团市委、市旅委共同举办的2004年上海市旅游行业青年

技能大赛在上海国际会议中心召开动员会，团市委副书记陈凯出席会议。

4月7日 由团市委与复旦大学合作研究的哲学社会科学规划课题“先进文化与当代青年”在复旦大学召开专家评审会。

4月14日 全市“倾听大行动”暨少先队上海市第五次代表大会提案汇报会在黄浦学校举行。

4月19日 上海市79所环保学校建立手拉手地球村。

4月21日 团市委副书记马春雷接待俄罗斯青年联盟代表团。

4月21日 大学生志愿者西部支教话剧《托起明天的太阳》在华东师范大学演出，团市委副书记徐枫观看了演出。

4月22日 团市委系统团办事业工作会议在城市酒店举行，团市委书记陈靖、副书记顾洪辉、陈凯出席会议。

4月22日 第三批中国上海赴老挝国际青年志愿者返沪，团市委书记陈靖、副书记李跃旗到机场迎接。

4月23日 团市委书记陈靖、副书记李跃旗赴国际会议中心慰问亚太经社会第60届年会的青年志愿者。

4月24日 2004年“上海青年成才实践月”活动在虹桥迎宾馆、上海青年文化活动中心、上海交通大学以网络视频会议形式同时举行。市委常委、副市长周禹鹏出席开幕式暨“物流与长三角经济一体化”园区青年论坛。普陀区委书记周国雄、普陀区区长胡秉忠、团中央青工部部长徐绍川和团市委书记陈靖等领导出席。同时，上海青年职业发展服务计划正式启动，“创业者风采”上海优秀大学毕业生事迹报告团首场报告会举办。

4月25日 由市文明办、团市委、市公安交巡警总队主办的“大学生交通文明宣讲团”成立仪式在徐家汇港汇广场举行，团市委副书记徐枫出席仪式。

4月26日 中国社会主义青年团中央机关旧址纪念馆开馆仪式在淮海中路567弄渔阳里6号隆重举行。团中央书记处第一书记周强、市委副书记王安顺出席仪式并为团中央机关旧址纪念馆揭牌，团市委书记陈靖、副书记马春雷、顾洪辉、徐枫、李跃旗、王宏伟、陈凯等出席了仪式

4月27—29日 全国预防青少年违法犯罪暨校园及周边治安综合治理工作会议在银河宾馆、虹桥宾馆举行。全国人大常委会副委员长、中央综治委副主任、中央综治委预防青少年违法犯罪工作领导小组组长顾秀莲，中央综治委秘书长、中央综治委学校及周边治安综合治理工作领导小组组长王胜俊，团中央书

记处第一书记周强，中央政法委副秘书长、中央综治办主任陈冀平，上海市委副书记刘云耕，团中央书记处书记杨岳等领导出席会议。

4月27日 上海市进城务工人员法制宣传教育活动动员大会在上海图书馆举行，团市委副书记陈凯出席会议。

4月27日 上海市少先队科研会议在浦东新区举行，市少先队总辅导员沈功玲出席会议。

4月28日 团中央书记处书记杨岳赴上海交通大学闵行校区开展高校共青团工作调研，团市委副书记徐枫陪同。

4月29日 团中央书记处第一书记周强、书记处书记杨岳在团市委书记陈靖陪同下，参观了渔阳里团中央机关旧址纪念馆。

4月29日 市政协主席蒋以任、副主席宋仪侨在团市委副书记马春雷陪同下，参观了渔阳里团中央机关旧址纪念馆。

4月30日 由团上海市委、团江苏省委、团浙江省委联合举办的长三角青年大联欢活动在浦东举行，团市委书记陈靖、副书记李跃旗，上海世博局副局长黄耀诚、团江苏省委副书记李国华、团浙江省委副书记陈浩等参加了活动。

5月3日 “百万青少年爱国主义教育基地寻访活动日”在海军上海博物馆举行，团市委书记陈靖、副书记李跃旗参加了活动。

5月3日 “为了生命的希望工程”——上海青年造血干细胞捐献活动在邮电大厦举行，团市委书记陈靖、副书记李跃旗参加了活动。

5月4日 市人大常委会主任龚学平、副主任周慕尧在团市委书记陈靖陪同下，参观了渔阳里团中央机关旧址纪念馆。

5月4日 纪念五四运动85周年新团员入团仪式在渔阳里团中央机关旧址纪念馆隆重举行，团市委书记陈靖、副书记马春雷、顾洪辉、徐枫、李跃旗、王宏伟、陈凯等出席了仪式。

5月4日 中国青年英模与上海青年代表纪念五四运动85周年座谈会在城市酒店举行，出席座谈会的青年英模有：草原英雄小姐妹龙梅、玉荣，立志振兴国企的智能型优秀青年工人李斌，好八连精神的优秀传人公举东，科技致富的杰出青年农民刘笑，战斗在抗击非典一线的白衣战士张锦，原中国女排上海籍队员周鹿敏、第八届中国青年五四奖章获得者、杰出青年志愿者冯艾等。团市委书记陈靖、副书记马春雷、顾洪辉、徐枫、李跃旗、王宏伟、陈凯等出席了座谈会。

5月8日—11日 中共中央政治局委员、市委书记陈良宇，副市长严隽琪在锦江小礼堂会见以罗马尼亚总理办公厅入欧盟协议监督执行特派部长(内阁成员)、社会民主党副主席兼该党青年组织主席维克多·蓬塔为团长的罗马尼亚青年代表团一行。在罗马尼亚青年代表团访沪期间,举办了中罗青年大联欢活动,团中央书记处书记、全国青联常务副主席胡伟,团市委书记陈靖,团市委副书记、市青联主席马春雷等陪同。

5月10日 团中央书记处书记胡伟在团市委书记陈靖、副书记王宏伟的陪同下,参观了渔阳里团中央机关旧址纪念馆。

5月10日 第三批中国上海青年志愿者赴老挝服务队总结会在团市委机关1号会议室召开,团市委副书记李跃旗出席会议。

5月12日 团市委、司法局、监狱局共同赴安徽白茅岭监狱、军天湖监狱慰问上海青年干警,团市委书记陈靖、副书记王宏伟参加了活动。

5月14日 市社区青少年事务办公室主任蔡忠赴上海市阳光社区青少年事务中心开展社区青少年事务工作调研。

5月15日 由团市委、市教委共同举办的2003－2004学年度上海市中等学校三好学生、先进班集体表彰大会在上海师范大学附属中学举行,团市委副书记徐枫出席。

5月16日 市青联、市留学人员联谊会联合举办的"创业上海——新近归国留学人员同城聚会"在上海慧谷高科技创业中心举行,团市委副书记马春雷出席。

5月18日 团市委书记陈靖、副书记王宏伟出席鲁中矿业集团第六次团代会。

5月20日 第十一届上海十大杰出青年评选会在兴华宾馆举行,团市委书记陈靖、副书记马春雷出席。

5月20日 团市委副书记马春雷接待新加坡人民协会青年运动代表团。

5月23日 少先队上海市第五次代表大会预备会议在市委党校举行,团市委副书记徐枫、市少先队总辅导员沈功玲出席会议。

5月26日 团市委副书记李跃旗到上海国际会议中心慰问世界扶贫大会青年志愿者。

5月26日 "奉献者的风采"——在西部基层工作的优秀大学毕业生事迹报告会在复旦大学举行,团市委副书记徐枫出席报告会。

5月27日 "践行'三个代表'重要思想,传承与时俱进革命信念"——老干部与优秀青年结对活动在城市酒店举行,团市委书记陈靖志、副书记王宏伟出席。

5月27日 机场集团团员青年造血干细胞捐献志愿者行动集中血检活动在浦东国际机场举行,团市委书记陈靖、副书记李跃旗出席。

5月27日	上海青少年发展规划(2004—2010)讨论会在市发改委举行,团市委副书记马春雷出席。
5月29日	市文明办、团市委、市文广集团联合举办的"青春的节日——让青少年走近经典"2004年度文艺巡演活动首场演出在南洋模范中学举行。团市委书记陈靖,副书记李跃旗参加了活动。
5月30日	少先队上海市第五次代表大会在市委党校大礼堂隆重举行。市人大常委会主任、市红领巾理事会名誉主席龚学平,市委副书记王安顺,副市长杨晓渡,市政协副主席宋仪侨,市委副秘书长刘卫国,市委组织部副部长王乐齐,市委宣传部副部长、市文明办主任朱匡宇等领导出席大会。市委副书记王安顺代表市委、市人大、市政府、市政协向大会表示热烈祝贺。团市委书记陈靖,副书记马春雷、顾洪辉、徐枫、李跃旗、王宏伟、陈凯,市少先队总辅导员沈功玲,市社区青少年事务办公室主任蔡忠等参加了大会。
5月31日	中共中央政治局委员、上海市委书记陈良宇,市委副书记刘云耕、殷一璀、王安顺,市委秘书长范德官,市委副秘书长孙路一、陈旭、刘卫国等领导与优秀少年队员、优秀少先队辅导员一起参观了渔阳里团中央机关旧址纪念馆。
5月31日	上海青年企业家与困难学生结对仪式在城市酒店举行,团市委书记陈靖,副书记徐枫、王宏伟等出席。
6月1日	"同在一片蓝天下,我们从小是朋友"——2004年上海少年儿童庆祝"六一"国际儿童节主题活动在中福会少年宫举行,市人大常委会主任龚学平、市政协副主席谢丽娟出席,团市委副书记徐枫参加了活动。
6月1日	"同一片蓝天,同一个希望"——同济大学与甘肃定西千名学生手拉手结对仪式在外滩陈毅广场举行,团市委书记陈靖参加活动。
6月1日	当代大学生思想道德状况调查分析开题报告会在市社科院举行,团市委副书记马春雷参加会议。
6月2日	延安团干部培训班在上海青年管理干部学院举行,团市委副书记王宏伟参加开班典礼。
6月5日	由团市委、市海洋局主办的上海市大学生海洋绿色志愿者联合行动启动仪式在南汇芦潮港码头举行,市政协副主席谢丽娟、团市委书记徐枫出席。
6月9日	团区县委加强和改进未成年人思想道德建设学习座谈会在静安区举行,团市委副书记李跃旗参加会议。

6月10日 由团中央、中国科协、教育部和全国学联共同举办的第九届“挑战杯”全国大学生课外学术科技作品竞赛组委会第一次会议在复旦大学举行。团中央书记处书记杨岳出席会议并作重要讲话，团市委书记陈靖，副书记徐枫参加会议。

6月11日 第五届上海文化新人评审会在解放日报社多功能厅举行，团市委副书记李跃旗出席。

6月12日 团中央书记处书记尔肯江·吐拉洪、中国青基会常务副理事长徐永光在团市委书记陈靖、副书记王宏伟的陪同下参观了渔阳里团中央机关旧址纪念馆。

6月16日 上海高校共青团双月工作推进会在华东理工大学举行，团市委副书记徐枫出席。

6月17日 上海市少先队辅导员协会成立暨“百佳”快乐中队集体表彰会在浦东新区召开，市少先队总辅导员沈功玲出席会议。

6月18日 市委副书记王安顺、市委副秘书长刘卫国赴上海青年文化活动中心调研上海青年工作，并参观了上海市禁毒教育馆。团市委书记陈靖、副书记马春雷、顾洪辉、徐枫、李跃旗、王宏伟、陈凯、市少先队总辅导员沈功玲等参加调研活动。

6月19日—20日 市青联与《东方企业家》、中欧国际工商学院等联合举办“民营企业与资本市场国际论坛”、市青联主席马春雷出席论坛并作主题演讲。

6月21日 2004年上海青年成才实践月闭幕式暨“平安保险杯”上海企业青年创新成果大赛表彰会在城市酒店举行，团市委书记陈靖，副书记顾洪辉、陈凯等出席活动。

6月21日 上海市区(县)社区青少年专题工作会议在团市委机关举行，团市委副书记李跃旗、市社区青少年事务办公室主任蔡忠出席会议。

6月21日 第五届上海“五四”新闻奖评审会在城市酒店举行，团市委副书记李跃旗出席会议。

6月23日 团市委副书记马春雷接待社会党青年国际联盟代表团。

6月26日 由团市委、上海文广新闻传媒集团主办的“青春拥抱阳光”——上海青年原创歌曲大型演唱会在上海大舞台举行，市委副书记王安顺、副市长杨晓渡、市委组织部副部长陆凤妹、冯小敏等观看了演出。

6月28日 中共共青团上海市委直属机关第二次代表大会在上海青年文化活动中心举行，团市委书记陈靖、副书记马春雷、顾洪辉、徐枫、李跃旗、王宏伟、陈凯，市少先队总辅导员沈功玲等参加大会。会上，王宏伟当选第二届中共共青团上海市委直属机关委员会书记。

6月29日 “心中的美丽”汪洋杯上海市盲童泥塑大赛在上海市盲童学校举行，团市委副书记李跃旗出席活动。

7月1日 第七届全国大学生运动会火炬传递仪式暨志愿者总队成立仪式在中共一大会址举行。副市长杨晓渡、严隽琪等领导出席仪式。团市委书记陈靖，副书记徐枫等参加仪式。

7月2日 “上海青年发展导航”高层系列讲座首场演讲在复旦大学举行，诺贝尔化学奖得主艾哈迈德·泽维尔教授发表了题为“21世纪的科学与技术——我的诺贝尔成长之路”的演讲。复旦大学校长王生洪，团市委书记陈靖、副书记陈凯等出席活动。

7月2日—4日 上海市少先队中队辅导员快乐中队专题培训在江宁学校举行。市少先队总辅导员沈功玲出席，并作题为《理念、品牌、流程》的报告。

7月3日 “张江高科杯”第三届上海市大学生创业计划大赛决赛在上海大学举行。团市委副书记徐枫参加活动。

7月7日 第七批上海青年志愿者赴滇扶贫接力队、第四批中国上海青年志愿者赴老挝服务队招募动员会在团市委机关举行。团市委副书记李跃旗出席会议。

7月9日 上海大学生“大手拉小手”未成年人思想道德建设社区集中行动在全市多个街道、社区同时展开，团市委副书记徐枫走访了上海师范大学公园天下爱心学校、华东师范大学曹阳社区青少年学校、同济大学曲阳街道“世博礼仪小天使”爱心学校，慰问了参加活动的大学生。

7月10日 上海市金融青年联合会第一届委员会第一次全体会议暨金融青联成立仪式隆重举行。市委副书记王安顺，市委常委、副市长冯国勤到会讲话，并共同为上海市金融青年联合会揭牌。团市委书记陈靖代表团市委发言。团市委副书记、市青联主席马春雷，团市委副书记、市青联副主席顾洪辉等出席。会后进行了“国际金融中心建设与金融青年使命”主题委员论坛。

7月12日—30日 上海市青少年事务社会工作者培训班在华东师范大学举行。团市委书记陈靖于29日为学员作了《新世纪的上海与上海青年工作》的报告。团市委副书记李跃旗，市社区青少年事务办公室主任蔡忠出席开班典礼和结业典礼。

7月12日 市少工委有关负责同志接待香港保良青年领袖邵律一行。

7月13日 全国优秀辅导员培训班在上海青年管理干部学院举行。团市委书记陈靖致欢迎词，团市委副书记徐枫、上海市少先队总辅导员沈功玲出席。

7 月 16 日 2004 年上海大学生志愿服务西部计划出征仪式在上海火车站举行。副市长严隽琪，团市委书记陈靖，副书记徐枫出席活动。

7 月 18 日 第七批上海青年志愿者赴滇扶贫接力队和第四批中国上海青年志愿者赴老挝服务队志愿者招募活动在上海青年文化活动中心举行，团市委副书记李跃旗出席。

7 月 18 日—19 日 市委副书记王安顺在虹桥迎宾馆会见并宴请了以老挝人民革命青年团中央书记佩沙空·銮阿派为团长老挝人民革命青年团代表团。团市委书记陈靖，团市委副书记、市青联主席马春雷等与代表团进行了工作会谈。

7 月 19 日 由团市委、市教委、东方新闻网站联合举办的"阳光·健康·快乐"上海市未成年人思想道德建设网上知识大赛举行开通仪式。市精神文明办副主任陈振民、市科教党委副书记翁铁慧，团市委副书记李跃旗，东方新闻网网站总编辑徐世平出席。

7 月 19 日 希望小学教师第 20 期培训班开学典礼在希望工程培训基地举行，上海市老领导胡立教、陈铁迪，团市委书记陈靖，副书记徐枫参加开班典礼。

7 月 19 日—21 日 上海市少先队第五届 DTD 研修营在浙江省团校举行。市少先队总辅导员沈功玲出席，并作题为《学会胡锦涛同志的德建与队建思想》的讲话。来自全市各区县的校长代表、辅导员代表出席了研修营活动。

7 月 20 日 团市委、市青联、市学联和市少工委联合开展"护环境，建生态之城，迎世博盛会"——上海市青少年暑期节能宣传活动，向全市各级团队组织和广大青少年发出节能倡议。

7 月 23 日 团市委、市青联、市金融青联联合举办"上海青年发展导航"高层系列讲座，邀请哥伦比亚大学教授，2001 年诺贝尔经济学奖得主约瑟夫 E·斯蒂格利茨为各界青年作题为"全球化与中国经济及我的诺贝尔成长之路"的演讲。团市委书记陈靖，团市委副书记、市青联主席马春雷，团市委副书记、市青联副主席顾洪辉，团市委副书记徐枫、李跃旗、王宏伟等出席活动。

7 月 26 日 共青团上海市第十二届委员会常务委员会议在团市委机关召开。团市委书记陈靖，副书记马春雷、顾洪辉、徐枫、李跃旗、王宏伟、陈凯，团市委常委康年、胡军、赵国强、李华、吴烨宇、梁信军、张峰等出席会议。

7月26日 由团市委、武警上海总队共同举办的上海市警地团组织“四联”活动推进会在武警上海总队五支队召开,松江区委常委、宣传部长王军,团市委书记陈靖、副书记李跃旗,武警上海总队副政委杨登华等出席。

7月27日 共青团上海市第十二届委员会第四次全体(扩大)会议在上海展览中心友谊会堂举行,团市委书记陈靖,副书记马春雷、顾洪辉、徐枫、李跃旗、王宏伟、陈凯等出席会议。

7月29日 上海市青年企业家协会第五次会员大会在上海国际会议中心召开,市人大常委会副主任胡炜,市政协副主席黄关从等领导出席会议。团市委书记陈靖、副书记顾洪辉参加会议。会上,上海华谊(集团)公司总裁周波当选为第五届上海青年企业家协会会长。

8月3日 团市委副书记徐枫赴西藏慰问上海大学生志愿服务西部计划西藏志愿者。

8月4日—6日 市、区红领巾理事会素质拓展培训在浦东新区金苹果学校举行。

8月5日 上海青少年消防夏令营在青浦徐泾消防中队举行。上海市少先队总辅导员,上海市消防局副局长出席开幕式。

8月7日 “纪念邓小平诞辰100周年”——向小平家乡捐书活动在上海青年文化活动中心举行,团市委副书记王宏伟出席活动。

8月9日 “永远的怀念”——上海青少年纪念邓小平诞辰100周年露天电影展映暨上影集团“真情回报社会”活动在武警总队建设工地举行,团市委副书记陈凯参加活动。

8月9日—13日 上海市副市长杨晓渡会见美国青年政治领袖理事会代表团一行,市青联主席马春雷陪同会见。

8月13日 上海青少年纪念邓小平诞辰100周年系列活动——马克思主义青年观与邓小平青年思想专题研讨会在上海青年管理干部学院举行。团市委副书记马春雷、李跃旗、王宏伟、陈凯出席。

8月18日 由团市委、市青联等单位举办的“上海各界青年纪念邓小平诞辰100周年座谈会”在城市酒店举行。团市委书记陈靖、副书记马春雷、李跃旗、王宏伟、陈凯、市少年队总辅导员沈功玲和各界青年代表参加了座谈。

8月18日 由团市委、市科教党委、市教委、市人事局、市财政局共同主办的2003—2004年上海大学生志愿服务西部计划志愿者汇报座谈会在上海青年文化活动中心举行,市委副书记王安顺

	出席座谈会并作重要讲话。团市委书记陈靖，副书记徐枫出席座谈会。
8月20日	市委常委会听取市总工会、团市委和市妇联党组的工作汇报。
8月21日	瑞安希望小学落成典礼在甘肃省定西市安定区青岚乡举行，上海市委副书记刘云耕出席，团市委书记陈靖，市希望工程办公室主任吴仁杰参加。
8月23日—25日	日本众议员船田元夫妇访问上海，副市长杨晓渡会见船田元夫妇。市青联主席马春雷陪同会见。
8月24日	市委政法委副书记林化宾到团市委机关对社区青少年工作进行调研。
8月27日	由上海市青年企业家协会、上海交通大学管理学院共同举办的企业青年才俊管理论坛在上海交通大学举行。团市委书记陈靖出席。
8月28日	第七届全国大学生运动会在松江大学城开幕，共青团中央书记处书记杨岳出席开幕式并看望了大运会青年志愿者。团市委书记陈靖，副书记徐枫出席开幕式。
8月28日	上海主要高校团委书记大学生思想政治教育座谈会在同济大学召开，团中央书记处书记杨岳，团市委书记陈靖、副书记徐枫出席。
8月30日	上海市百名基层团干部培训班在上海青年管理干部学院举行，团市委副书记王宏伟出席开班仪式。
8月31日	第七批上海青年志愿者赴滇扶贫接力队出征。团市委副书记李跃旗前往虹桥机场送行。
9月1日	上海市红领巾理事会向全市少先队员发出“扬民族精神，迎世博盛会，做可爱的上海青少年”倡议。
9月1日	上海民工子弟希望学校开班典礼在上海市希望工程教师培训基地举行。团市委书记陈靖，副书记徐枫，希望工程办公室主任吴仁杰出席开班典礼。
9月2日	由上海市青年联合会、香港青年联合会等共同主办的“沪港经济互动与区域经济发展——2004 沪港青年经济发展论坛”举行。市委常委、副市长冯国勤，香港特别行政区政府律政司司长、行政会议成员梁爱诗等出席论坛。冯国勤在论坛开幕式前会见梁爱诗等一行并在论坛中作主题演讲，市委常委、统战部长沈红光参加会见并出席论坛开幕式。来自沪港两地的350名青年代表出席论坛。论坛由市青联主席马春雷主持。

9月3日 上海市青年企业家协会五届一次会长会议在华谊集团举行，团市委副书记顾洪辉出席会议。

9月6日 第七届全国大学生运动会闭幕式在上海大剧院隆重举行，团中央书记处书记杨岳、团市委副书记徐枫出席。

9月8日 F1世界锦标赛中国大奖赛志愿者总体培训暨上岗仪式在东华大学举行。团市委书记陈靖，副书记徐枫出席。

9月9日 上海市进城务工就业农民子女学校大队辅导员免费培训班开班仪式在浦东新区少年宫举行。团市委副书记徐枫，市少先队总辅导员沈功玲出席。

9月12日 2004上海青年造血干细胞捐献志愿者行动集中活动周启动暨上汽集团青年志愿者血检活动在上海汽车工业(集团)总公司举行，团市委副书记李跃旗出席活动。

9月13日 由团市委、武警上海总队共同举办的百名优秀武警战士培训班在上海青年管理干部学院举行。团市委副书记王宏伟出席开班典礼。

9月17日 由团市委、市青联、市文明办等单位主办的第十一届“上海十大杰出青年”颁奖典礼在新锦江大酒店举行。市委副书记王安顺代表市委为杰出青年颁奖并作重要讲话，市人大常委会副主任王培生、副市长杨晓渡、市政协副主席宋仪侨等领导出席典礼并为杰出青年颁奖。团市委书记陈靖，副书记马春雷、顾洪辉、徐枫、陈凯，市少先队总辅导员沈功玲，市希望工程办公室主任吴仁杰参加颁奖典礼。

9月20—22日 2004年新上岗团委主要负责人培训班在上海青年管理干部学院举行，首批担任导师的32家单位的党政领导与新上岗团委书记举行导师带徒签约仪式，标志着上海团干部发展导航计划正式启动。团市委书记陈靖、副书记马春雷、顾洪辉先后为学员讲课。

9月20日 “青春的节日——让青少年走近经典”2004年度上海青年文艺巡演活动原创歌曲校园行首场演出在控江中学举行。团市委副书记徐枫出席。

9月22日 由团市委、市总工会、劳动和社会保障局联合举办的“2004上海市职业技能竞赛活动”开幕式在上海市职业培训中心举行。团市委副书记顾洪辉出席开幕式。

9月23日 “张江高科杯”第三届上海大学生创业计划大赛闭幕式在上海高科技园区举行，团市委副书记徐枫出席闭幕式。

9月25日 首届上海中小学生“世博小使者”评选活动决赛，100名获得“世博文明小使者”称号的中、小学生将成为上海青少年宣传世博、倡导世博文明的形象代言人，参与世博公益宣传。

9月26日 上海市学校系统团干部培训班在上海青年管理干部学院举行，团市委副书记徐枫出席开班典礼。

9月27日 上海市信息化青年人才协会第一次大会暨“世博会与信息化”青年论坛在张江高科技园区举行，上海市副市长杨雄出席大会并作重要讲话，市信息委主任范希平，团市委书记陈靖，副书记陈凯出席大会。

10月1日 由市文明办、团市委、黄浦区委、黄浦区政府、上海文广影视集团共同举办的上海市民庆祝中华人民共和国成立55周年升旗仪式和群众游园活动分别在人民广场和人民公园举行。市委副书记王安顺，市委常委、副市长冯国勤，市委常委、组织部长姜斯宪，市人大常委会副主任陈豪、王培生，副市长胡延照，市政协副主席黄关从、王新奎，市委副秘书长刘卫国等领导出席游园活动。团市委书记陈靖，副书记马春雷、顾洪辉、徐枫、李跃旗、王宏伟、陈凯，市少先队总辅导员沈功玲，市希望工程办公室主任吴仁杰，市社区青少年事务办公室主任蔡忠参加升旗仪式及游园活动。

10月8日 新时期上海青工工作研讨会在上海青年文化活动中心举行，团市委副书记顾洪辉出席。

10月8日 2004年上海市社区青少年3人篮球推广赛暨肯德基全国青少年3人篮球冠军挑战赛开幕式在华东师范大学体育馆举行，团市委副书记李跃旗，市社区青少年事务办公室主任蔡忠参加活动。

10月10日 由上海市青年联合会、杜兰大学上海校友会、台北校友会共同举办的，以“经济一体化在亚洲”为主题的2004杜兰上海论坛暨沪台青年经济发展论坛在华亭宾馆举行，200多位来自两岸的以青年企业家为主体的青年代表人士进行了广泛交流。市政协副主席王新奎，团市委书记陈靖，团市委副书记、市青联副主席顾洪辉出席论坛。论坛由团市委副书记、市青联主席马春雷主持。

10月11日 市委组织部、团市委、市青联共同召开上海赴云贵“博士服务团”成员交流暨欢送座谈会。市委组织部副部长、市人事局局长丁薛祥，团市委书记陈靖，团市委副书记、市青联主席马春雷出席。

10月11日 “GP超霸杯”2004年上海市大学生社团文化节开幕式在上海话剧艺术中心举行，团市委书记陈靖、副书记徐枫出席开幕式。

10月11日 宁夏团干部在沪培训班在上海青年管理干部学院举行，团市委副书记王宏伟出席开班典礼。

10月12日 “火炬·基石·激流”——上海少先队庆祝建队55周年座谈会在城市酒店举行，市委常委、组织部部长姜斯宪出席并作重要讲话，同时接受上海市队长学校第四任名誉校长的聘书。团市委书记陈靖，副书记徐枫，市少先队总辅导员沈功玲出席座谈会。

10月13日 “我们是红旗的一角”——上海少年儿童庆祝建队55周年主题集会在黄浦公园上海人民英雄纪念塔前举行，市人大常委会主任龚学平出席集会，团市委书记陈靖，副书记徐枫，市少先队总辅导员沈功玲参加集会活动。

10月16日 上海市社区青少年垂钓大赛在青浦区举行。团市委副书记李跃旗，市社区青年事务办公室主任蔡忠出席活动。

10月18日—19日 以俄罗斯联邦杜马议员、俄罗斯“统一青年”社会运动主席布拉塔耶娃为团长，俄罗斯联邦杜马议员、杜马体育事务委员会主席特列基雅科为名誉团长的俄罗斯青年百人代表团来沪进行为期两天的访问。团中央书记处书记、全国青联常务副主席胡伟，团中央国际联络部部长江广平，团市委副书记、市青联主席马春雷陪同访问。

10月18日 由团市委、市文明办、市教委、市司法局、市劳动和社会保障局、市法宣办等联合举办的2004年上海市十八岁成人仪式在上海国际赛车场举行。市人大常委会副主任王培生，市政协副主席左焕琛，市文明办主任朱匡宇等出席活动并为18岁青年戴“成人帽”。团市委书记陈靖，副书记徐枫出席仪式。

10月21日 由团市委、市体育局、市科教党委共同举办的刘翔、孙海平先进事迹报告演讲会在上海展览中心友谊会堂举行。市委常委、宣传部长王仲伟出席演讲会并作重要讲话。团市委书记陈靖，副书记徐枫、市希望工程办公室主任吴仁杰出席演讲会。

10月21日 团市委副书记、市青联主席马春雷在团市委机关接待来访的日本全国市议会议长会代表团。

10月21日 M-zone与你一起成长——松江大学城M-zone品牌店揭幕暨“上海移动·M-zone动感地带”成就奖学金颁发仪式在松江大学城举行，团市委书记陈靖出席。

10月23日 市人大常委会主任龚学平等在东方绿舟听取市红领巾理事会对《上海市未成年人保护条例(草案)》的意见。

10 月 25 日 沪滇青少年帮扶项目推介会在上海图书馆举行。团市委书记陈靖，副书记李跃旗，市希望办主任吴仁杰出席推介会。

10 月 26 日 云南、湖北宜昌优秀基层团干部上海培训班开班典礼在上海青年管理干部学院举行，团市委书记陈靖、市合作交流办副主任胡雅龙、云南省青联主席梁宗华、宜昌市委副书记周水舟出席典礼并讲话。

10 月 27 日 “中国杰出青年卫士”高校巡回报告会在上海立信会计学院举行，团市委副书记李跃旗出席。

10 月 28 日 市委宣传部副部长、市文明办主任朱匡宇到团市委机关调研青少年精神文明建设。团市委书记陈靖、副书记徐枫、李跃旗出席。

10 月 28 日 市委组织部、团市委在上海图书馆召开上海市共青团推优入党工作推进会议，市委组织部副部长冯小敏、团市委书记陈靖出席会议并讲话，团市委副书记王宏伟主持会议。

10 月 28 日 上海青少年发展基金会第三届理事会在城市酒店举行。团市委书记陈靖，副书记徐枫，市希望办主任吴仁杰出席。

10 月 29 日 团市委在上海青年管理干部学院举行全体委员学习会，市委党校袁秉达教授作了学习贯彻党的十六届四中全会精神的专题辅导报告，团市委书记陈靖，副书记马春雷、顾洪辉、李跃旗、王宏伟、陈凯，市少先队总辅导员沈功玲出席。

11 月 2 日 第十五届全国冶金系统“青安杯”竞赛大钢赛区总结表彰会在宝钢技术中心举行，团市委副书记顾洪辉出席表彰会。

11 月 2 日 上海市预防犯罪工作体系政府购买服务项目签约仪式在上海青年文化活动中心举行，市社区青少年事务办公室主任蔡忠出席。

11 月 3 日 由团江西省委、团江苏省委、团浙江省委、团安徽省委、团上海市委等共同主办的“交流、合作、共赢——长三角(3+2)青年论坛”在江西南昌举行，团市委书记陈靖，副书记李跃旗出席。

11 月 6 日 第四届“挑战杯”中国大学生创业计划竞赛终审决赛在厦门大学举行。上海代表团在本次竞赛中获 3 枚金奖、5 枚金奖、12 枚铜奖，上海团市委获得省级团委“优秀组织奖”。

11 月 9 日 市委政法委副秘书长江宪法来到了上海市社区青少年事务办公室听取了上海市社区青少年事务办公室、上海市阳光社区青少年事务中心近期的工作汇报，并就今后工作发表了意见。

11 月 11 日 上海高校团组织学习贯彻《中共中央国务院关于进一步加强

和改进大学生思想政治教育的意见》座谈会在华东理工大学召开，团市委副书记徐枫出席。

11月11日—12日 居民区团组织直选工作座谈会、区(县)团委书记例会在宝山区举行，团市委副书记李跃旗，市社区青少年事务办公室主任蔡忠参加。

11月12日 团市委副书记、市青联主席马春雷在新协通国际大酒店接待波兰左翼青年组织代表团。

11月12日 市委、市政府在市委办公厅第二会议室召开专题会议，听取团市委关于大世界维修改造情况的汇报。市委副书记殷一璀，市委常委、宣传部长王仲伟、副市长杨晓渡以及市政府副秘书长薛沛建等出席会议。团市委副书记顾洪辉汇报了大世界维修改造的方案设想及工作情况。市委宣传部、市发改委、市规划局等部门和黄浦区政府负责参加了汇报会。

11月3日 2004年上海市"选苗育苗"工程强化培养对象培训班在华东政法学院举行，团市委副书记徐枫出席并作开班动员。

11月14日 第十五届"中国十大杰出青年"评选揭晓。经市青联推荐，市青联委员刘翔荣膺"中国十大杰出青年"称号。

11月17日 第四批中国上海青年志愿者赴老挝服务队出征，团市委副书记马春雷、李跃旗到虹桥机场为志愿者送行。

11月18日 上海市信息化青年人才协会第一次会长会议在张江召开，团市委副书记陈凯出席。

11月19日 2004上海大学生话剧节闭幕式在上海话剧艺术中心举行，团市委副书记徐枫出席。

11月20日 上海市社区青少年工作专家督导委员会在城市酒店成立。团市委副书记李跃旗，市社区青少年事务办公室主任蔡忠出席成立仪式。

11月22日 重庆万州团干部培训班在上海青年管理干部学院举行开班典礼，团市委副书记王宏伟出席。

11月24日 2004年上海民办高校团建推进会在上海杉达学院举行，团市委副书记徐枫出席。

11月24日 由市总工会、团市委等主办的"提高法律素质、做新一代上海人"——上海市进城务工人员法律知识电视决赛在文广大厦举行。团市委副书记陈凯参加。

11月25日 团市委副书记李跃旗在新协通酒店接待欧洲青年论坛代表团。

11月26日 青工系统团干部青年职业生涯开发与管理培训班在上海青年文化活动中心举行，团市委副书记顾洪辉出席开班仪式。

11 月 27 日 团市委副书记马春雷在龙柏饭店接待日本创价学会青年代表团。

11 月 28 日 由市卫生局、团市委、市计生委、市妇联联合举办的 2004 年世界艾滋病日上海主题宣传活动在港汇广场举行。副市长杨晓渡,团市委副书记李跃旗参加。

11 月 28 日 江西团干部培训班在上海青年管理干部学院举行,团市委副书记王宏伟出席开班典礼。

12 月 1 日 上海青少年预防艾滋病“青春红丝带”行动暨上海青年献血志愿者招募活动主题宣传日在徐家汇六百商厦广场举行,团市委副书记陈凯出席。

12 月 4 日 由团市委、市信息委、市青联等 9 家单位联合举办的第三届“上海 IT 青年十大新锐”评选活动在上海国际会议中心举行颁奖典礼,团市委书记陈靖,副书记陈凯参加并颁奖。

12 月 4 日 上海市第 19 届小红星儿童节庆祝会暨第 12 届“十佳苗苗小能手”表彰会在中国福利会少年宫举行,团市委副书记、市少工委主任徐枫,上海市少先队总辅导员沈功玲出席。

12 月 5 日 “我眼中的媒体”未成年人论坛在上海教育报刊总社举行,团市委副书记徐枫、陈凯出席。

12 月 8 日 中国青少年社会教育论坛——2004·媒体与未成年人发展新闻通气会在城市酒店举行。团市委副书记徐枫、陈凯参加。

12 月 9 日 纪念上海大学生社会实践活动开展 20 周年社会各界座谈会在城市酒店举行。团市委书记陈靖、副书记徐枫出席。

12 月 11 日 上海高校社团发展论坛暨 2004 年上海市大学生社团文化节闭幕式在上海交通大学举行。团市委副书记徐枫出席。

12 月 11 日 团中央书记处常务书记赵勇,团中央宣传部部长刘可为在团市委书记陈靖的陪同下参观渔阳里团中央旧址纪念馆。

12 月 12 日 由团中央、教育部、国家广电总局、新闻出版总署、中央文明办、全国少工委、全国妇联、中国社会科学院主办,上海团市委等承办的“2004 中国青少年社会教育论坛——媒体与未成年人发展”在上海国际会议中心举行。市委副书记王安顺、团中央书记处常务书记赵勇、新闻出版总署副署长石峰、中国社会科学院秘书长朱锦昌、市政协副主席王荣华等领导出席开幕式。团市委书记陈靖,副书记马春雷、顾洪辉、徐枫、李跃旗、王宏伟、陈凯,市少先队总辅导员沈功玲,市希望工程办公室主任吴仁杰,市社区青少年事务办公室主任蔡忠等参加。

12 月 13 日 “赛元杯”2004 年度上海十大青年经济人物评选活动信息发布会在金茂凯悦大酒店举行，团市委副书记顾洪辉参加。

12 月 13 日 “共青团优秀人才培养研讨会”暨华东师范大学二十一世纪人才学院十周年庆典在华东师范大学召开，团市委书记陈靖出席开幕式并致辞，副书记徐枫出席会议并讲话。

12 月 14 日 上海青年志愿者工作座谈会在城市酒店举行，团市委书记陈靖出席。

12 月 14 日 浦东新区潍坊社区团工委成立揭牌仪式在宝钢大厦举行，团市委副书记李跃旗参加。

12 月 15 日 “天地英雄校园行”年终颁奖典礼在交通大学闵行校区举行，团市委副书记徐枫参加。

12 月 16 日 由团市委、市红十字会共同举办的上海青年造血干细胞捐献志愿者行动在建桥学院举行，团市委副书记李跃旗参加。

12 月 17 日 “共忆美好时光”——团市委少年部历任老少先队工作者座谈会在教育报刊总社举行，团市委副书记徐枫、市少先队总辅导员沈功玲出席。

12 月 19 日—20 日 市阳光中心在上海市社区青少年事务办公室的指导下开展了“冬日阳光”系列外展行动。

12 月 20 日 团市委召开学习贯彻市委八届六次全会、共青团十五届三中全会精神大会，团市委书记陈靖，副书记马春雷、顾洪辉、徐枫、李跃旗、王宏伟、陈凯，市少先队总辅导员沈功玲出席。

12 月 20 日—23 日 由团市委、徐汇区政府、市青联共同举办的科技创业、报效祖国——2004 海外学人回国创业周（上海）系列活动在上海光大会展中心举行。60 余名来自 14 个国家和地区的海外学人参加活动。团中央书记处书记张晓兰参加欢迎仪式并做重要讲话，市青联主席马春雷主持欢迎仪式。活动期间，举行了上海徐汇留学回国人员创业园区揭牌仪式。

12 月 20 日 团中央书记处书记张晓兰在团市委副书记陈凯陪同下参观渔阳里团中央机关旧址纪念馆。

12 月 22 日 上海市“两新”组织团建工作推进会在普陀区长征镇举行，团市委书记陈靖出席会议并讲话，普陀区委副书记叶维华到会致辞，团市委副书记王宏伟主持会议。

12 月 23 日 由团市委、市社科院、上海青年管理干部学院共同主办的第四届上海青年发展战略论坛在上海青年干部管理学院举行。团市委书记陈靖，副书记马春雷、徐枫、李跃旗、王宏伟、陈凯，市希望办主任吴仁杰，市社区青少年事务办公室主任蔡忠出席。

12 月 23 日 西部和民族地区团干部来沪挂职锻炼总结欢送会在龙柏森林花园饭店举行，团市委书记陈靖、王宏伟出席。

12 月 24 日 沪港青少年工作者研讨会在上海青年文化活动中心举行，团市委书记陈靖、副书记徐枫，市少先队总辅导员沈功玲出席。

12 月 24 日 上海青年造血干细胞捐献志愿者行动集中血检在宝钢文化活动中心举行，团市委副书记李跃旗出席。

12 月 28 日 上海青年就业创业行动计划暨上海青年职业发展基金（电气基金）启动仪式在上海青年文化活动中心举行，副市长周太彤出席并做重要讲话，团市委书记陈靖，副书记顾洪辉出席。

12 月 29 日 上海市外来进城务工就业农民子女新年音乐会暨“阳光音乐大行动”——千名进城务工就业农民子女免费钢琴培训计划启动仪式在浦东新区少年宫举行。团市委书记陈靖、副书记徐枫参加。

12 月 30 日 上海市少先队辅导员迎新联欢晚会在中福会少年宫举行，团市委副书记徐枫、上海市总辅导员沈功玲出席。

附录一
基层活动

上海市青少年科技素养调研策划

为了解当代上海市青少年的科学素养现状，摸清本市青少年的科学意识、对科学知识的了解程度以及青少年培养科学知识的环境，市科技团委组织实施关于“上海市当代青少年科技素养”的调研。调研对象包括本市年龄在16至28岁之间的在校中学生、在职青年以及社会青年。调研形式以问卷调查为主，结合走访座谈，个案分析，资料分析等方式，并发放问卷1000份进行分段抽样调研。调研内容包括科学意识、科学知识、科学环境、科学方法与科学属性五部分内容，按照建立国际化大都市的要求分析当代青少年在科学素养方面的问题，并提出解决问题的方案。调研结果显示，上海市青少年科学素养整体高于国内平均水平，青少年对科学技术持积极和肯定的态度，但青少年对科学与伪科学区别的认识不容乐观，同时青少年获取科技信息来源的形式、参观科普场馆的频次比例不高。调研报告还提出了加快科普人才队伍建设、增加青少年获取科技信息来源渠道等方面的建议，为有关部门制定相关政策提供了决策依据。

（上海市科学技术团工委）

举办“青春·理想·追求——市卫生系统院士论坛”

为了加强医务青年职业道德教育，树立爱岗敬业的奉献精神，5月26日，“青春·理想·追求——市卫生系统院士论坛”在复旦大学附属儿科医院演讲厅隆重举行，上海卫生系统的150余名医务青年出席了首次论坛。

首次院士论坛由全国“白求恩奖章”获得者、我国著名的肝癌专家、中国工程院院士、复旦大学肝癌研究所所长汤钊猷教授作《努力做一名好医生》演讲。汤钊猷院士以丰富翔实的资料、生动幽默的话语，介绍了50年从医生涯的体会以及一次又一次与肝癌作不懈斗争的经历。

报告会后，医务青年们踊跃提问，并请汤钊猷院士签名、合影留念。与会的医务青年深有感触：院士的辉煌人生来自于崇高的理想信念和职业道德，我们应该树立为人民服务的人生目标，从身边的小事做起，才能实现自己的人生价值。

（卫生局团委）

倡导创新精神　营造创业氛围　促进成果转化

——第四届复旦大学“科创行”创业计划大赛

第四届复旦大学“科创行”创业计划大赛作为“挑战杯”全国大学生创业计划大赛复旦大学选拔赛，以“倡导创新精神、营造创业氛围、促进成果转化”为宗旨，激发和培养青年学生的创业意识和创业能力，是复旦大学学生学术科技创新行动的一个重要组成部分。通过这次大赛的选拔，复旦大学三项作品在“张江高科杯”第三届上海市大学生创业计划大赛中获铜奖，其中超薄打印电池还进入第八届“挑战杯”全国大学生创业计划大赛总决赛，荣获金奖。

“科创行”创业计划大赛激发和培养了青年学生的创业意识和创业能力，作为复旦大学学生学术科技创新行动的一个重要组成部分，将更好的服务于全体复旦人，帮助大家实现蓝色的梦想。

（复旦大学团委）

上海交通大学第一届学生程序设计大赛

12月4日上午8时，第29届ACM/ICPC国际大学生程序设计竞赛亚洲预选赛上海赛区竞赛在上海交通大学开幕。这也是上海交通大学第一届学生程序设计大赛。本次大赛的参赛队伍有国内的60支队伍，包括清华、北大、复旦等名校，及来自香港、台湾及亚洲其他国家的12支队伍，比赛历时3天。最后，上海交通大学代表队获得了冠军。开幕式由竞赛组委会副主任，上海交通大学团委书记刘玉祥老师主持，竞赛组委会主任、校党委副书记潘敏老师发表了热情洋溢的欢迎辞。

“ACM/ICPC国际大学生程序设计竞赛”是由全球IT业界著名的美国计算机协会(ACM)组织的、面向全球大学生计算机程序设计的最高水平的竞赛。上海交通大学从1997年开始参加了亚洲各地区的预选赛，参赛8年，7次进军ACM总决赛，于2002年在夏威夷举办的第26届ACM/ICPC国际大学生程序设计竞赛力克全球各名校摘取总冠军，实现亚洲学校的第一次夺冠。在此背景之下，上海交通大学第一届程序设计大赛应运而生，此次比赛意义特殊，作为“ACM/ICPC(国际大学生程序设计竞赛)”的选拔赛，集中优势，选拔出代表我校冠军水平的队伍参加。

（上海交通大学团委）

“Happy Way—手拉手”夏令营举行

8月2日至8月8日，由共青团华东师范大学委员会、共青团普陀区委员会、《文汇报》教卫部共同举办了“Happy Way—手拉手”夏令营。邀请来自普陀等区的50余名外来务工人员子弟学校和公立小学的孩子们免费参加为期一周的夏令营活动。

本次活动将未成年人思想道德建设融于一系列妙趣横生的活动中，让德育精神深入到孩子们的心灵，也让外来务工人员的孩子能和上海的孩子真正拉起手来，共同成长进步。本次活动形式多样，有培养传统美德、陶冶爱国情操的文化导读及上海城市新貌参观，有提高综合素质的各类动手实践活动及诸多通过协作、沟通让小营员们一起快乐成长的互动游戏。其中，上海小朋友邀请外来务工人员子弟住家的“home stay”活动更是沪上首创。

《人民日报》华东新闻、《文汇报》等多家媒体对此次活动予以报道，取得了非常好的社会影响。

（华东师范大学团委）

深入实践长才干　努力奉献为人民

11 月 14 日上午，凌云街道好又多广场热闹非凡，我校百余名学生在此为居民们提供文体、科技、法律、卫生四方面的服务，由此，我校大学生志愿者“四进社区”社会实践活动即华理社团社区行正式拉开帷幕。

我校以“华理社团进社区”这一品牌项目为依托，将本次活动分为四个篇章：表演类社团为居民带来魔术、武术、音乐、舞蹈等精彩节目，用艺术带给居民美的享受；咨询服务类社团以“替居民排忧解惑”为口号，运用自己的专业知识为居民解答法律、计算机、心理等方面的问题；互动型的社团设计了老少皆宜，参与性强的活动，在游戏中教给居民一些有用的小技巧；知识普及型的社团则把在课本上的东西活学活用，用实例说明：看似高不可攀的科学知识，其实可以很简单地应用到日常生活中去。

本次活动采取点面结合、以点带面的形式，以好又多广场的大型活动为点，同时分别由各学院组织向周边社区辐射，在梅陇敬老院、华理十四村、华理苑、大华医院等社区举办摄影展、书画作品展，提供防寒保健、干燥天气防火安全、生活中的科学等知识的宣传，进行义务导医、代管儿童等服务，旨在带动更多的大学生参与社区实践活动。

此项活动旨在贯彻落实《中共中央国务院关于进一步加强和改进大学生思想政治教育的意见》的精神，充分发挥实践育人的优势，进一步提高思想政治水平和综合素质。我校大学生志愿者将以“四进社区”社会实践活动为契机，开展更多丰富多彩的贴近社区、服务居民的活动，并在服务居民的同时努力提高自身素质，投身到社会实践中去，了解社会，增长才干。

（华东理工大学团委）

上外青年志愿者服务活动成果丰硕

2004 年，上海外国语大学青年志愿者服务活动在新校区取得了丰硕成果。除了参加“青春红丝带——预防艾滋病宣传”、骨髓捐献、社区英语角、社区法律援助、社区服务等常规青年志愿者服务活动之外，一年来，共参加了包括亚洲太平洋经济社会理事会(Escap)第 60 届年会、世界银行扶贫大会、国际沙滩排球赛、世界卫生组织西亚太区年会、国际文化部长政策论坛、世界工程师大会、国际标准舞大赛、第七届全国大学生运动会、F1 世界汽车锦标赛中国大奖赛、国际第三年龄大学协会年会、国际艺术节等 10 余次国际、国内大型会议、赛事的青年志愿者活动，有 1200 多人参加了志愿服务，累计服务时间达 36000 多个小时，有 23 人获上海优秀青年志愿者称号，并获上海团市委、上海青年志愿者协会颁发的“特别贡献奖”。

（上海外国语大学团委）

第七届大学生运动会志愿服务工作

由教育部、国家体育总局、共青团中央主办、上海市人民政府承办、中国大学生体育协会的中华人民共和国第七届大学生运动会于2004年8月28日至9月6日在上海举行，其中田径、游泳、排球比赛在上海大学新校区举行，在191枚金牌中有153枚在我校决出。为了当好东道主，办好大运会，上海大学团委配合上海市、学校认真做好各项筹备和服务工作。从5月中旬开始，我们就面向全校公开招募大运会志愿者，在1800余名报名者中遴选出1200名志愿者分布到了各个岗位当中，成为了运动会裁判员、运动员和管理人员的得力助手，他们的奉献精神、敬业态度和服务质量得到了与会人员的一致好评，涌现出了一大批优秀的个人和感人的事迹，充分展示了学校优美的校园环境、良好的体育设施、高效的组织工作和振奋的精神面貌，为上海人民赢得了荣誉，获得了大运会组委会颁发的“特别贡献奖”荣誉称号。

（上海大学团委）

“同学心目中的好老师”评选

2004年12月，由共青团上海理工大学委员会主办、校学生会承办的第四届“同学心目中的好老师”评选活动取得圆满成功，15位承担教学工作的老师获此殊荣。

“同学心目中的好老师”评选活动已连续进行了四届，成为我校的一项特色活动，该活动以“增进广大师生间的交流和沟通，实现教师与学生之间的对话”为宗旨，以期在整个校园中实现教师与学生的相互尊重，进一步弘扬“尊师重教”的优良传统，发挥学生在教学中的主体作用。我们从学生的角度选出“心目中的好老师”，使这些可亲可敬老师的付出得到应有的认可、推崇与回报；同时激励教师更好的从业务上投入教学，思想上、生活上关心学生，更好的发挥“教书育人”作用。

本次活动的表彰大会适逢国家教育部对我校进行本科教学工作水平的评估，各位专家得知该活动的情况欣然前往参加表彰大会。15位教师每人一句感言道出了他们获得学生给予的荣誉后的激动，也寄托了他们对学生的期望，令在座的学生、教师和教育部的专家非常感动。

作为非教学部门的学校团委，通过“同学心目中的好老师”学生评教活动，对优化学校教学质量，提高教师风范有较大的促进作用。

（上海理工大学团委）

体院大讲坛——校园文化的品牌项目

2004年，上海体育学院“体院大讲坛”学术文化系列讲座共开设37讲，超过8000人次聆听了讲座。讲座的内容涉及经济、文化、社会、历史、政治、体育等诸多领域，极大丰富了体院人的知识面，有效提升了校园人文氛围。

上海体育学院“体院大讲坛”成立近 2 年来，到目前已邀请专家、学者、社会知名人士近 70 人，共作了 66 场讲座。我国著名导演谢晋、著名作家叶辛、著名运动员刘翔、著名教练员我院学生陈忠和、 美国 NBA 高级副总裁 Andrew Messik、俄罗斯中央体育大学校长 Matytsin 教授等都作客体院大讲坛，精彩的报告、丰富的内容极大地开阔了同学们的视野，专家学者们科学严谨、求真务实的科学态度深深震撼着同学们的心灵。“体院大讲坛”已经成了体院周末的固定节目之一，初步形成了“周周有讲座，月月有名人”的校园文化品牌项目。

（上海体育学院团委）

上海财大开展第四届社团节

上海财经大学第四届社团节的主题为“青春不留白，有我更精彩”，旨在渲染我校人文气息，激发广大同学的创新精神，促进各社团的良性竞争，以提高我校社团的整体水平，并从中展现当代大学生的文化修养和艺术造诣。

社团节期间，各学生社团紧扣社团宗旨，充分发挥优势、推陈出新、不拘一格，举办了许多主题新颖、充满青春本色的活动，营造健康向上的校园氛围。经过材料申报、答辩等评选，我校演讲与口才协会、工商管理协会、法学会、国际合作论坛、金融科学学会、牵手社、稻草人协会及 ECC 等学生社团脱颖而出，获得了“五星级社团”的荣誉称号。

（上海财经大学团委）

承办市“选苗育苗”工程强化培养对象培训班

11 月 13 日至 21 日，2004 年上海市“选苗育苗”工程强化培养对象培训班于在华东政法学院举行，本次培训班是由市科教党委、团市委主办，共青团华东政法学院委员会承办的，分为课堂教学、交流实践两部分，课堂教学以党性教育、理论学习、国际形势热点问题评析等专题报告为主，交流实践包括课外团队训练、小组讨论和参观等活动，全市共有 201 名同学参加。

华东政法学院团委在承担培训班的前期准备、会务安排和后期整理工作的同时，还选派了学校中多位理论功底深厚、学生工作经验丰富的离退休老干部和党政工作负责人为强化培养对象进行党性分析，帮助学员提高政治理论素质和党性修养，推动了 2004 年上海市“选苗育苗”工程强化培养对象培训班的顺利开展。

（华东政法学院团委）

第二届“十佳女大学生”评选活动

3 月 2 日下午，学海路校区文体活动中心洋溢着青春的气息，由上海水产大学校妇委会、校团委、校学生会共同举办的上海水产大学第二届“十佳女大学生”决赛在这里隆重举行。经过紧张激烈的比赛，10 位女大学生从众多参赛选手中脱颖而出。

本次“十佳”的评选展现了我校女大学生过硬的综合知识及多方面的才能。笔试考场上她们一个个全神贯注；二分钟的即兴演讲，她们把自己的观点阐述的颇为鲜明而具有个性；才艺大比拼中选手们各显其能，徐双俐同学的扇子舞《茉莉花》把你带入江南水乡的吴侬软语之中；孙漪和邹明明同学的音乐诗《校园的歌声》向我们讲述了单纯快乐的校园生活；鲁佳华同学活力四射的健美操表演，让我们发现原来在运动场上也有巾帼不让须眉的风采。

随着现代社会女大学生这一群体的比例不断扩大，我们女大学生也将更多的展示出她们独特的魅力与风采。绚烂多彩的半边天，风景独好！

（上海水产大学团委）

以“家信活动”表达爱心与责任

2004 年 8 月，上海对外贸易学院团学组织针对大一新生刚刚离开父母步入大学、正陷入一种“情感断奶期”的契机，精心设计推出了“爱心与责任”主题教育项目，引导广大新生思成功之源、念师长之恩，以一张贺卡、一封家信，表感念之情、明成才之志。通过书写家信这一系列活动项目，润物无声地起到了教育学生“饮水思源、成功思进、成才立志”的教育效果，从内心深处唤起了学生爱父母、爱家庭、有孝敬心、有上进心的基本美德，并在此基础上，自然而然地升华为对社会的感恩和对国家的责任感。活动期间，超过 76％的新生向党组织递交了《入党申请书》。《解放日报》、《文汇报》、《青年报》、《新闻晨报》、《新闻晚报》、中央电视台、上广《市民与社会》栏目等新闻媒体，相继对“家信活动”作了宣传报道。

（上海对外贸易学院团委）

一切为了中国电力的国际形象

——上海电力学院开展亚太电协大会(CEPSI)志愿服务

10 月 18 日至 22 日，第十五届东亚及西太平洋电力工业协会大会在上海国际会议中心隆重举行。这是亚太电协首次在中国召开的大会，有来自包括中国在内的 37 个国家和地区的 2000 多名代表参加，也是 2004 年度上海迎来的一次规模较大的国际盛会。

我校是唯一向大会提供志愿者服务的上海高校，共为本次大会输送了 250 多名志愿者，构成志愿者队伍的主体和骨干力量。在大会召开期间，我校学生志愿者恪尽职守，顽强拼搏，在会场、注册、交通、宾馆、贵宾、餐饮、接站等十四个工作小组的岗位上发挥了积极的作用，赢得了电力公司志愿者同行的尊重和称赞。

上海电力学院学生志愿者群体圆满地完成了本次大会的各项志愿服务工作，在中外嘉宾面前展示了中国大学生的形象和风采，表现出上海电力学院大学生良好的素质和精神风貌，得到大会主办方和与会中外嘉宾的交口赞扬和高度评价。

（上海电力学院团委）

首届上海市大学生预防艾滋病宣传形象大使选拔大赛

11 月 30 日，上师大谢晋影视学院 03 级主持班楼韵同学当选“首届上海市大学生预防艾滋病宣传‘微笑天使’”。首届上海市大学生预防艾滋病宣传形象大使选拔大赛是由上海市红十字会、《青年报》社和教育电视台联合主办，此次活动的开展在社会上引起了巨大凡响，上海市人大副主任胡炜，上海市副市长杨晓渡，上海市红十字会会长谢丽娟，常务副会长熊仿杰，市教委副主任、市红十字会副会长李骏修等出席当天比赛活动并担任评委。历经初选、复赛和一系列培训的层层选拔，楼韵同学从 21 所高校的 386 名参赛大学生中脱颖而出，获得了“微笑天使”的称号。

12 月 1 日，第 17 个“世界艾滋病日”，楼韵同学和其他志愿者们在松江大学城华东政法学院与 300 多名大学生一起，和艾滋病病毒携带者进行了一次面对面的零距离接触，用天使般的微笑唤起人类对艾滋病患者的关爱和理解。

（上海师范大学团委）

传播先进文化 弘扬立信精神

——赴贵州省赫章县暑期社会实践

作为“全国百支大学生未成年人思想道德建设考察团”之一的上海立信会计学院赴贵州赫章考察团一行九人于 7 月 6 日抵达黔西北的赫章县，开展未成年人思想道德建设考察活动。

赫章县副县长龙飞泉同志感谢立信师生不远千里来到赫章传经送宝，称赞立信师生这种体验生活的举动是真正的将书本知识融于实践，是上海乃至东部沿海地区所有高校中的第一次，让他们感受到了温暖和感动。

上海立信会计学院院团委书记李颖琦代表考察团师生对赫章县人民政府、教育局、团县委等各方面领导的热情招待，对给予考察团各项工作的支持和帮助表示由衷的感谢。并简要地向主人介绍了立信 76 年以来的办学历程和现有规模、师资力量等各方基本情况。

随后，考察团成员就当地教育现状，未成年人思想道德建设等较为关注的话题与主人进行了座谈。县教育局金局长耐心地回答了大家的问题。考察团成员还就当地招商引才、农民信用社的作用、政府信息公开、团组织工作的推进等感兴趣的话题做了提问。相关部门的领导一一作答。

会议始终在热烈祥和的气氛中进行，宾主双行进行了充分、诚恳的交流，时间长达三个半小时。会后，宾主双方共同拍照留念。

（上海立信会计学院团委）

重踏先烈足迹　感怀红军伟业

2004年暑期，上海电机学院大学生带着满怀热情和崇高敬意赶赴江西，拉开“重踏先烈足迹，感怀红军伟业”系列活动的序幕。

本次活动由学院团委组织，全院优秀学生干部和青年学生代表参加，从革命精神传承、文化发展轨迹、环保现状调研等方面入手，先后奔赴江西南昌、瑞金、庐山等重要红色基地。通过先烈们革命足迹的一步步展现和革命历史瞬间的一幕幕重现，每位队员都受到了强烈的震动，切身感受到革命先烈们的伟大，感受到共产主义事业的崇高，感受到今天社会主义建设的来之不易。这样的亲身体验，使红军伟业在每位队员的心中逐渐变成了具体的、客观的、让人敬仰的崇高事业。他们纷纷表示，要用自己的实际行动将红色文化包括现代环保理念传播给身边的人们，为进一步弘扬革命精神和红色文化，提高大众素质，建设美好家园而努力奋斗！

（上海电机学院团委）

坚持党建带团建 探索民办高校团建工作新思路

2004年，在院党委和团市委的磁心支持下，我院共青团坚持以党的思想为指导，紧密围绕学院中心工作，以实施大学生素质拓展计划为统揽，服务学生成长、成才，团建工作取得了新的成绩。

坚持党建带团建，加强团的凝聚力建设。通过团代会召开、团干部培训、推优入党、主题团日活动等重要工作项目的开展，加强了团的建设，并在上海市民办高校团建工作推进会上作了交流和展示。以素质拓展计划为统揽，服务学生成长成才。创作了戏剧小品《不只是接班》等五个剧目，参加了上海市学生戏剧节，共获得11个奖项；参加大学生数学建模竞赛取得华东赛区二等奖的好成绩，27名学生在市灰领技能大赛上获奖；还参与了上海国际少儿艺术博览会、F1国际赛车志愿者、大学生志愿服务西部计划等高层次的志愿服务工作。

（上海新侨职业技术学院团委）

爱心在建桥学院飞扬

12月16日至17日，由上海团市委、市血液管理中心主办的“青春点燃生命的希望——上海青年献血志愿者行动”在上海建桥职业技术学院如火如荼地开展。此次活动包括造血干细胞志愿者招募、无偿献血及上海青年献血志愿者招募三项内容。

11月中旬，学院领导就对此事作了详细部署与周密安排，学院团委发出倡议，号召广大团员青年学生积极行动起来。各系还专门为此设置咨询站与报名点，学院组织部分学生参加有关“造血干细胞基本常识”及“无偿献血与预防艾滋病”的知识讲座，帮助同学们树立正确、健康、卫生的献血观念。活动当天不到八点，大厅里就已经被热情的同学们围得水泄不通，许多教师刚下班车闻讯也马上赶来，表示要参与此次活动。整个过程紧张而有序，师生们在工作人员的指引和帮助下，不时将活动一次又一次推向高潮。许多同学形象地说："无偿献血是救死扶伤，造血干细胞捐献是救人一命，而青年献血志愿者则是将爱心存起来，时刻准备着……"

03 新闻专业的傅广海同学已于 2004 年 3 月 26 日参加过学院组织的无偿献血，在听说上海血库紧急缺血时，立即要求医生抽取 400 毫升血量，令在场医生和同学为之感动。最后，三项活动的参与人数分别为：造血干细胞采样 511 人，无偿献血抽血 534 人，青年献血志愿者报名 1530 人。12 月 18 日，《中国教育报》头版刊登了我院此项活动的热烈场面。上海福利彩票也在现场专门设置了"爱心飞扬天天彩"，让每位参与无偿献血的同学都有一次抽取幸运大奖的机会。

（上海建桥职业技术学院团委）

第二届"科技·技能"竞赛活动

11 月 16 日，历时一年的上海托普信息技术职业学院第二届"科技·技能"（双技）竞赛在行政楼报告厅举行了隆重的颁奖典礼。学院各级党政领导和评委会的老师们应邀参加了这次活动。本届双技竞赛通过院团委的精心组织和广泛动员，共有近百个项目参加了比赛，经过初审，共有二十个项目进入了决赛。10 月 18 日，双技竞赛评委会的老师们对决赛作品进行了公开答辩评分，最后评出了本届比赛的各个奖项。在学院领导的大力支持下，获奖同学将分别获得丰厚的奖品，以资对他们的积极参赛和出色表现进行鼓励。

双技竞赛作为托普学院的特色项目，已经成功举办了两届。作为学生成长成才的摇篮，双技竞赛还将继续指引我们学生在科学技术的探索和研究道路上茁壮成长。

（上海托普信息技术职业学院团委）

用行动诠释宣言

——邦德学院创市单日采血量新高

为加强学生思想政治素质，培养学生的社会责任感，增强对弱势群体的关爱，院团委进行以"青春点燃生命的希望"为主题的无偿献血动员。11 月 16 日上午 8:00，采血车进入校园后，车前排起了三列长队，学院德艺楼的大厅里等待体检的同学更是把整个大厅围得水泄不通。在爱的奉献歌声中，同学们的爱心让整个广场充满了爱的气息。下午，当市血液中心带来的血袋、针筒全部用完后，十多名学生又跟随着采血车前往人民广场献血。邦德学子在无偿献血的现场，没有豪言壮语，也没有惊人的壮举，但当同学们伸出手臂、挽起袖子的那一刻，所有人都明白它的价值。在这里，真情挥洒，爱心传承。单日献血人数达 634 名，实现市单日采血量的最高记录.

（上海邦德职业技术学院团委）

整合资源　促团工作上新台阶

2004 年 6 月，民远职业技术学院代表唐镇参加了浦东新区首届郊区运动会的开幕式和广播操比赛，浓浓的青春气息成为整个开幕式的亮点，并取得了优异的成绩。7 月至 9 月，院团委与新区精神文明办公室取得联系，使校学生艺术团成为“郊区文明行”的一员，同学们的足迹踏遍新区的各个农村，深入工地、机场、部队，为当地人民和部队官兵们作了精彩的演出。这是团委在学院党支部的领导下，依托当地政府，积极开展健康、活泼的各项活动。这种资源整合、资源共享的工作模式，不仅使同学们有了展示才华的舞台，而且使在校大学生充分溶入到当地的社区文化中，与当地人民建立了深刻的友谊。同时，团委工作也得到了有效稳步的发展。

（上海民远职业技术学院团委）

昆剧走进青年　青年走进昆剧

——思博学院学生与昆剧共舞

12 月 28 日，一台别开生面的“高雅艺术进校园——昆剧走向青年”文艺活动在思博学院举办。学院的师生们既是观众又当演员，走上舞台，走进角色，同上海昆剧团的艺术家们亲密接触，一同庆祝 2005 年的来临。潘家俊院长在演出之前发表了新年祝辞。

文艺活动由上海昆剧团著名小生演员张军主持，他把昆剧发展的历史“生旦净末丑”五大行当的特色逐一作了介绍，配合他生动、俏皮的讲解，以及昆剧艺术家们的同步精彩表演，使本来对昆剧一无所知的学生与昆剧亲近起来。活动期间，学院师生的登台亮相和积极参与，掀起了全场的第一个高潮；学务部主任、青年教师赵云健的扮相和唱腔征服了台下的观众，也使台上的专业人士赞不绝口。

（上海思博职业技术学院团委）

融合与发展　兴业与责任

——长江三角洲地区青年企业家浦东论坛召开

12 月 7 日至 8 日，长江三角洲地区青年企业家浦东论坛在浦东通茂大酒店举行。来自江浙及上海浦东 16 个地市的青年企业家协会、青年商会的负责人和 16 个地市的青年企业家代表近 200 余人出席了此次论坛活动。浦东新区区委副书记、区长张学兵，浦东新区区委副书记栾国梁等区委、区府领导出席论坛并致辞。16 个地市的团委书记也应邀出席了论坛活动。

此次论坛围绕“融合与发展，兴业与责任”为主题展开，分论坛研讨、签署长三角地区 16 个地市青年企业家协会（青年商会）友好合作协议书、“兴业林”植树活动、商务恳谈会等四部分内容进行。

论坛研讨分为“如何打造长三角地区的经济和产业优势，浦东如何更好地服务长三角”和“在长三角地区经济日趋融合的趋势下，如何塑造、提升当代青年企业家精神”两个议题。论坛邀请了中国经济研究中心主任、复旦大学经济学教授、博士生导师石磊博士和同济大学经济与管理学院教授、同济大学城市发展与管理研究院副院长诸大建博士作为嘉宾，论坛由上海第一财经频道的节目主持人金瑜主持。整个论坛通过思想的交锋、智慧的碰撞，气氛热烈，也加深了彼此之间的了解。

同时，16个地市青年企业家、青年商会本着友好协作、携手发展的原则，签署了《长三角地区青年企业家协会(青年商会)友好合作协议书》，建立了一个更大的信息交流和公共关系网，为今后16个地市的经济互补、人才交流打下坚实基础。《长江三角洲地区青年企业家浦东论坛论文集》同时与公众见面，市委常委、中共浦东区委书记杜家毫欣然为论文集作序。

(浦东新区团工委)

社区青年中心机制建设

8月21日，徐汇区首个青年中心—天平路社区青年中心(体育)在徐家汇公园篮球场正式揭牌，由团市委主办，团区委联合区体育局、上海天亿投资(集团)有限公司共同承办，徐汇区天平街道团工委、徐家汇街道团工委协办的“天亿杯”上海市青年三对三街头篮球挑战赛也于当天在徐家汇公园篮球场拉开帷幕。团市委副书记李跃旗、团市委地区工作部(郊区部)部长褚敏、区体育局局长王一坚、团区委书记徐未晚、天平街道党工委书记周建、徐家汇街道党工委书记汤学科、上海天亿投资(集团)有限公司等单位的领导和嘉宾出席了仪式，来自全市的64支青少年代表队参赛，分别产生了学生组和成人组两个冠军。

团区委积极探索以街道、镇团组织为核心，有阵地依托的青年中心建设，有效实现团的组织、工作、阵地有机结合，辐射带动基层团组织整体活动。除了位于天平街道的青年中心外，已分别建成斜土的文化中心、长桥的西南综合文化中心、徐家汇的青年创业中心、康健的志愿者服务中心等四个青年中心。

(徐汇团区委)

成立云南省战河乡中学长宁威达班

3月8日，长宁团区委举办了云南省战河乡中学“长宁威达班”捐助签约仪式，由长宁区十大杰出青年、区青联副主席、上海威达集团总裁周桐宇女士捐款10万元，资助中国十大杰出青年志愿者冯艾任教的云南省战河乡中学50名学生三年的学习费用。中共长宁区委常委、宣传部部长朱国宏和团市委常委、宣传部长康年分别作了讲话，团市委书记陈靖为“长宁威达班”揭牌。

(长宁团区委)

“大师与琴童”大型钢琴演奏会

5月31日，为庆祝“六一”国际儿童节的到来，普陀团区委、少工委联合区有关单位在长寿绿地中央的钢琴广场上，举办了“采撷民族奇葩，放飞快乐梦想”庆“六一”主题集会——暨“柏斯之声大师与琴童”158台钢琴大型演奏会，“与大师同行，与音乐同行，与快乐相伴”，被授予“普陀文化形象大使”的著名钢琴家孔祥东先生与普陀区157名琴童同台演奏了陕北民歌、世界名曲以及著名少儿歌曲等曲目，演奏会在孔祥东先生的一曲《黄河》声中达到了高潮。这次活动是普陀团区委进一步贯彻《中共中央国务院关于进一步加强和改进未成年人思想道德建设的若干意见》精神，集中展示了普陀区少先队组织在“传承民族文化、弘扬民族精神”主题活动中的具体成果，收到了良好社会效果，受到上海市和中央有关领导的充分肯定。

（普陀团区委）

成立上海市闸北区青年事务局

2004年12月，经闸北区机构编制委员会批复同意，上海市闸北区青年事务局成立。闸北区青年事务局是区政府专职管理青年事务的工作机构，以区域内7～35周岁的青少年为服务对象，开展青少年思想道德建设、社区青少年教育和管理、青少年权益保护、青年人力资源开发等方面的工作。闸北区青年事务局设局长1名（由团区委书记兼任），副局长1名（由团区委副书记兼任），内设1个科室（综合事务科）。按照闸北区人民政府有关人员任命的文件，团区委书记李晓辉兼任闸北区青年事务局局长，团区委副书记达弘兼任副局长。

（闸北团区委）

虹口区曲阳社区团员活动中心启动

11月20日，虹口团区委和曲阳街道团工委在曲阳文化艺术中心举行了“共建温馨家园——虹口区曲阳社区团员活动中心启动仪式”。区委组织部副部长麦碧莲、区综合党工委副书记姜海哨以及各街道（镇）分管领导、团工委书记出席了本次活动。

创立社区团员活动中心是团区委为进一步加强社区团建工作、有效凝聚广大青年的尝试，将先期在曲阳街道进行试点，力求通过团员活动中心的构建，服务社会、服务群众、服务青少年，成为联系广大团员青年的桥梁，丰富社区生活的平台，展示青年风采的窗口，培育青年志愿者和青年工作品牌的孵化地。在启动仪式上，针对社区居民和青少年的实际需求，还开展了一系列由我区青年志愿者服务大队和各行业“共青团号”集体提供的服务项目。此外，还进行了青少年自我保护安全防范教育和“小手牵大手”老少同乐主题活动。

（虹口团区委）

学习雷锋精神　建设文明交通

——杨浦区“蒲公英”行动青少年志愿者服务队出征仪式

作为广大共青团员、青少年参与全区文明交通建设活动的第一个行动高潮，杨浦区文明交通建设活动领导小组办公室、杨浦团区委与江浦街道、四平街道、控江街道和杨浦区妇联等单位，于3月6日下午，在控江路商业区联合举行了“学习雷锋精神，建设文明交通”——“蒲公英”行动青少年志愿者服务队出征仪式。区委副书记陈士维、袁岳滨，区委常委、宣传部部长于秀芬等与会领导向来自区属各级“共青团号”集体和复旦大学、同济大学、上海财经大学、上海理工大学、上海水产大学、上海电力学院、上海体育学院、上海卷烟厂等区域内高校、国有大中型企业的20支“蒲公英”行动青年志愿者服务队代表授了队旗。200余名青年志愿者进行了庄严的出征宣誓，表示要尽己所能，告别陋习、弘扬新风、服务社会。仪式上，团区委还代表全区195家“共青团号”集体，与街道代表和区交巡警支队共同签署了与重点交通主干道口结对共建协议书。

仪式结束后，参加活动的青少年志愿者佩挂统一标识，高举队旗，分赴12个道口参与交通文明宣传教育和维护、疏导交通秩序工作。为形成全区性的行动高潮，在主会场隆重举行“蒲公英”行动青少年志愿者服务队出征仪式的同时，全区各街道(镇)分会场也结合自身情况开展了交通法律法规咨询、板报宣传、文明交通承诺、维持交通秩序等各具特色的群众性宣传教育和发动活动。

(杨浦团区委)

2004“公益先锋”—黄浦青年志愿者特别行动

围绕黄浦创建全国文明城区的目标，引导青少年勇开文明风气之先，2004年3月20日，黄浦区团委开展“公益先锋”——黄浦青年志愿者特别行动。通过海报宣传、网上招募和现场报名等方式，动员青年投入“点燃生命的希望”黄浦青年骨髓捐献志愿者行动，活动日共有近200名青年报名参加，全区目前已有1000余名青年志愿者加入“中华骨髓库”；公安青年干警与社区青少年共同开展“共筑安全的家园”维护社会治安筑城行动，2004年4月，89名志愿者在半淞园路社区开始安全巡逻；医卫青年志愿者开展“共青团号健康快车”为重点工程建设者服务活动；市劳模和商业青年共同开展“诚信在黄浦”青年诚信督导行动，组建由15名基层优秀青年组成的“青年诚信督导队”，与5位全国和市级劳模结对，在南京路、豫园等主要商业区开展督导活动；武警部队青年官兵和青年学生开展“感受腾飞”青年志愿者助残活动；全区中学生还开展“青春辉映夕阳红”敬老志愿服务活动，充分展示了黄浦各行各业青年志愿者积极投身黄浦文明城区创建工作的良好形象。

(黄浦团区委)

开展“两新”青年工作

以“联情、联谊、联志”的“两新”青年联络法为抓手,组织“两新”青年参观F1赛车场、大众汽车三厂,联合各街道开展“进楼宇,为青年服务系列”活动和“十大杰出青年”进社区活动。吸引“两新”青年向团组织和各类青年组织靠拢,挖掘并推荐20余名优秀青年为入党积极分子。开展“青年工作展示月”活动,在全区12幢商务楼宇中进行集中展示,并在10幢商务楼宇中建立了“流动团员服务点”,排摸出有入党意向的“两新”青年15人。同时,在2004年7月,与交通大学合作,向高校应届毕业生发放宣传卢湾“两新”组织党建工作现状,并附有“卢湾区区域图”和“卢湾区团组织联络网”的毕业学生服务卡2000多份,引导毕业后到卢湾工作的莘莘学子尽快与团组织取得联系,增强他们的地区归属感和组织归属感。

(卢湾团区委)

静安区首创“社区少工委” 构建“三进”工作模式

1999年7月,静安区率先成立第一家社区少工委,在实践中不断探索和完善,逐步构建起“三进”工作模式,即少先队的组织建设进社区,少先队的辅导力量进社区,少先队的自主活动进社区。少工委“三进”工作模式得到全国少工委认同。2003年底,团中央专题来我区调研了社区少先队工作,团中央和团市委对我区的少先队工作充分肯定,团中央在《全国少先队要讯》上专门介绍了我区社区少先队的“三进”工作模式。2004年,香港女童军总会代表团一行30人在上海市少先队总辅导员沈功玲、少年部部长毛莉等领导的陪同下来到我区交流社区少先队工作情况,在此次“2004沪港青少年工作者研讨会”上,我区少工委通过工作介绍、座谈交流等形式与香港青少年工作者就沪港两地的社区工作情况进行了深入探讨,江宁路街道社区少工委展示了主题为“融入社区家园,体验成长快乐”的社区少先队活动,此次活动充分反映了我区学校、家庭、社会三位一体合力推进教育的少先队工作特色,得到了团市委和香港代表团的一致肯定。

为进一步探索和推进社区少先队的有效运转,近年来我们又进行了《社区少先队组织体制及协同运行的实践研究》课题的调研论证和实践总结工作,逐步夯实工作基础,提高工作针对性,扩大工作覆盖面,增强社区少先队工作的区域整合能力和辐射作用,从学校、家庭、社会多角度出发,探索“领导机构一体化、辅导力量一体化、实践基地一体化”区域少先队工作的社会化机制,实现区域少先队“单一”——“双轨”——“一体化”的螺旋上升和发展。

(静安团区委)

“喜爱宝山的理由”系列活动

宝山区团委抓住纪念建国55周年的契机,结合未成年人思想道德建设工作,精心设计的“喜爱宝山的理由”系列活动。主要活动有:“团结宝山”——区青联中秋联谊活动;“发展宝山”——优秀青年企业家论坛活动;“活力宝山”——环长兴岛马拉松接力赛,全程10余公里,全区42支队伍,500名余青少年参与此次活动;“魅力宝山”——演讲、摄影大赛,百余名青少年参加数码摄影大赛;“历史宝山”——DIY主题团日创意设计大赛,通过“巡访小平足迹”、“参观爱国主义教育基地”等社会实践活动为创意主题,进一步丰富和活跃团的组织生活;“素质宝山”——青少年素质发展要求漫画征集;“责任宝山”——区内希望工程“一助一”结对助学活动。此系列活动荣获团中央“2004年社区青年文化节组织奖”。

(宝山团区委)

闵行青年志愿者骨髓捐献集中血检仪式

为了响应团市委和市红十字会联合发起的“为了生命的希望工程——上海青年造血干细胞志愿者行动”,三年来,闵行区各级团组织通过咨询、宣传、文艺表演等形式大力宣传造血干细胞捐献的意义,广大团员更是率先垂范,仅2003年一年团区委就收到351名志愿者报名参加血检。

为了让更多的白血病患者重获生命的希望,弘扬关心他人、崇尚奉献的社会新风,展示闵行青年的良好形象,2004年3月5日下午,来自区内各条线的189名志愿者汇聚在区政府会议中心,参加由团区委举办的“为了生命的希望——闵行青年志愿者骨髓捐献集中血检仪式”,卫生局团委代表志愿者向全区青年发出倡议,号召青年奉献爱心,尽己所能为上海10万人规模的骨髓库早日建成而贡献力量。团市委书记陈靖、区委常委、宣传部长李芸、团市委副书记李跃旗同志到会并讲话,他们鼓励青年要勇开风气之先,用科学的态度、用自己的行动帮助白血病人、倡导文明新风。与会志愿者在血检结束后,还为白血病人留下祝福语,祝原所有白血病人都能早日康复。

(闵行团区委)

拥抱F1　服务F1　当好东道主

——2004年度嘉定区F1青年志愿者行动回顾

2004年是F1赛事在嘉定举办的第一年,我区广大F1青年志愿者在全区各级团组织的带领下,围绕“拥抱F1、服务F1、当好东道主”这一主题,不断拓展F1青年志愿者组织,深入开展F1青年志愿者行动,通过各种形式开展了一系列营造氛围、弘扬新风、展示形象的志愿服务活动,营造了全区青少年关心、参与、支持F1赛事的浓厚氛围,弘扬了文明进步的社会新风,展示了嘉定青少年的良好形象,发挥了共青团组织的生力军和突击队作用。

回顾2004年的F1青年志愿者行动,我们在实施过程中着重抓好了以下三个关键环节:

一、未雨绸缪，找准定位，积极谋划F1青年志愿者工作思路

从2004年3月份开始，团区委在电视、报纸、网络等宣传媒体上广泛宣传F1青年志愿者行动的主题、内容等，扩大工作辐射面和影响力。成立了F1青年志愿者行动工作组，青年志愿者行动统一纳入区F1赛事配套工作后勤保障组。同时还成立了F1青年志愿者服务总站和16家服务分站，这样使F1青年志愿者组织真正成为动员广大青少年、参与F1的有效载体和重要依托。

二、提升层次，创新机制，以专业化理念打造F1青年志愿者队伍

在积极谋划F1青年志愿者工作的同时，我们以专业化理念打造F1青年志愿者队伍，主要体现在三个"新"，即招募形式新、运作方式新、培训形式新。在招募形式与运作方式上，我们采取重心下移的操作模式，有效整合基层志愿者组织资源，积极推广志愿者社会化招募、市场化运作等形式，通过发放招募表、设立社会招募咨询点、开通社会招募热线等形式，招募F1青年志愿者，建立了有2400人入库的"嘉定区F1青年志愿者人才库"，全面构建起志愿者队伍。同时在招募形式上，我们与区机管局联合，首次采用"自愿报名＋组织面试"的形式，招募了61名外语能力出众、综合素质好的高学历人才，直接参加"2004年F1中国大奖赛"的各项服务工作。

三、上下联动，形成合力，大力营造全区青少年"拥抱F1、服务F1、当好东道主"的浓厚氛围

从4月份到F1赛事举办前后，我们着眼于两个"注重"，即注重服务理念教育和注重青少年共同参与，组织开展了一系列青年志愿者宣传服务活动，动员广大青少年关注和参与F1。通过举行F1青年志愿者宣誓授旗仪式、千人签名活动等形式多样的志愿服务理念教育，进一步增强青年志愿者"服务F1、参与F1、奉献F1、投身F1"的大局意识。我们还注重青少年共同参与，给青少年提供多种途径和形式参与F1赛事，组织青年志愿者积极参与"千名优秀大学生看汽车城"、"嘉定汽车论坛"、"同一首歌"大型演唱会、"江南名城"旅游节、"必比登"挑战赛的接待、引导、咨询、会务、秘书、后勤保障等志愿服务工作，累计有660名青年志愿者为区内各项重大活动提供了7500人次、1.3万小时的志愿服务，"红帽子"、"红马夹"成为了这些活动中一道亮丽的风景线。热情周到的服务受到了中外嘉宾的一致好评。

（嘉定团区委）

开展全国青年中心试点工作

金山区作为全国青年中心建设试点区，团区委采用走出去、请进来的方式，邀请团市委领导来金山指导，组织镇、村团干部赴杭州实地考察取经。在此基础上，选择朱泾、张堰、亭林三个镇探索推进各具特色的青年中心建设模式。在朱泾，着眼于在社区建设日渐成熟的街道、镇探索青年中心建设之路；在张堰、亭林镇试点，着眼于在"三个集中"进程中的现代农村探索青年中心建设之路；在张堰镇，我们依托青年农业示范户建立青年中心实践基地；在亭林镇，我们把青年中心建设和村级团建相结合建立青年中心的

实践基地，扩大青年中心的覆盖面和影响力。至 2004 年底，已建立了 4 个镇级层面的青年中心。其中，朱泾社区青年中心、张堰镇青年中心申报了全国百例青年中心。团区委被团中央评为“全国青年中心建设试点工作先进市、县(区)”、一名团干部被评为全国青年中心建设先进个人。

(金山团区委)

加强社区青少年事务管理

建立松江区青少年事务社工站，9 名专业社工从 2004 年 8 月 3 日起正式进站工作。招募组建社区青少年事务社工志愿者队伍。通过组织化和社会化报名相结合的方式，在松江招募近 150 名社区青少年社工志愿者，协助社工进行随访交流、团康活动组织等多项工作；整合法院、检察院的专业青年法律工作者，配齐 50 名法律后援团志愿者，为社区青少年提供法律咨询和维权方面的服务；招募“青少年阳光心理热线”志愿接听员，配合专业心理咨询师为松江青少年提供心理咨询服务。社工站开通松江区第一条以青少年为服务对象的心理热线——“青少年阳光心理热线”，以“倾听、疏导、鼓励、关爱”为服务宗旨，倾听青少年成长中的困惑和迷茫，疏导青少年心理上的压力和问题，鼓励青少年不断发掘自身潜能，实现自我发展。

(松江团区委)

南汇区青年联合会第一次全体会议召开

2004 年 8 月 3 日，南汇区青年联合会第一届委员会第一次全体会议在汇亨新亚大酒店隆重召开。团市委副书记、市青联主席马春雷、区领导崔明华、张才莲、郭奕侃、黄幼兰等出席了大会。来自全区党政、政法、金融财政、农业、园区经济、商贸旅游、市政建设、文化传媒、科教卫生、民族宗教、青年社团等 11 个界别的 168 名青年参加了大会。

会上，团市委副书记、市青联主席马春雷和区委副书记张才莲分别代表代表市青联和区委作了重要讲话。

大会选举产生了区第一届青年联合会领导集体。黄建康同志当选为区一届青联主席，乔华等 7 位同志当选为副主席；王红英等 19 位同志当选为区一届青联常委。

(南汇团区委)

上海青年海湾联谊活动在奉贤举行

9 月 25 日，作为团市委“第二届上海市青少年社区文化月”活动项目之一的“激情海湾、浪漫相约”——上海青年海湾联谊活动在奉贤海湾旅游区举行。团市委书记陈靖、奉贤区委书记张立平等领导出席了活动。团市委机关干部、奉贤区、卢湾区以及上海南桥变压器有限责任公司青年代表共计 300 人参加了此次活动。

此次联谊活动以"中秋"这一传统佳节为契机，以"弘扬传统文化，服务青年需求，引领青年时尚，倡导健康生活"为主题，邀请了部分网上青年社团成员和优秀团干部、青年代表参加。活动中，大家参观了碧水金沙展示馆和包畹容京剧馆，又在奉贤海边沙滩等地开展激情沙滩摩托车比赛、放风筝和龙舟大赛等活动。晚上在棕榈滩大酒店后花园举办了篝火晚会。

（奉贤团区委）

"生态岛建设，青年人先行"主题教育活动

2004 年 3 月，崇明团县委经过积极筹划、精心部署，在全县各级团组织和广大团员青年中广泛开展了"生态岛建设，青年人先行"主题教育活动。通过知识学习、主题演讲、大讨论和宣传教育等形式和途径，较好地把全县团员青年的注意力和兴奋点引导到谋划崇明跨越式发展上来，把智慧和力量投身于崇明生态岛建设中去，营造了全县团员青年"一心一意谋发展，聚精会神搞建设"的良好氛围。同时，团县委又把广大团员青年撰写的文章编辑成《生态岛建设，青年人先行——崇明县建设生态岛大讨论青年文集》，充分展示我县团员青年积极参与建设生态岛大讨论的活动成果。

（崇明团县委）

上图"助残志愿者"队伍成立

12 月 3 日，为了更好地为视障读者提供更多、更便捷的服务，上海图书馆上海科学技术情报研究所举行了"视障读者服务网络延伸启动仪式"，把为视障读者服务的网络由原来的黄浦、卢湾等 9 个区延伸覆盖至包括浦东新区、长宁、普陀、虹口在内的共 13 个区。馆所团委为配合该项服务，为更多的视障读者带去福音，组建了一支由团员青年组成的"助残志愿者"队伍，并在启动仪式上进行了授牌。今后，这支队伍将以制作有声读物、送书上门等形式？为视障读者提供志愿服务。

（上海图书馆团委）

"小尹鹏志愿者服务队"在行动

2004 年上海书展期间，新华发行馆活跃着一支"小尹鹏志愿者服务队"。这支服务队以上海新华发行集团全国先进工作者尹鹏同志命名，由尹鹏和上海市劳模黄绮玉、市三八红旗手王菊敏同志领衔，集团团委组织了各专馆的十几名团员干部，专门成立了"尹鹏读者服务中心"。据统计，自书展开馆以来，到 7 月 29 日止，"服务中心"接受读者图书查询已达 350 笔，受到了读者的热情赞扬。这支服务队是新华发行集团在推进规范服务活动中形成的一支生力军，在集团组织的各项重大活动中，常常能看到他们的身影。这支队伍还经常到"养老院"开展送温暖、送清凉等活动，为树立新华书店良好的社

会形象做出了贡献。

“有需要，找小白帽”，在新华发行馆，“小尹鹏志愿者服务队”的队员们正在用行动感染着青年一代继承和发扬新华书店的优良传统，用行动向广大读者展示了新华书店的美好形象。他们是竭诚为读者服务的示范员，更是新华书店光荣传统得以薪火相传的希望所在。

（上海新华发行集团团委）

承办“2004·媒体与未成年人发展”图书出版分论坛

12月12日，世纪出版集团承办了“2004·媒体与未成年人发展——中国青少年社会教育论坛”的图书出版分论坛。集团团委承担全程策划和组织工作。国家新闻出版总署副署长石峰同志在会上做了专题发言，来自日本出版界、国内学界、出版界的学者、专家和来自学校的教师、学生及家长代表围绕“未成年人阅读与成长”的主题，共同进行了广泛研讨和交流。论坛的最后，组织方向未成年读物出版界的同行发出了“让我们携手，为孩子打造一片绿色的阅读空间”的倡议，并得到所有与会出版社代表的响应。本次论坛形成的研讨结果和出版社共同发起的倡议在提交总论坛后取得了巨大的反响，为出版社群体贯彻落实《中共中央国务院关于进一步加强和改进未成年人思想道德建设的若干意见》创造了统一思想和形成初步行动纲领的重要契机，此次论坛将有力地推动出版社群体在今后若干年的工作中为未成年人思想道德建设这一重大课题作出贡献。

（上海世纪出版集团团委）

市容环境 Flash 动漫设计大赛

为迎接2010年世博会，推进上海市容环境建设，提升上海市民特别是广大青少年的现代市容环境意识，上海市市容环卫局、共青团上海市委员会、上海市信息委联合举办了“上海市市容环境 Flash 动漫设计大赛”。本次大赛于4月1日拉开序幕，大赛以市容环境为题材，以青少年为特定对象，以动漫设计为活动载体，以社会公益为目标，历时两个月，得到了社会各界的积极支持和广泛响应。大赛活动网页总访问量达18916人次，平均日访问量228次，组委会共收到作品201件，其中 Flash 作品137件，漫画作品64件。

参赛作品内容丰富，形式多样。作品主题鲜明，既有对保护环境，珍惜生命的真切呼唤，也有对随地吐痰，乱张贴等不文明卫生习惯的强烈抨击，充分反映了当代青年对改善城市市容环境的深刻思考。Flash 大赛活动进一步加深了广大青少年对科学发展观的理解，提升了青少年运用现代信息科技的技能和进一步增强市容环境建设的社会责任。

（上海市市容环卫局团委）

上海核工院团委开展百日劳动竞赛

10 月 8 日，历时三个多月的上海核工院“百日劳动竞赛”在院全体团员青年中拉开了帷幕。2004 年是上海核工院实施跨越式发展战略的第一年，随着巴基斯坦恰希玛核电二期施工设计，自主设计百万千瓦级核电站设计科研相关工作和国际招标工作的开展，以及 35 年院庆，各项任务相当繁重。为激发和调动团员青年的生产积极性和主动性，按期、保质完成各项生产任务，开展了以保质量、保进度、比效率、比风格、比年轻科技队伍的培养和建设为主要内容的劳动竞赛。各团支部纷纷响应，团员青年积极投身劳动竞赛的热潮，认真履行岗位职责，遵循职业道德守则，不怕困难，刻苦攻关，敢挑重担，勇于奉献，为完成各项工作的顺利开展奉献自己的一份力量，为我国的核电事业添砖加瓦。

（上海核工院团委）

坚持开展主题教育活动　提高青年思想政治素质

中交第三航务工程勘察设计院团委每年确定一个主题、集中八个月的时间在全院团员青年中开展主题教育活动，从 2001 年到 2004 年，已经持续了四年。院团委分别于 2001 年开展了“价值观大讨论”主题教育活动、2002 年开展了“三爱”（爱事业、爱三院、爱岗位）主题教育活动、2003 年开展了“敬业奉献，开拓创新”主题教育活动，2004 年开展了“敬业在岗位，奉献在三院”主题教育活动，主题教育活动以服务青年为基础，教育青年为先导，活动载体为保证，举荐青年为目标，加强和改进青年思想政治工作，取得了良好的效果。

经调查，96％的青年认为开展主题教育活动对其有帮助。

（中交第三航务工程勘察设计院团委）

人文・互动・创新・发展

——围绕铁路提速调图深入推进营销创新活动

在 2004 年 4 月 18 日全国铁路实施第五次大面积提速前后，上海铁路局团委推出了“4.18”提速调图“营销宣传月”活动，充分发挥团的组织优势，采取文化搭台促营销、网络为媒促营销、优质服务促营销等方式，组织开展了“我们一起跨越”、“安全、便捷、绿色、多样、人文”等多种形式的广场文化营销活动以及“春之约”牵手营销行动等文艺宣传活动；与宣传部门联手策划、设计制作了提速调图营销宣传专题网页，并与互联网链接，推出了网上“捷美”杯提速调图有奖知识竞赛；广泛开展了“青年文明号”优质服务竞赛活动，在列车上推出了“一站式服务、无干扰服务、亲情服务、‘四声’服务（迎客声、介绍声、服务声、道别声）、送餐服务、信息服务、文化服务”等一系列个性化、人性化、特色化服务，并在进京的几趟重点“青年文明号”列车中组织开展了“文化之旅”活动，免费赠阅《中国青年报》等报刊。通过丰富多彩的宣传活动，拉近了铁路与旅客之间的距离，向广大市民介绍了铁路新产品，宣传了铁路新服务，展示了铁路新形象，扩大了铁路提速的社会效益和经济效益。据不完全统计，“营销宣传月”期间，全局各级团组织共举办各类营销文艺演出二十多场次，吸引广大市民旅客数十万人次，发放宣传资料7万多份，接受各类咨询2万余人次。

（上海铁路局团委）

让希望照亮心灵

为帮助革命老区的孩子创造更好的生活和学习环境，2004年3月，共青团上海市农村信用合作社联合社委员会主动向党委请缨，希望由团组织来承担上海农信援建的江西方志敏希望小学电化教室的建设工作，并在全团掀起学雷锋活动高潮。满载着电脑设备和慰问物品的列车带着全系统上下团员青年的殷切希望和深情厚意，踏上了前往江西的行程。

团员青年就电化教室的建设和当地政府、希望小学进行了充分讨论和沟通，并在较短时间内完成了电化教室的建设，该学校成为当地电化教育的示范性完小，农村的孩子也能象城市的孩子一样上网冲浪，通过现代通讯技术学习科学知识和专业技能。同时，团委和希望小学的贫困学生开展了结对互助活动，农信青年将捐助这些贫困学生完成小学阶段的学业，定期关心他们的学习生活。此外，团委还和当地团组织进行了青年工作经验的座谈交流，并建立了合作联络机制。

（上海农村信用社团委）

情系华泰　凝聚你我他

华泰上海分公司有共青团员42名，占分公司员工比例的25%，为了充分发挥这支青年队伍的青春热情，2004年5月，在上海“东方绿洲”组织了“情系华泰，凝聚你我他”专题活动。本次专题活动的主要内容是团总支的换届改选，在上海分公司丛雪松总经理的主持下，选举产生了第三届分公司团总支。上海分公司团总支以崭新的面貌，全面活跃团组织建设，激发团组织的工作积极性和创造力，紧密围绕上级团委的指导思想，通过多种方式，增进组织的凝聚力，扎实工作、诚信服务，更好的为公司事业做出努力与奉献。

（华泰财产保险股份有限公司上海分公司团总支）

“青春焰火”离团仪式

9月4日，上海证券交易所21名超龄团员离团仪式在千岛湖之畔举行。活动形式是以拓展训练为主题，这21名团员非常认真、投入地参加了属于他们的最后一个主题团日活动。在当天晚上的离团仪式上，团委感谢这21位团员长期以来对交易所共青团的大力支持和积极参与，勉励大家今后无论在哪个岗位，都要继续支持共青团的工作，支持青年的事业。共青团为曾经拥有这些青年而自豪，也希望青年永远记得火红团旗下的青春岁月。

当《光荣啊！中国共青团》的团歌在湖光山色间回响的同时，大家点燃了手中的焰火，灼灼火光照亮了每一张笑容洋溢的脸庞，祝福这21名团员青年在今后的人生道路上有更加广阔的舞台。

（上海证券交易所团委）

捐赠纯金团徽

2004年春节前夕，上海造币厂团委获悉上海团市委在筹建渔阳里纪念馆的过程中想制作一枚纯金团徽，于是，团委主动向厂领导汇报，厂领导当即决定制作并捐赠一枚纯金团徽，作为对共青团事业的支持、对社会的回报。由于时间紧、任务重，团委义不容辞地承接了这项特殊任务，并在全厂团员青年中进行了宣传。

由于团徽的不规则边形及超大直径，对设备及工艺要求较高，一批以团员青年为主的技术、设计和制造人员立刻投入到了研究制作中。青年设计师董慧珍经过多方考证，终于找到了毛泽东题写的“中国共青团”的具体图样。由于是纯金制品，其制作过程既要忠实团徽图案、突出效果，又要保持黄金的纯度和亮度。青年技术人员各显身手，先在铜坯饼上反复试验线切割和研磨效果，再在金坯饼上试验上色，经过多次反复，最终，铸成了这枚国内绝无仅有的金团徽。整个制作过程，党委、厂部破例开通“绿色通道”，保证了金团徽按时、高质完成。在金光闪闪的团徽背后，辉映着上币青年的青春和智慧，交织着青年对中国共产主义青年团的敬仰和奉献。

（上海造币厂团委）

“提升自我，建设窗口”职工教育系列活动

2004年是上海印钞厂建设代表中国印钞行业最高水平的对外开放“窗口企业”的关键一年。为了加快“窗口企业”建设，提升企业职工队伍综合素质，7月至8月，上海印钞厂团委联合厂工会、宣教处、企管处共同在全厂职工范围内组织开展了“提升自我，建设窗口”职工教育系列活动。厂团委组织开展了“我问你答，实话实说”讨论会和“树上钞形象，展员工风采”故事会比赛。讨论会气氛热烈，使参加会议的职工深受教育；故事会比赛吸引了来自各车间部门近200名职工到现场观看，参加比赛的各部门团员青年都经过了精心的准备。整个比赛过程还专门制作了VCD，在职工中午用餐时进行播出，起到了较好的宣传教育作用。

（上海印钞厂团委）

青年奉献“十一五”规划活动

4月至12月，市发展和改革委员会团支部结合系统“世博经济”青年论坛和市“十一五”规划编制的启动工作，开展了“青年奉献‘十一五’规划活动”，组织机关团员青年对有关重大课题进行研究。

活动分三个阶段进行，在发动阶段召开了动员会，号召机关团员青年关注、参与、奉献“十一五”，并介绍了“十一五”规划的背景、启动情况以及重点课题方向；在活动开展阶段，团员青年联系工作实际，结合个人专业和兴趣，选定研究方向，开展调研，提交报告；总结评比阶段对提交的报告进行评议，并将调研成果汇编成册。团支部组织开展了健全和完善上海市综合交通体制的对策研究、上海市发展和改革委员会重大工作机制研究等课题的研究，集聚团员青年智力，努力为年底上海市“十一五”规划基本思路的形成作贡献。

（上海市发展和改革委员会机关团支部）

青年干部培训班暨素质拓展训练活动

7月12日至14日，来自市民防办机关和直属企事业单位的40余名基层团干部和青年代表汇聚一堂，参加了青年干部培训班暨素质拓展训练活动。活动邀请了市委党校和上海大学教授为青年干部作了关于科学发展观和社会发展与青年能力建设的主题讲座，同时还组织了为期一天半的素质拓展训练。参加活动的青年干部创建了各具特色的队旗、队徽、队歌和队舞，以即兴表演和参与游戏的形式，开展了信任背摔、海上孤岛等团队活动，使大家在轻松的学习和交流气氛中感受团队的力量，营造团队协作氛围，受到了青年们的欢迎。市民防办和各直属单位的领导参加了活动闭幕仪式。

（市民防办团委）

共青团上海工程有限公司第一次代表大会

6月9日，共青团中国石化集团上海工程有限公司第一次代表大会召开，团员代表、列席代表近60人出席了会议。公司总经理、党委书记汪镇安，团市委组织部长赵国强，浦东新区团工委副书记袁涛出席会议并作重要讲话。大会认真总结回顾了公司团委筹备组对过去两年的工作情况，展望了今后三年共青团工作的主要任务。经过全体代表的热烈讨论和认真审议，通过了团委筹备组工作报告。

大会在认真贯彻民主集中制原则的基础上，经过充分酝酿和民主选举，产生了共青团中国石化集团上海工程有限公司第一届委员会，顾伟萍当选为书记，王强、虞乐当选为副书记。

（上海工程有限公司团委）

"青年与企业文化"英语演讲比赛

为了弘扬"爱我中华、振兴石化"的企业精神，努力宣传以"竞争、开放、规范、诚信"为核心的中国石化企业文化内涵，进一步增强石化青年职工队伍的凝聚力和竞争力，5月10日晚，公司团委举办了"青年与企业文化"英语演讲比赛。共有来自各基层单位的14名选手参加了比赛，本次比赛特意邀请了上海外国语大学的纪晓凌博士担任评委。经过激烈角逐，炼油事业部吕晓云获一等奖(其他获奖名单附后)。本次获奖选手将代表公司参加由集团公司举办的"青年杯"英语风采大赛分区赛的比赛。

(上海高桥石化公司团委)

共青团上海至诚保险经纪有限公司第一次团员大会

9月4日，共青团上海至诚保险经纪有限公司第一次团员大会在风景秀丽的嵊泗列岛上隆重召开。这次会议的主要内容是选举产生我公司第一届团总支委员会委员以及团总支书记和副书记。公司各部门领导出席了会议。全体代表认真履行职责，经民主选举产生了公司第一届总支委员会，余雷担任团总支书记、王旭任副书记。

随着公司的日益成长，团员青年人数也越来越多。作为党领导下的先进青年组织，团总支将在公司未来发展中带领全体团员青年发挥更大的作用。

(上海至诚保险经纪有限公司团总支)

2002～2003年度市级机关共青团工作先进表彰颁奖典礼

5月27日，"2002—2003年度市级机关共青团工作先进表彰颁奖典礼"在上海档案馆外滩新馆10楼报告厅举行。市级机关工委副书记仇泽群、团市委副书记徐枫、市委办公厅副主任余东昇、市政协办公厅副主任张丽、市委组织部秘书长范志伟等10位局级领导和市级机关部分单位机关党委专职副书记、市级机关工作党委各部门负责人、各单位团组织负责人及团员青年共计200余人出席颁奖典礼。会议表彰了8个市级机关"共青团号"青年集体、5名市级机关"青年岗位能手"、21个先进团组织、26名优秀团干部、22名优秀团员和6项第一届市级机关共青团工作"创新奖"，10名市级机关第二届共青团工作"良师益友"也接受了团员青年的花环。团市委副书记徐枫、工委副书记仇泽群分别作了重要讲话。

(市级机关团工委)

"学历史、知理论、精业务"知识竞赛

为深入贯彻"三个代表"重要思想，进一步提高广大团员青年的政治理论修养，推进

"学习型"团组织建设,上海市财税局团委在2004年7月,举办了市财税系统团员青年"学历史、知理论、精业务"知识竞赛,系统内30家单位的团组织参加了竞赛。竞赛分预赛、决赛2个阶段,设必答题、共答题、限时题、互难题和风险题5种题型,以"三个代表"重要思想、十六大精神、党团知识、财税发展史和时事政治、《税收征收管理法》及实施细则、《行政许可法》等为主要竞赛内容。经过预赛的激烈角逐,6支参赛队进入决赛。决赛当天,比赛过程跌宕起伏、现场气氛热烈,300多名团员青年到场为各参赛队加油助威,市局领导相关处室、分局的负责人观摩了比赛。

(上海市财政局税务局团委)

纪念邓小平同志诞辰100周年系列活动

2004年8月22日是"一代伟人"邓小平诞辰100周年的纪念日,全国上下广泛掀起了纪念活动的高潮。宝钢团委专门下发了《关于开展纪念邓小平同志诞辰100周年系列活动的通知》,在八、九月间开展了向小平同志家乡捐赠图书和电脑活动、召开宝钢青年纪念邓小平同志诞辰100周年座谈会、观看专场电影《邓小平1928》、"我向小平说句话"短信寄语、主题摄影比赛等丰富多彩的纪念活动。其中,宝钢团委和党委宣传部联合举办的"宝钢青年纪念邓小平诞辰100周年座谈会",邀请宝钢老领导黎明同志回顾了小平同志视察宝钢、关心宝钢建设的难忘历史,并与青年进行了互动交流。两届宝钢"十大杰出青年"、部分青年岗位能手、团干部和青年代表共80余人出席了座谈会,此次活动成为宝钢青年和团干部进行理想信念教育的一次良好契机。

(宝钢公司团委)

讲诚信　强管理　从我做起

——开展"管理就在我身边"主题系列活动

2004年,纺织团委结合控股公司新一轮国资国企改革的实施,开展了"管理就在我身边"主题系列活动,活动以"讲诚信,强管理,从我做起"为宗旨,以学习和实践先进管理经验为手段,广泛发动青年职工从自身做起、从本岗位做起,共同为提高企业的管理水平出力,营造了处处讲诚信、人人重管理的良好氛围。

活动期间,纺织团委组织一批青年职工参观业内外管理工作出色的企业,通过现场学习,寻找自身差距,思考应对措施;以增强"共青团号"、"青年安全生产示范岗"等青年集体管理的意识为目的,集中进行专题教育活动,宣传一批责任心强,管理水平高的明星集体;开展"管理金言"网上短语征集活动,发动青年职工为企业管理工作献计献策;依托"纺织青年网"开设"企业管理之窗"专栏,推荐一批反映当前先进管理理念的经典案例,提供一个业内优秀管理经验的交流平台,供广大青年职工参考学习。

"管理就在我身边"主题系列活动,极大地提高了青年职工投身企业管理工作的自觉性,有效地增强了团组织参与企业经济工作的能力。

（上海纺织控股〔集团〕公司团委）

“青春与安全同行——青年安全标兵”竞赛

为了进一步增强集团青年员工的安全管理意识，提高他们在项目一线的安全管理实践水平，同时配合集团安全宣传月的活动，集团团委与生产经营处共同开展了“青年安全标兵”竞赛，共有13家基层单位的42名选手参加了9月13日的初赛，最终14人进入了10月20日举行的决赛，有2人获“青年安全标兵”并同时被授予集团“青年岗位能手”称号。

（上海建工集团团委）

爱绿护绿志愿行动

7月10日是上海市第五个公园免费开放日。上海市建筑科学研究院团委在上海植物园开展了“建科院百名志愿者爱绿护绿行动”，并认养了“建科林”，用实际行动向游客呼吁：“爱护植物园就是爱护您的家”。这次活动是职工接受环保教育、提高环保意识、投身环保实践的有效途径，也是开展文明建设活动的体现。

这个公园免费开放日恰逢周末，又在学生暑假期间。考虑到游客人数可能会较多，游客中的某些不文明行为会使生态、景观遭到破坏，为此，我们组织了以党团员为主的百名志愿者，冒着35℃的高温，到上海植物园参与护绿，维持公园游园秩序，并举行爱绿护绿倡议签名活动，倡议游客自觉革除污染公园环境的不文明行为和不良陋习，做到文明游园，培养健康文明的生活方式。院党委书记陈炳良和院长张燕平参加了这次行动，两位领导为“建科林”揭牌并讲话。

（上海市建筑科学研究院有限公司团委）

附 录 二

新 闻 索 引

1. 新春帮困送温暖活动

《解放日报》1月19日第十三版
《新闻晚报》1月1日第六版
《青年报》1月4日第二版
《青年报》1月7日第三版
《青年报》1月18日第二版
《青年报》1月19日第二版
《青年报》1月21日第四版

2. 共青团上海市第十二届委员会第三次全体(扩大)会议

《解放日报》1月6日第一版
《文汇报》1月6日第二版
《新闻晚报》1月6日第二版
《新民晚报》1月5日第二版
《青年报》1月6日第二版

3. 上海赴老挝青年志愿者的工作开展情况

《解放日报》1月12日第十版
《解放日报》1月22日第三版
《文汇报》4月23日第二版
《文汇报》5月4日第二版
《青年报》1月3日第二版
《青年报》1月5日第二版
《青年报》1月6日第六版
《青年报》1月10日第三版
《青年报》1月11日第六版
《青年报》1月13日第七版
《青年报》1月14日第七版
《青年报》1月22日第二版
《青年报》4月23日第四版

4. 第二届上海IT青年十大新锐表彰大会

《青年报》1月20日第二版

5. “老少同乐,共庆元宵”上海青少年新春敬老活动

《解放日报》2月6日第六版
《文汇报》2月6日第六版
《新闻晚报》2月6日第六版
《上海中学生报》3月8日第二版
《上海日报》2月6日第二版
《服务导报》2月6日第八版

《少年日报》2 月 11 日第一版
《少年日报》2 月 18 日第一版
《东方少年报》2 月 17 日第十一版
《青年报》2 月 6 日第五版

6. 上海青少年谨防禽流感

《青年报》2 月 14 日第四版
《青年报》2 月 16 日第四版

7. 弘扬城市精神,做可爱的上海青年—2004 年上海青年志愿者行动

《青年报》2 月 23 日第四版

8. 上海青少年精神文明建设新风奖系列报道

《青年报》2 月 22 日第四版
《青年报》2 月 23 日第五版
《青年报》2 月 26 日第五版

9. 青年公益形象大使招募活动

《中国青年报》2 月 27 日第一版
《解放日报》3 月 1 日第五版
《文汇报》2 月 27 日第七版
《新闻晚报》2 月 27 日第六版
《新闻晚报》2 月 29 日第三版
《新闻晚报》3 月 1 日第一版
《新闻晚报》3 月 2 日第十六版
《青年报》2 月 27 日第五版
《青年报》2 月 29 日第三版
《青年报》3 月 2 日第二版
《青年报》3 月 24 日第四版
《青年报》3 月 28 日第四版
《青年报》4 月 18 日第五版

10. "青春红丝带"青少年预防艾滋病宣传活动

《文汇报》3 月 1 日第一版
《青年报》2 月 28 日第四版
《青年报》3 月 1 日第四版
《青年报》3 月 17 日第十二版

11. 向冯艾同志学习的活动

《中国青年报》2 月 28 日第一版
《解放日报》2 月 28 日第二版
《解放日报》3 月 5 日第一版
《解放日报》3 月 9 日第六版

《解放日报》3 月 10 日第一版
《解放日报》4 月 23 日第十版
《文汇报》2 月 28 日第二版
《文汇报》3 月 5 日第一、六版
《文汇报》3 月 6 日第一、十二版
《文汇报》3 月 7 日第八版
《文汇报》3 月 9 日第九版
《文汇报》3 月 10 日第一版
《新闻晨报》3 月 10 日第四版
《新闻晚报》3 月 6 日第六版
《新闻晚报》3 月 10 日第六版
《新民晚报》3 月 6 日第七版
《新民晚报》3 月 9 日第一版
《新民晚报》3 月 10 日第三版
《青年报》2 月 28 日第五版
《青年报》3 月 2 日第二版
《青年报》3 月 3 日第四版
《青年报》3 月 6 日第七版
《青年报》3 月 8 日第三版
《青年报》3 月 9 日第一版、第十版、第十一版
《青年报》3 月 10 日第一版、第六版
《青年报》3 月 11 日第六版

12. 各界青少年开展学雷锋活动

《解放日报》3 月 5 日第七版
《解放日报》3 月 6 日第六版
《青年报》3 月 6 日第七版

13. 上海十大青年经济人物评选活动

《文汇报》2 月 28 日第二版
《文汇报》3 月 19 日第二版
《文汇报》5 月 21 日第二版
《新闻晨报》2 月 28 日第三版
《新闻晚报》2 月 28 日第十一版
《新闻晚报》3 月 25 日第二十版
《新民晚报》2 月 28 日第二版
《劳动报》3 月 19 日第二版
《上海商报》3 月 2 日第七版
《青年报》2 月 28 日第二版、B3 版

《青年报》3 月 9 日 C5 版
《青年报》3 月 11 日 C3 版
《青年报》3 月 16 日 C3 版
《青年报》3 月 17 日 C3 版
《青年报》3 月 19 日第七版

14. 上海青年志愿者法律援助行动

《青年报》3 月 7 日第四版

15. 2004 年上海“保护母亲河·绿色希望工程”行动日暨生态文化展示活动

《中国青年报》3 月 10 日第二版
《解放日报》3 月 8 日第四版
《新闻晚报》3 月 8 日第二版
《新民晚报》3 月 8 日第十四版
《青年报》3 月 8 日第一版

16. 上海市希望工程实施十周年纪念活动

《人民日报》3 月 21 日第二版
《中国青年报》3 月 21 日第一版
《解放日报》3 月 21 日第一版
《文汇报》3 月 21 日第一版
《新闻晨报》3 月 21 日第二版
《新闻晚报》3 月 21 日第二版
《新民晚报》3 月 21 日第二版
《东方早报》3 月 21 日第二版
《劳动报》3 月 21 日第二版
《上海日报》3 月 22 日第二版
《青年报》3 月 19 日第十一版
《青年报》3 月 21 日第三版

17. 颁布实施《上海青少年发展规划(2005 年—2010 年)》

《解放日报》3 月 30 日第一、二版
《文汇报》3 月 30 日第一、二版
《新闻晚报》3 月 30 日第二版
《新民晚报》3 月 30 日第二版
《东方早报》3 月 30 日第三版
《青年报》3 月 30 日第五版
《青年报》5 月 28 日第四版

18. F1 世界锦标赛中国大奖赛志愿者服务

《解放日报》4 月 30 日第八版
《新闻晨报》3 月 3 日第二十四版

《新闻晨报》3 月 7 日第二版
《新闻晚报》4 月 30 日第二版
《新民晚报》2 月 27 日第二版
《东方早报》3 月 7 日第三版
《青年报》3 月 3 日第四版
《青年报》3 月 7 日第四版
《青年报》4 月 30 日第九版
《青年报》7 月 2 日第七版

19. “为了生命的希望工程”上海青年造血干细胞捐献志愿者行动

《解放日报》3 月 6 日第六版
《解放日报》3 月 11 日第七版
《解放日报》5 月 4 日第一版
《解放日报》8 月 11 日第十三版
《文汇报》3 月 6 日第八版
《文汇报》5 月 4 日第一版
《文汇报》6 月 7 日第二版
《文汇报》9 月 14 日第二版
《新闻晨报》3 月 6 日第十版
《新闻晚报》3 月 5 日第五版
《新民晚报》9 月 12 日第二版
《东方早报》3 月 6 日第四版
《东方早报》3 月 8 日第四版
《劳动报》5 月 4 日第一版
《上海法治报》1 月 9 日第一版
《青年报》1 月 8 日第七版
《青年报》3 月 4 日第四版
《青年报》3 月 5 日第一版
《青年报》5 月 4 日第六版
《青年报》5 月 28 日第四版
《青年报》6 月 6 日第二版
《青年报》8 月 11 日第三版
《青年报》9 月 13 日第四版
《青年报》10 月 4 日第四版

20. 青年文明号 10 周年纪念活动

《劳动报》4 月 2 日第二版
《新民晚报》4 月 1 日第二版
《青年报》4 月 2 日第六版

21. 上海青少年清明祭扫活动

《解放日报》4 月 5 日第六版

《文汇报》4 月 5 日第一、六版

《新民晚报》4 月 2 日第二版

《新民晚报》4 月 5 日第二版

《东方早报》4 月 5 日第三版

《服务导报》4 月 5 日第八版

《中学生报》4 月 13 日第一版

《少年日报》4 月 7 日第一版

《青年报》4 月 5 日第四版

22. 2004 年上海市共青团组织工作会议

《青年报》4 月 12 日第四版

23. 全面发行青年卡

《新闻晨报》4 月 13 日 B11 版

《新民晚报》5 月 4 日第二版

《青年报》3 月 26 日第五版

《青年报》4 月 15 日第四版

24. 2004 上海青年成才实践月活动

《中国青年报》5 月 5 日第二版

《解放日报》4 月 25 日第二版

《文汇报》4 月 25 日第二版

《新闻晨报》4 月 25 日第十一版

《新民晚报》4 月 25 日第二版

《青年报》4 月 24 日第六版

《青年报》6 月 22 日第十三版

25. “奉献者的风采”—在西部基层工作的优秀大学毕业生事迹报告会

《解放日报》4 月 27 日第六版

《文汇报》4 月 27 日第六版

《青年报》5 月 27 日第四版

26. “渔阳里”团中央机关旧址纪念馆开放

《人民日报》4 月 27 日第十八版

《中国青年报》4 月 29 日第一版

《解放日报》4 月 21 日第一版

《解放日报》4 月 29 日第二、六版

《文汇报》4 月 23 日第五版

《文汇报》4 月 27 日第二版

《文汇报》5 月 5 日第一版

《文汇报》6月1日第一版
《新闻晨报》6月1日第二版
《新闻晚报》4月27日第二版
《新民晚报》4月27日第二版
《新民晚报》4月29日第二十七版
《新民晚报》5月5日第二版
《新民晚报》5月31日第一版
《劳动报》4月27日第二版
《青年报》4月23日第四版
《青年报》4月25日第四版、第五版
《青年报》4月27日第三版
《青年报》4月29日第四版
《青年报》5月5日第三版
《青年报》5月11日第四版
《青年报》6月1日第四版
《青年报》6月13日第三版
《青年报》7月1日第六版、第七版

27. 全国预防青少年违法犯罪暨学校及周边治安综合治理工作会议
《新民晚报》4月29日第二版
《中国青年报》4月29日第一版
《青年报》4月28日第七版

28. 长三角青年大联欢
《文汇报》5月1日第二版
《新闻晚报》5月1日第二版
《新民晚报》5月1日第三版
《青年报》5月1日第三版

29. 冯艾荣获中国青年五四奖章
《解放日报》5月4日第二版
《文汇报》5月4日第二版
《新民晚报》5月4日第五版

30. 中国青年英模与上海青年代表纪念五四运动85周年活动
《中国青年报》5月4日第二版
《中国青年报》5月5日第一版
《解放日报》5月5日第一版
《新闻晨报》5月4日第七版
《新闻晚报》5月5日第一版
《新民晚报》5月4日第一版

《青年报》5 月 5 日第三版

31. 百万青少年爱国主义教育基地寻访活动

《解放日报》5 月 4 日第二版
《解放日报》5 月 13 日第一版
《解放日报》8 月 4 日第二版
《新闻晚报》5 月 4 日第二版
《劳动报》5 月 4 日第一版
《新民晚报》5 月 3 日第二版
《青年报》5 月 4 日第六版

32. 姚明当选"中国十大杰出青年"

《中国青年报》5 月 24 日第一版
《解放日报》5 月 24 日第八版
《文汇报》5 月 24 日第二版
《新闻晨报》5 月 24 日第九版
《新民晚报》5 月 24 日第二版
《青年报》5 月 24 日第九版

33. 少先队上海市第五次代表大会

《人民日报》5 月 24 日第十八版
《人民日报》5 月 28 日第十八版
《中国青年报》5 月 25 日第一、三、四版
《中国青年报》5 月 30 日第二版
《解放日报》5 月 8 日第六版
《解放日报》5 月 24 日第六版
《解放日报》5 月 30 日第二版
《解放日报》5 月 31 日第一、六版
《解放日报》6 月 1 日第一版
《文汇报》5 月 6 日第二版
《文汇报》5 月 24 日第六版
《文汇报》5 月 28 日第四、六版
《文汇报》5 月 29 日第一版
《文汇报》5 月 30 日第二版
《文汇报》5 月 31 日第一、六版
《光明日报》6 月 2 日第二版
《新闻晨报》5 月 18 日第一版
《新闻晨报》5 月 23 日第一版
《新闻晚报》5 月 18 日第二版
《新闻晚报》5 月 22 日第六版

《新闻晚报》5月24日第六版

《新闻晚报》5月25日第十六版

《新民晚报》4月29日第二十七版

《新民晚报》5月11日第一版

《新民晚报》5月24日第一、二版

《新民晚报》5月31日第一、三版

《东方早报》5月18日第十版

《东方早报》5月31日第三版

《劳动报》5月23日第二版

《劳动报》5月24日第7版

《劳动报》5月25日第三版

《服务导报》5月18日第一版

《服务导报》5月24日第八版

《少年日报》3月31日第一、四版

《少年日报》5月19日第一版

《少年日报》5月24日第一版

《少年日报》5月25日第一版

《少年日报》5月26日第一、四版

《少年日报》6月1日第二版

《少年日报》6月8日第三版

《东方少年》5月25日第一版

《初中生周刊》4月6日第三版

《初中生周刊》6月1日第二、三版

《初中生周刊》6月8日第三版

《青年报》5月15日第四版

《青年报》5月18日第八版

《青年报》5月19日第六版

《青年报》5月24日第九版

《青年报》5月31日第三版

34.“上海青年发展导航”计划

《人才市场报》5月8日第二版

《人才市场报》5月11日第二版

《青年报》3月20日第四版

《青年报》7月26日第六版

35.第十二届“上海十大杰出青年”评选活动

《解放日报》5月21日第六版

《解放日报》9月18日第一、三版

评为“上海高校明星社团”。复旦大学前程学会等23家社团被评为“上海高校优秀社团”。

本次大学生话剧节主要由上海大学生话剧比赛暨优秀话剧剧目展演、上海大学生优秀话剧剧目外围展、上海大学生原创剧本朗读会、上海高校剧社发展论坛、话剧艺术工作坊、优秀话剧高校巡演和祝贺演出等七大板块组成。其中,大学生话剧比赛受到了爱好话剧的青年学生的热烈欢迎,共有来自21所高校的22个剧目参加了比赛。最终来自上海外国语大学飞那儿剧社的《等到戈多》荣获一等奖。同时,来自全市20所高校的24个剧目也在永乐宫咖啡剧场、思考乐书局、东大名艺术创库等文化场所进行大学生优秀话剧剧目的外围展。

本次上海大学生社团文化节校园文化展示活动主要由大学生DV大赛、公益广告设计大赛、有氧健身操大赛、辩论大赛等符合大学生特点、体现鲜明时代特色的四项大赛组成。同时,大学生社团文化节上还举办了以“规范与多元,建设可持续发展的高校社团”为主题的上海高校社团发展论坛。

社区团建创新综合试点工作

10月至12月,地区工作部(郊区部)以居民区团组织直选、青年中心建设和社区团工委建立三项重点工作为抓手,努力加大社区团建工作推进力度。通过赴黄浦、普陀、长宁、徐汇等区县相关街镇开展居民区团组织直选工作专题调研,认真总结黄浦、普陀等区试点工作经验,同时借鉴重庆、浙江居民区党组织直选和乡镇团委直选的经验,完成了《关于进一步加强居民区团组织直选试点工作的若干意见(讨论稿)》,明确要求各区县团委在2005年以不低于居民区总数10%的比例,积极开展居民区团组织直选试点工作。

为加大青年中心建设的推进力度,在对长宁、徐汇、青浦等团中央青年中心试点单位及其它区县青年中心建设工作充分总结的基础上,初步总结并提出了独立建设、原有活动阵地转换、社团先行以及依托党员服务中心、社区文化活动中心推进青年中心建设等多种建设模式,11月召开区县团委书记例会,对进一步加大青年中心建设力度进行了专题部署。目前,全市已建成青年中心32家。

在社区团工委建立方面,积极依托社区党建和社区建设的试点单位,确定全市5个区的6个街道为社区团建的试点街道。同时,进行了多次走访调研,听取社区党工委对社区团工委建立以及社区团建工作的意见和建议,并就相关事宜进行了探讨,明确了各试点街道社区团建工作试点的重点和推进进度等方面的要求。12月14日,浦东潍坊街道作为社区团工委第一家试点单位正式成立。

上海市预防犯罪工作体系政府购买服务项目

11月1日,上海市社区青少年事务办公室与上海市阳光社区青少年事务中心,在安顺同志还指出，当代青年只有把自己的成长成才、创业发展，同推进中国特色社会主义事业的伟大实践，同推进城市经济社会发展的进程结合起来，矢志报效祖国，献身事业，自身才能得到更快更好的发展。

参加“市级机关庆祝建国55周年歌咏比赛”

为迎接建国55周年，团市委机关党委、工会于9月18日组织系统50名党员干部参加了由市级机关工委组织的“庆祝建国55周年歌咏比赛和文艺会演”大合唱专场比赛。经过紧张激烈的角逐，团市委代表队在全部参赛的34支市级机关代表队中夺得第11名(“铜奖”)的优异成绩，为全系统赢得了荣誉。

城市酒店员工喜获残奥会冠军

第十二届残疾人奥运会于2004年9月17日至28日在希腊雅典举行，这是本世纪内的第一次残奥会，也是残奥运动发展至今举办的规模最大、项目最多、水平最高的国际残疾人体育盛会。团市委直属单位、城市酒店员工钟海虹所在的国家女子坐式排球队力克群雄，获得女子坐式排球冠军。这是中国集体项目第一次冲进残奥会并取得冠军。钟海虹载誉归来，获得：全国“五一”劳动奖章、全国“三八”红旗手、全国五四杰出青年贡献奖、全国优秀运动员、上海市“三八”红旗手标兵、上海市新长征突击手、上海市“五一”劳动奖章等多项荣誉，荣立一等功一次；并受到党和国家领导人以及上海市领导的亲切接见。

长期以来，城市酒店热心支持社会公益事业，和女子坐式排球队结成了共建对子，给予了她们很多精神上和物质上的帮助。酒店党政领导明确表示，残疾人事业是社会主义事业的重要组成部分，是高尚的事业、文明的事业、常青的事业；残疾人事业的发展程度，是社会文明进步的重要标志，也是“城市”精神不可缺少的组成部分。

上海团干部发展导航计划

9月20—22日，第一次专为新上岗不满一年的团委主要负责人举办的培训班在上海青年干部管理学院举行。首批担任导师的32家单位的党政领导，与新上岗团委书记举行导师带徒签约仪式，这标志着上海团干部发展导航计划正式启动。

团市委书记陈靖出席结业仪式并讲话，他要求将团干部导航工作作为新时期服务团干部成长发展的重要举措，不断加以推进和完善。作为首批导师，徐汇区委副书记、区人大常委会主任张贤训等32家单位党政领导在现场与新上岗团委书记郑重举行导师带徒签约仪式。同时，团市委机关和市社区办的8位部门负责人也分别与10位新进机关干部签订该协议。据悉，导师将重点在提高团干部的政治素质和理论水平，帮助团干部树立良好的工作作风和进行发展性谈话等方面予以全程导航。团中央组织部组织号)集体的科技创新为重点创建科技型“青年文明号”(共青团号)集体;以围绕服务社会诚信体系的建立,深化“青年文明号”(共青团号)信用建设示范行动,进一步提高“青年文明号”(共青团号)集体诚信服务的水平为重点创建服务型“青年文明号”(共青团号)集体;以围绕质量管理和安全管理,提高“青年文明号”(共青团号)集体服务经济建设的贡献率为重点,创建管理型“青年文明号”(共青团号)集体。

2004年,团市委命名了136个青年集体为上海市“共青团号”,其中,学习型“共青团号”23家、服务型“共青团号”64家、科技“共青团号”27家、管理型“共青团号”22家。

上海青年造血干细胞捐献志愿者行动

2004年,上海青年造血干细胞捐献志愿者行动得到了进一步深化和发展,越来越多的上海青年加入了中国造血干细胞捐献者资料库上海分库,黄浦、静安、闵行、南汇、奉贤、金山等区,以及上汽集团、上海机场集团、大众交通集团、金山化工集团、邮政局、上海建桥职业技术学院、宝钢集团等许多单位团委先后开展了集中报名、血检活动,在3月5日学雷锋活动日、五四青年节、九月集中活动周期间都掀起了活动高潮。11月份,还与上海电视台《有话大家说》栏目合作制作了一期访谈节目,参与节目的造血干细胞捐献青年志愿者和白血病患者真情实感的流露打动了许多观众;12月18日,与有关单位共同在上视大厦举办了上海青年造血干细胞捐献志愿者行动社会报名、集中血检活动,许多上海青年自发前来报名,来自上海师范大学的大学生和第九城市网站爱心网友也参加了活动,掀起了年底的造血干细胞捐献活动的新高潮。截止目前为止,2004年新增报名加入中华造血干细胞数据库上海分库的青年志愿者10000余人,是历年报名入库最多的一年,上海分库总报名人数已达到45000余人,完成临床移植手术46例。

出版《追求卓越的上海青年——2004上海青年发展报告》

《追求卓越的上海青年——2004上海青年发展报告》通过问卷调查、文献研究和个案访谈,按照五年一轮次的要求,是一项总体性关于上海青年生存和发展状况的全面研究报告。报告认为,上海塑造海纳百川、追求卓越的城市精神离不开卓越的上海青年,“追求卓越”成为新时期上海城市精神的一个重要内涵,也是新世纪上海青年发展与进步的内在追求。基于上海青年与城市发展的内在关系,报告以“追求卓越的上海青年”作为立题的重点和核心,同时把握上海青少年发展规划的工作特点,围绕教育、就业、参与、健康、闲暇活动、维权及预防青少年违法犯罪等六大优先领域,确定以上海青年的价值追求、社会参与、工作状况、学习发展、生活闲暇等为主要内容,以上海青年对社会、城市、自身生活发展的认知、态度和行为作为贯穿整个研究的主线,突出上海青年的主体性特征,分析青年群体的独特性特点,全面研究了当代青年的行为、精神、观念和心理等特征,进一步探讨当代上海青年所必须具有的精神风貌和综合素质。报告于12月由上海人民出版社出版发行。

上海市青年文化活动中心签定了为期15个月的政府服务购买合同，购买合同以法律文本的形式明确了服务方提供的服务区域、服务方式、服务要求，购买方支付服务费用方式及金额，以及各自的相关权利义务等一系列重要内容，为采用政府购买服务的方式，进一步提高城市现代化管理水平、转变政府职能和维护社会稳定的需要，加强社区青少年的教育、管理和服务，从源头上预防社区青少年违法犯罪和促进社区青少年健康成长做了积极的探索。

招募第四批上海赴老挝青年志愿者

为了拓展上海青年志愿者服务领域，深化青年志愿服务国际交流所取得的成果，继续弘扬志愿服务时代风尚，增进世界人民的友好往来，展示上海国际大都市青年的良好形象，共青团上海市委员会在2004年招募了11名青年志愿者组成第四批中国上海青年志愿者赴老挝服务队，为当地的医疗，教育等事业做出自己的一份贡献。他们是：肖星（共青团上海市委权益部部长）、陈乐（上海市日新实验小学语文教师、班主任，小学一级教师），方敏（解放日报党政部记者）孙励（上海师范大学教师）张宇（国家开发银行上海分行）李森（上海建工（集团）总公司海外事业部）李晨曦（上海市市政工程管理局信息管理处副主任科员）王健清（上海体育学院社会体育研究中心）胡冬根（杨浦区安图医院骨科主治医师）盛锋（上海中医药大学附属龙华医院推拿科医师）陈建（上海市南汇区农业技术推广中心）

此批志愿者于2004年11月17日出发，在老挝服务半年。

上海市民办高校团建工作推进会

为适应民办高等教育蓬勃发展的需要，进一步加强上海民办高等学校团的建设，团市委和市民办高校党委联合出台了《关于加强和改进上海市民办高校团的建设的意见》，并于2004年11月24日联合召开了上海市民办高校团建工作推进会。会上，团市委副书记徐枫作了讲话，指出要全面认识当前民办高校共青团工作的重要意义，共青团组织作为党的助手和后备军，要始终保持在青年群体中的影响力，尤其在新的历史环境下，民办高校团组织要站在为党和国家培养和输送优秀人才，巩固党执政的青年群众基础，确保中国特色社会主义事业兴旺发达、后继有人的战略高度认识到自身建设的重要意义。市民办高校党委副书记杨月民也就各民办高校党组织如何加强党对团的领导提出了三点要求。

第十二届上海市十佳“苗苗小能手”表彰大会

12月4日上午，由团市委、市教委、市少工委联合主办，《少年日报》、国福龙凤食品有限公司协办的第十二届上海市十佳“苗苗小能手”表彰大会在中福会少年宫少年厅隆

服务青年成才发展取得新成效 推动青年人才工作跃上新台阶

——陈凯同志在2004年上海青年成才实践月闭幕式暨上海企业青年创新成果大赛表彰会上的讲话

(2004年6月21日)

各位领导、同志们、青年朋友们：

今天，[illegible]市科委、市科协[illegible]青年成才实践月闭幕式暨上海企业青年创新成果大赛表彰会[illegible]年上海[illegible]公司的[illegible]海企业青年创新成果大赛表彰[illegible]新成果[illegible]烈的祝贺[illegible]的领导[illegible]

下面，我代表[illegible]2003年上海企业青年创新成果大赛作一回顾，同时对近[illegible]青年成才实践[illegible]工作提几点意见。

一、对去年上海企业青年创新成果大赛的回顾

2003年上海企业青年创新成果大赛自去年9月开展以来，在企业党政领导的重视关心下，在各企业团组织的积极推动下，在广大青年职工的踊跃参与下，取得了显著的经济效益、人才效益和社会效益。大赛共收到包括开发一项新产品、创造一项新工艺、推广一项新技术、消化一项新成果在内的"四个一"技术创新成果116项，管理、营销、服务创新类论文62篇。经过大赛评审委员会评审和大赛组委会审核，共有60项"四个一"技术创新成果和18篇论文获得奖项。本次创新成果大赛与往届相比，主要呈现出以下特点：

一是活动覆盖面广、企业参与面较广。60多家企业的青年热忱参与，申报的各类成果涉及16个行业种类，数量大、领域宽。

二是成果的创新力度、市场化程度较高。针对企业生产、经营、管理中的实际问题，广大参赛青年通过运用高新技术手段，积极吸收国内外先进技术，有效地进行二次创

已经连续举办四年，取得了丰硕的成果。海外学人回国创业周活动各项内容更加成熟，各项举措更加丰富、更加务实。今年，团中央、全国青联在正式成立全国青联留学人员联谊会的同时，联合国务院国资委、欧美同学会，共同主办"2004海外学人回国创业周"活动，在北京[illegible]励广大留学人员抓住机遇、发展事业，报效祖国；集中开展"聚焦特大型国有企业"专题活动，组织近50家特大型国有企业与近800名参会留学人员进行人才招聘、人才合作、项目合作、技术合作、资金合作等多层次多渠道的合作洽谈，为留学人员积极参与和投身特大型国有企业的改革[illegible]中邀请千余优秀海外学人分8条路线赴北京、天津、河北、上海、江苏、浙江、江西、河南、湖北、广东、山东、四川、重庆、陕西共14个省、市开展项目洽谈和人才交流活动。

上海团市委、上海青联也是连续四年承办这项活动，为凝聚、吸引海外学人回国创业发挥了重要作用。每次活动，上海都吸引了大量海外学人的关注，我感到，这是和上海地处我国改革开放的前沿，在国家对外交往和国际经济合作中起着十分重要的作用分不开的，是和上海经济与社会协调发展、大踏步前进分不开的。众所周知，2010年上海将举办世博会[illegible]留学人员[illegible]不断提高服务水平。上海[illegible]留学回国人员[illegible]留学人员联谊会，努力营造[illegible]留学回国创业服务，凝聚[illegible]投身全面建设小康社会的历史洪流。

[illegible]每时每刻，每个地区都有新的机遇[illegible]江苏、浙江两省[illegible]是我国经济最具增长活力的地区[illegible]与上海地缘相邻、人文相亲、经济相通，同时又具有腹地广阔、人力资源丰富等独特优势，所以，也希望各位海外学人多到各地走走看看，特别是参加上海—江苏活动的海外学人，在上海段的活动结束以后，也积极参与接下来的江苏段的活动，江苏的有关领导和各界青年必将热切地盼望大家的到来！

青年朋友们，祖国的繁荣强大是我们每一个中华儿女的心愿，强盛的祖国更是海外学子最为坚强的后盾。祖国的强大需要我们每个中华儿女的共同努力。无论身在何处，我们都流淌着中华民族的血脉，同心圆的信念把我们紧紧地联系在一起。我们期待通过本次活动，能有更多的海外学子回到祖国这片充满梦想、孕育奇迹的土地上来，创造事业的新辉煌，为祖国的繁荣昌盛贡献自己的力量。

最后，祝愿各位海外学子的事业找到新起点，预祝本次"科技创业、报效祖国—2004海外学人回国创业周"活动取得圆满成功！

谢谢大家！

11月10日，复旦大学创业团队参加第四届“挑战杯”中国银行中国大学生创业计划竞赛

11月14日，华东理工大学生志愿者“四进社区”社会实践活动拉开帷幕

4月20日，上海财经大学第四届社团文化节开幕

6月9日，共青团中国石化集团上海工程有限公司第一次代表大会召开

8月18日，宝钢青年召开纪念邓小平同志诞辰100周年座谈会

7月10日，上海市建筑科学研究院团委开展“建科院百名志愿者爱绿护绿活动”，并认养“建科林”